民 法 典
婚姻家庭编
实务精要

裁判观点与证据梳理

吴振坤　兰祥燕　吴振乾／编著

中国法制出版社

CHINA LEGAL PUBLISHING HOUSE

前言

婚姻制度是人类经济和社会发展到一定阶段的产物，并非自古有之，不同历史阶段和不同国家的婚姻制度，各有差别。

不过，结婚制度和离婚制度，自创设至今，已趋完善，并显现出一定的发展规律，即结婚条件越来越宽松，离婚提起越来越自由，婚姻的纯粹性越来越高。

一、我国的离婚登记率

离婚登记率，是指一定时期内（一般指一年），每一千个人中离婚次数的比率。分母是总人口，分子是期间内的总离婚次数，表示方法是千分率。离婚登记率计算公式为：某年离婚登记率 =（某年离婚次数/某年总人口数）×1000‰。

民政部近年来的《民政事业发展统计公报》① 数据显示，2003 年至 2019 年，我国离婚登记率连续 17 年上涨，2019 年离婚登记数量和 2003 年相比，上涨 4.5 倍多。以下是我国民政部官网"民政数据"的"统计公报"中显示的 2000 年至 2020 年共 20 年的"结婚率""离婚率"统计图：

---

① 《民政事业发展统计公报》，载民政部官方网站，https：//www.mca.gov.cn/article/sj/tjgb/，2023 年 3 月 1 日访问。

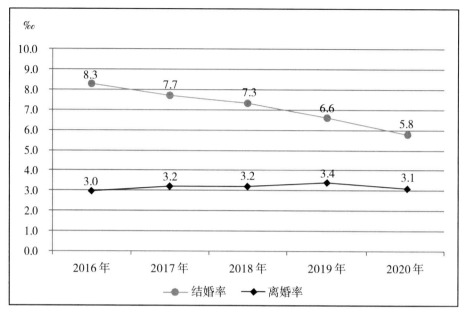

图 1　2016 年-2020 年结婚率和离婚率

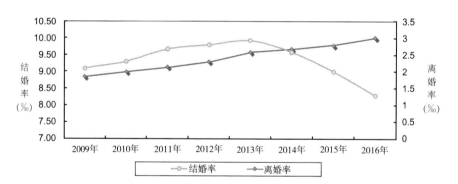

单位：‰

指标	2009年	2010年	2011年	2012年	2013年	2014年	2015年	2016年
结婚率	9.10	9.30	9.67	9.80	9.92	9.58	9.00	8.30
离婚率	1.85	2.00	2.13	2.29	2.58	2.67	2.79	3.00

图 2　2009 年-2016 年结婚率和离婚率

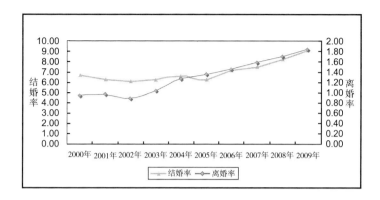

单位：‰

指标	2000年	2002年	2003年	2004年	2005年	2006年	2007年	2008年	2009年
结婚率	6.30	6.10	6.30	6.65	6.30	7.19	7.50	8.27	9.10
离婚率	0.98	0.90	1.05	1.28	1.37	1.46	1.59	1.71	1.85

图 3　2001 年–2009 年结婚率和离婚率

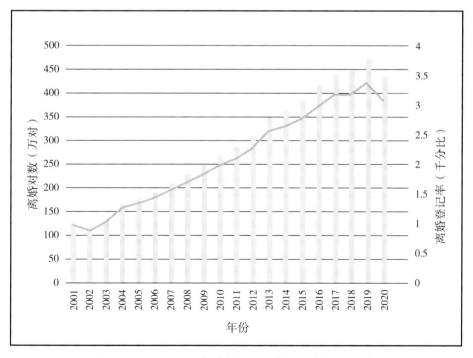

图 4　2001–2020 年离婚登记对数和离婚登记率

民政部《2019 年民政事业发展统计公报》显示，2019 年，我国登记离婚对数为 470.1 万对，比 2018 年增长 5.4%。其中：民政部门登记离婚 404.7 万对，人民法院判决、调解离婚 65.3 万对。2019 年离婚登记率为 3.4‰，比上年增长 0.2 个千分点，为近年最高值。

二、我国离婚原因分析

2018 年 2 月，浙江省高级人民法院以 49804 件离婚纠纷案件为标本，公布了《2018 浙江省离婚纠纷司法大数据》①，其中显示，常见离婚原因有 9 种，分别为：（1）生活琐事；（2）长期分居；（3）感情基础薄弱；（4）家庭暴力；（5）赌博；（6）性格差异；（7）婚内出轨；（8）缺乏沟通；（9）经济原因。其中，因生活琐事提出离婚的占比，超过离婚总数的三分之一；因分居导致的离婚，也接近三分之一。

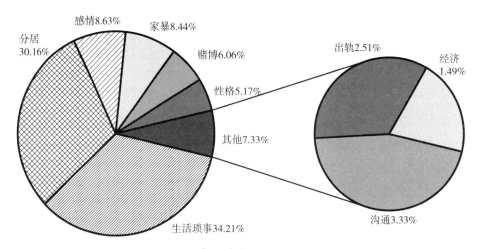

图 5　常见离婚原因显示图

如果把上述原因再进行归类，把"生活琐事、感情基础薄弱、性格不合、缺乏沟通、经济原因"等归为"非法定离婚事由"，把"长期分居、家庭暴

---

① 《离婚纠纷司法大数据出炉生活琐事是婚姻第一杀手》，载钱江晚报，https：//baijiahao. baidu. com/s？id=1625579771295771034&wfr=spider&for=pc，2023 年 4 月 6 日访问。下文对此不再提示。

力、赌博、婚内出轨"归为"法定离婚事由",可看出,非因法定事由提出离婚的占比高达 53%,即一半以上提出离婚的夫妻,仅因生活琐事发生矛盾而提起离婚。从法律角度看,这些离婚事由,都不符合法定情形,很难认定为夫妻感情破裂。

结合图 5 中的离婚原因及《中华人民共和国民法典》(以下简称《民法典》)相关规定,对离婚率高的原因,笔者分析如下:

1. 离婚自由

《民法典》第 1041 条前两款规定,婚姻家庭受国家保护。实行婚姻自由、一夫一妻、男女平等的婚姻制度。此处的"婚姻自由",包括三个自由:恋爱自由,结婚自由和离婚自由。人们提起离婚的自由权,受国家法律保护,提起离婚的限制和束缚少了,离婚数量自然会多。

如今,任何一对夫妻,只要觉得感情破裂,需要离婚,又无法与配偶协商一致,就有权向法院提起离婚诉讼。现代离婚自由权的充分保障,是我国近年来离婚率高的一个原因。

2. 社交自由

现代社会有方便的社交媒体,社交渠道,社交工具,人们可以快速认识世界上任何一个愿意与之交往的人,通过各种聊天工具,人们能打破空间限制,实现即时通讯;更兼各种社交网站和相亲网站,通过大数据和筛选功能,可以让人们迅速找到有结婚意向的符合初筛要求的异性,大大缩短了恋爱和婚嫁周期。

《民法典》第 1057 条规定,夫妻双方都有参加生产、工作、学习和社会活动的自由,一方不得对另一方加以限制或者干涉。社交自由带来的一个后果,是认识优秀异性的概率大大提高。通过对比,一方对配偶的满意度会下降,不满意情绪多了,离婚率自然提高。

3. 经济水平提高

现代社会男女法律地位平等,工作机会平等,双方都可有获得教育机会,参加工作招聘的机会,都可以工作赚取收入。如果夫妻间没有约定分别财产制,根据《民法典》第 1062 条的规定,夫妻在婚姻关系存续期间所得的下列财产,为夫妻的共同财产,归夫妻共同所有:(1)工资、奖金、劳务报酬;

（2）生产、经营、投资的收益；（3）知识产权的收益；（4）继承或者受赠的财产，但是本法第一千零六十三条第三项规定的除外；（5）其他应当归共同所有的财产。夫妻对共同财产，有平等的处理权。

经济基础决定上层建筑，当人们解决了经济上的困境，就会追求精神上的自由和享受，就越来越不愿意接受家庭的约束，想解放自己，也越来越有底气独自生活。现在的离婚案件，女性提起的比例，已超过男性，说明随着经济水平的提高，经济地位的独立，女性婚姻生活中的自由性和自主性大大增强。根据 2018 年 3 月最高人民法院发布的《司法大数据专题报告之离婚纠纷》① 数据显示，2016 年和 2017 年的 280 万件离婚案件中，女性提起离婚的案件占比为 73.40%。

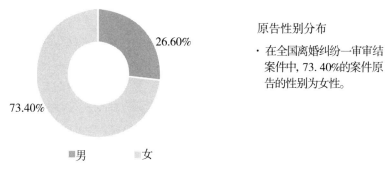

02 当事人特征

26.60%

73.40%

■男　　■女

原告性别分布

· 在全国离婚纠纷一审结案件中，73.40%的案件原告的性别为女性。

图 6　2016-2017 年全国离婚案件原告性别显示图

4. 外部压力集聚

人具有社会属性，人们每天都会承受外部的各种压力，压力使人成长，也能使人崩溃。如果压力过大，过于集中，并且无处宣泄，逃避或撕裂就成为必然结果。夫妻间常见的压力源有 4 种。

（1）孩子压力

一般来讲，小孩 3 岁时，开始上幼儿园，7 岁时，开始上小学。这几个特

---

① 《司法大数据专题报告之离婚纠纷》，载最高人民法院网站，https://www.court.gov. cn/fabu-xiangqing-87622.html，2023 年 4 月 6 日访问。下文对此不再提示。

殊时期，因为新生命的到来，父母的介入，小孩生活和学习的规划、指导和教育，原来的夫妻二人世界被彻底打破，各种生活规则和生活观念需要重塑，一旦处理不好，就会面临"各种离婚之痒"；很多夫妻，大概要经过 10 年，小孩问题基本解决了，夫妻间磨合得差不多了，关系才能趋于稳定。2018 年 3 月最高人民法院发布的《司法大数据专题报告之离婚纠纷》数据显示，婚后 2 年至7 年为婚姻破裂的高发期。

03 案件特征

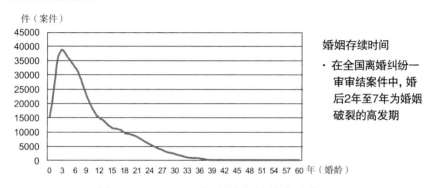

图 7　2016—2017 年离婚案件的高发期

（2）父母压力

婚姻不仅是两个人的结合，也是两个家庭的结合。婚姻产生姻亲关系，使原本陌生的两家人需要沟通交往，自然免不了各种磨合。

父母和子女间的地位不平等，导致沟通比较委婉和间接，矛盾发生后难以及时消解。尤其是现代社会，男女多是双职工家庭，结婚生子后，常需父母帮忙看孩子，父母看孩子时，父母和子女共同居住的情况较多，这就导致父母和子女之间，父母和孙子女之间，夫妻之间，配偶父母之间，夫妻和配偶父母之间，产生各种复杂的交往。各种观念和理念上的不同容易触发家庭矛盾，而家庭矛盾最后的释放口在夫妻之间，并且特别容易演化为夫妻矛盾，最终可能导致夫妻关系破裂，走向离婚。

（3）工作压力

工作压力大，就容易把工作中的负面情绪带到家中，导致家庭成员间的关系受工作压力影响而增加不和谐的隐患。当家庭变成工作中不良情绪宣泄的垃圾桶，家里的争吵必然不断。

（4）经济压力

家庭经济状况不好，必然导致各种事情做起来处处掣肘。双方可能会对生活和彼此充满失望和抱怨，在这种情况下，也会导致矛盾频发，加大离婚概率。

5. 社会观念的变化

随着经济的发展，物质的丰富，地位的提高，思想的解放，尊严和权利意识的觉醒，人们越来越渴望更大的自由。人类和机器最大的区别，在于人有独立权利和意志，而机器只能听命于人。强调个体自由，个体独立，家庭责任感和归属感就会越弱，家庭解体的可能性就越大。

三、2020 年离婚登记率"短暂下滑"

根据《2020 年民政事业发展统计公报》①公布的数据显示，2020 年我国离婚登记率为 3.1‰，离婚登记对数为 433.9 万对，比 2019 年下降 7.7%，离婚登记率出现 17 年来首次下滑。2020 年离婚登记率下降的原因有很多，笔者简要总结如下：

1.《民法典》颁布。2020 年 5 月 28 日，《民法典》颁布，其中规定了离婚冷静期制度，虽然该法在 2021 年 1 月 1 日才生效，但因提前颁布，引发热议，其对人们生活的影响，在 2020 年就得以实现，人们对离婚抱有更谨慎的态度。

2. 结婚人数减少。结婚人数减少，离婚人数自然就少。民政部公布的数据显示，2020 年，全国登记结婚对数只有 814.3 万对，比上年下降 12.2%，而同年离婚登记数为 433.9 万对，比 2019 年下降了 7.7%。从离婚登记率上看，好像离婚登记率下降了，但从"离结比率"（一个时期内离婚对数与结婚对数的比率）来看，2020 年"离结比率"继续高升，已达到 53.28%，比 2019 年上

---

① 《2020 年民政事业发展统计公报》，载民政部官方网站，https：//images3. mca. gov. cn/www2017/file/202109/1631265147970. pdf，2023 年 4 月 23 日访问。

升了 2.59 个百分点，仍旧继续上涨。

四、我国结婚登记率八年持续下滑

从 2013 年开始，我国结婚登记率逐年下降。2020 年，我国结婚登记率下降到 5.8‰，结婚登记对数为 814.3 万对；2021 年，结婚登记对数为 763.6 万对。我国结婚登记率已经连续 8 年下滑，登记对数比 2013 年少了 43%，见图 1。

（一）我国结婚登记率下降的原因

结婚登记率影响国家的人口结构和家庭组成，对经济发展和社会稳定有重大意义。造成我国结婚登记率下降的原因有很多，笔者总结后认为主要有以下几方面。

1. 工作压力大

《中国劳动统计年鉴 2019》① 显示，从 2001 年开始，我国城镇大部分年龄段就业人员的每周平均工作时间不低于 44 小时。

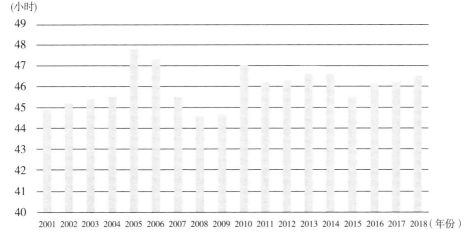

图 8　2001-2018 年城镇就业人员周平均工作时间

---

① 参见国家统计局、人力资源和社会保障部：《中国劳动统计年鉴 2019》，中国统计出版社 2019 年版。

有的年轻人的工作压力大，直接后果就是个人生活和娱乐时间被严重挤压，没有太多时间和精力结识工作外的其他优秀异性，也没有足够时间培养感情。有的年轻人身上无法摆脱的疲倦感和被工作裹挟的压迫感，让他们越来越失去自我意识，失去精神追求，失去自信和光彩，从而越来越不想谈恋爱，不敢谈恋爱，不愿谈恋爱。

2. 结婚成本高

《民法典》第1042条规定："禁止借婚姻索取财物"。但几千年延续下来的"彩礼习俗"，并未被完全废止，依然有强大的"生命力"。各地结婚彩礼的具体金额，虽无明确标准，但数额约定俗成。加之结婚购房，成为新人结婚的刚需和标配，房价高企，又使很多年轻人望而却步，一定程度上，也降低了他们的结婚欲望。

3. 离婚困难且离婚率高

《民法典》第1077条规定，自婚姻登记机关收到离婚登记申请之日起30日内，任何一方不愿意离婚的，可以向婚姻登记机关撤回离婚登记申请。前款规定期限届满后30日内，双方应当亲自到婚姻登记机关申请发给离婚证；未申请的，视为撤回离婚登记申请。

《民法典》中离婚冷静期制度的出现，虽然让离婚选择更加慎重，减少了冲动离婚的概率，但也在一定程度上导致离婚难度增加。原本两人协商一致即可办理离婚登记的简便事宜，增加了30天的冷静期，冷静期间内，任一方均可反悔，且任一方反悔，均会导致协议离婚失败，双方不得不通过诉讼方式离婚。

因协议离婚在离婚方式中占比超过80%，离婚冷静期的规定，加上人们情感的善变，协议离婚的失败率明显上升，诉讼离婚的概率显著增加。另外，诉讼离婚的周期，也要长于协议离婚。

从民政部公布的历年离婚数据看，离婚率连年上涨，离婚人数不断增加，越来越多的人能够接受婚姻是不完美的，离婚是正常的，两个人是自由独立的，一切都有可能发生的现实。离婚周期的变长和离婚难度的增加，也倒逼让人们对结婚的选择更加慎重。

4. 生活观念开放化

随着社会经济的发展，精神文化的丰富多彩，人们对性生活的观念，也在逐渐发生改变，有的人认为性生活是一种生物本能，不再将其当作罪恶和淫荡的根源。人们对性生活的态度，也变得逐渐开放，但也有必要的约束，如不得违背他人意愿、不得伤害他人身体、不得违反忠诚义务，不得侵犯未成年人等。

在这种观念影响下，出现了婚前同居，甚至只同居不结婚的现象，这在一定程度上，也减缓了结婚速度，降低了结婚意愿。

5. 思想多元化

现代社会，随着各种思想的汲取，价值观的多元，人们越来越能够接受多样化的生活方式，单身主义不再被视为另类；同居不结婚的现象开始出现，人们更加追求个人的自由和独立，婚姻生活成为一些人的可选项，而非必选项，这导致人们对婚姻的态度大为改观，婚姻的重要性和必要性均大打折扣。

6. 独立生活能力增强

对于一部分人，男女之间相互依靠，相互帮扶，共谋发展的紧迫性和必要性逐渐减弱，婚姻的经济扶持功能逐渐消失，婚姻对人们的吸引力，越来越集中在情感上，这导致人们对婚姻的态度越来越挑剔，也越来越专注，不再基于生存压力而委曲求全，更关注内心感受。独立生活能力的增强，可能加大了结婚难度，而性开放的态度，又可能让婚姻和伴侣可以分开。当下，对于生活独立性很强的人们来讲，婚姻可能变得可有可无。

（二）逐渐缩小差距的结婚登记率和离婚登记率

从民政局发布的《2020年民政事业发展统计公报》数据可以看出，结婚登记率和离婚登记率间的空间正在逐渐缩小。

2008年，我国结婚登记率和离婚登记率之间的差值为6.56。2017年，两者间的差值缩小为4.5。2020年，差值缩小为2.7，呈现加速之势。

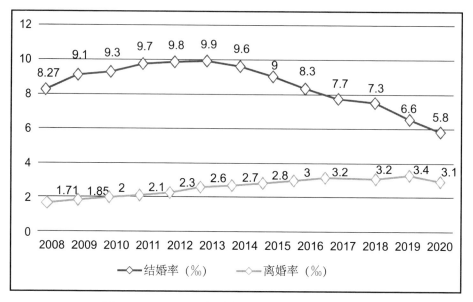

图 9 2008-2020 年结婚登记率和离婚登记率

一旦结婚登记率和离婚登记率持平，则意味着婚姻制度解体的转折点出现，人类社会必将迎来新的情感制度和人际关系制度。

目录

第一章　婚姻出现问题，如何考虑该不该离婚

第二章　起诉离婚前，完成六项工作

第五章　"闪婚闪离"案件实务精要

第七章 婚内出轨案件实务精要

第八章　婚内忠诚协议案件实务精要

第十章 军人及配偶离婚案件实务精要

第十一章 家庭暴力案件实务精要

第十二章 非亲生子女赔偿案件实务精要

第十三章 子女抚养权案件实务精要

第十四章 变更孩子抚养权案件实务精要

第十五章　十二种特殊房产的分割方式

第十六章　公司股权分割的难点和方式

第十七章 其他夫妻共同财产的分割方式

第一章
婚姻出现问题，如何考虑该不该离婚

婚姻中，因日常琐事产生矛盾乃家常便饭，离婚念头在已婚男女间，不同时期不同境况中或多或少都出现过，有时念头转瞬即逝，有时开花结果。当我们认为婚姻出现问题时，如何考虑和判断该不该离婚。笔者认为，可以分别从婚姻底线、婚姻价值、离婚原因、社会评价、孩子成长和离婚目的六个方面综合考虑判断。

第一节 婚姻底线，是否已被突破

一、婚姻家庭的四条底线

任何事情都有底线，任何制度都有规则，任何情绪都有爆发点，婚姻也一样，有着不可突破的底线，这些底线一旦被突破，婚姻注定成为悲剧，解体只是早晚问题。婚姻家庭有四条底线，分别是人身安全底线、财产安全底线、性忠诚底线和自由尊严底线。

（一）人身安全底线

人身安全是婚姻家庭的最低要求，属于四大底线中的底线。在社会关系中，国家保障人民的生命财产安全。在家庭关系中，人的安全感只能得到强化，而不应被弱化。家庭应该提供比社会安全更高等级的安全保障能力，而不应成为法外之徒藏污纳垢的场所。

根据《中华人民共和国反家庭暴力法》（以下简称《反家庭暴力法》）第2条规定，家庭暴力是指家庭成员之间以殴打、捆绑、残害、限制人身自由以及经常性谩骂、恐吓等方式实施的身体、精神等侵害行为。根据有关国际公约、国外立法例以及被普遍认可的学界理论研究成果，家庭暴力包括身体暴力、性暴力、精神暴力和经济控制四种类型。

（1）身体暴力：是加害人通过殴打或捆绑受害人，或限制受害人人身自由等使受害人产生恐惧的行为；

（2）性暴力：是加害人强迫受害人以其感到屈辱、恐惧、抵触的方式接受性行为，或残害受害人性器官等性侵犯行为；

（3）精神暴力：是加害人以侮辱、谩骂或者不予理睬、不给治病、不肯离婚等手段对受害人进行精神折磨，使受害人产生屈辱、恐惧、无价值感等作为或不作为行为；

（4）经济控制：是加害人通过对夫妻共同财产和家庭收支状况的严格控制，摧毁受害人自尊心、自信心和自我价值感，以达到控制受害人的目的。

2018年3月，最高人民法院公布的《司法大数据专题报告之离婚纠纷》数据显示，有14.86%的夫妻因家庭暴力向法院申请解除婚姻关系，家暴的离婚案件中，有91.43%的案件是男性对女性实施家暴，家暴方式以殴打、打骂和辱骂为主。

我国法律一直旗帜鲜明地反对和禁止家庭暴力，并将其作为离婚和索要损害赔偿的法定理由之一。《民法典》第1042条第3款明确规定，禁止家庭暴力。禁止家庭成员间的虐待和遗弃。《民法典》第1079条第3款第2项明确规定，有实施家庭暴力或者虐待、遗弃家庭成员情形的，经调解无效，应当准予离婚。《民法典》第1091条第3项和第4项规定，有实施家庭暴力或者虐待、遗弃家庭成员情形，导致离婚的，无过错方有权请求损害赔偿。

家庭暴力是以"爱"为名的一种"控制"，家庭暴力行为的发生和发展，有着周期性模式，并非偶发行为。家暴周期化模式的形成，一般要经过两个或两个以上的暴力周期。每个周期通常包括：（1）关系紧张的积聚期（口角、轻微推搡等）；（2）暴力行为爆发期（暴力发生、受害人受伤）；（3）暴力过后的平静期（亦称蜜月期，加害人通过口头或行为表示道歉求饶获得原谅，双方和好直到下个暴力周期的到来）。加害人往往屡悔屡犯、始终不改。道歉、忏悔只是当家庭暴力暂时失效时，加害人借以达到继续控制受害人的手段而已。暴力周期的不断重复，使受害人感到无助和无望，因而受制于加害人。

最可怕的是，家庭暴力不会因分手或离婚而彻底终结。人们往往以为，离婚后暴力自然就停止了，实际上，引发家庭暴力的内在动机是加害人内心深处控制受害人的需要。一般情况下，这种欲望不仅不会因为离婚而消失，反而会因为受害人提出离婚请求加害人受到刺激而增强。因此，一旦受害人提出分手，加害人往往先是采取哀求原谅、保证下不为例，以及利用子女等手段来挽留受害人。如果哀求不奏效，加害人往往就会转而借助暴力，或实施更严重的暴力手段来达到控制目的，进而出现"分手暴力"。这种现象在夫妻分居或者离婚后也相当普遍。

家暴实际上是一种危险暴力犯罪行为。遭遇家暴，家庭的人身安全保障职能被破坏，最好选择离婚，越早越好，且离婚后双方离开得越远越好。离婚后，最好也不要和家暴者单独相处或单独见面，更不要轻易复婚，否则两人之间随时可能爆发冲突，引起对方再次控制的欲望。

（二）财产安全底线

《民法典》第 1062 条第 2 款规定，夫妻对共同财产，有平等的处理权。

夫或妻一方，非常容易私自对外转移夫妻共同财产。虽然大额共同财产处分，需要经过配偶同意，否则可能构成无权处分，但这种无权处分，并不能对抗善意第三人，即第三人只要不知情，且支付了合理对价，已经取得物权或办理了相应产权登记，则夫妻之间是否经过配偶方的同意，就变成非必要选项。对于银行转账来说，只要配偶有银行卡号和密码，就很容易转移财产。

如果夫或妻一方具有私自转移、隐藏、毁损、挥霍夫妻共同财产的念头，实务中很难控制和预防。因此，夫妻间对财务方面的底线，应该是不盗取、不挥霍、不毁损、不转移、不隐藏。

根据《民法典》第 1066 条规定，婚姻关系存续期间，有下列情形之一的，夫妻一方可以向人民法院请求分割共同财产：

（1）一方有隐藏、转移、变卖、毁损、挥霍夫妻共同财产或者伪造夫妻共同债务等严重损害夫妻共同财产利益的行为；

（2）一方负有法定扶养义务的人患重大疾病需要医治，另一方不同意支付相关医疗费用。

根据《民法典》第 1092 条规定，夫妻一方隐藏、转移、变卖、毁损、挥霍夫妻共同财产，或者伪造夫妻共同债务企图侵占另一方财产的，在离婚分割夫妻共同财产时，对该方可以少分或者不分。离婚后，另一方发现有上述行为的，可以向人民法院提起诉讼，请求再次分割夫妻共同财产。

如果婚姻关系存续期间，发现对方有上述行为，配偶可以根据《民法典》第 1066 条的规定，要求婚内分割夫妻共同财产；也可以根据《民法典》第 1092 条的规定，提出离婚诉讼，要求在离婚分割夫妻共同财产时，对另一方少分或者不分财产。

（三）性忠诚底线

《民法典》第 1042 条第 2 款规定，禁止重婚，禁止有配偶者与他人同居。这是对夫妻之间相互忠诚义务的规定。

结婚后，法律对夫妻的"性自由"进行了必要限制，即夫妻要彼此忠诚，不能与婚外异性再发生性行为。这是因为，一方与婚外异性发生"性关系"后生产出来的子女，可能会对社会中的亲属关系秩序造成破坏。根据《民法典》第 1127 条第 3 款的规定，子女包括非婚生子女。国家对非婚生子女给予了必要保护，非婚生子女也属于父母的子女，也属于近亲属范围的一员。而近亲属之间有相应的财产继承权、监管权、监护权以及基于身份关系衍生出来的其他权利。如果夫或妻对婚外的性行为不加以约束，会出现大量的近亲属，对夫妻财产和家庭财产的分配和继承造成巨大影响，进而危及更多人的权利义务关系，甚至会动摇整个人类社会的人际关系基石和法律经济秩序。

《民法典》第 1079 条将"重婚或者与他人同居"作为法定离婚情形之一，也作为可以请求离婚损害赔偿的情形之一，就是对夫妻双方性自由的一种法律约束。只要双方结婚，就应该互相忠诚，不得再与他人同居，更不得重婚，这是忠诚义务的底线。

当然，与他人同居和婚内出轨不是一回事，后面章节会详述。

（四）自由的底线

婚姻是两个人自愿的结合，是两情相悦的结合。两个人原本是自由的，有尊严的，独立的，分别的个体。为了爱情，为了婚姻，两人自建城堡，奉献出自己的一部分自由，将两人束缚，这是两人爱的体现，也是两人爱的证明。

但人毕竟是社会人，结婚之后，社会属性并未消失，仍应有社会交往的基本自由和人身自由。《民法典》第 1041 条规定，我国实行婚姻自由制度。《民法典》第 1057 条规定，夫妻双方都有参加生产、工作、学习和社会活动的自由，一方不得对另一方加以限制或者干涉。

夫妻之间对彼此的自由，应保持足够的尊重，这也是夫妻间相互信任的体现。一个充满控制欲的家庭，无论是控制金钱，控制身体，控制出行，还是控制思想，都代表着夫妻之间存在不平等的地位。地位如果不平等，话语权就会不平等，财产分配就会不平等，从而婚姻的天平就会倾斜，各种婚内不公平、不公正的事情就会发生，家庭就会永无宁日。

二、突破婚姻底线的后果

如前所述，婚姻有底线要求。如果对方突破婚姻底线，就要考虑是否选择离婚。没有人身安全，没有经济能力，没有忠诚信任，没有自由尊严的"四无"婚姻，是可怕的，畸形的，难以为继的。

四大婚姻底线，根据严重程度和对婚姻稳定性的影响，又可分出次序等级：人身安全底线为最低级，其次为性安全和性忠诚底线，再次为财产安全底线，最后为自由尊严底线。

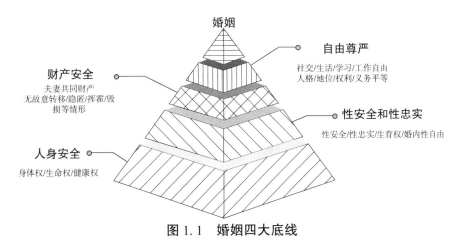

图 1.1　婚姻四大底线

1. 突破人身安全底线。如果对方突破婚姻的人身安全底线，有家庭暴力或虐待等行为，选择离婚，是对自己的自我保护和枷锁解脱。被施暴者一般无法制止对方的暴力行为，若继续坚持下去，只会让对方的家暴行为越来越稳定，越来越强化，越来越普遍，也会让被施暴者变得抑郁、恐惧、焦虑、优柔寡断和不自信，越来越不敢离开家庭。

2. 突破性安全和性忠实底线。如果对方突破婚姻的性安全底线，有重婚、与他人同居或者其他的出轨行为，或者有婚内性暴力、性虐待或换妻等行为，或长期分居，几乎没有夫妻间的性行为发生，也需要考虑是否离婚。婚姻中的性价值和繁衍价值，是婚姻的一个底层价值，性也是催生爱情和维系感情的重要手段，这个价值一旦被他人取代或影响，婚姻基石就会被动摇，家庭解体的危险将急剧上升。如果无法阻止对方出轨，又无法接受对方出轨，那离婚就成为不得已的选择。

3. 突破财产安全底线。如果对方在财产上有挥霍、转移、隐瞒、毁损夫妻共同财产等情形，此时并不涉及生命身体安全和情感变故等问题，不一定需要通过离婚来救济权利。根据《民法典》第 1066 条的规定，当事人遇到对方侵害共同财产行为时，也可以要求婚内分割共同财产，将夫妻共同财产转变为个人分别财产制，这样可以继续维持自己的婚姻，并非必须离婚。

4. 突破自由尊严底线。如果对方在社交自由、工作自由、生活自由和学习自由等方面有些限制，有些并非基于感情破裂原因，而是为更好地维护家庭，维持双方感情，为了让对方回归家庭和二人生活，这可能更多是基于观念和见解的不同，不一定非要通过离婚方式解决。但如果这种行为限制，已经严重影响到正常社交、学习、工作、生活，体现出严重的枷锁性质，对自由和尊严形成挑战和威胁，此时则需要好好考虑，能否接受这种被束缚的爱。

第二节　婚内矛盾，是否无法解决

随着近几年离婚率越来越高，人们提出离婚的原因，也越来越多样化，似乎任何一件婚姻家庭中的小事，都可能诱发婚姻家庭的解体，这显然是不正常、不理智的行为。

一、夫妻对感情不和问题的认识显著不同

2018 年 3 月，最高人民法院以 2016 年、2017 年的一审离婚案件数据为调研对象（约 280 万件离婚案件），发布《司法大数据专题报告之离婚纠纷》，数据显示，77.51% 的夫妻，因感情不和向法院申请解除婚姻关系。

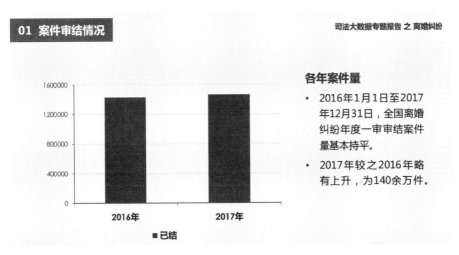

图 1.2　案件审结情况

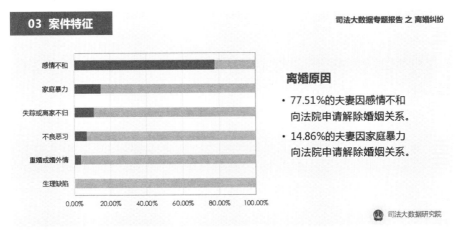

图 1.3　离婚原因

两人结婚时，感情大多较好，感情虽不断变化，但感情不和的原因比较笼统，感情好坏更偏主观判断，和与不和，不应该由一人说了算，要听两人意

见。夫妻二人，对于感情是否较好的认知，很多时候并不相同。

2018 年最高人民法院发布的《司法大数据专题报告之离婚纠纷》数据显示，从双方意愿看，一方想要离婚，另一方不同意离婚的案件占比为 91.09%。可见，男女双方对于感情和不和，是否已经破裂，认识差异很大。如图 1.4 所示。

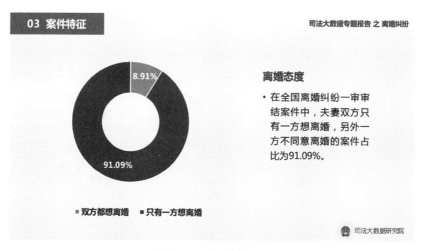

图 1.4　离婚态度

二、离婚案件的裁判结果

婚姻幸福是家庭幸福的重要补充。人们对婚姻解体，虽能普遍接受，但并不乐意发生在自己身上。一方提出离婚诉求，到底是基于一时气愤，还是深思熟虑后的理性选择，需考虑清楚。其中，最需弄清楚的是，引发离婚念头的婚内矛盾，是否真的难以解决，无法避免？

《司法大数据专题报告之离婚纠纷》数据显示，65.81%的离婚案件判决结果为驳回离婚诉讼请求，继续维持双方的婚姻关系。如图 1.5 所示。

图 1.5　判决结果

可见，在作为中立方的人民法院看来，多数离婚的提出者，离婚理由并不充分，不能证明感情已经破裂，离婚理由不能成立，裁判继续维持。

三、离婚案件中几种常见原因

婚姻中，很多夫妻提出的离婚原因，在第三人看来，可能根本不值一提。以下是常见的几种离婚原因：

1. 生活习惯引发离婚

有部影视作品很好地诠释了因生活习惯引发的家庭矛盾，最终导致离婚。其中，男方向女方提出离婚时，说了自己的离婚理由：你在家里，永远穿那件紫色的毛衣，我最烦紫色你知道吗？我最讨厌看见紫颜色。刷牙的杯子，得放在搁架的第二层，连个印儿都不能差；牙膏必须得从下往上挤，那我从当中挤怎么了？我愿意从当中挤怎么了？每个星期四，永远是炸酱面、电视剧，电视剧、炸酱面；还有，你吃面条的时候，能不能不要嘬着那个面条一直打转转？

2. 教育理念引发离婚

有些夫妻，对孩子的教育观念不同，导致家庭矛盾频发，最终导致离婚。

例如，孩子挑食的问题，一方认为，孩子不吃这样，就换另外一样代替，只要能补充进去营养就好，爱吃什么吃什么，不能强迫孩子吃不爱吃的东西；

另一方则认为，孩子不应该挑食，应该做什么饭，就吃什么饭，不能挑来挑去。

又如，孩子学习的问题，一方认为，孩子学习成绩差，是老师不好好教的问题，为孩子报各种补习班，成绩不好或学习不认真，就会大发雷霆，大声责骂，并以付出没有回报来道德绑架孩子；另一方则认为，孩子快乐更重要，不应该让孩子学习压力太大，不应该唯成绩来评价孩子。

再如，教育孩子的方法，一方认为犯错就要接受惩罚，棍棒底下出孝子，不能放任孩子的错误，以免孩子过于骄纵；另一方则认为，孩子年龄小，犯错了，要进行引导和教育，不能打骂孩子。

3. 婆媳矛盾引发离婚

婆媳关系难处，是每个婚姻家庭都深有感触的事情。从法律角度解释，这个事情却很好理解。

（1）从亲属关系角度看，婆婆和儿子及孙辈之间，属于直系血亲关系，而媳妇和丈夫之间是姻亲关系，婆媳是间接的姻亲关系，属于姻亲中的旁支，关系其实很远。

（2）从法律关系角度看，《民法典》婚姻家庭编调整夫妻关系、父母子女关系，但没有调整婆媳关系的法律规定。

（3）从继承关系角度看，《民法典》继承编中，法定继承的第一、第二顺序继承人里，都没有婆媳彼此的身影，除非丈夫亡故，妻子对婆婆尽主要赡养义务等特殊情况。

（4）从抚养赡养义务角度看，《民法典》中规定子女有赡养父母的义务，但媳妇并没有赡养公婆的义务；父母有抚养子女的义务，但公婆并没有抚养孙子女的义务，除非子女去世或丧失行为能力等特殊情况。

因此，婆媳之间，本没有法律上的权利义务关系，亲属关系也是姻亲中的旁支，无血缘关系，双方出现矛盾后，没有法律可以调整。婆媳如果共处一室，基于婆媳身份不同，角色不同，生活习惯不同，以及代沟等原因，发生矛盾在所难免。

4. 家庭暴力引发离婚

家庭暴力是引发离婚的一大原因。《司法大数据专题报告之离婚纠纷》数据显示，14.86%的夫妻因一方存在家庭暴力申请离婚，此为离婚的第二大原因。

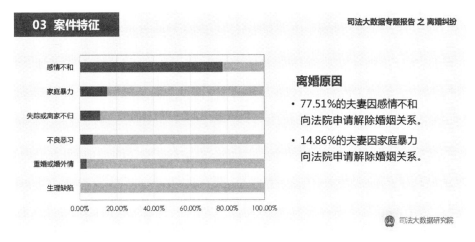

图 1.6　离婚原因

5. 婚内出轨引发离婚

夫妻间有相互忠诚义务，一方存在重婚、与他人同居、婚外情、出轨、嫖娼、性行为类犯罪等行为，也是离婚的一大诱因，这些行为对夫妻感情的破坏力极大，一旦被发现，婚姻很难坚守，不过，其占比在离婚案件原因中并不高。

6. 其他原因引发离婚

还有一些其他原因导致的离婚，如一方失踪或离家不归，双方长期分居，一方有不良嗜好、生理缺陷或重大疾病等，不一而足。不过，离家出走和分居在近年来离婚原因中占比较高，一方对婚姻关系不满意，如果无法通过协商离婚，也不愿意通过诉讼解决，最简单的方式，就是离开对方，造成与实际离婚无异的结果。因此，从来没有离不掉的婚姻，只有离不开的人。

四、婚内矛盾的严重程度

事实上，引发婚内矛盾的原因有很多种，不是每种都达到严重且迫切的程度，有些矛盾并非完全不可避免。

基于矛盾的普遍性，一些日常矛盾纠纷，所有家庭都可能出现，是所有家庭的通病，只要结婚，就难以避免。比如生活习惯、对孩子的教育理念、婆媳之间的生活矛盾等，这些原因引发的纠纷，只能通过改变生活习惯、注重生活细节、积极友善平等沟通、婆媳分开居住等方法尝试进行逐一化解和消除。如果把这些原因当成离婚理由，不是不可以，但离婚成功后，如果不改变自己的态度、认知及处理方法，类似矛盾依然可能会再次出现或以其他面目出现在下一段婚姻中，婚姻生活可能一样难以幸福。

只有严重的婚内矛盾（如重婚、有配偶者与他人同居），或在一般家庭很少遇到的严重个人恶习（如家暴、虐待、遗弃、吸毒、赌博屡教不改），或双方已陷入与离婚无异的状态（如长期分居、互不联系沟通），可以通过离婚改变现状，避免陷入更坏处境的离婚原因，才是真正需要下定决心考虑离婚的原因。

第三节　婚姻的价值，是否已丧失

一、婚姻的价值

婚姻存在的意义是什么，人为什么要结婚。这些其实都源于婚姻自身的独特价值。

（一）性价值

原始社会的人，以部落群居生活为特征，最开始和动物几乎没有区别，智力低下，头脑简单，大部分人对生活无明确规划，明天干什么、吃什么，也没有考虑。原始社会，吃是产生快感和维持生存最重要的途径，男女之间的性生活，是一种生活取乐和延续后代的方式，并没有更高的价值，也无婚姻制度和家庭的出现，此时，并无"性"的独立和婚姻存在的价值。

后来，随着原始农业和原始畜牧业的发展，人类食物增多，人口增加，体质和智力都有了长足发展，审美意识也开始觉醒。随着部落的扩大，部落间的联盟，在同化的过程中，出现了共同的语言、文字、风俗和信仰，也逐渐形成了氏族。部落大了，人多了，又各自有了意识和交流思想的平台，人与人的相处，就变得有所选择。而随着部落或氏族财产的增多，财产又没有确定个人的归属，部落或氏族内部，就有人产生了把抢来的财产据为己有的思想，随着侵占公共剩余物资的情况越来越严重，部落和氏族内的贫富分化差距越来越大，私有制就逐渐产生了。

私有制产生期间，由于女性发挥着培育和繁衍后代的重要作用，也成为男性抢占的对象。当女性结束了被共有共居的命运后，很快，就变成了私有财产，只有位高权重或更有能力的人，才能够拥有更多的女性，且拥有更美的女性。随之而来，女人既然是男人的私产，便不允许他人随意侵占，性也就变成了具有独特价值的财富，性行为就成为需要被限制的行为，未经女性的占有者允许，任何人不得与该女子发生性关系。

发展到封建社会，获得性价值的合法途径只有两种，一种是购买娼妓服务，另一种是通过婚嫁得到性伴侣。因此，婚姻的其中一个价值，就是解决人们合法的性行为问题。

社会发展至今，这种价值的独立性已大打折扣，婚前同居行为不再被视为违法行为，婚前性行为也为大众所接受，性价值不再是婚姻的独有价值。但婚后的性行为，只有受到国家法律的排外保护，才能有一定程度的专有属性。而婚前性行为，只要男女双方成年且自愿即可，国家不禁止，不反对，也不提倡。

（二）经济价值

原始的婚姻制度始于父系社会，最开始的婚姻，妇女被视作财产，有明显的财产属性。"在父系氏族期间，财产，第一在氏族内承袭，第二在氏族内排除了其他的成员，而只限于男系亲属的承袭，第三是依照死亡者亲属的亲疏顺序，依次限于最亲近的男系亲属的承袭。"[1]婚姻关系，不仅包含一定的经济因素，而且为经济利益服务。

婚姻制度经过千年演化，至今仍有较高的经济价值。男女双方缔结婚姻时，经常涉及彩礼的支付，且在结婚后，夫妻二人的财产，在没有书面约定的情况下，也会被认定为共有财产而发生混同混用。一个人经过婚姻的流程，就

---

① 刘发岑：《人类婚姻史概论》，四川出版社2010年版，第42页。

可以获得"1+1＝2"甚至"1+1>2"的经济价值，家庭的本钱多了，经济扩展的能力就会变强，更强的经济实力，在面对外部困难和抵御外部风险的过程中，就有更好的耐力和更大的张力，有利于家庭的长存、稳定和发展。

《民法典》婚姻家庭编中，实行夫妻共有财产制为主，约定财产制为辅的家庭财产认定模式，并规定夫妻之间对共有财产有平等的处置权。可以说，婚姻的经济价值属性，从始至终，一直发挥着强大的堡垒作用，让家庭变得更加稳定和坚不可摧。

（三）繁衍价值

人类社会得以延续和发展，离不开人群的繁衍生息，更新交替。

男女双方组建婚姻家庭后，繁衍后代成为家庭一项重要的任务。古语有云："不孝有三，无后为大"，在一定程度上体现的就是延续香火对家庭的重要性。古代社会甚至把"无子"作为可以直接"休妻"的理由之一。

现代婚姻制度对家庭的繁衍功能，更多从实现人口与经济、社会、资源、环境的协调发展的角度考虑。可以说，婚姻的繁衍功能，与国家的经济繁荣和社会发展息息相关。

（四）情绪价值

婚姻的情绪价值，是近年来被人们发现的婚姻独立价值之一。决定婚姻幸福与否的关键，实际上是婚姻的情绪价值。情绪价值是指婚后两人的情绪影响及情绪愉悦程度，一般由脾气、性格、三观、体贴、照顾等因素共同决定。夫妻在一起是否轻松愉悦，沟通是否顺畅，配偶是否真正懂你，就体现在对方给你带来的情绪价值上。

每个人都有自己的情绪，且从自我角度出发，自己的情绪都是正常且合理的。基于男女双方思维的不同，男女双方对同一事物的看法也经常不同，因此时常发生争执。婚姻情绪价值的重要性，就凸显出来，如何求同存异，如何夹缝中生存，如何巧妙地沟通，如何化解对立于无形，不仅是情商问题，也是价值观问题，发挥婚姻中的情绪价值，让彼此更愉悦，更美好，就成为每对夫妻都应该学习的必修课。

婚姻的情绪价值，有对内和对外两个功能：

1. 对内功能

夫妻之间的情绪互动和争执，像一面镜子一样，可以更好地向彼此展现和传达出男女两类人的不同思维重点和思维路径，让夫妻双方能够更好地理解彼此的想法，也更好地理解和识别家庭外部其他男女的想法，从而让彼此变得更加理性，思想也更加多元。

婚姻中的情绪价值，不光体现在对爱人的包容和理解上，还体现在对自身情绪的控制上。简言之，结婚后，你会明白"己所不欲，勿施于人"的含义，也会自然而然地理解"求同存异，共谋发展"的必要。

2. 对外功能

夫妻之间的相互理解和相互宽慰，能够在极大程度上降低外部环境对夫或妻的不良情绪影响，让夫妻变得更加团结，也更具力量。"人生不如意，十固常八九。"如果没有家庭作为后盾和情感支撑，很多人，可能会挺不过去那些不如意之事。

婚姻情绪价值，在帮助夫妻重塑信心，直面困难中，具有不可替代的作用。例如，我国对军婚进行特殊保护，对破坏军婚以犯罪论处。对军婚的特殊保护，在稳定军心和军人家庭方面，有着至关重要的作用。另外，对于身患疾病，身体残疾的特殊家庭，婚姻中另一半对自己的照顾和关爱，也是其能够继续活下去的勇气和力量源泉。

《民法典》第 1043 条规定，家庭应当树立优良家风，弘扬家庭美德，重视家庭文明建设。夫妻应当互相忠诚，互相尊重，互相关爱；家庭成员应当敬老爱幼，互相帮助，维护平等、和睦、文明的婚姻家庭关系。将文明家风建设作为婚姻家庭法律规定的倡导性原则，就是为了最大限度地发挥好家庭情绪价值的正向引导作用。

（五）自我价值

人有五种需要：生理需要、安全需要、社交需要、尊重需要和自我实现需要。提供生存价值意味着满足基本的生理需要，只有满足低层次需要后，才能满足更高层次的需要。

人类婚姻除满足基本的生育、代际传承、性爱功能等生理需要和安全需要外，也满足了经济扩展和相互扶持的社交和尊重需要，紧接着，就需要满足自我发展和实现自我价值的需求。

《民法典》第 1055 条保障了夫妻的平等地位；第 1056 条保障了夫或妻的姓名权；第 1057 条保障了夫妻双方的社交自由权；第 1058 条保障了夫妻平等享有对未成年子女抚养、教育和保护的权利；第 1060 条规定了夫妻一方的家事代理权；第 1061 条规定了夫妻有相互继承遗产的权利。

可以说，《民法典》对婚姻家庭中夫妻的权利保护，从人格独立，到财产权益，到法律地位平等，进行了全方位、立体式的系统保护，这必将极大促进男女地位的进一步平等，并帮助男女双方在婚内实现自我的独立价值。自我价值的提升，也是婚姻价值最大化的体现。在婚姻中找到更好的自己，无疑是对自己更大的肯定和激励。

二、婚姻价值的丧失

（一）性价值的丧失

婚姻的五大价值中，性价值和繁衍价值，是最简单的价值需求，大部分婚姻都可以满足，也是婚姻的底层价值。底层价值的丧失，意味着基本的婚姻需求无法满足，婚姻必然岌岌可危。

《2018 浙江省离婚纠纷司法大数据》显示，分居是离婚的第二大原因，与第一大原因的占比相差不大，接近三分之一。见前言图 5。

两人出现分居情形，意味着婚姻性价值已经丧失意义，一方提起离婚，就成为大概率事件。

（二）繁衍价值的丧失

有些夫妻，因身体或疾病原因无法生育，导致无法孕育后代。虽然也有双方协商一致不生孩子的婚姻，但总体占比较小。大多数家庭，还是希望有自己的后代，能够将自己的财富和梦想传承。

不过，无法生育，并非离婚的法定事由。婚姻缔结的基础，是感情。感情仍在，婚姻就可长存，是否需要后代，不同家庭需求不同，不能一概而论。

但不得不承认的是，多数传统家庭，将生育后代视为缔结婚姻的目标之一，如果无法生育，家庭生活也会失去吸引力，容易诱发感情变故，出现出轨或离婚情形。如果能生育，但不愿生育，则可以成为法定离婚理由。根据《最高人民法院关于适用〈中华人民共和国民法典〉婚姻家庭编的解释（一）》第 23 条规定："夫以妻擅自中止妊娠侵犯其生育权为由请求损害赔偿的，人民法院不予支持；夫妻双方因是否生育发生纠纷，致使感情确已破裂，一方请求离婚的，人民法院经调解无效，应依照《民法典》第一千零七十九条第三款第五项的规定处理。"

（三）经济价值的丧失

我国实行夫妻共有财产制，同时以约定财产制作为补充。但普通的工薪家庭和农民家庭，基本不会对婚内财产进行约定。基于大部分夫妻财产的共有性和夫妻关系的紧密程度，家庭的经济价值对婚姻关系影响有限，作为离婚原因的占比不高。

真正因经济原因产生离婚念头的，多是以下原因：（1）一方对另一方经济封锁和控制，导致生活艰难；（2）一方对重大共同财产私自转移、毁损、挥霍和隐藏，损害另一方权益；（3）一方对另一方重大疾病医治费用拒不承担；（4）一方对另一方遗弃或不扶养。

《民法典》第 1059 条规定，夫妻有相互扶养的义务。需要扶养的一方，在另一方不履行扶养义务时，有要求给付扶养费的权利。因此，当婚姻对家庭成员的经济扶助功能丧失后，家庭经济价值也就随之瓦解。

如果有足够的经济实力，或有较好的经济条件，不依赖于家庭经济扶持，则离婚后，不会影响自己的生存。但如果严重依赖于婚姻附随的经济价值，家庭成为圈养自己的保护伞，离开家庭难以生存，则需好好考虑，是否离婚。

（四）情绪价值的丧失

离婚案件中，人民法院驳回当事人诉讼请求的理由中，一条理由极为常见，即"婚姻需要双方的共同经营，只要双方加强沟通，互谅互让，仍有和好可能"。

此处的"共同经营""加强沟通""互谅互让"，就是指要发挥好婚姻家庭的情绪价值。夫妻间的沟通，要讲究策略方法和彼此感受，否则很容易触发情绪矛盾。

家庭琐事之所以成为离婚第一大理由，就是因婚姻的情绪问题没有解决，情绪价值无法体现。如果一对夫妻总是生活在不好的婚姻情绪中，对家庭和婚姻就会产生窒息感和逃离欲望，婚姻自然岌岌可危。

不过，需要注意的是，男女双方的思维模式和思维重点不同，情绪价值对女方的重要性要大于男性，女性相比男性而言，更需要被疼爱、被呵护、被关注。因此，一旦男性对女性的情绪缺乏足够关注，女性的情绪价值难以实现时，女性更容易提起离婚诉求。这一点从《司法大数据专题报告之离婚纠纷》也可看出，女性提起离婚的占比高达 73.40%。

（五）自我价值的丧失

每个人都有自己的独立价值，在婚姻关系中扮演着不可或缺的角色，如果自己的存在价值对婚姻变得可有可无，婚姻必然岌岌可危。夫妻之间相互扶持、相互帮助、相互保护、相互尊重，离不开各自价值的实现和展现，情感价值是双方结合的基础，但情感可能不断变化，每对夫妻，还需在婚姻中，实现自我价值的提升，并尽可能对家庭提供不可或缺的助力，这样婚姻关系会更加稳定。

第四节　对孩子成长有无重大影响

子女抚养问题，是有孩子的夫妻离婚必须考虑的问题之一。申请抚养孩子一方，需要就孩子的生活、学习、成长提前做好初步准备和规划。例如，孩子未来怎么办？自己上班的话，有无时间看管孩子，谁来带孩子，保姆成本多高，风险多大？离婚会不会影响孩子户口迁移问题，搬离原住房会不会影响孩子学区房及未来择校机会？平时谁接送孩子及补习或教导孩子作业？有无经济实力，短期内另行买房还是租房居住？工作是否稳定？能否给孩子提供更好的学习环境和成长条件？短期内要不要再婚？再婚时要不要带着孩子等。

另外，如果双方都争夺孩子抚养权，在孩子抚养权没有明确法律依据一定归某方抚养的情况下，己方是否做好可能丧失抚养权，只能行使探望权的准备。

对法官来讲，孩子抚养权的归属，可能只是几个字的表述，判归男方或女方抚养，都可以找到相应法律依据，但判决之后，孩子实际生活和成长，抚养和照顾，往往只能由亲生父母做好安排，法官不会有意见参与或方案安排，除非夫妻另起诉讼。

另外，孩子的心理健康也需要极为关注。父母离异后，孩子面临亲生父母分离、原始家庭重组、关爱与管教缺位、生活环境变更等重大不利变化，有时候还可能会遭遇外界一些恶意人员有色眼镜的窥探、审视、嘲笑或欺辱，这些都可能会极大地影响孩子的学习和成长环境，孩子可能也会因此出现心事甚至发展成为心理问题。

据《中国国民心理健康发展报告（2019-2020）》[①] 数据显示，24.6%的青少年抑郁，其中重度抑郁的比例为7.4%，其中很大一部分源于家庭问题。父母一旦离婚，外界评价就会无法避免、无法克服地出现在孩子面前，客观存在的影响也必然会发生，未来孩子能否坦然接受父母离婚的结果，接受外界的社会评价，能否降低离婚对生活、学习的不利影响，都是一些不可预知的事情，需要父母做好安排和心理疏导。

第五节　离婚的目的是否为追求幸福

一、夫妻原本是独立个体

夫妻双方相识相恋之前，本并不相识，也无浓情厚谊，更不互相隶属。爱情的火花出现后，两人产生化学反应，激情澎湃，就有些"非你莫属"了。

事实上，遇到爱的人之前，我们已独立生活多年，遇到爱的人之后，除精神上的变化处，仅从物质角度而言，我们依旧能独立生活很多年。找到人生伴侣之前，任何一个人，都无法说清自己的另一半在哪里，长什么模样。而仅是

---

① 傅小兰、张侃、陈雪峰：《中国国民心理健康发展报告（2019~2020）》，社会科学文献出版社2021年版，第105页。

认识未来配偶一项，因地域、国籍、身份、地位、语言、环境、认知、见识、经济条件、审美等原因，就会排除很多异性。

所有的爱情，都发自偶然，没有命中注定，就是一系列自我选择和不断调整的偶然。夫妻中的两个人，也并非不可替代，他们本是完全不相关的两个独立个体，一方因故离婚后，另一方也完全可以另择佳侣。

二、婚姻维系的基础是感情

《民法典》婚姻家庭编中对结婚的目的虽未提及，但第 1046 条明确规定，结婚应当男女双方完全自愿，禁止任何一方对另一方加以强迫，禁止任何组织或者个人加以干涉。可见，我国法律规定了男女双方的"结婚意志"自由，没有两情相悦或两方同意，不可能走向结婚。

另外，《民法典》第 1079 条第 1 款和第 2 款规定，夫妻一方要求离婚的，可以由有关组织进行调解或者直接向人民法院提起离婚诉讼。人民法院审理离婚案件，应当进行调解；如果感情确已破裂，调解无效的，应当准予离婚。可见，我国将"感情破裂"作为准许离婚的唯一标准。虽然《民法典》第 1079 条第 3 款规定了一些应当准许离婚的法定情形，但这些情形，也都被视为"感情破裂"的一种外在表现。

因此，结婚和维系婚姻，依赖的都是两个人的感情。结婚时，夫妻大多数是坚定的、愉悦的，充满渴望和信仰的，选择结婚，也是毫不犹豫和共同期待的结果。两人结婚的目的也是获得幸福和快乐，为了追求更好的生活品质和生活状态。在离婚时，不妨回想过去，回望初心，仔细品查一下，感情是否还在，是否已经再也无法回头。

三、离婚目的是追求幸福

离婚只是离开对方的手段，并非目的。婚姻因感情相和而聚，因感情破裂而散。结婚目的是追求自己的幸福，不惜赌上自己的青春；离婚也应该为追求自己的幸福，用自己的后半生去证明。

离婚不是难事，也不可怕，结婚和离婚的目的，其实都一样，都是追求自己的幸福。如果内心坚信，离婚，会给你带来更好的未来，会看到更好的自己。那么，离婚就是你的不二之选。如果内心摇摆，对未来充满无助的焦虑和恐惧，对婚姻抱着可有可无、可离可不离的混沌心态，则选择离婚，并非明智之举。这一切，都依赖于自己的本心判断，外人无法给你答案。

第六节　律师提示：家庭矛盾在所难免

一、现代的男女之情

现代的男女之情，多基于自由恋爱，从互相认可的恋爱关系中，诞生出深厚的情感，并将对方作为未来伴侣的持久选择，这就是现代的爱情。

爱情的情感，虽与生俱来，但爱情获得独立的地位和生机，获得世人的尊重和认可，甚至被推崇为一种信仰和伟大的力量，却是一个漫长的历史过程。人们认同爱情的伟大、重要和独立价值，并成为今天人们结婚的前提，是一代代人经过不懈的努力和文学渲染换来的结果。

中华人民共和国成立后，颁布的第一部法律就是婚姻法，当时为了扭转女性地位低下，毫无自主权的婚姻现状，明确禁止"买卖婚姻"和"包办婚姻"，明确提出"不得干涉子女婚姻"，明确"婚姻自由""一夫一妻""男女平等"的基本原则，经过几十年的努力，女性的地位才逐渐提高，逐步实现恋爱自由、婚姻自由和离婚自由。

现代婚姻，大多脱胎于自由且独立的"爱情"观。这种爱情观，诞生于几个"基石"之上：

（1）男女地位平等；

（2）男女两情相悦；

（3）男女自由选择；

（4）任何一方有权在感情破裂时提出离婚；

（5）认同一夫一妻和忠诚义务。

二、爱情产生的主客观条件

爱情源于爱美。爱美之心，人皆有之。美的含义较为丰富，可以是长相美，心灵美，风度美，也可以是让人心仪的其他方面，如学识、幽默、才华、品行等。

"美"只是产生爱情的前提条件，光有"美"远远不够。爱情的诞生，还需要满足两类条件：

（一）主观条件

1. 情感上：两人能很好地沟通交流，两情相悦，心心相印。

2. 精神上：精神正常，有相应的行为能力和表达能力。

3. 价值观：双方价值观能够互相认同，互相尊重。

4. 身份上：两人均无配偶或伴侣，彼此愿意加深交往。

（二）客观条件

1. 身体条件：身高、体重、年龄、相貌符合彼此要求，且身体健康。

2. 经济条件：对方的经济或家庭条件，达到可接受的要求。

3. 交往条件：两人有交往的机会和可能，且愿意交往。

4. 外部条件：两人不存在外部不可克服的阻力或其他法律上限制的情况。

因此，两人之间产生爱情，结婚生子，需要符合相应的主客观条件。相识，需要有认识的机会和可能；相恋，需要两人彼此看中，相处融洽，有继续加深交往的意愿；相爱，需要两人深度信任，浓烈依恋和性爱激情；结婚，需要满足法定婚龄，进行法定登记，民间还需要父母同意，彩礼交接；生子，需要身体健康，共同居住，时间合适；共筑家园，需要有购房能力，以及买家具家电，装修改造，铺陈装饰等。

三、爱情会发展变化，出现各种演变

爱情是典型的综合性感情，具有模棱两可的混沌属性，爱情在不知不觉中产生，可以和其他感情、利益或欲望混杂在一起。爱情可以在特定条件下产生，也可以发展变化，可以受到各种影响，可以从无到有，也可以从有到无，可长可短，充满变数。

很多爱情，步入婚姻后，随着柴米油盐的琐碎，激情的消磨，感情转化为浓厚沉稳的亲情，虽然平淡，但家庭和睦，感情仍很稳定；也有些爱情，随着日常矛盾的叠加和激化，感情越发冷淡，最终无影无踪，虽没有离婚，但也心灰意懒，只为消磨余生时光；还有些爱情，因日常摩擦处理不当，矛盾由小生大，两人恶言相向，拳脚相加，不仅爱情化为乌有，更是恨意满满，最终反目成仇，走向离婚，还有些夫妻，不及离婚，就对爱人举起屠刀，结果了性命。

爱情会随着时间和条件的变化而发展变化，婚姻也需要双方的共同经营和努力维持方能长久。爱情、友情、亲情，人类最重要的三大情感，都会随着世事变迁，出现各种变化，无一例外。

四、婚姻存续时间变长，生活充满变化

国家卫生健康委员会发布的《2021年我国卫生健康事业发展统计公报》[①]显示，我国居民人均预期寿命，由2020年的77.93岁，提高到2021年的78.2岁。如果按男士法定结婚年龄22周岁计算，一个完整的人生，可能有50年的婚姻生活期间。对于大多数人来说，50年，可以跨越一生中大多数的重要时刻，也足够见证人生的起起伏伏。

结婚，是二人共同生活的开始，抛开事业和身体疾病不说，大多数人婚姻家庭的发展轨迹，其实大同小异，有一定发展规律，都会经历如下历程：

1. 孩子线条历程：（1）结婚；（2）生子；（3）照顾小孩；（4）孩子上幼儿园；（5）孩子上小学；（6）孩子上中学；（7）孩子上大学或找工作；（8）孩子结婚；（9）孩子生子；（10）照顾孙子女或外孙子女。

2. 父母线条历程：（1）父母操办婚姻；（2）父母照看孩子；（3）逢年过节看望父母；（4）给父母祝寿；（5）给父母看病；（6）给父母养老；（7）给父母送终；（8）清明节悼念。

3. 两人线条历程：（1）新婚后的短暂浪漫甜蜜期；（2）平静后的生活和性格磨合期；（3）有孩子后生活变化的再次磨合期；（4）携手共进的努力奋斗期；（5）生活重压下的中年生活平淡期；（6）老来相守相伴的生活陪伴期；（7）爱人先走一步的独居期。

---

① 《2021年我国卫生健康事业发展统计公报》，载国家卫生健康委员会网站，http://www.nhc.gov.cn/guihuaxxs/s3586s/202207/51b55216c2154332a660157abf28b09d.shtml，2023年3月2日访问。

从上述不同线条的历程可看出，结婚，步入婚姻殿堂，只是两人共同生活开始的一小步，往后的日子，还有很多事情要共同经历，共同面对。并且，人具有社会属性，两个人婚前婚后，都不可能脱离社会存在。两个人的情感，随着社会属性的侵蚀，也会变成混合情感。爱情中，会掺杂亲情、友情，生活和事业中的利益和欲望，也会对爱情造成影响，各种生活中的矛盾摩擦带来的痛苦和无奈，也会对爱情造成影响。最终，爱情会变成一种复杂的综合情感，不同情感和欲望的杂糅，使它变得有韧性和耐性，也会变得面目全非。

因此，走入婚姻，就要接受爱情变化的可能，接受婚姻生活的淬炼。夫妻能否经受住生活的考验和社会的锤打，让爱情的光芒永不消沉，让婚姻的路程不再坎坷，是需要时间去检验的。

五、男女思维不同，家庭矛盾在所难免

离婚纠纷案件中，人民法院驳回离婚请求最常见的理由就是："因生活琐事产生矛盾实属正常，现有证据不足以证明夫妻感情破裂。"

其实，任何一个家庭，都会因各种事情产生矛盾，大到买房买车、工作事业、孩子择校；小到家具摆放、周末游玩和饭菜口味，都有可能出现观点不同和意见争执。这是因男女的思维，父母和子女的思维，夫妻和孩子的思维不同导致，家庭有摩擦是正常现象。

（一）男人和女人的不同思维

多数男性的思维：理性，注重逻辑，目标性、竞争性和征服性都较强，擅长与人合作。典型男性思维是："出现问题，先看谁的问题，能否解决，怎么解决"及"对就是对，错就是错，错了就要纠正，不能敷衍了事"。

多数女性的思维：感性，注重联系，需要倾诉、陪伴、信赖和安全感，不擅长与他人合作。典型的女性思维："你忘记当初是怎么说的了吗？""你为什么不能考虑考虑我的感受？""你为什么吼我，为什么不让着我？"

男女双方因思维路径和思维方式的不同，导致思维结果不同，最终导致观点不同。观点不同引发争议，争议引发争吵，矛盾就难以避免。如果选择鸵鸟式避免争吵，矛盾只会日益积攒；如果选择无关对错式的敷衍认错，虽然换来

一时宁静，却也丧失了是非对错观，无法更好地了解彼此想法和改善彼此关系。

因此，最好的方式是有限度和克制的争吵，从争吵中了解彼此真实想法和底线，从而慢慢增加理解感和同理心，避免未来更多的分歧和争吵。吵而不崩，控制火候，把争吵看成一场激烈的情感沟通，而不是看作情感崩溃的前兆，可能对双方都有益处。

（二）父母和子女的不同思维

结婚后，夫或妻两家的父母，或多或少会和自己的子女及子女的配偶，产生一些交集。父母和子女是两代人，两代人的生存环境和成长环境不同，有不同的世界观、人生观和价值观，在一些问题上，看法自然也会有或多或少的不同，也可能有代沟。

从思想上讲，父母年龄更大，无论生理还是心理上，都比子女更加成熟，父母的经历和经验也更加丰富，做事或考虑问题，也相对更谨慎或周密。虽然父母的学识、智力可能不如子女，但父母的人生处世经验和福祸得失心态，大多数子女却远不能及。父母总会以过来人的心态，去沟通或表达一些自己的看法，这对子女来讲，很多并不能理解和接受，也经常会以时代和环境不同，不置可否或断然反驳，出现一些争议。

从家庭地位上讲，虽然法律地位人人平等，但家庭中，父母是长辈，尊老爱幼是我国的传统美德，父母将子女从小养大，作为家中曾经的顶梁柱和一家之主，需要有自己的权威感和体面感，这也是人之常情。虽然随着年龄的增长和子女的长大成人，父母的意见和见解，渐渐跟不上时代变化和行业发展，但为了维护父母的威信和尊严，他们也不会轻易接受子女的各种建议和提议，更不会对子女唯命是从。子女成长中的反抗和父母年老中的坚持，就表现在一次又一次的争执和冲突中。

从沟通意愿上讲，父母不愿意向子女征求意见，成年子女也很少向父母征求意见，各自独立的生活和独立经历，使得父母和子女间更缺乏沟通，除生活上的彼此联系外，几乎没有其他方面的沟通，这就加深了各自对问题和真实情况的不了解和不理解，从而容易产生冲突和矛盾。

（三）夫妻和孩子的不同思维

夫妻和孩子，也是两代人，自然存在代沟和隔阂。夫妻在教育和养育子女的过程中，不可避免会加入自己的意志和想法，并按照自己的意愿去给孩子规划一个看起来美好的未来，并以为孩子好为理由和借口，对孩子的生活、学习和成长进行各种干预和指导。

对于孩子来讲，自我独立意识的觉醒和自我方向的认知，以及对独立自由的向往和对未来道路的自我规划，经常使父母和子女之间出现各种意见相左或言语冲突。

父母一方面不想让自己的孩子变成"乖乖兔"，毫无自己的主见和责任担当；另一方面又不想让孩子太过独立和自我决断，变成失控的叛逆儿童，所以在孩子的成长过程中，各种矛盾和冲突自然也就在所难免。

因此，在任何一个家庭中，无论是夫妻二人，还是夫妻的父母和子女之间，抑或是夫妻和自己的子女之间，都会因各种事情，产生各种争执和矛盾摩擦，发生各种观点相左，这并非"性格不合"，更非"婚姻错误"，而是一种正常的社会现象。用哲学上的观点来解释这种现象，就是"矛盾具有普遍性和特殊性，万事万物皆有矛盾。矛盾无时不在，无处不有，又各有不同"。

第二章
起诉离婚前，完成六项工作

第一节　离婚自由，把握协商机会

《民法典》第 1041 条第 1 款、第 2 款规定，婚姻家庭受国家保护。实行婚姻自由、一夫一妻、男女平等的婚姻制度。《民法典》第 1042 条第 1 款规定，禁止包办、买卖婚姻和其他干涉婚姻自由的行为。禁止借婚姻索取财物。

此处的婚姻自由，包括恋爱自由、结婚自由和离婚自由。离婚自由，并非指婚内任何一方想离婚，单方即可宣告离婚。离婚必须经过法定程序，获得国家认可的离婚证明材料，才能够离婚成功。因此，离婚自由有两层含义：（1）双方对离婚事宜协商一致后，有随时请求婚姻登记机关办理离婚登记的自由；（2）双方对离婚事宜，无法协商达成一致意见，任何一方有向法院提起离婚诉讼的自由权。

离婚方式有两种，协商登记离婚和诉讼离婚。因离婚涉及婚姻关系解除、孩子抚养权归属、共同财产分割等一系列问题，当事人在遭遇婚姻和感情危机时，应把握住平等协商的机会，优先考虑协议登记离婚的方式，尽可能避免走向离婚诉讼，以防各项利益诉求进入失控状态。协商离婚和诉讼离婚相比，有以下优点：

1. 沟通方式更平和

夫妻之间的法律地位平等，双方沟通离婚事宜时，是站在平等的地位上进行对话，意见可以自由和充分地表达，也无须就自己的发言提供证据，双方发表意见，可以更加简单直接，情绪也相对更加放松和平和。

诉讼离婚不同，诉讼具有明显的对抗性色彩，原告、被告各自的观点，往往是各执一词，针锋相对，互不认可的，沟通情绪上往往充满火药气息。另外，人民法院作为司法机关，属于公权力机关，对案件有管辖权和审判权，原告和被告的法律地位虽平等，但当事人和法院之间的地位并不平等，当事人要听从法官指挥，遵守法庭纪律，配合法官审查案件，向法官提交证据材料，回答法官相关提问，整个诉讼过程中，当事人对法官又相对尊敬和服从，整个诉讼庭审过程中，当事人会显得更严谨、严肃和紧张。

2. 沟通过程更可控

双方协商离婚时，可以对沟通的时间、地点、方式、内容进行选择和约定，也可以进行多次沟通和反复沟通，整个沟通的过程，都可以在双方的掌控之下。

离婚诉讼恰恰相反，所有诉讼程序都有法律规定，当事人只能按照法定程序，在人民法院主导下进行，由法官确定具体的开庭日期、地点、内容、时长和次数，当事人大多数情况下只能选择被动接受，导致可控性较差。

3. 离婚周期更短

协商登记离婚的周期比较短。根据《民法典》第 1077 条的规定，自婚姻登记机关收到离婚登记申请之日起三十日内，任何一方不愿意离婚的，可以向婚姻登记机关撤回离婚登记申请。前款规定期限届满后三十日内，双方应当亲自到婚姻登记机关申请发给离婚证；未申请的，视为撤回离婚登记申请。因此，协议离婚登记的时间周期为 31~60 天，当事人最早可以在离婚冷静期届满后的次日办理离婚登记；最晚可以在离婚冷静期届满后的第 30 天办理。

诉讼离婚的周期相对较长。根据《中华人民共和国民事诉讼法》（以下简称《民事诉讼法》）第 164 条的规定："人民法院适用简易程序审理案件，应当在立案之日起三个月内审结。有特殊情况需要延长的，经本院院长批准，可以延长一个月。"第 152 条规定："人民法院适用普通程序审理的案件，应当在立案之日起六个月内审结。有特殊情况需要延长的，经本院院长批准，可以延长六个月；还需要延长的，报请上级人民法院批准。"可见，离婚诉讼案件的审理周期，快则三个月内，慢则一年内，时间周期较长，且有不可控因素。

4. 离婚结果可预期

根据《民法典》第 1076 条的规定，夫妻双方自愿离婚的，应当签订书面离婚协议，并亲自到婚姻登记机关申请离婚登记。离婚协议应当载明双方自愿离婚的意思表示和对子女抚养、财产以及债务处理等事项协商一致的意见。因此，协商离婚的夫妻，一旦达成协议，对于子女抚养、财产分割和债务处理的情况，是明知且认可的。

但离婚诉讼不同，在人民法院判决作出前，双方对能否离婚、子女归谁抚养，财产怎么分割，债务怎么承担，都是不确定的，无法预知结果。如果任一方对判决结果不满意，只能选择上诉的方式进行解决，且上诉的结果，在裁决书作出前，也一样具有不确定性。

5. 后续执行更主动

协商登记离婚，因充分考虑了双方的意见和需求，达成了双方一致认可的协议，故离婚协议的履行，会相对更主动和直接，大多数情况下，当事人无须去人民法院申请强制执行，对方会主动配合履行。

诉讼离婚则不同，因诉讼结果不一定符合当事人的预期，当事人对诉讼结果不满意时，可能会故意拖延执行或逃避执行，最终可能使离婚判决的履行陷入困境，当事人不得不申请人民法院强制执行。

第二节　提前核实查明夫妻财产

夫妻之间，如未约定分别财产制的，应适用夫妻共同财产制。根据《民法典》第 1062 条的规定："夫妻在婚姻关系存续期间所得的下列财产，为夫妻的共同财产，归夫妻共同所有：（一）工资、奖金、劳务报酬；（二）生产、经营、投资的收益；（三）知识产权的收益；（四）继承或者受赠的财产，但是本法第一千零六十三条第三项规定的除外；（五）其他应当归共同所有的财产。夫妻对共同财产，有平等的处理权。"

司法实务中，基于家庭财务制度的不普及和不健全，很多家庭中，夫或妻总有一方，不清楚家里的财产状况，不知晓配偶的财产使用情况，因此极易发生一方利用信息不对称和不透明，实施隐藏、转移、挥霍、毁损共有财产的行为，损害另一方对共有财产的合法权益。

《民法典》第 1062 条第 2 款规定，夫妻对共同财产，有平等的处理权。该权利实现的前提，是对共有财产有知情权。离婚时，对共有财产的分割迫在眉睫，首要解决的问题是，如何知晓共同财产情况。查询共有财产方法如下：

一、房产信息查询

房产属于不动产，不动产的权利归属需要进行登记才能生效，除非法律另有规定。

（一）查询机构

根据《不动产登记资料查询暂行办法》第 3 条的规定："县级以上人民政府不动产登记机构负责不动产登记资料查询管理工作。"第 7 条第 1 款规定："查询不动产登记资料，应当在不动产所在地的市、县人民政府不动产登记机构进行，但法律法规另有规定的除外。"

不动产信息查询具有明显的"属地查询"特点，当事人如果在不同省市有多套房产的，需要分别前往相应的市、县人民政府不动产登记中心进行查询，不能跨省跨市查询。基于房产信息的特殊性，我国目前不支持当事人对被查询人进行全国房产信息的联网查询。

（二）查询权利主体

根据《不动产登记资料查询暂行办法》第 4 条的规定："不动产权利人、利害关系人可以依照本办法的规定，查询、复制不动产登记资料。不动产权利人、利害关系人可以委托律师或者其他代理人查询、复制不动产登记资料。"可见，不动产信息查询的权利主体，主要有两类人员：不动产权利人和利害关系人。

1. 不动产权利人

根据《不动产登记资料查询暂行办法》第 14 条、第 17 条、第 18 条的规定，上述的"不动产权利人"，包括不动产登记簿上记载的权利人及不动产登记主体的继承人、受遗赠人，不动产登记主体的清算组、破产管理人、财产代管人、监护人等主体，并没有明确配偶的查询权利。因此，如果不动产登记簿上没有登记配偶一方的名字，配偶的查询申请，可能会遭到拒绝或驳回。当然，不同机构的审核尺度不一，部分查询机构基于结婚证、身份证等查询主体信息材料的提供及情况问询，也会按照《民法典》第1062条的规定，只要是结婚后登记的房产，按照夫妻共同财产的法律规定，给配偶进行查询。但如果查询机构审核严苛，配偶查询的申请被拒绝，则只能通过提起民事诉讼的方式，使自己成为"利害关系人"进行查询。当然，也可以提起民事诉讼后，直接向法院申请调查案涉房产信息，根据《民事诉讼法》第70条第1款的规定："人民法院有权向有关单位和个人调查取证，有关单位和个人不得拒绝。"当事人向法院申请调查取证时，也需要在调查取证申请书中，载明房屋的基本信息，如不动产所在的具体位置，不动产登记权利人的姓名、身份证号等基础信息。

2. 利害关系人

根据《不动产登记资料查询暂行办法》第19条的规定："符合下列条件的利害关系人可以申请查询有利害关系的不动产登记结果：（一）因买卖、互换、赠与、租赁、抵押不动产构成利害关系的；（二）因不动产存在民事纠纷且已经提起诉讼、仲裁而构成利害关系的；（三）法律法规规定的其他情形。"

如果配偶一方查询不动产的登记信息，而自己不属于登记权利人，一般只能在提起民事诉讼后，拿着法院的案件受理通知书去登记机构进行查询。如果尚未起诉，无法提供案件受理通知书的，根据《不动产登记资料查询暂行办法》第21条的规定，提交一般查询资料后，只能查询少量的基础信息，如不动产的自然状况；不动产是否存在共有情形；不动产是否存在抵押权登记、预告登记或者异议登记情形；不动产是否存在查封登记或者其他限制处分的情形。

（三）查询所需材料

根据《不动产登记资料查询暂行办法》第8条的规定："不动产权利人、利害关系人申请查询不动产登记资料，应当提交查询申请书以及不动产权利人、利害关系人的身份证明材料。查询申请书应当包括下列内容：（一）查询主体；（二）查询目的；（三）查询内容；（四）查询结果要求；（五）提交的申请材料清单。"

实务中，查询权利人去不动产登记中心办理查询事宜时，当地机构会要求查询人员填写制式表格的查询申请书，其中包含上述内容的填写要求，不同机构，对填写内容的规范性审查要求不同，需要实地去各地不动产登记中心咨询了解。

另外，利害关系人查询，基于查询原因的不同，需要提交的证明材料也有所区别，根据《不动产登记资料查询暂行办法》第20条的规定，因买卖、互换、赠与、租赁、抵押不动产构成利害关系的，应提交买卖合同、互换合同、赠与合同、租赁合同、抵押合同；因不动产存在相关民事纠纷且已经提起诉讼或者仲裁而构成利害关系的，应提交受理案件通知书、仲裁受理通知书。

（四）房屋登记信息——调查取证申请书示例①

调查取证申请书

申请人：姓名，性别，＿＿＿＿年＿＿＿月＿＿日出生，民族，＿工作单位＿职工（或无业）；

住址：＿＿＿＿省＿＿＿市/县＿＿＿区＿＿＿＿＿＿＿＿街＿＿号。

联系电话：＿＿＿＿＿＿＿

请求事项：

请求依法查询地址为＿＿＿＿＿＿的房屋的产权登记信息、购房合同和抵押登记情况。

事实和理由：

申请人（原告）＿＿＿＿与被告＿＿＿＿系夫妻关系，现双方因离婚纠纷诉至法院，贵院已经受理本案，案号为＿＿＿＿＿＿，现在正在审理过程中。

原告与被告结婚后，被告表示自己在外面购买有多处房屋，但一直没有告知过原告房屋的相关情况，后双方因感情不和分居，被告经常居住在地址为＿＿＿＿＿＿的房屋，且缴纳了该房屋的相关物业费和取暖费。

---

① 本书所引文书样本均为作者原创，"法自助法律文书库（https：//fakukeji.com/index. html）"可查。下文对此不再提示。

　　经查，该房屋是双方婚后才开发出售的房屋，且被告一直在归还房屋贷款，该房屋应属于被告婚后购买的房屋，属于夫妻共同财产，现因被告拒不提供案涉房屋的相关信息，导致原告合法权益受到侵害。

　　根据《民事诉讼法》第67条的规定，当事人对自己提出的主张，有责任提供证据。当事人及其诉讼代理人因客观原因不能自行收集的证据，或者人民法院认为审理案件需要的证据，人民法院应当调查收集。现申请人申请法院向_____不动产登记事务中心调取上述地址的房屋购房合同、房屋登记信息和抵押登记信息，以查明房屋权属情况，以便分割夫妻共同财产。

　　特此申请。

（以下无正文）

此致

_____人民法院

申请人：××

××年××月××日

二、车辆查询

（一）查询机构

　　车辆属于动产，但我国对机动车实行登记管理，故机动车的信息，可以进行登记信息的查询。

　　根据《机动车登记规定》第10条、第16条、第25条、第31条、第37条的规定，机动车的初始登记、变更登记、转让登记、抵押登记、注销登记等信息，都是由车辆登记地的车辆管理所进行登记。因此，查询车辆登记信息的机构，是车辆登记地的车辆管理所。

（二）查询主体

　　目前国内并没有统一的机动车登记查询规定，各地车辆管理所自行制定相应的查询要求。但是，机动车登记权利人作为机动车的登记车主，有权查询自己名下车辆的登记情况。

另外，公安机关、人民检察院、人民法院等司法机关，根据办案需要，基于法定职权和法定职责，也可以进行相关信息的查询。

如果车辆登记在配偶一方名下，另一方去查询车辆登记信息，多数情况下，会被车管所拒绝查询。此时，需要先向法院提起民事诉讼，再向人民法院申请调查取证，由人民法院进行查询。

当事人如果委托律师的，也可在立案后，申请律师调查取证，部分地方的车管所，会根据《律师法》第 35 条第 2 款的规定，律师自行调查取证的，凭律师执业证书和律师事务所证明，可以向有关单位或者个人调查与承办法律事务有关的情况。配合予以调取，但具体调查的内容及所需资料，需要到各地车管所进行咨询了解，并无全国统一规定。

（三）查询所需资料

实务中，自然人查询的，只能查询个人名下的登记车辆，一般需要提供个人身份证及复印件，车辆行驶证原件及复印件，填写相应的查询申请单，写明查询人员信息，查询原因及查询目的；单位查询的，单位代理人需提供单位的《组织机构代码证书》或三证合一后的《营业执照》、加盖单位公章的委托书和被委托人的身份证、车辆行驶证进行查询，也需要填写查询申请单。具体的查询申请单，各地车管所样式和需求不同，需要去当地车管所具体咨询了解。

（四）车辆信息——调查取证申请书示例

调查取证申请书

申请人：姓名，性别，_____年____月____日出生，民族，__工作单位__职工（或无业）；

住址：_____省_____市/县_____区_____街____号。

联系电话：_____

请求事项：

请求依法调取_____（身份证号：_____）名下车牌号为_____的车辆登记信息。

事实和理由：

申请人（原告）_____与被告_____系夫妻关系，现双方因离婚纠纷诉至法院，贵院已经受理本案，现在正在审理过程中。

被告_____名下车牌号为_____的车辆属于夫妻共同财产，但被申请人拒不提交相关车辆信息。

根据《民事诉讼法》第 67 条的规定，当事人对自己提出的主张，有责任提供证据。当事人及其诉讼代理人因客观原因不能自行收集的证据，或者人民法院认为审理案件需要的证据，人民法院应当调查收集。

因上述车辆在被告手中，相关手续也在被告手中，申请人无法自行调取，故申请法院责令被申请人提交上述车辆的登记信息，或依照职权向_____车管所调取上述车辆的登记信息。

特此申请。

（以下无正文）

此致

_____人民法院

申请人：××

××年××月××日

三、银行存款查询

（一）查询机构

银行存款的查询机构，是银行账户的开户行。

（二）查询主体

银行存款是最容易分割的夫妻共同财产，也是登记最清晰的财产，却最难查询。根据《储蓄管理条例》第 32 条的规定："储蓄机构及其工作人员对储户的储蓄情况负有保密责任。储蓄机构不代任何单位和个人查询、冻结或者划拨储蓄存款，国家法律、行政法规另有规定的除外。"《个人存款账户实名制规定》第 8 条规定："金融机构及其工作人员负有为个人存款账户的情况保守秘密的责任。金融机构不得向任何单位或者个人提供有关个人存款账户的情况，并有权拒绝任何单位或者个人查询、冻结、扣划个人在金融机构的款项；但是，法律另有规定的除外。"

另外，根据《个人信息保护法》第 22 条的规定，金融账户属于个人的敏感信息，一旦被泄露或者非法使用，容易导致自然人的财产安全受到危害。

国家法律对自然人的银行账户信息严格保护，任何单位或者个人不得随意进行查询，除非权利人同意或法定机构依照法定职权和法定程序调取。即便是夫妻关系，一方配偶也不能随意查询对方的存款信息。离婚前，如果一方要想知道配偶名下银行账户的存款信息，只能通过向人民法院申请调查取证的方式获取。

（三）申请调查取证

离婚诉讼时，需要对夫妻共同财产进行分割，配偶属于明显的利害关系人。此时，一方当事人虽然无法自行去银行查询配偶的银行账户信息及银行流水，但可以向人民法院申请调查取证。

根据《民事诉讼法》第 64 条的规定，代理诉讼的律师和其他诉讼代理人有权调查收集证据，可以查阅本案有关材料。查阅本案有关材料的范围和办法由最高人民法院规定。第 67 条第 2 款规定，当事人及其诉讼代理人因客观原因不能自行收集的证据，或者人民法院认为审理案件需要的证据，人民法院应当调查收集。第 70 条规定："人民法院有权向有关单位和个人调查取证，有关单位和个人不得拒绝。"

综合以上规定，当事人及其代理人，因客观原因不能自行收集的证据，可以向人民法院申请调查取证的，人民法院可以直接依据职权向有关单位和个人调查取证，有关单位和个人不得拒绝，银行也不例外。

不过，当事人向法院申请调查取证，也需要提供相应的财产线索，如银行卡号或开户行等基本信息，人民法院不会仅通过当事人的姓名和身份证号，就去各银行进行海量筛选查询。

因此，当事人在平常共同生活中，需要自行留意和保管好家中的双方存折、银行卡、POS 机刷卡小票、银行存单、发票开票信息、开户凭单、交易流水、交易合同、缴纳水费、电费、物业费票据等信息，以便有查询需要时，可以向人民法院提供最基础的财产线索信息。

实务中，还有一种比较常见的调查取证方法，如调查令。调查令是近几年法院新兴起的调查取证方式，一般只能在案件立案后，由当事人委托的代理律师，通过法院规定的程序和要求，提出书面申请，法院准许后，会出具《调查令》，赋予有执业资格证的律师，根据明确的调查取证权限，让律师携带证件和有关资料，亲自前往有关机关，进行指定材料的调取。

目前我国法律层面对"调查令"尚未形成统一规定，但各地司法实践中，已经开始广泛使用"调查令"。调查令的具体适用范围和情形，由各地人民法院结合当地实践进行制定。

例如，2017年10月发布的《广州市中级人民法院关于民事诉讼律师调查令的实施办法（试行）》第2条规定，代理律师因客观原因不能自行收集证据时，可以在审理、执行阶段向已受理案件的人民法院申请律师调查令。申请调查的证据应当与待证事实有关联性且能证明案件基本事实。代理律师在案件审理中申请律师调查令仅限于一审普通程序，且应当在案件受理后举证期限届满前提出。代理律师在执行阶段申请律师调查令，应当在执行终结前提出，申请调查的证据限于被执行人履行本案义务所需财产状况的证据。

（四）存款查询的起止时间

关于查询的起止时间，人民法院并无明文规定。实务中，多数法院会允许查询一年内的银行存款流水。起止日期一般是从离婚诉讼立案之日往前倒推一年截至查询当日。针对有些离婚案件第一次起诉离婚，人民法院判决不准予离婚，再次起诉离婚的，对上述账户信息的查询期限，可以以第一次离婚诉讼起诉之日往前倒推一年，而不是以第二次离婚诉讼立案之日起倒推。

此外，个别情况下，法院查询账户的历史交易记录期限，也可以超出两年。有些当事人财产较多，且账户内转移资金动作频繁，短期内的资金账户明细，不足以反映其真实情况。此时，如果有相关的流水记录，可以反映出对方存在隐匿、转移、挥霍共同财产可能的，也可以向法院申请查询更长期限的银行账户流水记录，以查实夫妻共同财产的真实情况。

（五）申请人民法院责令对方提供银行账户信息及流水信息

离婚案件中，分割夫妻共同财产是重要的内容之一。当事人也可通过申请法院指令对方提供相应银行账户信息及流水信息的方式，要求对方直接提供。根据《最高人民法院关于民事诉讼证据的若干规定》第 45 条第 1 款的规定："当事人根据《最高人民法院关于适用〈中华人民共和国民事诉讼法〉的解释》第一百一十二条的规定申请人民法院责令对方当事人提交书证的，申请书应当载明所申请提交的书证名称或者内容、需要以该书证证明的事实及事实的重要性、对方当事人控制该书证的根据以及应当提交该书证的理由。"

《最高人民法院关于民事诉讼证据的若干规定》第 47 条第 1 款规定："下列情形，控制书证的当事人应当提交书证：（一）控制书证的当事人在诉讼中曾经引用过的书证；（二）为对方当事人的利益制作的书证；（三）对方当事人依照法律规定有权查阅、获取的书证；（四）账簿、记账原始凭证；（五）人民法院认为应当提交书证的其他情形。"

《最高人民法院关于民事诉讼证据的若干规定》第 48 条规定："控制书证的当事人无正当理由拒不提交书证的，人民法院可以认定对方当事人所主张的书证内容为真实。控制书证的当事人存在《最高人民法院关于适用〈中华人民共和国民事诉讼法〉的解释》第一百一十三条规定情形的，人民法院可以认定对方当事人主张以该书证证明的事实为真实。"

如果对方拒不提交相关银行账户及流水明细，也可以"故意隐藏财产"为由，根据《民法典》第 1092 条的规定，申请就共同财产给对方不分或少分。

（六）银行存款——调查取证申请书示例

调查取证申请书

申请人：<u>姓名</u>，<u>性别</u>，_____年____月____日出生，民族，<u>工 作 单 位</u>__职工（或无业）；

住址：_____省_____市/县_____区_____街____号。

联系电话：_____

请求事项：

请求依法调取_____（身份证号：_____）名下工商银行卡号为_____的账户资金流水信息，调取时间段范围：_____年____月____日至

_____年____月____日。

事实和理由：

申请人（原告）_____与被告_____系夫妻关系，现双方因离婚纠纷诉至法院，贵院已经受理本案，现在正在审理过程中。

因被告_____存在故意隐瞒财产情形，没有向法院提供其名下工商银行卡号为_____的账户资金流水信息，导致双方的共同财产金额无法查清。

根据《民事诉讼法》第67条的规定，当事人对自己提出的主张，有责任提供证据。当事人及其诉讼代理人因客观原因不能自行收集的证据，或者人民法院认为审理案件需要的证据，人民法院应当调查收集。

因上述银行账户信息掌握在被申请人手中，申请人无法自行调取，故申请法院责令被申请人提交上述银行卡的流水明细，或依照职权调取其名下工商银行的账户资金流水信息，调取时间范围为_____年____月____日至_____年____月____日。

特此申请。

（以下无正文）

此致

_____人民法院

申请人：××

××年××月××日

四、公司股权查询

（一）查询机构

根据《企业登记档案资料查询办法》第6条规定，各组织、个人均可向各地工商行政管理机关①申请进行机读档案资料查询。

因此，公司股权登记信息，可在各地工商行政管理机关查询。

（二）查询主体

公司登记信息的查询主体不受限制，但对公司档案查询的内容，有不同限

_____

① 现为市场监督管理机关。

制。根据《企业登记档案资料查询办法》第 6 条规定，各组织、个人均可向各地工商行政管理机关申请进行机读档案资料查询。

企业登记档案资料的查询，按照提供途径，可以分为机读档案资料查询和书式档案资料查询。根据《企业登记档案资料查询办法》第 5 条第 2 款规定：机读档案资料的查询内容包括：

1. 企业登记事项：名称、住所、经营场所、法定代表人、负责人、经济性质或企业类别、注册资金或注册资本、经营范围、经营方式、主管部门、出资人、经营期限、注册号、核准登记注册日期等。

2. 企业登记报批文件：部门批准文件、章程、验资证明、住所证明、法人资格证明或自然人身份证明、法定代表人任职文件和身份证明、名称预先核准通知书。

3. 企业变更事项：核准设立子公司或分支机构日期、变更有关名称、住所、法定代表人、经济性质或企业类别、注册资金或注册资本、经营范围、经营方式等事项和各种登记文件及核准变更日期。

4. 企业注销（吊销）事项：法院破产裁定、企业决议或决定、行政机关责令关闭的文件、清算组织及清算报告、核准注销（吊销）日期。

5. 监督检查事项：企业被处罚记录及日期、年度检验情况（企业经营情况、财务状况、开户银行及账号除外）。

实务中，除机读档案资料中第 2 项和第 4 项内容外，其他内容，都可以通过国家企业信用信息公示系统进行查询，公司股东登记名称及股份占比情况，可直接查询到。

更多的公司登记信息或纸质材料、股东个人身份信息、实际出资信息、企业决议、财务报表和相关报告等，需要前往公司所在地的登记机关，即当地市场监督管理局去进行查询。根据《企业登记档案资料查询办法》第 7 条第 1 款的规定，主要包括以下两类人员：

1. 公权力机关人员。主要为公安机关、检察机关、审判机关、国家安全机关、纪检监察机关、审计机关人员。

2. 律师。主要为接受当事人委托，并且案件已经立案受理的有执业资格证的律师人员。

（三）查询所需资料

根据《企业登记档案资料查询办法》第7条第1款的规定："各级公安机关、检察机关、审判机关、国家安全机关、纪检监察机关、审计机关，持有关公函，并出示查询人员有效证件，可以向各级工商行政管理机关进行书式档案资料查询。律师事务所代理诉讼活动，查询人员出示法院立案证明和律师证件，可以进行书式档案资料查询。"

因此，公权力机关的工作人员，查询企业工商档案材料时，一般需提交两样资料：（1）公函；（2）工作人员有效证件。律师进行工商档案查询时，一般也只需提交两样资料：（1）律师执业证；（2）法院的立案受理通知书等证明材料。但实务中，各地对于具体查询的规定和要求，又有所差别。

五、保险、理财、股票等信息查询

（一）查询机构

保险的查询机构为出售保险产品的保险公司；股票的查询机构为证券交易所或证券的开户公司；理财产品的查询机构，为理财产品的出售公司。

（二）查询主体

保险、理财、股票信息和银行账户内的资金类似，都属于自然人的财务敏感信息，只有当事人本人可自行查询，其他人，包括配偶，都无法直接进行查询。

（三）查询所需资料

如果要查询配偶上述财产信息，一般只能通过提起诉讼，申请人民法院调查取证或代理律师申请人民法院出具"调查令"的方式。

不过，当事人也需要向法院提供必要的财产线索，如保险公司的保险单、保险合同或购买保险的银行流水；购买理财产品的理财合同、理财账户或理财打款和收益流水；当事人的股票交易账号，股票开户的证券公司或股票交易信息，股票收益结算信息等基础线索。

其中，股票信息查询相对便利。由于股票账户的结算必须通过两个结算公司：中国证券登记结算有限责任公司上海分公司、中国证券登记结算有限责任公司深圳分公司。因此，只要知道对方的身份证号码，律师就可以向人民法院申请调查令到结算公司取证。

以上海分公司为例，律师凭律师证、"调查令"（最好把案卷和授权委托手续一并带上，有时窗口的人要看其他资料）到上海证券登记结算公司可以查询到对方股票账户的资金结算情况，也可以查到开户证券公司的名字。在上海分公司，沪市股票能直接打印交易明细。至于深市的股票，必要时律师可以再申请"调查令"，进一步到证券公司去调查取证。

（四）证券账户资金——调查取证申请书示例

调查取证申请书

申请人：<u>姓名</u>，<u>性别</u>，_____年____月____日出生，<u>民族</u>，<u>工作单位</u>__职工（或无业）；

住址：_____省_____市/县_____区_____街____号。

联系电话：_____

请求事项：

请求依法调取_____（身份证号：_____）名下证券账户号码为_____内的资金余额、交易流水和目前持有的股票信息及市场价值情况。

事实和理由：

申请人（原告）_____与被告_____系夫妻关系，现双方因离婚纠纷诉至法院，贵院已经受理本案，现在正在审理过程中。

因被告_____婚后有投资股票情况，但被告从未告知过申请人股票购买和出售情况，也未告知过股票账户内的资金情况和收益情况，导致无法查清双方的夫妻共同财产。

根据《民事诉讼法》第67条的规定，当事人对自己提出的主张，有责任提供证据。当事人及其诉讼代理人因客观原因不能自行收集的证据，或者人民法院认为审理案件需要的证据，人民法院应当调查收集。

因上述股票账户信息掌握在被告手中，申请人无法自行调取，故申请法院责令被告提交上述证券账户内的流水明细，资金余额及股票持有情形和目前市值，调取流水明细的时间范围为××年××月××日至××年××月××日。

特此申请。

（以下无正文）

此致

_____人民法院

申请人：××

××年××月××日

六、其他高价值动产查询

如果双方有收藏品、珠宝、手表、玉器、古玩、黄金、钻石等高价值的动产，则在起诉前，要特别注意收集证据。因为这种高价值的动产，往往体积小、价值高，易于藏匿转移，如果不保留证据，很容易被对方转移走，且无法证明存在该资产，也难以进行分割。建议当事人采取三种方式收集或保存证据：

1. 尽早把该类财产控制在手中，以便诉讼时可提交人民法院，便于举证证明，并要求进行分割；

2. 将上述重要资产存到银行保险箱，约定必须两人同时到场才能开箱提取；

3. 保存好购买发票、收据、付款记录、保修单、收藏证书等，最好有视频或照片可以佐证，以便证明财产存在、经济价值和购买时间等。

七、知识产权查询

知识产权是比较特殊的权利，知识产权是一种智力成果权，它既是一种财产权，也是一种人身权，与人身不可分割。婚后一方取得的知识产权，权利本身归一方专有，权利也仅归权利人行使，但知识产权取得的收益，根据《民法典》第 1062 条第 1 款第 3 项的规定，属于夫妻共同财产，可以进行分割。

因收益转化为经济利益，多数情况下为资金，故查询机构，主体和方式，同银行存款的查询内容。

第三节　抚养权归属应尊重孩子的意见

《民法典》第 1084 条第 3 款规定："离婚后，不满两周岁的子女，以由母亲直接抚养为原则。已满两周岁的子女，父母双方对抚养问题协议不成的，由人民法院根据双方的具体情况，按照最有利于未成年子女的原则判决。子女已满八周岁的，应当尊重其真实意愿。"

就孩子抚养问题，《民法典》根据孩子三个不同的年龄阶段，作出原则性规定，夫妻双方在离婚诉讼前，可以根据该原则，先行就子女抚养问题进行协商和确定，以减轻对孩子可能造成的伤害。

一、两周岁以下的孩子，母亲抚养为宜

两周岁以下的孩子，多数还在母乳喂养期，对母亲具有较大的依赖性，且女方对婴幼儿期孩子的关心照顾，投入的精力也往往较大。从照顾婴儿生长发育的利益和照顾女方利益的角度考虑，夫妻离婚时，如果孩子年龄很小，对母亲依赖性很强，母亲对孩子的照顾和付出也较多，此时判归孩子由母亲直接抚养，更有利于对孩子的保护。

不过，现实生活中，一些孩子出生后，基于各种原因，很快就不用母乳喂养，也慢慢脱离了母亲的日常生活照顾，改由一方或双方父母照顾，或由保姆照顾。此时，孩子对母亲依赖性较弱。夫妻离婚时，孩子由父亲或母亲抚养，对孩子影响都不大，法官就可以根据双方的实际情况，考虑孩子到底由谁抚养更为合适。

根据《最高人民法院关于适用〈中华人民共和国民法典〉婚姻家庭编的解释（一）》第 44 条规定："离婚案件涉及未成年子女抚养的，对不满两周岁的子女，按照《民法典》第一千零八十四条第三款规定的原则处理。母亲有下列情形之一，父亲请求直接抚养的，人民法院应予支持：（一）患有久治不愈的传染性疾病或者其他严重疾病，子女不宜与其共同生活；（二）有抚养条件不尽抚养义务，而父亲要求子女随其生活；（三）因其他原因，子女确不宜随母亲生活。"此处的其他原因，实务中一般表现为：（1）女方涉嫌犯罪，被羁押

在监无法抚养孩子；（2）女方有家庭暴力，虐待、遗弃家庭成员行为，抚养孩子有一定的危险；（3）女方有吸毒、赌博等恶习屡教不改，严重影响孩子的抚养和成长等。

另外，如果父母双方协议不满两周岁的子女由父亲直接抚养的，只要对子女健康成长无不利影响，人民法院也会支持。

所以，两周岁以下孩子的抚养权，并非一定归女方，可以协商确定由男方抚养，也可以根据法定情形，要求由男方抚养。

不过，必须承认的是，两周岁以下的孩子，年纪小，活泼好动，尚未形成安全和是非意识，表达能力也较弱，极易出现各种危险和各种情绪问题，抚养两周岁以下的孩子，需要十分小心、耐心、细心，且此时孩子尚未上学，大部分时间在家中，需要大人常伴左右。而男性和女性相比，多数情况下，女性确实更有耐心和细心，更具感性和柔性，且孩子是从母亲体内生出，母亲与孩子有一种天然的联系。这个时期的孩子，确实由母亲直接抚养更为适宜。

因此，离婚协商中，双方不要意气用事，应重视孩子的成长阶段和女性的天然优势，客观理性地确定孩子的抚养权归属，不要把孩子当成离婚的经济筹码，将抚养权的争夺演化为财产争夺大战。

二、两周岁到八周岁的孩子，以最有利于孩子成长为原则

两周岁以上八周岁以下的孩子，随着生活习惯的养成和身体成长的稳定，对母亲的依赖性也逐渐减弱，孩子由父亲还是母亲抚养，差别性可能并不特别显著。此时，就要看双方的其他条件，哪一方的条件，对抚养孩子更为有利。

根据《最高人民法院关于适用〈中华人民共和国民法典〉婚姻家庭编的解释（一）》第46条规定："对已满两周岁的未成年子女，父母均要求直接抚养，一方有下列情形之一的，可予优先考虑：（一）已做绝育手术或者因其他原因丧失生育能力；（二）子女随其生活时间较长，改变生活环境对子女健康成长明显不利；（三）无其他子女，而另一方有其他子女；（四）子女随其生活，对子女成长有利，而另一方患有久治不愈的传染性疾病或者其他严重疾病，或者有其他不利于子女身心健康的情形，不宜与子女共同生活。"

《最高人民法院关于适用〈中华人民共和国民法典〉婚姻家庭编的解释

（一）》第 47 条规定："父母抚养子女的条件基本相同，双方均要求直接抚养子女，但子女单独随祖父母或者外祖父母共同生活多年，且祖父母或者外祖父母要求并且有能力帮助子女照顾孙子女或者外孙子女的，可以作为父或者母直接抚养子女的优先条件予以考虑。"

两周岁以上八周岁以下的孩子，父母争夺抚养权的情况较多，《最高人民法院关于适用〈中华人民共和国民法典〉婚姻家庭编的解释（一）》虽然规定了一些特殊情形下的抚养权归属原则，但多数家庭可能并无特殊情况，此时，就要通过双方协商，根据客观的经济情况，工作情况，户籍情况，学籍情况，居住情况，抚养情况和孩子性别情况等来综合确定。

三、对于八周岁以上孩子，应尊重孩子的意见

《民法典》第 19 条规定："八周岁以上的未成年人为限制民事行为能力人，实施民事法律行为由其法定代理人代理或者经其法定代理人同意、追认；但是，可以独立实施纯获利益的民事法律行为或者与其年龄、智力相适应的民事法律行为。"

《中华人民共和国未成年人保护法》（以下简称《未成年人保护法》）第 19 条规定："未成年人的父母或者其他监护人应当根据未成年人的年龄和智力发展状况，在作出与未成年人权益有关的决定前，听取未成年人的意见，充分考虑其真实意愿。"

八周岁以上十八周岁以下的孩子，属于未成年人，已经有一定的自主意识和认知能力，可以判断出与其智力、年龄相适应的民事法律行为的后果。父母感情出现问题，家庭走向解体的边缘，受害最大的是孩子。孩子马上面临家庭的重大变故，即将只能跟随父亲或母亲中的一方生活，另一方只能隔三岔五地进行有限时间的探望。因此，抚养权归属的确定，对孩子自身的权益和未来生活学习的影响，都关系重大。

父母离婚，子女很难阻拦。但子女也有自己的想法和表达意见的权利，在父母离婚追求自己幸福的关口上，应该给孩子一个保护自己权利的最后机会。夫妻双方应充分尊重孩子的真实意愿，在孩子提出自己的意见后，也需要和孩子真诚沟通选择的原因和考虑判断的标准，以便确保孩子的真正心意能够落实

到位。离婚诉讼前，最好把孩子的抚养事宜协商一致，避免因为离婚诉讼，双方争夺孩子的抚养权，对孩子的心理造成二次伤害，使其产生不好的压力负担。

第四节　证据收集与证据清单制作

《民事诉讼法》第 67 条第 1 款规定："当事人对自己提出的主张，有责任提供证据。"该法条长期被人民法院在各种案件中高频引用，就是因很多当事人在诉讼中，口说无凭，没有完成自己的举证责任，导致需要承担不利的法律后果。因此，当事人起诉前，一定要先准备好相关的证据材料，以加大案件的胜诉概率。打官司就是打证据。法庭上的事实，是靠证据的审核梳理和当事人的口头陈述相结合，由法官根据证据规则和审判经验拼凑起来的。法官并非案件事实的亲历者，离婚诉讼中，当事人各项诉讼请求的主张，都需要提供相应的证据做支撑，否则法官无法判断事实的真伪，也无法作出客观准确的判断。

离婚案件中，根据法官对案件事实审核的重点，一般需要收集提供以下四大类证据。

一、婚姻关系方面的证据

该类证据一般指结婚证。我国实行婚姻登记制度，只有登记结婚的夫妻，离婚时，才需要办理离婚手续。

关于婚姻关系的证据方面，有 3 个特殊情况：

1. 1994 年 2 月 1 日前结婚的事实婚姻关系

《婚姻登记管理条例》（现已失效）在 1994 年 2 月 1 日才开始颁布实施，有些年纪大的夫妻，结婚时间早于 1994 年 2 月 1 日，双方当时可能只是按照婚俗习惯办理了酒席婚宴，然后就共同居住生活在一起，并有了孩子等。此时，他们已经符合结婚的实质要件，虽然后来可能没有补办结婚登记手续，但根据《最高人民法院关于适用〈中华人民共和国民法典〉婚姻家庭编的解释（一）》第 7 条的规定，可以按照"事实婚姻"来处理，等同于已经结婚的夫妻。

2. 1994 年 2 月 1 日后的同居关系

有些夫妻，结婚时间晚于 1994 年 2 月 1 日，按照当时生效的《婚姻登记管理条例》，本应该去办理结婚登记手续，但基于各种原因没有办理。此时，即便他们符合结婚的实质要件，夫妻关系也不会被法律承认，只会认为他们属于同居关系。

一方如果到法院单独起诉请求解除同居关系的，根据《最高人民法院关于适用〈中华人民共和国民法典〉婚姻家庭编的解释（一）》第 3 条的规定，人民法院不予受理；已经受理的，裁定驳回起诉。如果当事人因同居关系期间，发生财产分割或者子女抚养纠纷提起诉讼的，人民法院才受理。

因此，该类人群，如果要按照夫妻关系进行案件的审理和法律适用，需要先去补办结婚登记手续。否则，就只能按照同居关系期间的财产分割和子女抚养纠纷来处理。这两种法律关系，在财产保护方面和举证责任方面，完全不同。

3. 结婚证找不到或丢失

时间久了，有时会找不到结婚证，或结婚证丢失了，或一方为了防止对方去离婚立案，故意将结婚证藏起来。如果一方找不到结婚证，又打算提起离婚诉讼，可以自行到原婚姻登记机关调取婚姻登记档案，加盖婚姻登记机关的公章即可。如果因时间过久，婚姻登记机关也无法找到档案，可以找当地的档案局去调取档案材料，由档案局加盖相应公章也可以，只要能证明双方是夫妻关系，办理过结婚登记即可。

二、感情破裂方面的证据

结合《民法典》第 1079 条和《最高人民法院关于适用〈中华人民共和国民法典〉婚姻家庭编的解释（一）》第 23 条的规定，我国法律规定了以下 11 种可以准予离婚的法定情形：

（1）重婚；

（2）有配偶者与他人同居；

（3）实施家庭暴力或虐待；

（4）遗弃家庭成员；

（5）有赌博恶习屡教不改；

（6）有吸毒恶习屡教不改；

（7）因感情不和分居满两年；

（8）一方被宣告失踪；

（9）经法院判决不准离婚后，双方又分居满一年，一方再次提起离婚诉讼；

（10）夫妻双方因是否生育发生纠纷，致使感情确已破裂的；

（11）其他导致夫妻感情破裂的情形。

前十种情形，都需要提供相应证据，第十一种属于兜底条款，具体情形需要综合案情判断，但也需要有相应理由及证明材料。不同情形需要提供哪些证据，在之后的章节中会分项介绍，此处不再赘述。

需要提示的是，感情破裂的关系认定，具有一定主观性，男女双方主观认识不同，庭审中的说辞，经常各持己见，互相矛盾，这在诉讼中很常见，导致法官经常无法判断事实真伪，非常依赖于证据的证明力。但有些情况下，当事人的部分陈述内容，或拒不回答，可能会对自己产生一些不利影响，导致对方无须提交证据，也能被法官直接认定相关事实。

根据《最高人民法院关于民事诉讼证据的若干规定》第 3 条规定，在诉讼过程中，一方当事人陈述的于己不利的事实，或者对己不利的事实明确表示承认的，另一方当事人无需举证证明。在证据交换、询问、调查过程中，或者在起诉状、答辩状、代理词等书面材料中，当事人明确承认于己不利的事实的，适用前款规定。

《最高人民法院关于民事诉讼证据的若干规定》第 4 条规定："一方当事人对于另一方当事人主张的于己不利的事实既不承认也不否认，经审判人员说明并询问后，其仍然不明确表示肯定或者否定的，视为对该事实的承认。"

三、孩子抚养方面的证据

孩子抚养问题在后续的章节会作详细介绍，此处不作赘述。

需要提示的是，如果双方对孩子的抚养已经达成一致意见，该方面的证据无须提供。另外，孩子在两周岁以下，八周岁以上时，该方面证据材料的必要性不高。

两周岁以下的孩子，原则上归母亲抚养；除非有证据证明女方存在《最高人民法院关于适用〈中华人民共和国民法典〉婚姻家庭编的解释（一）》第44条规定的下列情形：

（1）患有久治不愈的传染性疾病或者其他严重疾病，子女不宜与其共同生活；

（2）有抚养条件不尽抚养义务，而父亲要求子女随其生活；

（3）因其他原因，子女确不宜随母亲生活。

对于8周岁以上的孩子，其意见会作为判定抚养权的重要参考意见，此时相关证据的作用也会大打折扣。

四、共有财产方面的证据

（一）房屋

1. 房屋买卖合同

房屋买卖合同，最常见也最重要。房屋的购买时间、购买金额、购买方式、购买人信息等，是法院最需查明的事实，也是确定房屋是个人财产还是夫妻共同财产的重要依据，这些都反映在房屋买卖合同中，故证明房屋情况，首先应提交房屋买卖合同。如当事人手中没有合同，可以到房屋管理部门申请查询，如果房屋已进行产权登记，房屋买卖合同在档案中可一并查询到。

有些地方的房屋管理部门，当事人查询房屋信息时，不给出具纸质档案，需要人民法院亲自查询或出具调查令方可出具纸质资料并盖章，如果当事人无法在诉讼前查到房屋证据材料，可在立案后开庭前准备好调查取证申请书，要求法院提前调取。

2. 购房发票、契税费票据

购房发票和契税费票据，可以证明房屋的购买价值和购房成本。

3. 房产证

如果房屋已经办好产权证，应该随购房合同、契税票一并提交。有些房产证上显示有抵押信息，有些显示有共有人情况，这些信息对财产分割有重大影响。

4. 借款合同或抵押贷款合同

部分房屋购买时，买房人只是支付了首付款，剩余房款通过贷款支付，此时会有借款合同或抵押贷款合同，可以一并提交，证明共同债务情况。

5. 还贷的银行流水和还款计划表

按揭贷款合同中，一般会有还款计划表，此时可以配合还贷的银行流水账单，证明房屋的剩余贷款数额。

（二）车辆

1. 机动车登记证书

可以证明车辆的基本情况，登记权利人和车辆的购买时间。

2. 购车合同、购车发票、购车税费

可以证明车辆的购置成本。

3. 车辆行驶证或车管所登记资料

可以证明车辆的其他相关信息。

（三）银行存款

这个最简单，提交银行流水即可。关键是需要提交全面、真实的银行流水。

（四）公司股权、股票

1. 通过市场监督管理局查询的工商档案

从公司的工商档案中，可以查清股东情况及公司财务情况、股份转让情况等。

2. 公司章程

公司章程中，一般会详细记载股东情况，出资金额和出资时间，股东的权利义务等。

3. 股东名册或出资证明等

有些公司会有自己的股东名册，该股东名册可能和登记的股东情况不一致；有些公司还提供出资证明，出资证明可证明股权购买的对应价值。

4. 股权期权合同

有些公司为了激励员工，会给员工分配公司股权期权，并通过一定年限和一定条件进行行权。这种期权通常不会登记在公司股东名册上，也不享有公司经营管理权等权利，只有分红权。该类合同需要到公司查询合同档案，一般需要有股权期权合同或实际分红的证明材料，才可以进行查询及分割。

（五）保险、基金、理财等

1. 保险合同、基金合同、理财合同

上述三种权益，都属于合同型权益，都有合同作为载体，合同中也会明确权利义务关系和领取收益的方式和期间，故可提供该类合同。

2. 购买上述产品的银行交易流水记录

可通过银行流水记录，证明购买过上述产品，证明相应的购买时间，购买金额及支付对象。

（六）知识产权收益

知识产权中的人身权归属于个人，财产收益算共同财产，故只要提交收益的证明材料即可，一般表现为收款或转账的银行流水。

（七）其他动产

1. 购买合同、购买收据、付款流水

可证明购买过相应的动产，及购买时间及金额。

2. 照片或视频资料

证明动产的基本情况和所在位置。

（八）债权债务

1. 借款协议、借条、欠条等

证明存在债权债务关系，有相应的债权人或债务人，具体的债权债务金额等。

2. 银行流水、转账凭证等

证明债权债务发生的实际金额，出借金额，归还金额，支付利息情况等。

3. 其他合同及凭证

当事人之间产生债权债务的原因较多，但一般都有基础的合同和相关的资金转账流水，只要据实提交即可。

五、证据清单目录制作

（一）证据清单目录制作

证据收集完成后，需要根据一定的逻辑体系，将证据整理到网上，并编写证据目录，以便法官可以更直观方便地了解当事人的举证内容和举证目的及举证重点。

证据清单目录制作，主要把握以下几个方面：

1. 证据材料分类

首先要将证据材料进行分类整理，根据离婚案件审查的四类事实，进行证据分类。结婚类证据、感情类证据、孩子抚养类证据、财产类证据，分门别类整理好。具体各个门类有哪些证据，上面内容已经提及，此处不再赘述。

2. 证据材料顺序

证据材料分类后，要按照一定的顺序进行排列。

（1）四大类排序法。离婚案件中，四类证据先做大排序，按照结婚类、孩子抚养类、财产类、感情类依次排序。将感情类证据放在最后，是因感情类证据，争议相对更大，为避免举证一开始就出现较为激烈的争执，一般将感情类的证据放在最后，将前三类相对客观的证据，放在前面，有利于庭审正常进行。不过，如是第一次起诉离婚，感情类证据，应放在财产类证据前面，因为第一次起诉离婚，人民法院关注的重点是能够准许离婚，如果不准许离婚，是不会分割财产的，故感情类证据，需要一开始就提出，并作为主力证据充分展示。

（2）时间排序法。各个门类的证据材料，按照时间先后顺序进行排序整理。

（3）重要性排序法。对于各个门类的证据材料，也可以按照重要程度进行排序，重要级优先，次要级劣后。

3. 证据目录模块

证据目录的模块，不要太复杂，根据下面的证据清单目录模板制作即可。主要包括五个模块，分别为序号、证据名称、证明内容、页码、备注。其中，备注可以写"证据来源"或"是否原件"等信息，庭审中，法官会进行证据材料的逐项核实。

证据目录及说明（适用于各类案件）

提交人诉讼地位：□原告（申请人）□被告（被申请人）□第三人

名称/姓名：

序号	证据名称	证明内容	页码	备注
1				
2				
3				
4				
5				
6				
7				
8				
9				
10				

注：以上证据均为复印件（原件请特别注明，未填写完时可用续页）

提交人签名及电话：　　　　　　　　　　　签收人：

提交时间：　　　　　　　　　　　　　　　签收时间：

4. 证据目录内容

证据目录的内容，应尽可能清晰准确，简明扼要，重点突出。证据名称据实写明即可，一般文件是什么名称，即写什么名称。证明目的根据需要证明的事实写清楚，最好与诉讼请求或者反驳理由能够相互匹配，以便更好地对自己的主张进行佐证。证明目的的内容，不宜长篇大论，写明核心观点和意见即可，如涉及相关协议条文或法律条文，可将协议条文或法律条文的编号写明，以便法官查找。

5. 证据页码编写

所有证据统一编写页码，每页证据的编号，一般写在页面右下角或页底中间处，便于开庭中随时查找与翻阅。

（二）离婚案件证据清单示例

原告证据目录清单示例

序号	证据名称	证明内容及目的	页数	备注
1	原告身份证、户口本	证明原告的身份信息，户籍地信息		
2	被告身份证	证明被告的身份信息		
3	结婚证	证明双方结婚的事实及时间		
4	孩子出生医学证明	证明孩子的出生日期及基本信息		
5	原告收入证明及银行流水	证明原告的工作单位、职务及工资收入信息		
6	被告收入证明及银行流水	证明被告的工作单位、职务及工资收入信息		
7	不动产登记权属证书	证明房屋的产权登记情况，房屋面积，房屋位置，该房屋为夫妻共同财产		
8	房屋买卖合同及票据	证明房屋的购买时间，购买价格，房屋属于夫妻共同财产		
9	借款合同	证明双方因购买房屋对外的借款情况		
10	购房款支付银行流水	证明购买房屋时的付款时间、付款金额及付款人情况		
11	二手房屋价款参考	证明涉案房屋的目前市场价格		
12	家暴报警记录及告诫书	证明被告存在家暴的事实		

续表

序号	证据名称	证明内容及目的	页数	备注
13	家暴照片及就医记录	证明被告存在家暴的事实		

提交人：   时　间：

第五节　认清误区，摆正心理预期

很多人认为，离婚案件很简单，只要两人感情破裂，离婚就一定能实现；关于孩子抚养权，关键看孩子几岁，可判断出孩子归谁抚养；至于财产，没有协议约定的话，所有财产就应该对半分。只有两个问题不清楚：一是怎么查找对方名下财产；二是怎么能够多分财产。

事实上，很多当事人，对离婚案件都存在一定的认知偏差，故当事人提起诉讼前，需要先认清几个常见误区，调整心态，摆正心理预期，这样才可能会获得比较满意的结果。

一、关于案件审理周期的误区

《民事诉讼法》第 164 条规定："人民法院适用简易程序审理案件，应当在立案之日起三个月内审结。有特殊情况需要延长的，经本院院长批准，可以延长一个月。"

《民事诉讼法》第 152 条规定："人民法院适用普通程序审理的案件，应当在立案之日起六个月内审结。有特殊情况需要延长的，经本院院长批准，可以延长六个月；还需要延长的，报请上级人民法院批准。"

很多当事人以为离婚诉讼案件的周期，简易程序 3 个月，普通程序 6 个月，3 个月到 6 个月的时间就能离婚，总体还能接受。事实上，很多比较复杂的离婚案件，审理周期常常超过 6 个月，甚至两到三年结案的情形也不少。这是因为，有些时间是不计算入审限内的，这在诉讼中要特别注意，避免因意气用事或滥用程序权利，导致浪费不必要的时间。

（一）30 天诉前调解期间

目前我国很多省份的人民法院开始施行诉前调解制度，即立案前就开始进行案件调解。

该类诉前调解的案件，也会登记相应的诉前案号，但调解结束前，不会正式予以立案，也没有正式的案件立案号。根据《最高人民法院关于适用〈中华人民共和国民事诉讼法〉的解释》第 243 条的规定，《民事诉讼法》第 152 条规定的审限，是指从立案之日起至裁判宣告、调解书送达之日止的期间。因此，案件在诉前调解阶段，因为尚未立案，诉前调解的时间，不会计入审理期限。

因此，要谨慎选择诉前调解。对于夫妻双方已经过多轮协商，确定无法调解或和解的案件，最好不要浪费调解员的调解时间，不用选择诉前调解，避免实际审理周期的延长。

（二）30 日的公告送达期间

实务中，有时因被告拒不应诉或下落不明，法院无法直接送达或邮寄送达，不得不采取公告的方式进行送达，公告的时间为 30 日。根据《最高人民法院关于适用〈中华人民共和国民事诉讼法〉的解释》第 95 条规定，受送达人下落不明，或者用本节规定的其他方式无法送达的，公告送达。自发出公告之日起，经过三十日，即视为送达。

公告送达一般包括开庭公告送达和判决书公告送达，故离婚案件需要公告送达的，至少有 2 个月的公告时间，根据《最高人民法院关于适用〈中华人民共和国民事诉讼法〉的解释》第 243 条的规定，公告送达当事人的时间，不会计入审理期限。

因此，在起诉后，要向法院积极提供被告方的有效联系地址和联系电话，尽可能避免案件进行公告程序，导致审理时间延长。

（三）管辖权异议时间

离婚案件的管辖，根据不同的情况，分属不同的人民法院管辖。根据《民事诉讼法》第 130 条的规定，人民法院受理案件后，当事人对管辖权有异议的，应当在提交答辩状期间提出。人民法院对当事人提出的异议，应当审查。

异议成立的，裁定将案件移送有管辖权的人民法院；异议不成立的，裁定驳回。因此，如果当事人对法院管辖权有争议，法院需要先审理管辖权的争议，以确定是否有管辖权，一审法院作出管辖权裁定后，如果当事人不服，还可以提起管辖权异议的上诉，由二审法院继续审查管辖权异议问题。

关于管辖权异议的处理时间，根据《最高人民法院关于适用〈中华人民共和国民事诉讼法〉的解释》第243条的规定，不计入审理期间。因此，对于管辖权异议，或管辖权异议裁定的上诉，一定要谨慎提起，不要滥用程序权利，避免实际审理时间延长。

（四）评估鉴定时间

离婚诉讼中，经常会出现对房屋、车辆等财产的价值进行评估鉴定；有时需要对签署的对外债务、担保、借条的笔迹进行鉴定；对于资产较多，存在公司股份分割事项的，有时还需要对公司股权价值进行评估，对公司财务状况进行审计，这些都需要第三方专业的评估、鉴定、审计机构介入，对相关证据和材料进行协助审核及辅助判断。

第三方机构的选定、评估、鉴定，审计材料的提交、评估、鉴定，审计报告的出具等，都需要相应的时间及程序，且不同机构的时间规定不一致，这些时间都不计入审理期限，都会被扣除。

因此，非必要性的评估、鉴定和审计，最好不要提起。例如，房屋、车辆等价值的确定，最好协商确定，或者在网上询价，不必非走鉴定评估程序，否则不但会导致审理周期延长，耗费更长的时间，还会多支付评估鉴定费用，损失部分金钱。

（五）双方调解、和解的时间

离婚案件属于可调解案件，只要当事人同意，诉前、诉中都可以进行调解，开庭前、开庭后，也都可以进行调解。当事人同意调解或和解的情况下，调解或和解的磋商时间，依据《最高人民法院关于适用〈中华人民共和国民事诉讼法〉的解释》第243条的规定，不计入审理期间。至于最后能否达成调解和解，不影响扣除审限的时间。

因此，双方如果要调解或者和解，尽可能在开庭前进行，或者开庭后1周内进行，并及时告知法院调解的时间、进展和意见，不要因双方调解的周期过长，导致判决也迟迟无法作出，影响案件的审理周期。

（六）申请调取新证据、新证人出庭时间

诉讼中，基于案件事实的复杂性、双方争议焦点的繁多及证据材料准备得不充分，有些案件可能需要多次开庭，多次举证，并申请调取新的证据，申请新的证人出庭，有时还需要申请重新鉴定，或申请鉴定人出庭说明等，此时，必然会造成审判时间的延长。根据《最高人民法院关于严格执行案件审理期限制度的若干规定（2008调整）》第9条第5项的规定，因当事人、诉讼代理人、辩护人申请通知新的证人到庭、调取新的证据、申请重新鉴定或者勘验，法院决定延期审理一个月之内的期间，不计入审理期间。

因此，调查取证、申请证人出庭，并非越多、越频繁越好，还是要根据必要性和相关性进行申请，否则会极大地影响案件的审理周期。

（七）诉讼中止审理期间

诉讼期间，可能发生各种状况，导致案件不得不中止审理。根据《民事诉讼法》第153条规定："有下列情形之一的，中止诉讼：

（一）一方当事人死亡，需要等待继承人表明是否参加诉讼的；

（二）一方当事人丧失诉讼行为能力，尚未确定法定代理人的；

（三）作为一方当事人的法人或者其他组织终止，尚未确定权利义务承受人的；

（四）一方当事人因不可抗拒的事由，不能参加诉讼的；

（五）本案必须以另一案的审理结果为依据，而另一案尚未审结的；

（六）其他应当中止诉讼的情形。

中止诉讼的原因消除后，恢复诉讼。"

在案件中止审理期间，审理期限会暂时中止。根据《最高人民法院关于严格执行案件审理期限制度的若干规定（2008调整）》第9条第9项的规定，中止审理的期间，不计入审理期间。

因此，在出现案件诉讼中止的情形后，要及时关注可以恢复的情形及时间，并及时和法官进行沟通，以免中止时间过长。

二、关于离婚诉求的误区

我国法律保护公民的婚姻自由权，公民认为感情破裂的时候，可以自行协商登记离婚或向人民法院提出诉讼，要求人民法院判决离婚。离婚起诉权是自由的，受到国家法律保护。因此，很多当事人认为，离婚不是多难的事情，只要自己态度坚决，就一定能离婚成功。难的是怎么获得孩子抚养权，怎么分割夫妻共同财产。

实际上，离婚诉讼中，离婚才是头等大事，应该放在首位来考虑。如果离婚诉求得不到人民法院支持，孩子抚养权归属及分割共同财产，根本无从谈起。

事实上，人民法院除定分止争功能外，还有一个重要功能，即人民法院的教化和引导功能。家和万事兴，婚姻家庭关系是基础社会关系，婚姻家庭和谐是社会稳定的基础和前提。对于婚姻家庭类案件，法院不仅有审判职能，还有修复家庭关系的社会稳定功能。

根据 2018 年最高人民法院发布的《司法大数据专题报告之离婚纠纷》数据显示，2016 年和 2017 年两年共计约 280 万件案件，65.81% 的离婚案件判决结果，为驳回离婚诉讼请求，继续维持双方婚姻关系。如果将其中当事人二次以上离婚的案件，以及被告同意离婚的案件排除在外，当事人第一次起诉离婚，即被法院准许离婚的概率，不会超过 30%。

图 2.1　2016 年和 2017 年离婚案件判决结果

可见，人民法院对待当事人离婚的态度，是结合证据材料下的"挽救、劝和为主"。如果被告不同意离婚，双方之间也没有离婚法定情形，当事人仅以"感情不和、性格不合"等极笼统的理由提出离婚，法院支持离婚的概率是极低的。

其实，诉讼并非离婚方式的最佳途径，且诉讼离婚有一定的对抗性，会给双方感情造成较大的伤害或裂痕，一旦人民法院驳回当事人的离婚诉求，当事人第二次起诉离婚，除非有新情况或新理由，否则要在六个月之后才能二次起诉，离婚周期会很长。因此，最好选择协商离婚，哪怕协商多次，也大多比诉讼离婚的周期要短。当然，如果多次协商后，仍无法达成一致意见，还是要当断则断，果断提起离婚之诉，避免久拖不决，导致身心疲惫。

三、关于孩子抚养权争夺的误区

离婚案件中，基于血脉亲情和家族传承原因，男女双方对孩子的抚养权争夺，经常争执得异常激烈，唯恐孩子一旦判归对方，自己再难相见。很多争执在离婚起诉前就发生了，由此加深了双方矛盾和误解，导致部分纠纷难以调解解决。

实际上，这是由于当事人对法律知识不熟悉，加上双方立场和诉讼目的不同，造成对子女抚养问题存在多种认识误区的缘故。

（一）误区一：宁可不要财产，也要孩子抚养权

很多离婚案件的当事人，抱着宁可不要财产，也要争取到孩子抚养权的决心，去打离婚诉讼官司。事实上，这种观点，不但于事无补，还可能把孩子变成筹码，成为对方威胁自己的最好工具。

事实上，财产的争取和孩子抚养权的争取，完全没有任何矛盾，不会形成非此即彼的关系。要孩子抚养权，不影响要财产；不要财产，也不能确保获得孩子抚养权。而且，不要财产的妥协，往往不会打消对方放弃抚养权的念头，反而可能会让对方更加得寸进尺，提出更过分的要求。其实，孩子抚养权的归属，影响因素很多，在后续子女抚养案件的章节中会有详细介绍。法官不会因为一方有不要共同财产的决心和勇气，就把孩子判归该方抚养，法官考虑的更

多是证据、事实和法律规定，来进行综合判断。

根据《民法典》第26条规定："父母对未成年子女负有抚养、教育和保护的义务。"第1058条规定："夫妻双方平等享有对未成年子女抚养、教育和保护的权利，共同承担对未成年子女抚养、教育和保护的义务。"第1084条第1款和第2款规定："父母与子女间的关系，不因父母离婚而消除。离婚后，子女无论由父或者母直接抚养，仍是父母双方的子女。离婚后，父母对于子女仍有抚养、教育、保护的权利和义务。"综上，父母和子女之间的关系，不会因离婚而解除，抚养未成年子女的义务是法定义务，不会因"要不要财产"而产生不同的法律后果。

因此，离婚案件中，即便争夺孩子抚养权，也应该积极主张自己合法的财产权益，不要因子女抚养权问题，放弃财产权，从而导致自己利益的重大损失。

（二）误区二：经济条件较差，可能失去抚养权

一些全职主妇，会有这方面的担忧。认为自己经济条件差，没有工作，名下没有住房，没有经济负担能力，可能会因此丧失孩子的抚养权。

事实上，该方面的担心并无必要。

首先，只要夫妻之间不是约定财产制，离婚时就可分得一半财产。根据《民法典》第1062条的规定，夫妻在婚姻关系存续期间所得的"工资、奖金、劳务报酬；生产、经营、投资的收益；知识产权的收益；继承或者受赠的财产"等，都属于夫妻的共同财产。离婚时，只要不存在法定过错，分到一半财产是正常现象。

其次，可索取经济补偿和经济帮助费用。《民法典》规定了两个特别权利，分别是"经济补偿权"和"经济帮助请求权"。根据《民法典》第1088条的规定："夫妻一方因抚育子女、照料老年人、协助另一方工作等负担较多义务的，离婚时有权向另一方请求补偿，另一方应当给予补偿。具体办法由双方协议；协议不成的，由人民法院判决。"第1090条规定："离婚时，如果一方生活困难，有负担能力的另一方应当给予适当帮助。具体办法由双方协议；协议不成的，由人民法院判决。"因此，家庭妇女在离婚时，甚至有获得额外补偿

和额外经济帮助的可能，共同财产分割时，可能会比对方多分到一些财产。

最后，可要求对方支付抚养费。根据《民法典》第 1085 条规定："离婚后，子女由一方直接抚养的，另一方应当负担部分或者全部抚养费。负担费用的多少和期限的长短，由双方协议；协议不成的，由人民法院判决。前款规定的协议或者判决，不妨碍子女在必要时向父母任何一方提出超过协议或者判决原定数额的合理要求。"

因此，即便是全职主妇，也完全不用担心经济条件会影响孩子的抚养权归属，该争取就要全力争取。

（三）误区三：对方抚养孩子后，再见孩子就困难了

有些夫妻担心，一旦孩子判给对方，自己可能一辈子也见不到孩子，孩子的爷爷、奶奶或外公、外婆，想要看到孩子，更加难如登天，因此坚决要求自己抚养，不同意对方抚养。

事实上，这种担心不无道理，在恶性离婚的情况下，由于矛盾的激化和关系的决裂，双方可能确实抱有老死不相往来的想法，从而暗藏不让对方看孩子的私心。但这种行为，不会得到法律允许，且会引发法律制裁。探视孩子是父母的法定权利。根据《民法典》第 1086 条第 1 款和第 2 款的规定："离婚后，不直接抚养子女的父或者母，有探望子女的权利，另一方有协助的义务。行使探望权利的方式、时间由当事人协议；协议不成的，由人民法院判决。"如果双方在离婚案件中，能够直接明确孩子的探视方式，后续会减少很多不必要的沟通成本和摩擦可能。

如果抚养孩子的一方，不配合另一方探望孩子，另一方可以申请人民法院强制执行，并申请法院对抚养方采取拘留或罚款等措施，督促其履行配合义务。根据《最高人民法院关于适用〈中华人民共和国民法典〉婚姻家庭编的解释（一）》第 68 条的规定："对于拒不协助另一方行使探望权的有关个人或者组织，可以由人民法院依法采取拘留、罚款等强制措施，但是不能对子女的人身、探望行为进行强制执行。"

另外，有些省份的人民法院，还允许特殊情况下隔代探望，如北京。2016年发布的《北京市高级人民法院民一庭关于审理婚姻纠纷案件若干疑难问题的

参考意见》第 9 条规定，【探望权特殊范围】探望权原则上属于未直接抚养子女一方享有；享有探望权的一方因死亡或丧失行为能力等情况无法行使探望权的，对孙子女、外孙子女有抚养事实的祖父母、外祖父母请求单独行使探望权的，人民法院可予以支持。

因此，沟通协商孩子的探望方式，包括探望的具体时间，具体地点，具体方式，交接方式等，越细化越好，这才是正确保护孩子和保障探视权的有效途径。

（四）误区四：打感情牌争取孩子更有利

有些夫妻在争夺孩子抚养权时，会向法官打感情牌，哭哭啼啼，以表达自己对孩子感情的深厚和孩子对自己的重要性。事实上，法官在判决孩子归属时，会站在孩子立场考虑问题，以最有利于孩子成长和最小化影响孩子现有生活为原则，对庭审中一方的感情因素几乎不作考虑，关键看平常抚养孩子的实际情况，以及有无相关证据支撑。

因此，积极准备相关证据，理性陈述客观事实，保持情绪稳定，不影响开庭程序和流程，不激化双方矛盾，不情绪化用语，用法律武器维护自己的合法权益，比打感情牌，要重要得多。

四、关于房屋分割的误区

（一）房产分割，各自一半

很多夫妻认为，只要房屋产权证书上有自己的名字，离婚时，就一定能分到一半的房产份额，实际并非如此。法官也会综合考虑房屋的购买时间，购买金额，出资来源，加名情况，加名原因，结婚时间等因素，来判定房屋的归属及折价补偿的具体金额。

《北京市高级人民法院民一庭关于审理婚姻纠纷案件若干疑难问题的参考意见》第 27 条第 1 款规定，婚后由一方父母支付首付款为子女购买的不动产，产权登记在出资人子女名下，由夫妻共同偿还余款的，不属于《最高人民法院关于适用〈中华人民共和国婚姻法〉若干问题的解释（三）》第 7 条第 1 款的规定的情形，该不动产应作为夫妻共有财产，在离婚时综合考虑出资来源、装修情况等因素予以公平分割。

因此，房屋的分割，并非只是简单看产权登记的内容，还会看房屋购买的相关情况，在房产分割的章节中，会具体讲解。

（二）一套房屋是否无法分割

有些夫妻，认为只有一套房屋，人民法院没法进行房产分割。事实上，一套房屋没法进行实物分割，但可以进行产权份额分割，也可以分割房屋的使用权。只要产权份额分割清楚，日后该份额就可以对外进行转让或通过拍卖、变卖方式进行出售。

一些地方人民法院，对此有明确规定。例如，《北京市高级人民法院民一庭关于审理婚姻纠纷案件若干疑难问题的参考意见》第 30 条规定，离婚诉讼的当事人只有一套共有住房，双方均主张房屋所有权但均无能力补偿对方时，如双方就房屋分割问题无法达成一致，判决双方对房屋按份共有，并在此基础上结合当事人生活需要、房屋结构等因素就房屋使用问题作出处理。

一旦确定好男女双方各自的产权份额，根据《民法典》第 303 条的规定，共有人约定不得分割共有的不动产或者动产，以维持共有关系的，应当按照约定，但是共有人有重大理由需要分割的，可以请求分割；没有约定或者约定不明确的，按份共有人可以随时请求分割，共同共有人在共有的基础丧失或者有重大理由需要分割时可以请求分割。因分割造成其他共有人损害的，应当给予赔偿。第 304 条规定，共有人可以协商确定分割方式。达不成协议，共有的不动产或者动产可以分割且不会因分割减损价值的，应当对实物予以分割；难以分割或者因分割会减损价值的，应当对折价或者拍卖、变卖取得的价款予以分割。

因此，一套房屋也可以分割，不过"离婚不离家"，不利于二人离婚后各自的生活，建议双方协商，一方在外租房居住，另一方按照房屋产权份额比例，给另一方租房补贴，以便解决离婚后仍共居一房的尴尬。

五、关于部分婚内财产分割的误区

一些夫妻认为，婚内通过给自己或孩子购买保险产品、理财产品、信托产品等方式，可以将夫妻共同财产消耗掉，从而使该类财产无法进行分割，获得额外利益。

事实上并非如此。根据《最高人民法院关于适用〈中华人民共和国民法典〉婚姻家庭编的解释（一）》第 28 条规定，一方未经另一方同意出售夫妻共同所有的房屋，第三人善意购买、支付合理对价并已办理不动产登记，另一方主张追回该房屋的，人民法院不予支持。夫妻一方擅自处分共同所有的房屋造成另一方损失，离婚时另一方请求赔偿损失的，人民法院应予支持。

上述规定虽然针对的是夫妻一方对房屋私自处分后的法律后果，但其实对非房屋的重大资产进行私自处分，后果一样。根据《民法典》第 1092 条规定，夫妻一方隐藏、转移、变卖、毁损、挥霍夫妻共同财产，或者伪造夫妻共同债务企图侵占另一方财产的，在离婚分割夫妻共同财产时，对该方可以少分或者不分。离婚后，另一方发现有上述行为的，可以向人民法院提起诉讼，请求再次分割夫妻共同财产。

也即，夫或妻任何一方，如果不是为家庭共同生活开支所需，单方做出大额费用开支的行为，很可能被认为属于对夫妻共同财产的"挥霍"或变相"转移"，导致离婚时，面临少分或不分共同财产的后果。

另外，根据《民法典》第 301 条的规定，处分共有的不动产，应当经占份额三分之二以上的按份共有人或者全体共同共有人同意，但是共有人之间另有约定的除外。夫或妻一方私自处分重大价值共有财产的行为，也可能因未经三分之二以上共有权人的同意，处分行为被认定为无效，由此引发损失赔偿责任，即由私自处分方赔偿对应损失。

因此，夫妻在离婚诉讼期间，不要发生隐藏、转移、变卖、毁损、挥霍夫妻共同财产，或者伪造夫妻共同债务企图侵占另一方财产的行为，否则可能适得其反，失去所有的财产。

六、关于离婚损害赔偿的误区

《民法典》第 1091 条规定，有下列情形之一，导致离婚的，无过错方有权请求损害赔偿：（1）重婚；（2）与他人同居；（3）实施家庭暴力；（4）虐待、遗弃家庭成员；（5）有其他重大过错。因上述行为对夫妻关系和感情伤害很大，往往是造成离婚的直接和主要原因，很多夫妻看到该规定后，认为离婚损害赔偿的金额，应该在夫妻共同财产分割中占比较高。但事实上，根据实务中可查的案例，该金额超过 10 万元的，少之又少。因此，对待离婚损害赔偿的金额，要抱有合理预期。

第六节 文书撰写，明确诉讼请求

一、法律文书撰写的原则

在离婚案件中，当事人或代理律师需向人民法院提交起诉书、证据清单，有时还需要写答辩状、代理词、质证意见等，涉及反诉或上诉的，还需要书写上诉状、反诉状等；如涉及管辖权异议，还要提交管辖权异议申请书；如果涉及回避或调查取证的，还涉及回避申请或调查取证申请书。总之，诉讼过程中，会涉及各种各样的法律文书。

法律文书的撰写，有几个基本原则：

（1）主题突出原则。法律文书的撰写，需要重点突出，主题鲜明，语言表达流畅，用语精练准确，表达清晰明白，切忌长篇大论，用词啰唆。

（2）逻辑严谨原则。法律文书的书写，要体现严谨的逻辑思维，按照一定的时间顺序和事务发展的起承转合等过程，进行有理有据的表达，切忌逻辑混乱，前后矛盾。

（3）客观陈述原则。书写法律文书，要客观陈述事实，尽可能减少描写主观方面的想法、情绪或思维过程，避免使用过激性言语，不要进行口语化行文，避免情绪宣泄。

（4）格式规范原则。法律文书有自己的行文规范要求，不同的法律文书，格式要求不同，法院一般会提供相应的范本，当事人应按照法院要求的文书格式、体例和结构进行书写，不可自创格式进行书写。

二、法律文书撰写基本规范要求

（1）文书标题部分，要写明文书的性质，名称。

（2）当事人信息部分，自然人要写明姓名，性别，年龄，民族，工作单位，住址等；法人要写明名称，住所地，法定代表人或负责人名称，职务等。

（3）请求事项部分，要写明自己的具体请求事项，涉及金额的，要写明涉及的具体项目及具体金额；涉及行为的，要写明要求作出行为的人和具体的行为内容；涉及确权的，要写明确定的对象和方式等。

（4）事实和理由部分，既要全面反映案件事实的客观真实情况，又要与请求事项有一定的相关性，尽可能重点突出，主题鲜明，逻辑严谨，用语规范，还可以写明引用的法条内容。

（5）法律文书尾部，要写明提交机构的名称；当事人是自然人的，要自然人本人签名；是法人的，法人单位要盖章，部分法院还需要法定代表人或授权代表人签字。日期也应填写准确，写明年月日。

三、如何明确自己的诉讼请求

当事人起诉时，最重要的就是诉讼请求的确定，人民法院围绕诉讼请求进行案件审理及要求双方举证质证，最后也只针对原告的诉讼请求进行裁决，不会超范围裁决。因此，诉讼请求的确定至关重要，一定要明确、具体、可供执行。以下是几种常见婚姻及抚养纠纷的诉讼请求内容：

（一）离婚纠纷案件的诉讼请求

离婚纠纷案件，主要涉及五个方面的诉讼请求，分别为离婚、子女抚养、财产分割、赔偿补偿、诉讼费用承担。

（1）诉讼请求第一项，一般是请求判决双方离婚或准许双方解除婚姻关系。

（2）诉讼请求第二项，一般是关于子女抚养的，要明确提出自己对抚养权、抚养费的要求，探望权的要求可以列明，也可以不列明。

需要提示的是，如果当事人没有列明探望权的具体要求，离婚案件的审判法官，不必然主动处理探望权。如果两人离婚后，对探望权的问题产生纠纷，可能需要另行诉讼。

（3）诉讼请求的第三项，一般是关于财产分割的，由于离婚案件可能涉及的财产较多，所以不太建议在诉讼请求中作明确列项，只写明要求分割夫妻的共同财产及债权债务即可。在法庭审理过程中，相关的财产和债务较为明确时，再将所有财产及分割请求列明。实务中，不同法官的审理习惯不同，要求也有所差异。有的法官在开庭时，就要求当事人明确详细地写明具体的财产及分割意见，但大部分法官接受诉讼请求只列"依法分割夫妻共同财产及债权债务"这样的内容，具体的财产和分割意见，允许当事人在正文中或质证意见中进行明确。

（4）诉讼请求的其他项，如离婚损害赔偿金额的请求，家务劳动经济补偿的请求，经济困难需要帮助的请求等，也可以列在诉讼请求中。上述请求，虽然也属于费用请求，但该费用不是分割夫妻共同财产，不能与共同财产分割混为一谈，要单独提出诉讼请求。

（5）诉讼请求的最后一项，是关于诉讼费用、评估鉴定费用、保全费用等费用承担的请求，这些费用多是由法院或第三方机构收取，可以在一项诉讼请求中提出。

（二）离婚后财产纠纷的诉讼请求

离婚后财产纠纷，主要包括以下几种情形：

（1）当事人双方离婚时，未对婚姻关系存续期间的夫妻财产进行分割，离婚后对于财产的分配问题产生的纠纷；

（2）当事人协议离婚时达成了财产分割协议，离婚后因履行上述财产分割协议而发生纠纷，由此提起诉讼的，人民法院应当受理；

（3）男女双方协议离婚后1年内就财产分割问题反悔而引发的纠纷，一方请求变更或者撤销财产分割协议的，人民法院应当受理；

（4）婚姻关系结束后，一方发现对方在婚姻关系存续期间存在的在离婚时未分割的其他财产而引发的纠纷。

离婚后关于财产纠纷的诉讼请求，因主要涉及财产纠纷，故可根据财产的不同类型，书写相应具体的诉讼请求，最后写明诉讼费用、评估鉴定费用（如有）、保全费用（如有）的承担要求。

（1）涉及房屋的，写明房屋的具体位置及要求分割的具体方法；如要求房屋归哪一方所有，另一方应配合办理房屋过户登记手续；如房屋涉及剩余贷款的，还应写明剩余贷款由谁承担；如涉及折价补偿的，还应写明要求支付折价补偿款及折价方式；

（2）涉及车辆的，写明车辆的基本信息（如车牌号、车架号、车品牌）及具体的分割方法，如要求车辆归谁所有，对方配合办理车辆过户登记手续；如车辆涉及剩余贷款的，还应写明剩余贷款由谁承担；如涉及折价补偿的，还应写明要求支付折价补偿款及折价方式；

（3）涉及股权分割的，写明公司名称和股份占比，要求分割的具体方式，如分割多少股权，或要求对方支付多少金额的股权折价款；

（4）涉及其他动产的，写明其他动产的具体情形，并写明分割的具体方式和要求；

（5）诉讼费用、评估鉴定费用（如有）、保全费用（如有）可要求对方承担。

（三）抚养费纠纷的诉讼请求

此处的子女，应是未成年子女或因身体、疾病等原因不能独立生活的成年子女。子女抚养费纠纷，主要包括以下类型：

（1）离婚时没有对子女抚养费作出约定，一方拒不承担抚养费；

（2）离婚时作出抚养费约定，但一方因各种原因不支付抚养费；

（3）双方约定抚养费后，一方因各种原因要求增加抚养费；

（4）非婚生子女要求其生父承担抚养费；

（5）婚姻关系存续期间，父或母一方拒不履行抚养子女义务，子女要求支付抚养费。

抚养费纠纷的诉讼请求，相对简单，只要写明要求对方支付抚养费，明确支付抚养费的具体金额、支付方式和支付时间，一般是按月进行抚养费的支付。

抚养费的标准，有固定收入的，抚养费一般可以按其每月总收入的20%至30%的比例给付。负担两个以上子女抚养费的，比例可以适当提高，但一般不得超过月总收入的50%。

如果对方有劳动能力但没有工作及收入来源，也一样要支付抚养费，抚养费的数额可以依据当年总收入或者同行业平均收入，参照上述比例确定。有特殊情况的，也可以适当提高或者降低上述比例。

父母一方无经济收入或者下落不明的，还可以用其财物折抵抚养费，但需要明确具体的财物名称、品类和折抵方式。

第三章
司法案例中关于离婚纠纷的裁判观点

第一节 离婚纠纷案件裁判观点一览表

常见问题	1. 离婚诉讼的基本流程和周期？ 2. 第一次起诉离婚，为什么人民法院不准许离婚？ 3. 第二次起诉离婚，人民法院判决离婚的概率大吗？ 4. 一方当事人不到庭，是不是人民法院就没法判决离婚？ 5. 如何认定夫妻感情确已破裂？ 6. 人民法院准许离婚常见的 10 种情形有哪些？ 7. 人民法院不准许离婚常见的 14 种理由有哪些？
人民法院裁判观点	
观点一	不准许离婚，驳回原告的全部诉求。
适用情形	1. 对方不同意离婚；2. 不符合法定离婚情形；3. 孩子年幼。
主要理由	1. 被告不同意离婚，双方感情并未真正破裂，尚有和好可能； 2. 因生活琐事产生矛盾实属正常，现有证据不足以证明感情破裂； 3. 双方结婚多年，共育子女，感情基础较牢固，无不可调和矛盾； 4. 孩子年幼，需要父母关心照顾和家庭温暖； 5. 被告有特殊困难，双方应正视矛盾，克服困难； 6. 原告初次离婚，被告未应诉答辩，不宜认定夫妻感情破裂； 7. 双方分居时间较短，虽偶有矛盾，但尚未彻底破裂； 8. 双方应真诚相待，改正各自缺点和不足，仍能建立美好家庭； 9. 首判不准离婚后，分居未满 1 年，再次起诉离婚，仍未提交证据； 10. 分居并非因感情不和，故予以驳回； 11. 家暴未提交证据，故予以驳回； 12. 吸毒和分居未提供证据，故予以驳回； 13. 赌博屡教不改未提供证据，故予以驳回； 14. 感情和生活问题应分开，不应一概归于感情问题而采取离婚方式。

观点二	认定夫妻感情已经破裂，准许双方离婚。
适用情形	1. 对方同意离婚；2. 符合法定离婚情形；3. 分居满 2 年或对方下落不明。
主要理由	1. 原告要求离婚，被告同意离婚，人民法院准许离婚； 2. 人民法院判决不准离婚后，双方分居满一年，原告再次提起离婚诉讼； 3. 被告离家出走 2 年以上，经人民法院传唤未到庭，视为感情破裂； 4. 双方共同生活时间短，感情基础薄弱，被告离家出走且拒绝联系； 5. 原告第 2 次起诉离婚，被告无正当理由不出庭应诉，视为感情破裂； 6. 双方因感情不和，分居满 2 年； 7. 被告有家庭暴力行为，严重伤害夫妻感情，导致感情破裂； 8. 被告有吸毒屡教不改情形，严重伤害夫妻感情； 9. 人民法院判决不准离婚后，双方仍未能和好，现夫妻感情确已破裂。
律师观点	天下没有离不了的婚姻，只是耗时长短和方式而已。但离婚对一个人的影响是终生的，对孩子的影响也是终生的。 婚姻众相百态，两人适不适合，外人很难知晓，还是要靠当事人自己判断。离婚前，对自己、对孩子、对婚姻、对未来都要静心审视一番，如确实无法忍受现状，愿意承担一切可能的风险，接受充满变数的未来，就勇敢放弃已经千疮百孔的婚姻，去追求自己的独立、尊严、自由与幸福；反之，则尽可能寻求婚内解决问题途径，维持大厦倾而不倒，一起共渡眼前难关。
律师提示	1. 天下没有离不了的婚姻，只有离不了的决心。 2. 人民法院第一次不判决离婚的概率大。 3. 离婚诉讼一般需要本人参加，特殊情况下，也可以缺席判决。
行动建议	1. 正视婚姻中存在的问题，尝试解决之道； 2. 离婚没有那么简单，要做好长期准备； 3. 时间是最好的解药，也是最好的武器； 4. 离婚不是终点，不要轻易升级矛盾。
费用分析	根据《诉讼费用交纳办法》第 13 条的规定，离婚案件每件交纳 50 元至 300 元。涉及财产分割，财产总额不超过 20 万元的，不另行交纳；超过 20 万元的部分，按照 0.5% 交纳。
周期分析	根据《民事诉讼法》的规定，一审案件速裁程序 1 个月内审结，简易程序 3 个月内审结，普通程序 6 个月内审结，二审案件审判周期为 3 个月。 一审判决后，当事人有 15 天上诉期，上诉期内，一审判决不生效。上诉案件送达和整理卷宗以及移交案卷周期，一般在 1 个月内。实务中，送达时间、公告时间、评估、鉴定时间、调解时间、移送卷宗时间等不计算在审理期限内。涉外案件的周期，另有规定。

第二节　离婚的流程、周期及管辖

一、离婚的方式、周期和流程

离婚目前主要有两种方式，协议登记离婚和诉讼离婚。

（一）协议登记离婚

协议登记离婚，是指男女双方通过协商方式达成离婚协议，共同到婚姻登记机关办理离婚登记手续，并领取离婚证的行为。

1. 协议登记离婚周期

离婚协议达成后，双方一并到婚姻登记机构办理，办理离婚登记的周期一般为 31-60 天。

2. 协议登记离婚流程

根据《民法典》第 1076 条至第 1078 条及婚姻登记的规定，办理离婚登记的流程如下：

（1）双方协商。男女双方就离婚、子女抚养、财产分割等事宜进行协商。

（2）签署离婚协议。双方协商一致后，签署书面离婚协议。协议应载明双方自愿离婚的意思表示和对子女抚养、财产以及债务处理等事项协商一致的意见。离婚协议书一式三份，男女双方各一份并自行保存，婚姻登记处存档一份。

（3）申请离婚登记。双方拿上结婚证原件、户口本原件、身份证原件、离婚协议，亲自到婚姻登记机关申请离婚登记，不得委托他人代理。

（4）受理。婚姻登记机关对当事人离婚申请合法性及自愿性进行初审无误后，发给《离婚登记申请受理回执单》。

（5）离婚冷静期（反悔期）。自婚姻登记机关收到离婚登记申请并向当事人发放《离婚登记申请受理回执单》之日起 30 日内，任何一方不愿意离婚的，可以持本人有效身份证件和《离婚登记申请受理回执单》（遗失的可不提供，但需书面说明情况），向受理离婚登记申请的婚姻登记机关撤回离婚登记申请，并亲自填写《撤回离婚登记申请书》。经婚姻登记机关核实无误后，发给《撤回离婚登记申请确认单》，并将《离婚登记申请书》《撤回离婚登记申请书》与《撤回离婚登记申请确认单（存根联）》一并存档。

自离婚冷静期届满后 30 日内，双方未共同到婚姻登记机关申请发给离婚证的，视为撤回离婚登记申请。

（6）材料审查。自离婚冷静期届满后 30 日内（期间届满的最后一日是节假日的，以节假日后的第一日为期限届满的日期），双方当事人应当持《婚姻登记工作规范》第 55 条第 4 项至第 7 项规定的证件和材料，共同到婚姻登记机关申请发给离婚证。

（7）登记发证。婚姻登记机关对审查合格的当事人予以登记，发给离婚证。

（二）诉讼离婚

诉讼离婚，指一方当事人通过到人民法院提起诉讼，由人民法院经过审理或调解，最终判定是否准许双方离婚的方式。

1. 诉讼离婚的周期

离婚案件，适用普通程序审理的案件，法院一般会在 6 个月内审结（特殊情况下可为 15 个月），适用简易程序审理的案件，人民法院审理期限为 3 个月。不服一审人民法院判决上诉的案件，一般会在 3 个月内审结（特殊情况可为 6 个月）。

不过，实务中，人民法院案多人少的压力长期存在，法官手中案件量巨大，故离婚案件一审一年到两年的情况，在一些案件负荷量较重的法院也是存在的。

2. 诉讼离婚的流程

（1）当事人拟好提起离婚的起诉书，准备相关证据材料；

（2）当事人到有管辖权的基层法院立案大厅正式立案；

（3）经人民法院立案大厅审查，符合立案条件，准予立案后，由立案庭给当事人发出立案通知书或缴纳诉讼费通知书（目前，很多人民法院实行诉前调解，诉前调解周期为 1-2 个月，诉前调解期间一般不收费，调解不成，人民法院方正式立案和收费）；

（4）当事人在法定期间内应当交费，却未交费的，视为撤诉；

（5）立案庭根据案由及庭室管辖将案件分配至相应的民事审判庭；

（6）民庭收案后，向被告发出传票，要求其到人民法院办理应诉手续；

（7）被告办理应诉手续后，人民法院给双方确定开庭时间；

（8）双方根据开庭时间到院后，由人民法院进行调解；

（9）人民法院调解不成的，可以当天组织开庭；

（10）开庭审理后，法官在审限内根据案情书写判决书；

（11）人民法院择日作出准予离婚或不准予离婚的判决书；

（12）人民法院给双方当事人送达法律文书；

（13）送达后，有 15 天的上诉期，上诉期满未上诉的，法院判决书生效，判决书效力等同于离婚证书。（上诉期内，有任一方当事人提起上诉的，判决书不生效，进入二审阶段。）

特别提示：调解是离婚案件的必经程序，只要当事人同意，在离婚诉讼的诉前、诉中都可以进行调解。

3. 离婚起诉书示例

以下为女方提起离婚诉讼的起诉书样本，适用于对方有婚内过错的情形，可以参考使用：

离婚起诉书

原告：<u>　姓名　</u>，<u>　性别　</u>，_____年____月____日出生，民族，<u>　工作单位　</u>职工（或无业）；

住址：_____省_____市/县_____区_____街____号。

联系电话：_____

被告：<u>　姓名　</u>，<u>　性别　</u>，_____年____月____日出生，<u>民族</u>，<u>　工作单位　</u>职工（或无业）；

住址：_____省_____市/县_____区_____街____号。

联系电话：_____

案由：离婚纠纷

诉讼请求：

1. 依法判令解除原告与被告之间的婚姻关系；

2. 依法判令婚生子___孩子姓名___归原告抚养，被告每月___15___日前向原告支付子女抚养费_____元，直至___孩子姓名___年满18周岁为止；

3. 请求判决被告给予原告精神损害赔偿_____元；

4. 依法分割原告、被告的夫妻共同财产，按照照顾无过错方原则，由原告分得六成，被告分得四成；

5. 本案诉讼费用由被告承担。

事实和理由：

原告、被告经人介绍，于_____年___月___日登记结婚，婚后于___年___月___日生育有一子，名叫_____，尚未成年，今年___岁。

原告、被告结婚前，相识时间不长，冲动草率结婚。婚后，双方感情一般，未能建立起良好的夫妻感情。生活中，双方经常性发生各种各样的家庭矛盾和纠纷，加剧了感情的破裂。

婚后，原告发现被告与其他女性关系暧昧，有不正常行为。为此，原告多次善意提醒被告，但被告对此不予认可，也不以为意。

_____年___月___日，原告发现被告与一个女性在宾馆开房，被原告当场捉奸在床。被告被发现后，苦苦向原告哀求，请求原告的原谅，因孩子年幼，原告不得不忍气吞声，对被告的婚内出轨行为，选择忍让。但后来原告发现，这并没有让被告明白自己的过错，反而让其肆无忌惮、变本加厉，认为原告软弱可欺，很好哄骗，继续多次与婚外女性保持关系暧昧和不正当的男女关系。

被告的行为，已经严重违背了夫妻之间的忠诚义务，对原告的情感造成一次又一次的巨大伤害，且被告没有任何的悔过之意，原告对此实在难以忍受，也深深感到失望。

被告肆无忌惮地与婚外异性滥情和同居，不管原告心理感受，对家庭不负责任，甚至长期不回家，多次与婚外异性保持不正当的男女关系，致使原告彻底失去了与被告一起共同生活的信心，导致双方的感情彻底破裂。

原告、被告结婚后，孩子主要由原告照顾和抚养，辅导家庭作业等，为了保护孩子的健康成长，不贸然改变孩子的学习和成长环境，申请法院准许孩子由原告进行抚养，由被告每月支付孩子的抚养费。原告同意被告在约定的时间内进行探望。

双方婚后有相应的共同财产，请求予以分割。因被告存在婚内出轨行为，对原告的感情造成巨大伤害，且直接导致双方婚姻关系的破裂，属于明显的过错方，故原告请求法院分割财产时，依据照顾无过错方的法律规定，对原告进行倾斜保护，多分相应财产份额。

综上，因双方感情已经彻底破裂，无和好可能，原告向贵院提起诉讼，请求贵院判如所请。

此致

＿＿＿＿人民法院

具状人：××

时间：××年××月××日

（三）协议离婚与诉讼离婚的不同

1. 办理机关不同

协议登记离婚的机构是登记结婚的婚姻登记机关；诉讼离婚的管辖机构是基层人民法院。

2. 办理周期不同

协议登记离婚的周期很短，一般在31-60天。

根据《民法典》第1077条的规定："自婚姻登记机关收到离婚登记申请之日起三十日内，任何一方不愿意离婚的，可以向婚姻登记机关撤回离婚登记申请。前款规定期限届满后三十日内，双方应当亲自到婚姻登记机关申请发给离婚证；未申请的，视为撤回离婚登记申请。"第1078条规定："婚姻登记机关查明双方确实是自愿离婚，并已经对子女抚养、财产以及债务处理等事项协商一致的，予以登记，发给离婚证。"

诉讼离婚的周期较长，审理期限一般在3-12个月。

根据《民事诉讼法》第164条规定："人民法院适用简易程序审理案件，应当在立案之日起三个月内审结。有特殊情况需要延长的，经本院院长批准，可以延长一个月。"第 152 条规定："人民法院适用普通程序审理的案件，应当在立案之日起六个月内审结。有特殊情况需要延长的，经本院院长批准，可以延长六个月；还需要延长的，报请上级人民法院批准。"

3. 办理流程不同

协议登记离婚，是无争议离婚，需要夫妻双方同意离婚，并签署书面离婚协议，离婚协议需要载明双方自愿离婚的意思表示和对子女抚养、财产以及债务处理等事项协商一致的意见，才能申请办理离婚登记。

诉讼离婚无须协商一致，属于有争议的离婚，多数情况下，双方就离婚事宜、子女抚养事宜和财产分割事宜无法达成一致意见的，任何一方均可提起离婚诉讼。

4. 对抗程度不同

协议离婚属于无争议、无对抗的协商式离婚，对结果双方均有预期；诉讼离婚则具有一定的对抗性，双方往往具有较大争议，且观点对立，结果具有明显的不确定性。

5. 离婚证明文件不同

协议离婚，办理离婚登记手续后，由婚姻登记机关发放《离婚证》。诉讼离婚案件，一般由法院作出离婚《调解书》《判决书》。《离婚证》和人民法院的《调解书》《判决书》，都可作为离婚的证明文件，但文书的制作主体、制作内容和生效条件，均有较大区别，人民法院的一审判决书，有相应的上诉期，并非作出即生效，需要通过法院开具相应的生效证明文件。

6. 强制力不同

协议离婚达成的离婚协议，任何一方如果不遵守协议约定内容，需要去法院进行诉讼后，方可根据判决结果申请强制执行。

诉讼离婚案件，法院作出的裁判文书，有强制执行力，可以直接向法院申请强制执行。

二、离婚案件的管辖

（一）协议登记离婚的机构管辖

根据《民法典》第 1076 条的规定，夫妻双方自愿离婚的，应当签订书面离婚协议，并亲自到婚姻登记机关申请离婚登记。

离婚协议应当载明双方自愿离婚的意思表示和对子女抚养、财产以及债务处理等事项协商一致的意见。

因此，如果双方打算登记离婚，应到原婚姻登记机关办理离婚登记。

（二）诉讼离婚的管辖法院

1. 被告住所地法院管辖

根据《民事诉讼法》第 22 条的规定，对公民提起的民事诉讼，由被告住所地人民法院管辖；被告住所地与经常居住地不一致的，由经常居住地人民法院管辖。

多数离婚案件，适用一般的地域管辖规定，需由被告住所地或经常居住地法院进行管辖，管辖法院为基层人民法院。

2. 原告住所地法院管辖

被告符合下列 7 种情形之一的，可由原告住所地法院管辖。原告住所地与经常居住地不一致的，由原告经常居住地人民法院管辖：

（1）被告在国外居住；

（2）被告下落不明；

（3）被告被宣告失踪；

（4）被告被采取强制措施收押或监禁；

（5）被告被强制性教育；

（6）被告离开住所地超过 1 年；

（7）原告、被告均在国外，且均未定居。

《民事诉讼法》第 23 条规定，下列民事诉讼，由原告住所地人民法院管辖；原告住所地与经常居住地不一致的，由原告经常居住地人民法院管辖：

（1）对不在中华人民共和国领域内居住的人提起的有关身份关系的诉讼；

（2）对下落不明或者宣告失踪的人提起的有关身份关系的诉讼；

（3）对被采取强制性教育措施的人提起的诉讼；

（4）对被监禁的人提起的诉讼。

《最高人民法院关于适用〈中华人民共和国民事诉讼法〉的解释》第 12 条

规定，夫妻一方离开住所地超过一年，另一方起诉离婚的案件，可以由原告住所地人民法院管辖。夫妻双方离开住所地超过一年，一方起诉离婚的案件，由被告经常居住地人民法院管辖；没有经常居住地的，由原告起诉时被告居住地人民法院管辖。第 15 条规定，中国公民一方居住在国外，一方居住在国内，不论哪一方向人民法院提起离婚诉讼，国内一方住所地人民法院都有权管辖。国外一方在居住国法院起诉，国内一方向人民法院起诉的，受诉人民法院有权管辖。第 16 条规定，中国公民双方在国外但未定居，一方向人民法院起诉离婚的，应由原告或者被告原住所地人民法院管辖。

3. 定居国外华侨的离婚管辖

（1）国内结婚，国外定居，由婚姻缔结地或国内最后居住地法院管辖

《最高人民法院关于适用〈中华人民共和国民事诉讼法〉的解释》第 13 条规定，在国内结婚并定居国外的华侨，如定居国法院以离婚诉讼须由婚姻缔结地法院管辖为由不予受理，当事人向人民法院提出离婚诉讼的，由婚姻缔结地或者一方在国内的最后居住地人民法院管辖。

（2）国外结婚，国外定居，由国内原住所地或最后居住地法院管辖

《最高人民法院关于适用〈中华人民共和国民事诉讼法〉的解释》第 14 条规定，在国外结婚并定居国外的华侨，如定居国法院以离婚诉讼须由国籍所属国法院管辖为由不予受理，当事人向人民法院提出离婚诉讼的，由一方原住所地或者在国内的最后居住地人民法院管辖。

4. 军事法院管辖

《最高人民法院关于适用〈中华人民共和国民事诉讼法〉的解释》第 11 条规定，双方当事人均为军人或者军队单位的民事案件由军事法院管辖。

第三节　审核离婚案件的四大要点

离婚案件，法官在开庭审理过程中，一般会进行要素化审理核查。对于离婚纠纷案件中，结婚事实及夫妻感情情况的审查要点，笔者分析总结如下，供参考使用。

一、结婚事实审核

有结婚才能有离婚。离婚案件，必须先查清两个人婚姻关系的事实，包括结婚的具体时间、婚姻缔结地或登记机关。当事人需要提交婚姻关系的证明材料，结婚证、身份证、户口簿。

如果一方当事人为了不离婚，故意将结婚证撕毁或藏匿，导致无法提供结婚证原件，另一方当事人可以到婚姻登记部门申请查找结婚时的档案材料，证明自己的婚姻关系。

如果一方在国外结婚的，还应当提交结婚证明以及我国驻外使领馆的认证手续。

如果涉及婚姻无效、可撤销的事实：如重婚、未达法定婚龄、存在不宜结婚的疾病、有禁止结婚的亲属关系。还要根据当事人的主张，审查结婚是否存在强迫等非自愿行为等。

二、夫妻感情事实审核

只有证明夫妻感情完全破裂，人民法院才能判决离婚。

因此，离婚案件中，法官必须审查有关夫妻感情状况的事实情况，当事人也需要提供相关的书面证据材料，不能仅仅进行口述，否则如果各执一词，法官将难以认定真实情况，最终可能导致无法采信口述内容。

（一）庭审中，法官常见的审查内容

（1）夫妻双方对婚姻的态度，是否同意离婚，离婚的原因是什么；不同意离婚的话，不同意的原因是什么。

（2）夫妻双方有没有分居的情况，如果有，分居的起始时间，分居的具体原因，是否分居满两年。

（3）夫妻之间有无离婚过错的事实。例如，《民法典》第1079条规定了几种应当准许离婚的法定情形：①重婚或者与他人同居；②实施家庭暴力或者虐待、遗弃家庭成员；③有赌博、吸毒等恶习屡教不改；④因感情不和分居满二年；⑤一方被宣告失踪，另一方提起离婚诉讼的；⑥经人民法院判决不准离婚后，双方又分居满一年，一方再次提起离婚诉讼的。

以上情况，属于法定离婚事由，应当准予离婚。

（4）夫妻是否曾经主张或者起诉过离婚，提供人民法院的判决、调解、裁定等法律文书，原则上，第一次起诉离婚，人民法院应判决驳回，给予双方六个月冷静期。

（5）双方是初婚还是再婚，结婚时间的长短，夫妻婚姻基础是否稳固。

（6）双方的年龄、身体状况、经济条件等。

一般年老的夫妻，基于相互扶助的义务和安度晚年的社会习俗，在一方明确表示不同意离婚的情况下，法官也会慎重考虑能否准许离婚；另外，对一方卧病在床，或丧失生存能力或劳动能力的情况，因夫妻间有相互扶助义务，法官也会考虑是否有遗弃嫌疑，从而慎重考虑是否准许离婚。

（二）认定夫妻感情破裂的 9 种法定情形

根据《民法典》第 1079 条的规定，在调解无法和好的情况下，目前有 9 种应当准许离婚的法定情形：

（1）重婚；

（2）与他人同居；

（3）实施家庭暴力；

（4）虐待家庭成员；

（5）遗弃家庭成员；

（6）有赌博、吸毒等恶习屡教不改；

（7）因感情不和分居满二年；

（8）一方被宣告失踪，另一方提起离婚诉讼的；

（9）经法院判决不准离婚后，双方分居满一年，一方再次提起离婚诉讼。

以上 9 种情况，属于法定离婚事由，一旦查证属实，只要无法调解和好，就应当判决准予离婚。

除此之外，能否判决离婚，《民法典》在第 1079 条第 3 款第 5 项中，还增加了一个"兜底条款"——其他导致夫妻感情破裂的情形。这是《民法典》的一个亮点，增加了法官的自由裁量权，至于什么是"其他情形"，需要法官结合案情进行具体分析和具体判断，无特定标准。

（三）关于感情问题审查的特别注意事项

（1）"有配偶者与他人同居"，与我们日常理解的"出轨"是完全不同的两个概念。需要查明是"出轨"还是"与他人同居"，两者的主要区别是共同居住的"持续性"和"稳定性"，只有持续、稳定地共同居住，才可能构成"与他人同居"情形，常见的"一夜情""嫖娼"等，不算"与他人同居"。另外，还需要了解同居的时间，同居的地点，有无与婚外异性生育子女等情况。如果涉嫌重婚的，还需要查明有无以夫妻名义对外同居，有无进行过结婚登记等事实。

（2）"家庭暴力"，并非仅仅指普通的推搡，互殴，辱骂或偶发的扇耳光，轻微的身体抓挠等。需要有明确的身体受伤证明，且一般需要是轻微伤以上的伤情，一般需要核实了解殴打的时间，殴打的原因，殴打的后果，有无造成伤情，有无进行过伤残等级的鉴定或伤情鉴定，有无就诊的记录，有无报警处理等。多数需要有报警记录，告诫书，诊断证明，受伤照片，殴打视频，伤情鉴定报告等相关材料进行佐证。

（3）"赌博、吸毒"等恶习，需要有当事人的自认，或者第三方机关的佐证，如强制戒毒决定书、拘留通知书、刑事判决书等，且需要证明屡教不改，认定较为严苛。

（4）虐待、遗弃家庭成员，属于刑事犯罪的一种，证明条件更加严苛，实务中该类情形较少，认定更为严苛。

（5）感情不和分居满两年，除要证明分居的事实外，还需要证明分居的原因是感情不和。实务中，除非双方一致认可，否则很难证明分居原因。

（6）感情破裂的举证责任在原告方，如原告无法举证证明，需要承担举证不能的法律后果。司法实务中，第一次判决不准许离婚的概率较高，原因就是原告无法提供感情破裂的相关证据，或举证不足、不充分。

三、子女抚养事实审核

关于子女的抚养情况，关系到孩子应该判决归哪一方抚养，对孩子未来的成长和保护至关重要，故从最大化保护未成年子女利益的原则出发，法官一般会查明以下事实：

（1）审查子女的姓名、性别、出生日期、上学情况等；

（2）如果是继子女，还要审查共同生活的时间，生活学习费用的负担，是否形成抚养关系；

（3）如果是养子女，还要审查该子女的收养人、收养日期、收养原因，是否经民政部门办理了法定的收养手续，非收养人的夫妻一方是否同意收养，是否与养子女形成抚养关系；

（4）审查子女目前的生活学习开销情况，子女有无独立生活能力；

（5）子女现在与谁共同生活，关系如何；对抚养子女的意见；

（6）夫妻双方对抚养子女的态度，是否同意抚养子女；

（7）夫妻双方的工作情况、收入情况、教育情况，以便确定抚养费的数额及支付抚养费的能力和稳定程度；

（8）如果子女已经年满8周岁，能够一定程度地自主思考和清楚表达自己的意愿，法官还应该询问一下子女对抚养权归属的意见，作为重要参考；

（9）征求夫妻双方对子女探视的意见，具体探视的时间，地点，方式等；

（10）双方的房屋所有权情况，能否给孩子提供稳定的居住条件；

（11）双方父母有无看护子女的情况，以及看护的时间和方式，是否有长期帮忙照看孩子的事实。

四、财产方面事实审核

（一）有无书面的财产分割协议

关于夫妻共同财产分割，首先，需要审查夫妻之间有无关于财产分割的相关协议约定，如《离婚协议》《婚内财产分割协议》《婚前协议》等，夫妻之间有明确约定的，优先按照约定对财产进行分割；没有约定的，才需要具体查清财产情况及夫妻之间有无过错行为等，然后进行酌情分割。其次，需要审查夫妻约定的财产中，是否真的存在相关财产，有无相应的财产依据或证明文件，是否涉及第三方的财产权利。最后，需要审核上述协议的生效条件是否具备，内容是否违反法律规定，签署协议时，是否有欺诈、胁迫等情况存在，只有合法有效的协议，才可得到人民法院的认可和执行。

（二）没有书面财产分割协议的财产查明

1. 婚前个人财产

离婚分割夫妻共同财产时，首先要把夫或妻一方的个人财产剔除，因为夫或妻的个人财产，不属于离婚案件中财产的分割范围。

法官应查明涉案财产中，有无夫或妻一方的婚前个人财产，以及婚后取得的财产中，是否有属于夫或妻一方的个人财产。

夫妻双方婚前有什么个人财产，尤其是婚前个人所有的房屋，应提供房产证，购房合同，购房款出资证明或支付购房款的银行流水等；其他的婚前个人财产，需要提供有关财产的品名、数量、规格、新旧程度及价值，购买时间、财产的存放地点；婚后个人财产包括婚后明确赠与或者继承为个人的财产，完全由婚前个人财产在婚后转化而来的财产。

2. 房屋情况

房子一般是大多数夫妻价值最大的固定资产，在离婚案件中，对房屋的分割最为常见，争议也最为激烈。

法官在审查房屋情况时，应查明：

（1）房屋的购买时间；

（2）购买合同中的签约购买人；

（3）购买房屋的总价；

（4）购房的实际出资情况、数额、时间、方式；

（5）房屋的产权性质；

（6）房屋产权证的取得时间；

（7）房产证上登记的权利人情况；

（8）房屋目前的市场评估价值或双方协商认可的价值；

（9）涉及贷款买房的，还应查清房屋的首付金额、贷款金额、月供数额、夫妻共同还贷数额；

（10）查清房屋坐落的地点、门牌号、间数、朝向、面积；

（11）涉及父母出资购房的，还要查清父母出资的时间、数额、目的，是否存在双方赠与、单独赠与或者借贷的意思表示或书面文件；

（12）购房时，是否有亲友提供的借款，借款时间、借款金额、是否签署借款协议，有无归还及归还金额等情况；

（13）查实诉争房屋现在的居住使用状况，费用支出情况；

（14）如果涉及农村房屋，应查清房屋宅基地使用权人，审批建房人、房屋坐落、面积、间数、朝向等，当事人须提供宅基地使用权证及建房审批表等相关证据；

（15）询问当事人对离婚后房屋安排的明确意见。

3. 汽车情况

法官需要审查汽车的购买时间、出资情况、购买人、登记权利人、购买金额、车牌号、车型、车架号、行驶证、现有市场价值等。

如果双方对汽车现有市场价值，无法达成一致意见的，可以进行竞价，也可以选择评估价值。

需要提醒的是，虽然北京、上海等地对车牌有各种限制性规定，并有单独拍卖出售车牌的情况，但在离婚案件分割时，汽车和车牌是一体的，不能分开判决各自的归属。不过，如果车牌价值确实可以单独评估或有价值证明材料的，也可以分割车牌的价值，由获得车辆的一方，给另一方车辆及车牌价值的折价补偿款。

4. 共同存款、现金、债券、股票等有价证券情况

（1）共同存款

一般需要查明双方的银行账户、存款银行、相应的银行流水及余额等。

如果是工资收入，需要了解双方的经济收入状况，包括工资、奖金、津贴、补贴、房屋公积金及补贴等情况。

一般来讲，当事人离婚时，往往会伴随着一方私自将银行卡内的资金隐匿、转移、挥霍、使用的情况，故经常需要对银行卡内的资金流水进行查询打印，以查明银行卡资金流水有无异常。当事人可以要求对对方在离婚诉讼前一年的银行卡内资金流水进行打印查询，以查明有无异常。

实务中，有些夫妻的资金流水较大，转移财产的时间较长，故查询时间可

以更早一些，但最早不能早于结婚时间。具体的查询时间，以法官准许的时间为准。如发现一方有隐匿、转移、挥霍卡内大额资金的行为，根据法律规定，可以对该方进行少分或不分财产。

（2）债券、股票等情况

法官需要查明相应的账户、债券、股权购买情况，要求当事人提供债券、股票的市场价值证明文件等。

如果是上市公司股票，价格每日每时变动的，还需要双方协商确定一个计价的规则或依据，以确定其对应的市场价值。另外，很多法官还会要求截至某一日，双方不得在对账户内的股票或债券进行交易，避免一方转移财产。对于禁止交易会极大影响财产价值或引发巨大波动的，法官一般会要求双方协商确定或由法官指定一个计价的方式或计价的依据，由双方共同遵守执行。

如果是非上市公司的股票，或有限责任公司的股权等，应查清公司股权的数量、持股时间、持股比例、出资数额，要提供入股、个人经营等财务状况的证据，要询问当事人对股权分割的意见，公司账簿是否完整，股权能否进行评估等。

实务中，很多有限责任公司定的股权，往往因为财务账簿的缺失或者不正规或者做假账等原因，导致难以评估或评估价值不符合真实情况，故进行数量或比例分割的情况相对较多。

（3）现金、家具家电、其他动产、个人衣物等

一般需要查清现金的数量，家具家电财产的品牌、数量、金额、购买情况、使用情况、目前市场、由谁掌握等事实，其他财产的具体情况。不过，关于个人衣物和用品，根据法律规定，属于个人所有，故对个人物品基本不核实。

关于家具家电等物品，一般都有价值贬损，但因评估需要收取评估费，故很多时候由当事人协商确定一个相对合理的价格，或者通过各自分得一部分家具家电来进行利益的平衡。

5. 共同债权债务

（1）共同债权方面。需要核查债权的情况，如债务人的姓名、债权数额、债权依据、债权现况等情况，需要当事人提供债权的证明文件。

（2）共同债务方面。需要查清债权人的姓名、借款的用途、夫妻双方是否知晓借款、借款是否用于夫妻共同生活等。还需要查明有无债务凭证，债务是否属实，是否属于非法债务等。

第四节　夫妻感情破裂常见的证据准备

离婚对一个家庭来讲，意味着家庭的解体，是重大事情，对夫妻及孩子的影响，都是终生且难以逆转的。因此，人民法院对待离婚案件，普遍持谨慎态度。夫妻感情破裂，需要提供相应的证据支持，否则，仅凭当事人口头陈述，法官难以判断夫妻感情实际情况，也无法判断到底有无和好可能性，一旦当事人的举证责任没有完成或举证不够充分，可能会承担败诉的法律后果。

一、常见证据类型

1. 结婚证

证明双方之间存在婚姻关系。

2. 子女出生证明

证明子女出生的基本情况、孩子姓名、性别、年龄等。

3. 符合法定离婚情形的证据

感情破裂，可能基于不同的原因，故需要根据不同原因进行举证，具体的举证方式，可以参考各章节的具体内容，此处作通用型介绍：

（1）录音、录像等视听资料。如当事人认可有家庭暴力、虐待、遗弃、赌博、吸毒、分居等行为，可以在其承认错误时录音录像，或要求其书写改正错误的承诺书、保证书、悔过书等资料，未来涉诉时可以作为证据使用。

（2）派出所的询问笔录、告诫书、处罚书、通知书等。对方存在家暴、虐待、遗弃、赌博、吸毒等恶习时，或对方下落不明时，可以及时报警。警察出警后，应尽可能让警察带双方去派出所做询问笔录，陈述事实经过，并对笔录进行签字确认。派出所的询问笔录，属于第三方机构保存的证据，证明力要高一些，且保留时间较长，当事人在诉讼时，可以申请法院调取该证据，当事人在询问笔录中自认的事实，一般可以作为事实进行认定。

（3）居委会或公安机关开具的居住证明或租房合同等。证明分居情况。

（4）证人证言。用来对家暴行为、虐待、遗弃、赌博、吸毒等进行辅助证明。

（5）病历、医院诊断证明和医疗费票据。一般用于证明施暴人的家暴情况，吸毒人的强制戒毒证明。

（6）人民法院的判决书、调解书、裁定书等。证明是否第二次起诉离婚。

（7）当事人陈述和自认。当事人陈述和自认，是法官判断双方感情情况的直接证据。

4. 当事人的陈述

证明双方相识、相恋的过程及产生家庭矛盾的过程与内容。

5. 其他书面证据

证明夫妻感情确已破裂的其他书面证据，如分居协议、离婚协议、承诺书、悔过书等。

二、影响裁判观点的主要事实

（一）双方是否第一次起诉离婚

婚姻生活中，夫妻不免因各种琐事出现磕磕碰碰，家长里短和吵吵闹闹，学校没有夫妻间相处之道的教育课程，不同家庭情况千姿百态，需要自己摸索和实践出两人的相处之道。一些婚姻问题，可能是当局者迷，当夫妻关系走向破裂时，是真的无可救药还是有可能挽回，尤其是双方无法达成离婚一致意见时，不得不由第三方评价机构进行评判。离婚不是一个人"说走就走的旅行"，往往牵扯孩子抚养，财产分割，生活保障等问题。因此，第一次起诉离婚时，如果不能提供充分有效证据证明夫妻间存在法定的离婚情形，在另一方坚决不同意离婚的情况下，法院多数情况下，会给双方一次和好的机会，希望能够挽回一段夫妻感情，挽救一个破败家庭。

如果一方多次提出离婚诉讼，因两次离婚提起的时间间隔要求在 6 个月以上，对多次提起离婚诉讼且态度坚决要求离婚的当事人，人民法院也要保障当事人的离婚自由权，不能一味维持已丧失感情基础或已无和好可能性的婚姻。

（二）是否有法定离婚情形

《民法典》第1079条规定了几种应当准许离婚的法定情形：（1）重婚或者与他人同居；（2）实施家庭暴力或者虐待、遗弃家庭成员；（3）有赌博、吸毒等恶习屡教不改；（4）因感情不和分居满二年；（5）一方被宣告失踪，另一方提起离婚诉讼的；（6）经人民法院判决不准离婚后，双方又分居满一年，一方再次提起离婚诉讼的。

以上情况，属于法定离婚事由，应当准予离婚。除此之外，《民法典》第1079条第3款第5项还规定了一个兜底条款，即"其他导致夫妻感情破裂的情形"。此时，法官可以结合具体案情，判断感情是否已经破裂，有较大的自由裁量权。

（三）双方结婚时间长短

结婚时间越长，证明感情基础越牢固，双方可磨合度越高，离婚造成的不利影响和感情伤害越大，在一方当事人明确表示不同意离婚的情况下，法官会更倾向于判决不准许离婚。

反之，结婚时间短，共同生活时间短，双方尚未建立深厚感情，离婚造成的不利影响可能较小，在一方当事人坚决要求离婚的情况下，人民法院可能会倾向于保护当事人的离婚自由权，判决准许离婚。

（四）是否有子女及子女年龄

双方有无子女和子女年龄，是法官常见的考虑因素之一。有子女的家庭，尤其是子女年龄尚小的家庭，因家庭解体，对孩子的伤害极大，且影响是终生的。故法官多数会考虑孩子的未来，孩子的抚养，孩子的探望以及孩子的教育和居住等问题，会按照有利于孩子成长的原则，在夫妻间没有原则性矛盾和法定离婚事由的情况下，倾向判决不准离婚。

反之，如果双方没有孩子，或者孩子已经成年，则法官只需要考虑夫妻间感情有无和好可能性的问题，判决起来就会简单很多。

（五）被告对离婚的态度

双方是否有和好可能，被告的态度至关重要。被告如果能正视婚姻中存在的问题，表明愿意就原告所述真实问题进行积极的改正，能够认识错误，改过自新，积极努力挽回婚姻，法官一般也不会吝惜助力被告，共同去挽救一段可能和好的婚姻。毕竟，家庭是社会稳定的细胞，家庭的解体，对夫妻双方来讲，大多数情况下，并不是一件快乐的事情。

反之，如果被告认识不到自己的错误，对原告的说法横加指责，甚至完全不理睬原告的诉讼，无正当理由拒绝出庭和应诉，对婚姻的未来漠视不理，放任不管，表现出可有可无的随意心态，或提出以对方给自己补偿为离婚条件的金钱面孔。法官可能看不到被告愿意挽回婚姻的诚意，判决离婚的可能性就会显著加大。

第五节　法院驳回离婚请求的 14 条裁判理由

一、法院驳回离婚请求的观点

《司法大数据专题报告之离婚纠纷》的数据显示，65.81% 的离婚案件判决结果，为驳回离婚诉讼请求，继续维持双方的婚姻关系。如果将二次以上离婚诉讼排除在外，第一次裁判驳回离婚诉讼请求的概率在 70% 以上。可见，人民法院多数情况下会裁判不准离婚。

二、法院驳回离婚请求的主要裁判理由

1. 被告不同意离婚，双方感情并未破裂，有和好的可能

原告、被告虽然分居一段时间，双方偶尔为生活琐事发生口角，但只要双方珍惜感情，相互谅解，双方是能够和好如初的，且被告明确表示不同意和原告离婚，可见双方夫妻感情并没有真正破裂。人之生命有限，而人为的烦恼无限，家庭的和谐是靠双方共同包容的。结合本案，双方应冷静下来，再慎重考虑为重。故对于原告要求与被告离婚的诉讼请求，本院不予支持。

参考案例：（2021）辽 0381 民初 8416 号民事判决书

来源：中国裁判文书网

2. 因生活琐事产生矛盾实属正常，现有证据无法证明感情破裂

夫妻感情破裂是准予离婚的法定条件。原告、被告于××××年登记结婚，在婚姻家庭生活中，夫妻之间因日常琐事发生矛盾在所难免，双方应珍惜对方为家庭付出的辛苦，多作自我批评，在处理家庭矛盾时，应采用柔和的方式方法，避免矛盾激化，真正做到互相体谅，关心彼此，互相依靠，各自肩负起家庭的责任。婚姻来之不易，给双方一次挽救婚姻的机会，如果原告、被告双方能够采取正确的方式处理夫妻之间的矛盾，相信夫妻关系会有所转变，依据《民法典》第 1079 条之规定，现原告未能提供与被告感情确已破裂的证据，故本院对原告要求离婚的诉讼请求不予支持。

参考案例：（2021）辽 0381 民初 8182 号民事判决书

来源：中国裁判文书网

3. 双方结婚多年，共育子女，感情基础牢固，没有不可调和的矛盾

婚姻关系应以夫妻感情为基础。原告与被告经自由恋爱后自愿登记结婚，可见双方在婚前对彼此有充分的了解，婚姻的感情基础较为牢固。双方婚初夫妻感情尚可，生育一个孩子，双方相互扶持，共同经营家庭，可见双方已真正建立起深厚的夫妻感情。虽然双方因沟通方式欠妥，互不信任而发生争吵，但双方之间并未产生不可调和的矛盾，尚未导致夫妻感情彻底破裂，尚有和好可能。现只要双方为了家庭和睦、孩子的健康成长着想，珍惜夫妻感情，改善沟通方式，互相信任，互相尊重，互相谅解，努力改善夫妻关系，夫妻和好是有希望的。

参考案例：（2021）琼 9002 民初 3389 号民事判决书

来源：中国裁判文书网

4. 孩子年幼，需要父母关心照顾和家庭温暖

原告、被告双方至今已结婚多年，并育有两个子女，足见双方感情基础较为牢固。在婚姻家庭生活中，发生矛盾是在所难免的，双方应在面对问题时冷静对待，理智从事，相互包容、换位思考，且两名孩子均系未成年人，正需要原告、被告双方共同担负起为人父母的责任，为孩子的健康成长提供和谐、温暖的家庭环境，切勿因一时冲动轻言放弃，从而对家庭、对孩子造成难以挽回的损失及伤害。现原告诉至人民法院要求与被告离婚，但其提供的证据不能证明双方之间的夫妻感情确已破裂，故本院对原告诉请依法不予支持。

参考案例：（2021）陕 0522 民初 510 号民事判决书

来源：中国裁判文书网

5. 被告有特殊困难，双方应正视矛盾，克服困难

原告与被告经人介绍相识自由恋爱后同居生活并登记结婚，婚后育有子女，夫妻感情尚好。原告在家带孩子打零工，被告外出务工养育子女，其间双方无大的家庭矛盾。自某年以来，因被告身体受伤无法劳动而无收入，加之举债维持家庭日常开销，家庭开始出现矛盾，进而发生争吵导致原告离家，但这些矛盾不足以导致夫妻感情彻底破裂。只要双方正视矛盾，克服困难，共同教育好子女，纠正各自缺点，夫妻感情会逐渐向好。故原告本次离婚的诉讼请求，不符合离婚法定条件，依法驳回。

参考案例：（2021）陕 0728 民初 1223 号民事判决书

来源：中国裁判文书网

6. 原告第一次离婚，被告未应诉答辩，不宜认定感情破裂

原告、被告系自主婚姻，双方在共同生活中，缺少沟通。现因家庭生活琐事发生纠纷，原告来院请求离婚，被告未应诉答辩，不宜认定原告、被告夫妻感情破裂。原告、被告双方应珍惜夫妻感情，并就引起双方隔阂的问题互相沟通，互谅互让，共建和谐家庭。故对原告的离婚诉讼请求，本院不予支持。

参考案例：（2021）辽 0402 民初 2189 号民事判决书

来源：中国裁判文书网

7. 双方分居时间较短，偶有矛盾，但尚未彻底破裂

原告、被告依法登记结婚，属合法婚姻，理应受法律保护。原告、被告婚后未能正确处理家庭矛盾，因家庭琐事偶有矛盾发生，但尚未导致夫妻感情彻底破裂，且原告、被告分居时间较短，故对原告离婚的诉讼请求，本院不予支持。希望原告、被告双方在今后的生活中，珍惜夫妻感情，能正确处理家庭矛盾，及时沟通交流，互谅互让，多为孩子考虑，建立幸福和谐的家庭生活。

参考案例：（2021）甘 2925 民初 1643 号民事判决书

来源：中国裁判文书网

8. 首判不准离婚后，分居不满 1 年，再次起诉，仍未提交证据

双方因生活琐事产生争执乃生活常态，只要双方多与对方沟通，主动承担家庭责任，履行好各自职责，双方仍有和好的可能。原告以夫妻感情破裂为由第二次向本院提出离婚诉请，依然未能提交证实夫妻感情破裂的证据，应承担举证不能的法律后果。本案中，双方分居的时间未满 2 年，第一次判决不准予双方离婚之后分居的时间也未满 1 年，故对于原告的离婚诉请本院不予支持。

参考案例：（2021）桂 1031 民初 1651 号民事判决书

来源：中国裁判文书网

9. 分居并非因感情不和，不准离婚

原告与被告经人介绍相识谈婚，婚后男到女家生活，并共同外出务工。生育一子后，原告在家带孩子，被告外出务工，夫妻感情尚可。但自某年以来，被告外出务工后五年不回家，且在家庭建设方面未能建设，导致原告心生怨恨，直至提出离婚。从二人夫妻感情看，原告在家打工照顾儿子，被告外出务工，二人非因感情不和而分居，而是务工型分居，故不符合离婚法定条件，原告本次离婚诉讼请求，不予支持。

参考案例：（2021）陕 0728 民初 1129 号民事判决书

来源：中国裁判文书网

10. 家暴未提交证据，不准离婚

原告虽提出其与被告之间夫妻双方感情彻底破裂，但其提交的证据不足以证明原被告双方夫妻感情彻底破裂的事实，被告亦表示不同意离婚，同时结合原告在庭审中关于双方婚后生活的陈述，均不足以证明原告的该主张；其次原告提出被告存在家庭暴力的主张，亦未提交证据证明其主张。综上，对原告提出的离婚请求，依法不予支持。

参考案例：（2021）甘 3023 民初 440 号民事判决书

来源：中国裁判文书网

11. 吸毒和分居未提供证据，不准离婚

婚后双方虽因生活琐事发生过争吵，但事后均能和好，说明原告、被告的夫妻感情尚未完全破裂，原告、被告只要互相关心，互相理解，互相信任，是可以和好的。原告称被告婚后有吸毒行为，双方于某年开始分居生活至今，但被告不予承认，原告也未能提供证据证实。综上所述，原告、被告的夫妻感情尚未破裂，原告请求离婚的理由不充分，证据不足，本院依法不予支持。

参考案例：（2021）桂 0922 民初 3743 号民事判决书

来源：中国裁判文书网

12. 赌博屡教不改未提供证据，不准予离婚

原告称被告赌博屡教不改、不支付子女生活费，但没有向法院提供证据予以证明，故本院对原告该主张不予采信。只要双方在今后的共同生活中能互谅互让，妥善处理生活中出现的矛盾，珍惜已建立起的夫妻感情，被告对原告所指出的问题，做到"有则改之无则加勉"，承担起家庭责任，双方是能够和好并生活下去的。

参考案例：（2015）茂信法民一初字第 77 号民事判决书

来源：中国裁判文书网

13. 感情和生活问题应分开，不应一概归于感情问题

原告、被告经人介绍相识谈婚，在进行了一定了解的基础上举行结婚仪式并领取结婚证，是对彼此成为夫妻关系的认可；婚后双方应珍惜家庭成员之间亲情，把夫妻感情融入如何共同经营好家庭生活上，对彼此负责，对家庭负责，发扬中华民族的传统美德，承担起孝敬父母，抚养教育孩子的义务。

夫妻间为生活琐事发生争吵，是人们生活中较为普遍的现象，关键是如何认识矛盾性质，在互谅互让基础上理智解决问题。对于生活中遇到的困难，夫妻应互相勉励，共同想办法解决，而不应单纯凭个人情感得失做出不当宣泄行为，以免伤害夫妻感情。

在夫妻共同生活中，对双方发生的矛盾，应把婚姻问题和生活中遇到的问题区别开来，不能一概归于夫妻感情问题而采取离婚的方式。原告、被告应珍惜多年夫妻之情，珍惜家庭成员之间的亲情，多为正处身体和性格发育形成的关键期的孩子着想，多反思自己，克服自身缺点，冷静而妥善处理存在问题，以利于家庭和谐幸福，孩子健康成长，利于社会稳定。根据原告、被告的婚前感情基础、婚后生活的情况、现在生活的状况，原告、被告的夫妻感情并未达到破裂的程度，所以对原告离婚的请求，本院不予支持。

参考案例：（2021）甘 0725 民初 2044 号民事判决书

来源：中国裁判文书网

三、高频引用的法条

（一）实体法

1.《民法典》

第 1079 条 夫妻一方要求离婚的，可以由有关组织进行调解或者直接向人民法院提起离婚诉讼。

人民法院审理离婚案件，应当进行调解；如果感情确已破裂，调解无效的，应当准予离婚。

有下列情形之一，调解无效的，应当准予离婚：

（一）重婚或者与他人同居；

（二）实施家庭暴力或者虐待、遗弃家庭成员；

（三）有赌博、吸毒等恶习屡教不改；

（四）因感情不和分居满二年；

（五）其他导致夫妻感情破裂的情形。

一方被宣告失踪，另一方提起离婚诉讼的，应当准予离婚。

经人民法院判决不准离婚后，双方又分居满一年，一方再次提起离婚诉讼的，应当准予离婚。

2.《最高人民法院关于适用〈中华人民共和国民法典〉婚姻家庭编的解释（一）》

第 1 条 持续性、经常性的家庭暴力，可以认定为民法典第一千零四十二条、第一千零七十九条、第一千零九十一条所称的"虐待"。

第 2 条 民法典第一千零四十二条、第一千零七十九条、第一千零九十一条规定的"与他人同居"的情形，是指有配偶者与婚外异性，不以夫妻名义，持续、稳定地共同居住。

（二）程序法

3.《民事诉讼法》

第 67 条 当事人对自己提出的主张，有责任提供证据。

当事人及其诉讼代理人因客观原因不能自行收集的证据，或者人民法院认为审理案件需要的证据，人民法院应当调查收集。

人民法院应当按照法定程序，全面地、客观地审查核实证据。

第六节 法院支持离婚请求的 10 条裁判理由

一、法院支持离婚请求的观点

婚姻以感情为基础，根据原告方提供的证据，可以证明夫妻感情确已破裂；或者根据被告的行为，可以判断双方已经无和好可能，故应当准许双方离婚。

二、法院支持离婚请求的主要裁判理由

1. 原告要求离婚，被告同意离婚，人民法院准许离婚

婚姻关系存续与否，应以感情为基础。原告要求离婚，被告表示同意，应视为夫妻感情破裂，本院准予离婚。

这种情况最为普遍，只要双方同意离婚，法院必会尊重双方意见，准许离婚，不再劝和。因此，即便因财产问题和孩子抚养权有争议，也建议就离婚事项先协商一致，这是离婚诉讼案件的上上策。

参考案例：（2021）辽 0321 民初 3064 号民事判决书

来源：中国裁判文书网

2. 法院判决不准离婚后，双方分居满一年，原告二次起诉离婚

原告因离婚第二次向本院提起诉讼，虽被告未到庭，但可视原告离婚之意已决，且原告称×年×月×日经本院判决不准予离婚后双方一直分居至今，已满一年，视其现状，夫妻关系已无法维系，夫妻感情已经破裂，故对原告离婚的请求，本院予以支持。

根据《民法典》第 1079 条第 5 款规定："经人民法院判决不准离婚后，双方又分居满一年，一方再次提起离婚诉讼的，应当准予离婚。"因此，法院只要查明双方第一次离婚后的分居情况属实，且已满一年，必可离婚。此时无须

举证证明因"感情不和"导致分居。

参考案例：（2021）辽0804民初5332号民事判决书

来源：中国裁判文书网

3. 被告离家出走2年以上，经法院传唤未到庭，视为感情破裂

原告、被告婚后双方性格不合，经常吵架，导致双方夫妻感情恶化，被告于某年某月某日离家出走，至今已有多年。现原告、被告夫妻感情确已破裂，无和好可能。原告坚决要求离婚，应予准许。原告、被告无共同财产、存款、债权及共同债务。被告经合法传唤无正当理由未到庭参加诉讼。（注意：就分居或离家出走情况，一般需提交居委会或公安机关的证明文件。）

《民法典》第40条规定，自然人下落不明满二年的，利害关系人可以向人民法院申请宣告该自然人为失踪人。因此，一方下落不明满2年，可申请宣告失踪。如果被宣告失踪，另一方提起离婚诉讼的，根据《民法典》第1062条的规定，应当准许离婚。

是否必须先宣告失踪，才准许离婚，各地人民法院有不同认识。有些法院要求先申请宣告失踪，才准许离婚。有些法院可以一步到位，只要查明下落不明的情况属实，就可准许离婚。不过，就分居或离家出走情况，一般需提交居委会或公安机关证明文件。

参考案例：（2021）辽1081民初2456号民事判决书

来源：中国裁判文书网

4. 双方共同生活时间短，感情基础薄弱，被告离家出走且失联

原告、被告双方共同生活时间较短，感情基础薄弱，婚后没有建立起夫妻感情，特别是结婚后不久被告就离家，至今未与原告联系沟通，且双方家庭就离婚之事已进行商议，并就彩礼达成退还协议，足以说明被告没有再和原告共同生活的意愿，原告、被告双方夫妻感情确已破裂，故原告请求离婚，理由正当，本院予以支持。需指出的是，被告经本院传票传唤，无正当理由没有到庭参加诉讼，对这种不尊重法律的行为，提出严肃的批评，由此产生的法律后果由被告承担。

我国没有第一次起诉不判离婚，第二次起诉就判离婚的法律规定。感情是否破裂，是判决能否离婚的必要条件。共同生活，是判断两人有无和好可能的

必要条件。因此，对于夫妻产生矛盾，一方离家出走，出现关机失联，拒绝沟通的情况，基本可以判定，双方感情危机较大，一方不愿意共同生活的意愿明显强烈，和好难度极大。

离家出走的一方，如果对人民法院传唤程序置若罔闻，对诉讼程序置之不理，对诉讼结果放任自流，也侧面反映出其对家庭不愿挽回和不愿与另一方和好的态度，这种情形，法官会运用自由裁量权，准许双方离婚。需注意的是，此种情形和法官裁量权有关，不一定必然判决离婚。

参考案例：（2021）豫 1727 民初 4145 号民事判决书

来源：中国裁判文书网

5. 原告二次起诉离婚，被告无正当理由不出庭，视为感情破裂

根据《民事诉讼法》的规定，当事人有答辩并对对方当事人提交的证据进行质证的权利，本案被告经本院合法传唤，无正当理由拒不出庭应诉，视为其放弃了答辩和质证的权利，本院根据原告提供的证据对案件事实予以认定。婚姻关系的存续应以夫妻感情为基础，本案中，原告在庭审中陈述双方感情已破裂，并曾于某年某月某日起诉至本院要求离婚，本院认为，原告、被告夫妻感情确已破裂，再无和好可能，故对原告要求离婚的主张予以准许。

司法实务中，不少法官在当事人第二次起诉离婚时，倾向于判决准许双方离婚。根据法律规定，离婚案件，当事人本人必须亲自参加。有些当事人认为，只要不参加诉讼程序，法院就没法判决离婚。这是一种错误认知。当事人不去应诉，会导致法院送达困难，开庭周期变长，但不会影响人民法院缺席审理，人民法院在送达无果的情况下，也可公告送达，缺席审理，缺席判决。

因此，第二次起诉离婚，如被告以不出现为由，要赖或避而不见，结果可能会大失所望。毕竟，婚姻自由，包含离婚自由。人民法院不会没理由地一而再，再而三地驳回一方的离婚诉求，去维护不愿意到人民法院陈述意见的另一方。

参考案例：（2021）豫 1624 民初 5488 号民事判决书

来源：中国裁判文书网

6. 双方因感情不和，分居满两年

原告、被告婚后因感情不和，双方于 2019 年 2 月 11 日分居生活至今，已

达二年之久，既未履行夫妻义务，也未履行家庭义务，应认定原告、被告夫妻感情确已破裂。原告要求与被告离婚，理由正当，本院予以支持。

感情不和分居满二年，调解无效的，应当准许离婚。需注意的是，因"感情不和"导致"分居"，极难证明。实务中，很多是因特殊职业（如部队、建筑公司、驻外人员、外出打工）导致的"工作分居"，因照顾家中生病老人导致的"顾家分居"，因孩子上学导致的"陪读分居"，因两人结婚时属于异地恋爱的"候鸟分居"等，这些都不适用该条规定。

参考案例：（2021）鲁 0612 民初 2097 号民事判决书

来源：中国裁判文书网

7. 被告有家庭暴力行为，严重伤害夫妻感情，导致感情破裂

原告与被告在婚后生活中缺乏沟通，特别是被告对原告有过家庭暴力，并且有出轨行为，严重伤害了夫妻感情，导致夫妻感情确已破裂。对原告的离婚请求，本院予以支持。

这条看起来容易理解，但人民法院很少认定家庭暴力。什么叫"家庭暴力"，怎么认定家庭暴力，实务中，标准并不统一。

根据反家庭暴力法第 2 条的规定，本法所称家庭暴力，是指家庭成员之间以殴打、捆绑、残害、限制人身自由以及经常性谩骂、恐吓等方式实施的身体、精神等侵害行为。

实际上，精神暴力，冷暴力等，基于举证困难，很难被认定为"家庭暴力"。谩骂、恐吓等言语暴力，被认定为"家庭暴力"的案例几乎没有。只有人身伤害型的"家庭暴力"，结合受伤照片，报警记录，医院诊断证明，伤情报告，公安告诫书，询问笔录等综合判断，才可能认定构成"家庭暴力"。

我国以家暴为由诉讼离婚的案件，多数只是当事人口头陈述，没有提交任何家暴证据，人民法院自然也无法认定构成"家庭暴力"。因此，家暴案件，取证至关重要。具体取证方式，后面章节会详细介绍。

参考案例：（2021）辽 0922 民初 2777 号民事判决书

来源：中国裁判文书网

8. 被告有吸毒屡教不改情形，严重伤害夫妻感情

被告因吸毒先后三次强制隔离戒毒，其行为严重伤害了夫妻感情，夫妻感

情确已破裂，应准予离婚。

《民法典》第 1079 条第 3 款第 3 项规定，有赌博、吸毒等恶习屡教不改，经调解无效，应当准许离婚。因吸毒具有隐蔽性，需要提交明确证据，如公安机关拘留通知书，戒毒机构强制戒毒通知书等。

参考案例：（2020）甘 2926 民初 1814 号民事判决书

来源：中国裁判文书网

9. 被告有赌博屡教不改情形，严重伤害夫妻感情

夫妻感情的维系需要双方共同努力。被告婚后沉溺于赌博，在原告帮被告归还赌债、被告向原告出具申明以及在第二次离婚诉讼中保证不再赌博后仍屡教不改。被告参与赌博屡教不改的行为已严重影响到夫妻感情，造成夫妻感情彻底破裂。故对原告的离婚诉请予以准许。

《民法典》第 1079 条第 3 款第 3 项规定，有赌博、吸毒等恶习屡教不改，经调解无效，应当准许离婚。赌博具有隐蔽性，且很难证明屡教不改，关键也在举证上。一般需提交对方因赌博被公安机关处罚、拘留或被司法机关判刑的相关证明文件。

参考案例：（2018）沪 0118 民初 9967 号民事判决书

来源：中国裁判文书网

10. 法院判决不准离婚后，双方未能和好，感情确已破裂

良好的夫妻感情是婚姻关系存续的基础，夫妻感情是否确已破裂是判决离婚与否的法定标准。根据《民法典》第 1079 条的规定，人民法院审理离婚案件，应当进行调解；如果感情确已破裂，调解无效的，应当准予离婚。有下列情形之一，调解无效的，应当准予离婚：（1）重婚或者与他人同居；（2）实施家庭暴力或者虐待、遗弃家庭成员；（3）有赌博、吸毒等恶习屡教不改；（4）因感情不和分居满二年；（5）其他导致夫妻感情破裂的情形。

本案中，原告陈某系第二次起诉离婚，且离婚态度坚决。被告郭某 1 虽不同意离婚，但在陈某第一次起诉离婚并撤诉后，夫妻关系仍未改善，郭某 1 亦未采取有效措施弥补二人之间的感情裂痕。原、被告在婚后日常生活中未能及时有效处理好家庭矛盾，导致矛盾激化，原、被告夫妻感情已无法挽回，故，本院认定原、被告夫妻感情确已破裂，对于陈某要求离婚的诉讼请求，于法有

据，本院予以支持。

参考案例：（2022）鲁 1428 民初 2244 号民事判决书

来源：中国裁判文书网

三、高频引用的法条

（一）实体法

1.《民法典》

第 40 条　自然人下落不明满二年的，利害关系人可以向人民法院申请宣告该自然人为失踪人。

第 1079 条　夫妻一方要求离婚的，可以由有关组织进行调解或者直接向人民法院提起离婚诉讼。

人民法院审理离婚案件，应当进行调解；如果感情确已破裂，调解无效的，应当准予离婚。

有下列情形之一，调解无效的，应当准予离婚：

（一）重婚或者与他人同居；

（二）实施家庭暴力或者虐待、遗弃家庭成员；

（三）有赌博、吸毒等恶习屡教不改；

（四）因感情不和分居满二年；

（五）其他导致夫妻感情破裂的情形。

一方被宣告失踪，另一方提起离婚诉讼的，应当准予离婚。

经人民法院判决不准离婚后，双方又分居满一年，一方再次提起离婚诉讼的，应当准予离婚。

2.《最高人民法院关于适用〈中华人民共和国民法典〉婚姻家庭编的解释（一）》

第 1 条　持续性、经常性的家庭暴力，可以认定为民法典第一千零四十二条、第一千零七十九条、第一千零九十一条所称的“虐待”。

第 2 条　民法典第一千零四十二条、第一千零七十九条、第一千零九十一条规定的“与他人同居”的情形，是指有配偶者与婚外异性，不以夫妻名义，持续、稳定地共同居住。

3.《反家庭暴力法》

第2条　本法所称家庭暴力，是指家庭成员之间以殴打、捆绑、残害、限制人身自由以及经常性谩骂、恐吓等方式实施的身体、精神等侵害行为。

（二）程序法

4.《民事诉讼法》

第67条　当事人对自己提出的主张，有责任提供证据。

当事人及其诉讼代理人因客观原因不能自行收集的证据，或者人民法院认为审理案件需要的证据，人民法院应当调查收集。

人民法院应当按照法定程序，全面地、客观地审查核实证据。

第147条　被告经传票传唤，无正当理由拒不到庭的，或者未经法庭许可中途退庭的，可以缺席判决。

5.《最高人民法院关于适用〈中华人民共和国民事诉讼法〉的解释》

第147条　人民法院调解案件时，当事人不能出庭的，经其特别授权，可由其委托代理人参加调解，达成的调解协议，可由委托代理人签名。

离婚案件当事人确因特殊情况无法出庭参加调解的，除本人不能表达意志的以外，应当出具书面意见。

第217条　夫妻一方下落不明，另一方诉至人民法院，只要求离婚，不申请宣告下落不明人失踪或者死亡的案件，人民法院应当受理，对下落不明人公告送达诉讼文书。

第241条　被告经传票传唤无正当理由拒不到庭，或者未经法庭许可中途退庭的，人民法院应当按期开庭或者继续开庭审理，对到庭的当事人诉讼请求、双方的诉辩理由以及已经提交的证据及其他诉讼材料进行审理后，可以依法缺席判决。

第七节　为什么人民法院第一次不准离婚的概率高

一、为何人民法院第一次倾向于不判离婚

笔者认为，人民法院第一次倾向于不判离婚，有如下原因。

1. 感情破裂标准过于主观，很难把控

两人关系的好坏，"如人饮水，冷暖自知"，不足为外人道也，也难感同身受。结婚是两个人的事情，离婚也是两个人的事情，最清楚两人感情状况及有无和好可能性的，也只有夫妻二人。

感情作为主观的产物，是否破裂具有明显的主观判断色彩，可能因人而异，千姿百态，很难把控。把感情破裂作为离婚的法定判断标准，把局外人法官作为判断感情是否破裂的人员，主观性太强。当事人同一行为代表的含义，经过不同解读，看法可能因人而异。法官作为第三人，非夫妻日常生活的亲历者，短短数小时开庭时间，很难辨清双方是否真的感情破裂，或已经无可挽回。为了减少法官在情感认定问题上的主观随意性，有必要借助一些相对客观的标准进行辅助衡量，将主观判断标准客观事实化，实现主客观相统一。即，一方当事人要求离婚，另一方当事人不同意离婚时，只有符合某些法定的、客观的、可外观化的情形，方可判决离婚。反之，则不能随意判决离婚。通过法律形式，实际上限缩了可判决离婚的情形范围，加大了判决准许离婚的难度。

2. 家庭矛盾纠纷难以梳理，难分对错

家庭是社会的最小细胞，家庭稳定是社会和谐稳定的基石。中国自古就有家和万事兴的说法，对家庭矛盾的缘由、产生及处理方式，利弊和对错分析，都需要结合特定环境、特定语境、特定条件、特定关系、特定背景去综合判断。因此，一向有"清官难断家务事""家家有本难念的经"的理解法。对家庭矛盾的处理和化解，也一向以家庭和睦为要求，不强求抽丝剥缕地查明事情的是非曲直及对错因果，重点关注家庭的和谐稳定及秩序维护。《民法典》第1043条也规定要维护平等、和睦、文明的婚姻家庭关系。在该原则指导下，只要法官认为双方尚有和好可能，或者认为双方并无原则性过错或矛盾，就应该

努力去和好。

3. 法定离婚情形的实务认定困难

《民法典》第 1079 条规定的准许离婚的几种法定情况，除重婚和离婚起诉次数很好查证外，其他情形实务中均很难查证，或者很难举证。大部分家庭，在一方提起离婚时，对方可能并不存在所谓的法定离婚情形，导致法官倾向于不判决离婚。

4. 感情多变特质明显，难以判断是否真的无法挽回

感情本来就五味杂陈、多姿多彩、冲动善变。人们在纠纷矛盾频发的时候，感情容易出现冲动和不稳定，在纠纷矛盾较少的时候，感情就比较稳定。因此，家庭矛盾或纠纷的解决，可能会使夫妻感情回温，一方的妥协退让，示弱示好，也可能让剑拔弩张的夫妻关系得到缓解的机会，故给予不愿离婚的一方当事人悔过自新的机会，让其通过努力，积极沟通、交流，挽回对方的心意，实务中就成为多数法官的自然之选，其中也不乏成功案例。

二、第二次诉讼离婚，人民法院一定会判决离婚吗

人民法院审理离婚案件，准予或不准离婚，都以夫妻感情是否破裂作为判断标准和前提。如果起诉离婚一方，以夫妻感情确已破裂为由起诉要求离婚，但又未能向法院提供相关证据来证实，无论提起多少次诉讼，都有可能要承担人民法院不准予离婚的法律后果。

不过，根据《民法典》第 1079 条第 5 款规定，经人民法院判决不准离婚后，双方又分居满一年，一方再次提起离婚诉讼的，应当准予离婚。因此，二次起诉离婚时，如果满足分居时间的具体条件，也可演变为法定离婚理由，从而得到法院支持离婚的判决。

另外，二次或多次起诉离婚，可表明一方提起离婚的态度坚决，意志坚定，同时反衬出另一方对感情难以维系的现状无法改变，主观上给人营造出双方难以和好的感受，此情况下，确实会加大法官准许双方离婚的概率。

第八节 当事人拒不到庭，能否缺席审理和判决

实务中，很多当事人面对离婚问题，采取"鸵鸟策略"，躲着不去法院，也不和对方当事人沟通，试图通过拖延的办法，来阻止离婚。这种拖延政策，有用吗？

一、离婚案件，当事人不到庭，能否缺席审理

根据《民事诉讼法》第 65 条的规定，离婚案件有诉讼代理人的，本人除不能表达意思的以外，仍应出庭；确因特殊情况无法出庭的，必须向人民法院提交书面意见。可见，离婚案件，以当事人出庭为原则。但并不代表当事人不出庭，案件就无法开庭。

根据《民事诉讼法》第 147 条的规定，被告经传票传唤，无正当理由拒不到庭的，或者未经法庭许可中途退庭的，可以缺席判决。《最高人民法院关于适用〈中华人民共和国民事诉讼法〉的解释》第 241 条规定，被告经传票传唤无正当理由拒不到庭，或者未经法庭许可中途退庭的，人民法院应当按期开庭或者继续开庭审理，对到庭的当事人诉讼请求、双方的诉辩理由以及已经提交的证据及其他诉讼材料进行审理后，可以依法缺席判决。

可见，离婚案件，只要经过法院传票合法传唤或公告送达，即便被告故意不出庭，也一样可以缺席审理，缺席判决。

二、被告无正当理由不到庭，会有什么后果

民商事案件，对于经法院合法传唤，无正当理由拒不到庭的当事人，我国法律目前规定可采取的最严厉措施是"拘传"或缺席审理，缺席判决。

根据《民事诉讼法》第 112 条的规定，人民法院对必须到庭的被告，经两次传票传唤，无正当理由拒不到庭的，可以拘传。该法第 147 条规定，被告经传票传唤，无正当理由拒不到庭的，或者未经法庭许可中途退庭的，可以缺席判决。

《最高人民法院关于适用〈中华人民共和国民事诉讼法〉的解释》第 241

条规定，被告经传票传唤无正当理由拒不到庭，或者未经法庭许可中途退庭的，人民法院应当按期开庭或者继续开庭审理，对到庭的当事人诉讼请求、双方的诉辩理由以及已经提交的证据及其他诉讼材料进行审理后，可以依法缺席判决。

事实上，婚姻类案件，虽法律规定当事人应本人到庭参加，但实务中很少会对不到庭的当事人采取拘传措施。毕竟婚姻属于私法领域，尊重当事人意志自由是一种基本理念。当事人不到法院，其实也是一种态度和观点的明确，说明当事人对婚姻结果呈现出一种放任不管的漠视和无所谓的消极态度，体现出没有积极主动意愿去和对方当事人进行调解及沟通和好的想法，故法院对这类经合法传唤缺席的当事人，一般并不强制拘传其到法院开庭，只会视为被告对举证、质证权利的放弃，在此情况下，法院支持原告诉求的可能性显著增大。

三、被告缺席情形下，能否分割夫妻共同财产

在被告缺席的情况下，因夫妻共同财产和共同债务难以查明，故法院一般倾向于不分割夫妻共同财产，只解决婚姻关系问题和孩子抚养问题，待双方发生财产纠纷后，可通过离婚后财产纠纷另诉解决。

不过，凡事皆有例外，如原告提供相应证据证明双方财产情况，而被告故意躲避法院，无正当理由拒不到庭，恶意阻止一方进行财产分割。根据《最高人民法院关于适用〈中华人民共和国民事诉讼法〉的解释》第241条规定，被告经传票传唤无正当理由拒不到庭，或者未经法庭许可中途退庭的，人民法院应当按期开庭或者继续开庭审理，对到庭的当事人诉讼请求、双方的诉辩理由以及已经提交的证据及其他诉讼材料进行审理后，可以依法缺席判决。此时，法官也可以对夫妻共同财产进行分割。如未到庭的另一方当事人拿到判决书后，对财产分割有异议，可以在拿到判决书后法定期间内提起上诉进行解决。

四、被告缺席情况下，孩子抚养权怎么判

被告缺席的情况下，如果人民法院判决准许双方离婚，孩子抚养权也一样需要处理。但因被告缺席，其抚养意见未提出，抚养经济能力不清楚，导致法院可能不好衡量抚养权如何判决对孩子最有利。

此种情况下，人民法院以维持原抚养环境和条件为原则，将孩子判归原抚养一方继续抚养较为适宜，多数情况下，原告作为起诉方，提出孩子抚养的诉求方，会要求孩子由自己抚养，人民法院也大多会支持该诉请，这样的判决也比较好履行，避免出现判决后执行不能的局面。但如果抚养孩子的原告，要求将孩子抚养权判归不出庭的被告，则因被告抚养意愿无法核实，且被告其他情况也无法核实，贸然改变孩子现在的抚养环境对孩子不利，法院大概率不会支持将孩子判归不出庭的一方进行抚养。

至于孩子抚养费，在缺席审理的情况下，也一样可以判决。根据法律规定，抚养费根据子女实际需要、父母双方负担能力和当地生活水平确定。原告可以提供被告收入情况证明，被告有固定收入的，抚养费一般可按其月收入的20%至30%的比例给付。负担两个以上子女抚养费的，比例可适当提高，但一般不得超过月总收入的50%。被告无固定收入或者收入过高或过低，或者原告无法举证证明被告收入情况的，只要原告坚持要抚养费，法院也可以依据当地的平均收入水平，计算出一个相应比例的抚养费，从而进行支持。至于后续判决的抚养费如何执行，只能在强制执行程序中进行解决。

五、第二次诉讼中，被告缺席情况下，人民法院会判离婚吗

因被告无正当理由拒不到庭，视为放弃了举证和质证权利，此时法院采信原告观点和证据的可能性大大加强，支持原告诉请的概率也显著提高。

第一次离婚诉讼中，因被告缺席，法院出于谨慎态度，支持离婚数量比较少，但也有法院以被告未出庭视为放弃相关权利为由，直接判决准许双方离婚的相关案例。在第二次离婚诉讼中，如被告继续缺席，法院判决准许离婚的概率会显著提高。

因此，对于不同意原告诉请的被告来讲，缺席审理对被告可能非常不利。

第九节　律师提示：离婚不简单，审慎选择

一、正视婚姻问题，尝试解决之道

每一对夫妻都会遇到婚姻矛盾。人民法院审理离婚案件，判决准予或不准离婚，是以夫妻感情是否破裂作为区分的界限。判断夫妻感情是否确已破裂，一般从婚姻基础、婚后感情、离婚原因、夫妻关系现状，有无和好可能5个方面进行综合分析判断。

结为夫妻，原本是自己的自由选择，对方，原本是自己确信的"真命天子"。如今，夫妻缘尽，是否真的走到尽头？对于这个问题只有夫妻双方最清楚，法官永远只是局外人，律师也如此。

夫妻矛盾往往是日积月累的结果。任何一对夫妻，都可能存在各种各样的矛盾，离婚不是解决生活问题的最好途径，更不是唯一途径。大多数的婚姻中，都会遇到各种相同或类似的矛盾。提起离婚前，问问自己，对方的行为是否真的无可忍受？双方感情是否真的无法挽回？或不愿意再挽回？自己是否做得完美无缺，自己对婚姻问题是否毫无责任，是否还有意愿去改正错误以挽回婚姻？婚姻中的问题，是不是真的已经严重到非离婚不可的程度？

如果以上的答案中，发现自己可能也有问题，或纠纷矛盾尚未达到非离婚不可解决的程度，建议可尝试一些解决之道。例如，改变自己的态度或方法，进行心理治疗干预，学习更好的夫妻相处之道，打开心扉诚恳友好协商沟通，短期分居各自冷静反思，寻求第三方帮助或协调等。

如果确信婚姻已经无可救药，自己已深思熟虑，不打算再挽回婚姻，也请再考虑，能否与对方充分沟通离婚事宜，能否协商解决孩子抚养问题，尽可能和平分手，不伤颜面，各祝安好。

如果无法协商解决，可以考虑分居，各自冷静的同时，也可为彼此离婚后的生活做事先演练。

如果经过各种努力和试探，仍无法挽回婚姻，或确信自己无心挽回，则提起离婚甚至诉讼，就是不二之选。无论是协商还是诉讼方式分开，远离彼此的

心情折磨和生活折磨，各道珍重或放手远离，也许会早日换来自己想要的生活。

总之，放弃一段婚姻，比选择一段婚姻，需要更大的勇气和心理确信，也需要更长的时间准备和更慎重的抉择。尝试着解决问题，既是对婚姻生活的负责，也是对未来离婚选择的一种尊重。

二、离婚没那么简单，欲速则不达，做好长期准备

离婚不是一件简单的事，如果双方无法协商登记离婚，则除非符合《民法典》第 1079 条规定的离婚法定情形，且能够举证证明，才能被准许离婚。否则，在被告不同意离婚的情况下，原告第一次起诉离婚失败的概率极大。

一旦第一次起诉离婚失败，根据《民事诉讼法》第 127 条第 7 项的规定，判决不准离婚和调解和好的离婚案件，没有新情况、新理由，原告在六个月内又起诉的，不予受理。

此时，第二次起诉离婚，至少要在第一次离婚诉讼终结的六个月后才能提起。更悲观的是，第二次起诉离婚，也并不必然判决离婚，当事人可能不得不提起第三次，甚至更多次的离婚诉讼（有 5 次离婚诉讼记录），才达到离婚的法律效果。可见，离婚诉权虽得到法律保障，但想诉讼离婚成功，并不容易。

不过，凡事皆有例外。如果你愿意付出一些时间成本，做一些长期规划，也可以实现第一次起诉离婚就获准许的目的。

根据《民法典》第 1079 条关于离婚法定事由的规定，离婚法定事由与时间有关的有 3 个：

（1）因感情不和分居满二年；

（2）一方被宣告失踪，另一方提起离婚诉讼的；

（3）经法院判决不准离婚后，双方又分居满一年，一方再次提起离婚诉讼。

根据上述规定，只要因感情不和，提前开始和配偶分居，分居满两年，就可以一次起诉离婚成功。当然，证明分居的责任在原告方，且分居的理由，必须是"因感情不和"；分居期间，也不宜"共同居住"，最好能和配偶签一份分居协议，以明确分居事实和起始时间。

另外，在第一次起诉离婚失败后，也不建议急于提起第二次离婚诉讼，建

议在第一次离婚诉讼后，与配偶分居，分居满一年后，再起诉离婚，能加大第二次起诉离婚的成功率，此种情况下，无须再证明"因感情不和"。

当然，如果对方下落不明满两年，只要有相关证明文件，如报案记录，居住证明等，也可以一次离婚诉讼即成功。

总之，天下没有离不了的婚，只是时间长短而已。如果确定要离婚，又难以协商一致，不如早做准备，提前分居。分居后，夫妻权利义务不再履行，婚姻关系名存实亡，这时候，对方当事人可能就会无奈同意离婚，双方也就无须诉讼了。

三、离婚不是终点，不要轻易升级矛盾

根据《民法典》的规定，离婚后，父母仍有抚养子女的义务和探望子女的权利，且子女和父母有相互继承权。因此，对有孩子的家庭，离婚只是夫妻双方感情的终点，并非二人生活连接的终点。离婚后，因孩子生活、学习教育、疾病、婚姻等问题，双方可能仍会有各种生活上，费用上的协商沟通等交集。

因此，离婚时，建议不要用一副"老死不相往来"的决绝心态对待离婚，任意宣泄不满和愤怒，肆意升级双方间的矛盾。因为即便自己经济条件充裕，未来无需对方支付孩子抚养方面的任何费用，对方也一样有探望孩子的权利，有产生生活交集的可能。

对于没有孩子的家庭，离婚意味着两个人生活和感情的彻底分离。不过，离婚后，关于共同财产的分割，仍需对方积极配合及履行，否则也不得不走向人民法院的强制执行申请之路。

另外，如果夫妻关系存续期间，存在一些共同债务，离婚后才被发现，可能还面临共同债务的偿还问题。如有部分共同财产未分割，还面临离婚后财产的二次分割问题；其他如子女抚养权的变更，孩子的大额教育费、医疗费的支出等问题，未来都有可能发生。因此，不要轻易升级矛盾。

同时，离婚过程中，因夫妻各自诉求不同，可能有孩子抚养、财产分割等方面的争议和分歧，存在各种衡量和利益博弈，在双方协商或诉讼离婚时，不建议在一开始就暴露自己的底线，尽可能在合规合法的前提下，交给专业人士来协助解决，以便更好地争取和维护自己的合法利益，避免出现过度委曲求全和利益显著失衡的现象。

第四章

禁止提出离婚的婚姻特别保护期案件实务精要

第一节　婚姻保护期案件裁判观点一览表

常见问题	女性的离婚保护期是指什么？ 女性离婚保护期内，男方是不是不能提出离婚？有无例外情形？ 诉讼离婚和协议离婚的利弊分析？
人民法院裁判观点	
观点一	女方在"孕期、分娩后 1 年内、终止妊娠后 6 个月内"（俗称"三期"），男方不得提出离婚，驳回男方起诉。
适用情形	1. 孕期；2. 终止妊娠后 6 个月内；3. 分娩后 1 年内。
主要理由	1. 男方在女方"三期"内提出离婚，不符合法律规定，予以驳回； 2. 无证据证明法院确有必要受理男方的离婚请求； 3. 无证据证明夫妻感情确已破裂。
观点二	女方存在重大过错，或婚姻关系确已破裂，准许离婚。
适用情形	1. 女方有重大过错；2. 男方有生命危险；3. 女方无正当理由不到庭。
主要理由	1. 女方生育的孩子与男方无血缘关系，女方存在重大过错； 2. 女方对男方有重大身体伤害行为，严重影响夫妻感情； 3. 女方经传票传唤，无正当理由拒不到庭。
律师观点	
律师观点	女性在孕期、终止妊娠后 6 个月内，分娩后 1 年内（即"三期"）属于婚姻特殊保护期，在此期间，男方离婚起诉权受到限制，不得提出离婚，即便提出，人民法院大概率会驳回起诉，除非有特殊情形。

律师提示	1. "三期"是对女方的特殊保护期。 2. 女方如存在重大过错，法院认为确有必要，可受理男方离婚诉讼。 3. 双方协议离婚，通过民政局办理离婚登记，不受此条款限制。
行动建议	1. 女性在三期内受法律特殊保护，男方应尽可能给予耐心和关爱； 2. 女方确有重大过错的，男方收集必要证据后可起诉离婚； 3. 夫妻间问题最好协商解决，协商不成可暂时分居，各自冷静。
费用分析	根据《诉讼费用交纳办法》第 13 条的规定，离婚案件每件交纳 50 元至 300 元。涉及财产分割，财产总额不超过 20 万元的，不另行交纳；超过 20 万元的部分，按照 0.5% 交纳。
周期分析	根据《民事诉讼法》的规定，一审案件速裁程序 1 个月内审结，简易程序 3 个月内审结，普通程序 6 个月内审结，二审案件审判周期为 3 个月。一审判决后，当事人有 15 天上诉期。上诉案件送达和整理卷宗以及移交周期，一般在 1 个月内。 实务中，送达时间、公告时间、评估、鉴定时间、调解时间、移送卷宗时间等不计算在审理期限内。涉外案件期间另有规定。

第二节　女性离婚保护的三个特殊期间

《民法典》第 1082 条规定："女方在怀孕期间、分娩后一年内或者终止妊娠后六个月内，男方不得提出离婚；但是，女方提出离婚或者人民法院认为确有必要受理男方离婚请求的除外。"

怀孕期间、分娩后一年内及终止妊娠后 6 个月内，属于婚姻特别保护期，该期间内，男性不能提出离婚，但女性可以。

一、怀孕期

女性怀孕期，是指女方在受孕至分娩（或者终止妊娠）的一段时期，这里的受孕包括自然受孕和人工受孕，分娩包括自然分娩和剖宫产。男性在女方怀孕期间，不得提出离婚。

二、终止妊娠后六个月

终止妊娠，即结束怀孕，是指母体承受胎儿在其体内发育成长的过程的终止，胎儿及其附属物胎盘、胎膜自母体内排出是妊娠的终止。包括自然终止妊娠和人工终止妊娠，自然终止妊娠主要指胎儿患有严重疾病停止发育等，人工终止妊娠则指的是因意外怀孕、孕妇患有妊娠期疾病或者其他原因引起的胎儿发育异常等需要人工终止妊娠。

男性在女方终止妊娠后六个月内，不得提出离婚。

三、分娩后一年内

分娩，是指胎儿脱离母体作为独自存在的个体的一段时期。只要女方有分娩的事实，无论是顺产还是剖宫产，也无论婴儿娩出时是否死亡，分娩后一年内男方均不得提出离婚。

法律之所以如此规定，有以下几方面的原因：

1. 女性生理原因。女性与男性身体结构有很大差别。怀孕、生育是女性特有的身体机能。怀孕、分娩、终止妊娠是女性的特别时期，女性在这段时期身体负担比较重，体质比较虚弱，行动也极不方便，非常需要男方的照料和帮助。

2. 女性心理原因。女性在怀孕、分娩、终止妊娠期间，心理脆弱，承受能力较差，非常需要关心和抚慰。夫妻本有互相扶助的法定义务，在女性心理压力较大的特殊时刻，男性更应该承担起舒缓压力，关心照料女方的责任和义务，且女方怀孕，也是为了生育双方的子女，有繁衍子孙后代的家庭和社会功能，责任和意义重大。

3. 子女利益原因。女方怀孕期间和分娩不久以后，胎儿、幼儿正在发育中，也是生长的关键阶段，女方的身体和精神状况的好坏，直接关系到胎儿、幼儿的健康和后期的成长。如果男方在此时提出离婚，很可能给女方的精神造成重大打击进而伤及身体，也会对胎儿和幼儿的生长发育产生不利影响。

第三节　女性特殊保护期的证据准备

一、常见证据类型

1. 结婚证

证明双方之间存在婚姻关系。

2. 子女出生证明

证明子女出生基本情况和出生时间。

3. 怀孕或终止妊娠的医疗记录

证明女方处于怀孕期间或终止妊娠后 6 个月内或哺乳期内，属于特殊保护期。

4. 当事人陈述

证明双方相识相恋过程及存在的家庭矛盾情况。

二、合法获取证据方式

结婚证和出生证明的证据效力，双方一般都会认可。关于相识相恋的过程，一般靠双方对事实的陈述和认可，分歧也较小。关于是否有亲子关系，以及是否有严重威胁身体或生命权的行为，一般会存有较大争议，需要提交必要证据。

1. 非亲子关系，一般需提供第三方鉴定机构的鉴定报告

如果需要证明子女与自己不存在亲子关系，需要提供相应的亲子鉴定报告。一般男方要求做亲子鉴定的较为常见，亲子鉴定需要提供有核细胞的检验标本，以小孩子的指甲、毛发、口腔拭子、血痕四种检材较为常见。出于隐私保护，很多个人委托的鉴定，鉴定机构可以提供匿名检测服务，也可以接受邮寄样本或自带样本，不需要提供被检测人的身份信息，只对样本进行检测。但采集样本时，操作不当可能会导致标本受到污染，影响检测结果的准确性，且匿名检测，因没有身份信息，匿名检测的报告一般不能作为法庭证据进行使用，只是让委托方知道一下鉴定结果。如果是为诉讼准备证据材料，男方最好

是携带孩子一起去鉴定机构进行采样鉴定，避免出现检测误差。

诉讼中，如对方认为系单方委托鉴定，不认可鉴定结论的，对方可以在诉讼中再次提起委托鉴定，委托人民法院认可的有资质的鉴定机构再次进行鉴定。如对方无正当理由拒绝做亲子鉴定的，根据法律规定，可以推定原先鉴定结论意见成立。

2. 身体伤害，需提供医院的诊断证明

如果双方间发生激烈的矛盾冲突，并存在身体上的伤害行为，受伤害方应及时向公安机关报案求助，避免身体遭到进一步伤害的同时，也是对事发情况的一种事实固定，通过警察的询问笔录，将事实尽可能还原，未来可以作为爆发冲突的书面证据。另外，受伤害方应及时到医院就诊，除治疗伤情外，还能保留受伤的证据。医院对伤情的诊断证明，可以作为证明有实际伤害的发生及存在现实的威胁。如果仅仅是夫妻间口头的争吵或威胁，没有任何暴力冲突或伤痕，一般是不能作为现实威胁进行衡量的。

另外，如果对方暴力行为造成身体轻伤及以上伤害的，还可追究对方的刑事责任。

三、影响法官观点的主要事实

（一）女方要求分居，不影响女方特殊时期的婚姻保护

有些男性在女方孕期、终止妊娠后六个月内，分娩后一年内，因女方主动要求分居，或不照顾家庭，或不同意履行夫妻义务，或搬回娘家居住，或脾气变得古怪暴躁等，要求与女方离婚。

法律规定的上述三个期间，是给予女性特殊保护的。该期间内，男方提出离婚的自由权受到限制，不得提出离婚。

法律只规定了两种例外情形：一是女方主动提出离婚；二是法院认为确有必要受理男方的离婚请求。此处的"确有必要"，不同法官有不同理解，带有一定主观性。

（二）女方日常生活中的离婚表示，不能视为女方同意离婚

女方怀孕或分娩后，容易因生活发生重大变化而情绪产生重大改变，有些女人因为孩子性别问题，孩子发育问题，家人照顾不周问题，个人身材问题、个人病痛问题等，患上孕期综合征或产后抑郁症，此时女方对家庭，对孩子，对丈夫可能产生一些异常行为或情绪激烈行为，也可能在争吵中提出离婚要求。只要女方没有提出离婚诉讼，且女方在诉讼中明确表示不同意离婚，则男方离婚诉求就会受到法律限制。

男方应当理解和关怀女方，如果女方情绪发生异常或产生抑郁，应积极帮助女方治疗，承担起作为丈夫和父亲应尽的义务，不应急于离婚，应珍惜婚姻家庭。

（三）女方擅自打胎终止妊娠，男方的离婚诉权也依然受限

夫妻双方都享有生育权，生育是两个人的事，只有夫妻双方协商一致，共同行使这一权利，生育权才能得以实现。女方未经男方同意，擅自打胎，终止妊娠，虽然损害了男方的生育权，情理上男方难以接受，但法律上并无不妥。法律不能强制让一方的生育权得以实现。另外，女方擅自打胎，可能基于工作、生活、家庭压力、身体等各种原因，不必然会导致丈夫的生育权从此不能实现，该类纠纷不适合通过法律途径解决，夫妻双方可以协商解决。

因此，即便女方擅自打胎，终止妊娠后六个月内，男方的离婚诉权在法定期间内依然受限，仍旧不得提出离婚。不过，如果女方多次擅自打胎，拒绝生育，严重影响男方生育权实现的，男方起诉要求离婚，人民法院可以酌情准予离婚。

第四节　特殊期间，男方不得起诉离婚

一、法院认为男方不得起诉离婚的观点

根据《民法典》第 1082 条的规定，女性在"三期"内受法律特殊保护，男方在女方"三期"内提出离婚，不符合法律规定，如没有特殊情形，法院不予受理男方提起的离婚诉讼，予以驳回。

二、法院认为男方不得起诉的主要裁判理由

1. 男方在女方"三期"内提出离婚，不符合法律规定

《民法典》第 1082 条规定，女方在怀孕期间、分娩后一年内或终止妊娠后六个月内，男方不得提出离婚。现男方在法律规定不得起诉的期间内提起诉讼，故人民法院予以驳回起诉。

参考案例：（2020）浙 0782 民初 20195 号民事判决书

来源：中国裁判文书网

2. 无证据证明法院确有必要受理男方的离婚请求

在女方的特殊保护期内，男方没有证据证明离婚的紧迫性和必要性。例如男方只是口头表述双方感情不和，性格不合，或对方存在一些恶劣行为，但并无证据提供。

参考案例：（2017）陕 1026 民初 461 号民事判决书

来源：中国裁判文书网

3. 无证据证明夫妻感情确已破裂

人民法院认为双方虽有矛盾，但主要是因生活琐事所致，男方无证据证明符合法律规定的离婚情形。现女方处于特殊时期，男方应珍惜已有的夫妻感情，多加体贴关心女方，多为家庭考虑，在今后的生活中互相理解，互相包容，增强家庭责任感，共同建立良好的婚姻关系。

参考案例：（2014）东江东民初字第 602 号民事判决书

来源：中国裁判文书网

三、法院认为男方不得起诉的高频引用的法条

（一）实体法

1.《民法典》

第 1082 条　女方在怀孕期间、分娩后一年内或者终止妊娠后六个月内，男方不得提出离婚；但是，女方提出离婚或者人民法院认为确有必要受理男方离婚请求的除外。

（二）程序法

2.《民事诉讼法》

第 67 条　当事人对自己提出的主张，有责任提供证据。

当事人及其诉讼代理人因客观原因不能自行收集的证据，或者人民法院认为审理案件需要的证据，人民法院应当调查收集。

人民法院应当按照法定程序，全面地、客观地审查核实证据。

第五节　有重大理由，男方可起诉离婚

一、法院支持男方起诉离婚的观点

虽然法律规定了女性的特殊保护期限，但如有女方存在重大过错，或夫妻感情确已破裂，或男方人身受到安全威胁等特殊情形时，应准许离婚。

二、法院支持男方起诉离婚的主要裁判理由

1. 女方生育的孩子与男方并无血缘关系，女方存在重大过错

法律规定女方在怀孕期间、分娩后一年内或终止妊娠后六个月内，男方不得提出离婚。该法条限制男方离婚诉权的本意，在于保护怀孕期间和分娩后一年内女方的权益。本案中，女方虽然处于分娩后一年内的期限，但经公安机关查明，女方婚后与婚外异性有过多次开房记录，且经过鉴定机构鉴定，女方生育的孩子与男方并无血缘关系，女方存在重大过错，给男方造成了重大情感伤害，故人民法院应受理男方的离婚请求，准许双方离婚。

参考案例：（2018）豫 0222 民初 2212 号民事判决书

来源：中国裁判文书网

2. 女方对男方有重大身体伤害行为，严重影响夫妻感情

女方将开水泼在男方身上，并拿刀砍男方，经鉴定，男方因外伤致双上腹、双肩到背部及项背部皮肤烫伤，累计范围达体表面积 5.5%，构成轻伤。本院认为，虽然男方起诉时女方分娩未到一年，但女方将开水泼在男方身上，

并拿刀砍男方，致男方轻伤的行为严重影响了夫妻感情，致使夫妻双方感情破裂，本院可受理男方的离婚诉请，且对该诉请予以支持。

参考案例：（2016）沪 0107 民初 18333 号民事判决书

来源：中国裁判文书网

3. 女方经传票传唤，无正当理由拒不到庭

女方经人民法院合法传唤，无正当理由拒不到庭，也不提交答辩、举证、质证意见，视为对相关权利的放弃，法院依法缺席审理。女方对婚姻情况无挽回的具体行动及积极意愿，对诉讼的结果持放任自流的态度，可以视为双方感情已经破裂，准许双方离婚。

参考案例：（2015）花民初字第 235 号民事判决书

来源：中国裁判文书网

三、法院支持男方起诉离婚高频引用的法条

（一）实体法

1. 《民法典》

第 1079 条夫妻一方要求离婚的，可以由有关组织进行调解或者直接向人民法院提起离婚诉讼。

人民法院审理离婚案件，应当进行调解；如果感情确已破裂，调解无效的，应当准予离婚。

有下列情形之一，调解无效的，应当准予离婚：

（一）重婚或者与他人同居；

（二）实施家庭暴力或者虐待、遗弃家庭成员；

（三）有赌博、吸毒等恶习屡教不改；

（四）因感情不和分居满二年；

（五）其他导致夫妻感情破裂的情形。

一方被宣告失踪，另一方提起离婚诉讼的，应当准予离婚。

经人民法院判决不准离婚后，双方又分居满一年，一方再次提起离婚诉讼的，应当准予离婚。

第 1082 条 女方在怀孕期间、分娩后一年内或者终止妊娠后六个月内，男方不得提出离婚；但是，女方提出离婚或者人民法院认为确有必要受理男方离婚请求的除外。

（二）程序法

2.《民事诉讼法》

第 147 条 被告经传票传唤，无正当理由拒不到庭的，或者未经法庭许可中途退庭的，可以缺席判决。

3.《最高人民法院关于适用〈中华人民共和国民事诉讼法〉的解释》

第 241 条 被告经传票传唤无正当理由拒不到庭，或者未经法庭许可中途退庭的，人民法院应当按期开庭或者继续开庭审理，对到庭的当事人诉讼请求、双方的诉辩理由以及已经提交的证据及其他诉讼材料进行审理后，可以依法缺席判决。

第六节 律师提示：给予女性更多的尊重和关爱

一、女性在"三期"内受法律特殊保护

我国历来重视保护妇女、儿童的合法权益，在许多法律中，都有对妇女、儿童的权益特别保护的规定。

宪法第 49 条第 1 款规定，婚姻、家庭、母亲和儿童受国家的保护。《中华人民共和国妇女权益保障法》（以下简称《妇女权益保障法》）第 64 条规定，女方在怀孕期间、分娩后 1 年内或者终止妊娠后 6 个月内，男方不得提出离婚；但是，女方提出离婚或者人民法院认为确有必要受理男方离婚请求的除外。《未成年人保护法》第 3 条第 1 款规定，国家保障未成年人的生存权、发展权、受保护权、参与权等权利。《民法典》第 1082 条规定，女方在怀孕期间、分娩后一年内或者终止妊娠后六个月内，男方不得提出离婚；但是，女方提出离婚或者人民法院认为确有必要受理男方离婚请求的除外。

女性在孕期、终止妊娠后 6 个月内，分娩后 1 年内（即"三期"内），身

体和精神都受到一定影响，相对处于弱势地位，属于特殊保护期。在怀孕期间，女性身体多有不便，生活学习受到极大影响，孕期，女性心情容易高低起伏；分娩生产时，会承担巨大的疼痛和心理压力，分娩后一年内，主要由女方看护和哺乳孩子，耗费巨大心力，吃睡不好；而女方如果因各种原因终止妊娠，也会承担巨大的哀伤。

上述的一切苦难或疼痛，都离不开男方的参与，而女方承受的要远远多于男方。如果男方在上述三个特定期间内提出离婚，势必给女方在精神上带来沉重打击，不但影响女方身心健康，也不利于胎儿、婴儿的发育、成长。

因此，女性在"三期"内，相对处于情感和身体的弱势地位，属于特殊保护期，男性有必要给予其特殊关爱和照顾。上述期间，男方离婚的自由权和起诉权也受到法律限制，不得提出离婚，即便提出，人民法院查明情况后，也会驳回起诉，除非有特殊情形。因此，请男方即便想要离婚，也尽可能不要在此特定期间内提出离婚诉求。

当然，"三期"是对女方的特殊保护，如女方作为原告主动提起离婚诉求，人民法院可以受理，但受理后是否判决离婚，则没有特殊保护政策，仍会按照一般婚姻案件的法定离婚条件进行判断。

二、女性"三期"内，男方可以提出离婚的几种例外情形

人格权中的生命权、身体权、人格尊严权是人的基本权利。当人的人格尊严受到严重伤害，生命或身体受到严重侵害时，拿起法律武器保护自己也就成为必然之选。如果女方在特定保护期内，严重违反婚姻家庭的基本原则，肆意侵犯男方的基本权利，如违反夫妻忠诚义务，与他人通奸致使怀孕或生育子女，造成男方心理伤害；或违反禁止家庭暴力原则，对男方实施家暴或虐待，造成男方身体伤害，男方可以搜集和保留必要证据，提起离婚诉讼。

在男方遇到以下情形时，可以在婚姻保护期间内提出离婚，并可能得到人民法院支持：

（1）男方有确凿证据证明女方婚后主动与他人发生性关系而怀孕或生产。包括女方婚后卖淫、与他人通奸、姘居或重婚导致的怀孕或分娩、终止妊娠行为；

（2）男方有证据证明生命受到女方威胁或其合法权益受到女方严重侵害。包括女方实施家庭暴力导致男方受到身体伤害，或女方对男方进行虐待、意图杀害等；

（3）女方表示同意离婚，但不去法院应诉或直接离家出走的；

（4）女方构成与他人重婚犯罪等严重伤害夫妻感情的情形；

（5）女方对幼儿有虐待或遗弃行为的。

需要注意的是，婚外情、一夜情等行为，虽然也是对夫妻忠诚义务的违反，但如果没有造成怀孕、分娩、终止妊娠等严重后果，一般很难成为男性在"三期"内可以提出离婚的例外情形。

三、尝试多次沟通，最好协商解决

夫妻间发生矛盾属于家常便饭，不应轻言离婚。即便离婚后，再与另外一个异性相爱结婚组成家庭，依然有可能矛盾重重。因此，如果不是突破婚姻底线，出现严重的婚内过错，双方应以协商沟通解决问题为主。

诉讼离婚，当事人需要向人民法院正式提出，并提交相关的证据材料，而且诉讼周期有时并不可控，快则数月，慢则一两年。

目前人民法院因案件量较大原因，审理案件的周期相对较长，且程序要求相对较严格，证据审核标准较高。如果双方对孩子和财产的争议不大，只是感情方面的问题，建议坐下来好好协商解决，通过 5~10 次的有效沟通，明确是否要离婚，妥善安排好离婚后的各项事宜，达成相关离婚协议，通过民政局办理离婚登记，此时离婚不受该法条限制，对女方的不利影响也能减到最低。

如果无法进行协商，或协商多次也难以解决，建议考虑暂时分开居住，各自冷静和反思，思考是否有必要挽回婚姻或解散婚姻。虽然分居可能解决不了问题，但起码可以减少新矛盾的产生和发展，好好反思自己在婚姻中的行为，多向朋友请教夫妻相处之道，婚姻家庭经营不易，不必非要在女性特殊保护期内决定婚姻的生死存亡，待婚姻保护期结束后，再衡量是否复合或起诉离婚。

第五章
"闪婚闪离" 案件实务精要

第一节 闪婚离婚案件裁判观点一览表

常见问题	1. 多长时间算闪婚； 2. 闪婚后离婚，法院会准许离婚吗； 3. 闪婚有什么不利后果； 4. 闪婚后发现不合适，要不要闪离。
人民法院裁判观点	
观点一	不准离婚，驳回原告的离婚诉讼请求。
适用情形	1. 不存在离婚法定情形；2. 孩子年幼；3. 无原则性矛盾。
主要理由	1. 因家庭琐事产生矛盾和摩擦在所难免； 2. 不存在法定离婚情形，且原告未提供感情破裂的证据； 3. 结婚时间较长，经营家庭不易，双方有和好可能； 4. 被告不同意离婚，孩子年幼，需要一个完整健康的家。
观点二	感情基础不牢固，准许双方离婚。
适用情形	1. 感情基础薄弱；2. 婚后无子女；3. 感情确已破裂。
主要理由	1. 婚前认识时间短，感情基础较差； 2. 婚后共同生活时间短，未建立起牢固夫妻感情； 3. 有证据显示，双方感情已经破裂。
律师观点	
律师观点	闪婚情况下，双方感情基础可能不牢固，但闪婚只是一种结婚方式，法律保护当事人的结婚自由，闪婚并非判决离婚的法定情形。能否判决离婚，取决于闪婚后双方的共同生活情况、子女情况，以及另一方对婚姻的态度和行为。闪婚后，如双方共同生活时间较长，有子女，或对方坚决不同意离婚，在第一次起诉离婚的情况下，人民法院判决离婚的概率较低。反之，则较高。

续表

律师提示	1. 法律规定，婚姻自由。闪婚只是当事人选择的一种结婚方式； 2. 闪婚与感情破裂不存在必然联系，闪婚并非法律规定的离婚事由； 3. 家是社会最小细胞，法官对婚姻家庭的解体持必要谨慎态度。
行动建议	1. 爱情能一见钟情，结婚是油盐酱醋，婚姻关乎一生，闪婚需谨慎； 2. 因家庭琐事产生矛盾在所难免，要理性对待和积极化解家庭矛盾； 3. 闪婚后如发现确实不适合，要学会闪离，避免产生更大矛盾。
费用分析	根据《诉讼费用交纳办法》第13条的规定："离婚案件每件交纳50元至300元。涉及财产分割，财产总额不超过20万元的，不另行交纳；超过20万元的部分，按照0.5%交纳。"
周期分析	根据《民事诉讼法》的规定，一审案件速裁程序1个月内审结，简易程序3个月内审结，普通程序6个月内审结，二审案件审判周期为3个月。一审判决后，当事人有15天上诉期。上诉案件送达和整理卷宗以及移交周期，一般在1个月内。 实务中，送达时间、公告时间、评估、鉴定时间、调解时间、移送卷宗时间等不计算在审理期限内。涉外案件期间另有规定。

第二节　闪婚离婚的常见证据准备

一、常见证据类型

1. 结婚证

证明双方之间存在婚姻关系。

2. 子女出生证明（如有孩子）

证明子女出生基本情况。

3. 租赁合同（如有分居和租房情形）

证明双方之间闪婚后，没有实际共同居住，处于分居状态及分居的起始时间。

4. 证人证言及当事人陈述

证明双方相识相恋过程及存在的家庭矛盾情况。

二、合法获取证据的方式

很多闪婚的夫妻，发现不合适后，会短时间内分开居住。因此，一般可以提供以下证据材料。

1. 分居证明材料

如需要证明双方共同生活时间较短，需要提供双方不在一起居住的相应证明，如一方在外租住房屋，该类证据以租赁合同和租金缴纳凭证的方式体现较为常见。如系在父母家居住，一般需要提供居委会或公安机关开具的居住证明等。

2. 矛盾纠纷材料

如需证明双方之间感情破裂，发生过激烈的矛盾冲突，仅有双方口头陈述，法院很难认定，尤其是在双方各执一词的情况下。因此，如有向公安机关报案情况，可在报案后，在公安机关做相关谈话笔录，后续诉讼时，可向法院申请去公安部门调取报案材料或申请法院出具调查令自行前往调取；如有被对方打伤情形，可提供相应的医院诊断证明或受伤照片资料等予以佐证。

三、影响法官观点的主要事实

（一）双方是否存在法定离婚的情形

夫妻间是否存在法定离婚情形，是法院判断夫妻感情是否破裂的关键因素。双方感情是否破裂，偏情感方面的主观判断，一般人很难通过三言两语或单方陈述作出准确判断，需结合双方的客观行为进行综合考察。

法官会重点核实，夫妻双方是否存在《民法典》第 1079 条规定可判决离婚的 6 种法定情形：

（1）重婚或者与他人同居；

（2）实施家庭暴力或者虐待、遗弃家庭成员；

（3）有赌博、吸毒等恶习屡教不改情形；

（4）因感情不和分居满二年；

（5）对方被宣告失踪；

（6）判决不准离婚后，分居满一年，原告再次提出离婚。

如果没有以上任一法定情形，原告又属于第一次起诉离婚，只要被告确实不存在其他严重危害夫妻感情的情形或行为，且被告明确表示不同意离婚，法官会倾向于给双方一次感情补救的机会，调解双方和好或判决双方不准离婚。

（二）双方是否有子女

有无子女是法官判决是否离婚的重要参考因素。离婚必然涉及孩子抚养问题，如双方对抚养孩子各自推脱，或完全不考虑孩子未来的生活学习，无抚养孩子的基本方案，法官一旦贸然判决离婚，虽然纸面上可对孩子抚养权进行确定，但婚姻解体必然对孩子后续的正常生活和学习造成较大冲击，法官不可能不予考虑。

如双方已有子女，因未成年子女对父母的情感和经济依赖性较强，父母离婚对子女的影响重大且深远，法官会更多考虑维持未成年子女抚养、教育和保护的原成长环境，避免离婚对子女造成情感伤害和不利影响，如有孩子，且双方未对孩子抚养达成初步方案，法官会特别慎重，倾向于判决驳回诉求，不准离婚。

如双方没有子女，法官会更倾向于保护当事人的意思自治，只要双方矛盾确实难以调和，原告态度异常坚决地要离婚，被告表现出对离婚的随意性或漠然性，法官判决离婚的可能性就相对较大。

（三）双方闪婚后的结婚时间长短

相识过程和结婚时间的长短，是法官判断双方是否建立感情基础的重要依据。结婚时间越长的夫妻，彼此间经历的事情越多，可磨合性越强，感情基础越牢靠，如果一方不同意离婚，又无法定离婚事由，法官不会轻易判决离婚。

反之，两人相识时间短，共同生活时间不长，感情基础很薄弱，离婚对双方影响不大的话，法院判决离婚的可能性就会较大。

（四）双方矛盾大小及有无和好可能

双方的矛盾大小，以及有无和好可能，也是偏情感方面的主观判断，并无科学依据。法官一般需结合被告行为表现和言语来进行综合判断。

人民法院在审理案件时，往往会遇到不同类型的当事人，指出的问题不同，对待问题的处理方式也各异。有经验的法官，对离婚态度其实不是特别坚决的当事人，有时在调解时，会引导双方共同找到婚姻问题症结点，指出各自行为中的不妥之处，基于实务经验和法律理解提出一些解决问题的建议，希望双方能正视问题，解决问题，珍惜彼此，互相谅解，共同维护婚姻关系。大部分情况下，一些不愿意离婚的被告，会情真意切地在法庭上承认自己的错误，希望得到原告原谅，希望从已存在的婚姻问题中吸取教训，希望得到改过自新的机会，重新弥合双方感情。其实，情感的表达是否发自内心和是否足够真诚，现场的法官或当事人，一般都会有切身体会，这些言语和行动的表达，就是判断双方有无和好可能的最佳依据。

有些被告在法庭上，对原告指出的婚姻问题或陈述意见怒不可遏，句句反唇相讥，甚至不顾颜面地谩骂、侮辱对方。对原告指出的夫妻问题，不但视若无睹，毫不在意，甚至认为原告有更多问题，说原告无理取闹，认为自己正确，这种不能正视婚姻存在的问题，不能认识自我错误，只顾指责对方或忽略问题存在的人，在法庭上没有什么悔改或认错表现的人，即便法院给其和好的机会，也意义不大。

这种情况下，即使被告口头上表示不同意离婚，法官也会倾向于认为双方难有和好可能。

第三节　婚姻要慎重，闪婚不能闪离

一、法院不支持闪婚闪离的观点

闪婚不属于离婚的法定事由，闪婚只是一种结婚的方式，只要符合结婚的法定条件和法定婚龄，闪婚不闪婚，是当事人的自主决策权，法院不会进行太多干预。如果不符合离婚的法定情形，法院对原告以闪婚为由提出的离婚诉讼请求，多数情况下会驳回处理。

二、法院不支持闪婚闪离的主要裁判理由

1. 因家庭琐事产生矛盾和摩擦在所难免

和睦的婚姻家庭关系，依赖夫妻双方的共同经营，在生活中不可避免地会

因各种原因发生矛盾，在矛盾发生后，夫妻二人需要积极沟通、有效化解，建立起和谐、美好的婚姻家庭关系。

参考案例：（2020）甘 0121 民初 854 号民事判决书

来源：中国裁判文书网

2. 双方间不存在法定离婚情形，且无其他感情破裂证据

双方结婚时均已符合法定婚龄时间，对待婚姻关系应当理智及成熟，双方虽系闪婚，但也是基于相识后对对方有较强好感，基于相貌、性格、品行、为人处世等基本了解后办理的结婚登记手续。双方之间不存在法律规定可以认定夫妻感情破裂的情形，原告也没有就双方感情已经破裂提交其他相关证据。

参考案例：（2021）豫 0225 民初 3296 号民事判决书

来源：中国裁判文书网

3. 结婚时间较长，经营家庭不易，双方有和好的可能

闪婚只能代表双方婚前了解时间短，不代表感情不真实。双方结婚时间较长，已产生感情基础，闪婚造成的了解不足等不利影响已随婚龄增加逐渐减弱。

双方间只是缺乏有效沟通，在共同生活中发生矛盾后，未寻找有效的办法和合理的途径解决，一方不加以控制自己的情绪和行为，导致夫妻关系恶化。现被告有与原告和好的强烈愿望，今后生活中，只要双方冷静正确对待发生的家庭矛盾，改变处理矛盾的方式，多沟通交流，互敬互爱，珍惜夫妻感情，是有和好可能性的。

参考案例：（2021）云 0724 民初 40 号民事判决书

来源：中国裁判文书网

4. 被告不同意离婚，孩子年幼，需要一个完整健康的家

双方作为成年人，闪婚时，已经处事较为冲动，现在双方已有孩子，起意离婚或同意离婚都不能只考虑自己，要对孩子负责，对养育自己的父母负责。现婚生子年龄较小，双方对孩子尚无妥善抚养方案，离婚后不论由父或母哪方抚养，孩子都将失去获得完整家庭的机会；双方父母也都已上了年纪，希望看到的是子女有个美满家庭，孙子女能在完整而有爱的家庭中长大。所以，在被告不同意离婚的情况下，双方均应自省其行为，为了孩子、为了父母，更为了

自己，努力修补夫妻关系，而不是草率地结束婚姻，尽量为营建一个完整、稳定、和谐的家庭而努力。

参考案例：（2021）桂 1322 民初 1163 号民事判决书

来源：中国裁判文书网

三、法院不支持闪婚闪离高频引用的法条

（一）实体法

1.《民法典》

第 1079 条　夫妻一方要求离婚的，可以由有关组织进行调解或者直接向人民法院提起离婚诉讼。

人民法院审理离婚案件，应当进行调解；如果感情确已破裂，调解无效的，应当准予离婚。

有下列情形之一，调解无效的，应当准予离婚：

（一）重婚或者与他人同居；

（二）实施家庭暴力或者虐待、遗弃家庭成员；

（三）有赌博、吸毒等恶习屡教不改；

（四）因感情不和分居满二年；

（五）其他导致夫妻感情破裂的情形。

一方被宣告失踪，另一方提起离婚诉讼的，应当准予离婚。

经人民法院判决不准离婚后，双方又分居满一年，一方再次提起离婚诉讼的，应当准予离婚。

（二）程序法

2.《民事诉讼法》

第 67 条　当事人对自己提出的主张，有责任提供证据。

当事人及其诉讼代理人因客观原因不能自行收集的证据，或者人民法院认为审理案件需要的证据，人民法院应当调查收集。

人民法院应当按照法定程序，全面地、客观地审查核实证据。

第四节　感情基础差，难以和好，准许离婚

一、法院支持闪婚闪离的观点

如果夫妻双方属于闪婚，感情基础不牢固，婚后产生矛盾后，又不能正确对待，双方各不妥协，难以和好，在没有孩子需要抚养，且没有太多财产需要分割的情况下，法院多数情况下，会倾向于准许双方离婚。

二、法院支持闪婚闪离的主要裁判理由

1. 婚后共同生活时间短，未建立起牢固夫妻感情

原告、被告婚后不注重夫妻感情的培养，未建立起深厚的感情基础，因家务琐事产生矛盾后不积极沟通，长期分居导致夫妻感情逐渐疏远，经法院判决不准离婚后，未珍惜重归于好的机会，夫妻关系并未得到改善，故夫妻感情确已破裂，原告要求离婚，本院予以支持。

参考案例：（2020）豫 1624 民初 5679 号民事判决书

来源：中国裁判文书网

2. 第一次驳回离婚后，六个月内仍未和好，一直分居，毫无沟通，准许离婚

原告、被告二人于 2019 年 7 月左右通过网络聊天软件认识，后于 2019 年 9 月 11 日登记结婚，明显属于闪婚，且二人年龄相差较大，婚前缺乏了解，感情基础薄弱，加上二人婚后缺乏基本的沟通交流，导致双方矛盾加剧，夫妻感情出现危机。原告李某于 2022 年 2 月 22 日向本院提起离婚诉讼后，经本院主持调解，双方互给对方六个月考验期，该六个月考验期即冷静期过后，其双方没有在一起共同生活，一直分居至今，且相互间没有任何沟通，虽然被告安某梅不同意离婚，但经本院调解无效，双方已无和好可能，故能够认定原、被告之间夫妻感情确已破裂。因此，对于原告要求离婚的诉讼请求，本院依法予以支持。

参考案例：（2022）鲁 0303 民初 8657 号民事判决书

来源：中国裁判文书网

三、法院支持闪婚闪离高频引用的法条

（一）实体法

1.《民法典》

第 1079 条 夫妻一方要求离婚的，可以由有关组织进行调解或者直接向人民法院提起离婚诉讼。

人民法院审理离婚案件，应当进行调解；如果感情确已破裂，调解无效的，应当准予离婚。

有下列情形之一，调解无效的，应当准予离婚：

（一）重婚或者与他人同居；

（二）实施家庭暴力或者虐待、遗弃家庭成员；

（三）有赌博、吸毒等恶习屡教不改；

（四）因感情不和分居满二年；

（五）其他导致夫妻感情破裂的情形。

一方被宣告失踪，另一方提起离婚诉讼的，应当准予离婚。

经人民法院判决不准离婚后，双方又分居满一年，一方再次提起离婚诉讼的，应当准予离婚。

（二）程序法

2.《民事诉讼法》

第 145 条 法庭辩论终结，应当依法作出判决。判决前能够调解的，还可以进行调解，调解不成的，应当及时判决。

第 147 条 被告经传票传唤，无正当理由拒不到庭的，或者未经法庭许可中途退庭的，可以缺席判决。

第五节 律师提示：闪婚并非法定的离婚事由

一、闪婚情况下，人民法院为什么倾向于判决不准离婚

（一）闪婚只是当事人选择的一种结婚方式

根据《民法典》第 1041 条的规定，婚姻家庭受国家保护。实行婚姻自由、一夫一妻、男女平等的婚姻制度。婚姻自由是我国婚姻制度的基本原则，婚姻自由包括结婚自由和离婚自由。法律对闪婚行为并不排斥，也不对当事人婚恋选择进行对错评价。一切尊重当事人真实意思表示，只要闪婚双方当事人符合法律规定的结婚登记要件，是双方真实自愿行为，婚姻关系就合法有效，受法律保护。

（二）闪婚并非法律规定的离婚事由

是否离婚，法院优先考虑双方当事人之间的合意。如双方均同意离婚，法院会尊重当事人意见，不做过多干预。只有双方无法达成离婚合意的情况下，法官才会考虑判断双方是否感情破裂。

根据《民法典》第 1079 条第 2 款的规定，人民法院审理离婚案件，应当进行调解；如果感情确已破裂，调解无效的，应当准予离婚。此处"感情确已破裂"，需结合《民法典》第 1079 条第 3 款、第 4 款、第 5 款规定的情形进行辅助判断，有下列情形之一，调解无效的，应当准予离婚：（1）重婚或者与他人同居；（2）实施家庭暴力或者虐待、遗弃家庭成员；（3）有赌博、吸毒等恶习屡教不改；（4）因感情不和分居满二年；（5）其他导致夫妻感情破裂的情形；（6）一方被宣告失踪，另一方提起离婚诉讼的，应当准予离婚；（7）经人民法院判决不准离婚后，双方又分居满一年，一方再次提起离婚诉讼的，应当准予离婚。

可见，闪婚只是代表双方婚前认识时间短暂，相互间不够了解，与婚后感情出现问题并无必然联系，闪婚并非法律规定可予判决离婚的法定情形。如当事人不符合《民法典》第 1079 条第 3 款规定的情形，法官就要结合闪婚后夫

妻双方的共同生活情况、子女情况，以及另一方对婚姻的态度和行为，进行自主裁量。

一般情况下，闪婚后，如双方共同生活时间较长，有子女，有和好可能（被告坚决不同意离婚，有改过自新言语和行为），在原告第一次起诉离婚的情况下，法院判决离婚的概率较低。反之，如双方共同生活时间较短，无子女，被告对是否离婚抱有任由其发展或交由法官自由裁量的漠然态度，则法院判决离婚的概率较高。至于共同生活时间的长短如何判断，目前法律无明文规定，不同法官有不同理解。

（三）法官对婚姻家庭的解体持谨慎态度

家是社会的最小细胞，家不是房屋，不是物质，家是夫妻共同经营的，编织梦想和盛放苦辣酸甜的窝，是一种情感寄托和精神依偎的人文情怀，婚姻解体对子女和夫妻双方都可能产生一系列不利影响。出于对传统婚姻家庭的人伦保护惯性，对有和好可能婚姻关系的最后一次官方挽救，以及减少个别法官对感情是否破裂容易产生主观认知偏差带来的同案不同判风险，法院倾向于在不符合法定离婚事由的情况下，判决双方不准离婚。

二、爱情和婚姻不同，闪婚需要谨慎

婚姻和爱情并不等同，有时候，爱情和婚姻甚至可以分别共存，因感情冲动陷入爱情很正常，但进入婚姻前，建议还是要深思熟虑，原因如下：

1. 爱情是两个人的甜蜜，婚姻是两家人的结合

爱情是两个人的自由结合，只关乎两人感情，两情相悦即可，可以一见钟情，也可以不在乎天长地久。但婚姻是两家人的结合。有父母、配偶、子女的共同参与和成长，需要和两家人长期相处。爱情可能只是一时的情感泛滥，婚姻更关乎一生的情感寄托和日常生活依偎。

2. 爱情是情感自由，婚姻有约束和责任

爱情是人类一种天然的情感，是一种对美的向往和信仰，是一种人的本性。法律基本不干涉恋爱，人们的恋爱是自由的，只要年龄合适，两情相悦，再无其他太多约束。如果两人恋爱后觉得不合适，也可直接分手，并无法定流

程和法律约束。

婚姻不一样，婚姻是一种制度，是一种法律关系，是一种经济社会发展的产物，与感情有关，但也可以脱离感情而存在。婚姻制度中对财产关系，人身关系都有规定，结婚的人，有各自的法定权利、义务和责任，离婚时也有必要的限制。先结婚后恋爱，其中隐藏着巨大的风险，就是选择机会成本高，一旦选择错误想分开，会面临诸如人身、财产问题的必须解决和法律规定的必要流程约束，往往并不会像结婚时那么顺利。

3. 爱情是一种理想主义，婚姻是一种现实主义

爱情是一种精神的理想主义，爱情中，人可以是完美无瑕的存在，情感可以是海枯石烂的存在，爱情可以美化一切，也可以摧毁一切，可以激发人的无穷力量。

婚姻则是柴米油盐和人情冷暖，婚姻中，有数不尽的家庭日常矛盾冲突和平淡无奇的生活中的点点滴滴，还有一些彼此的妥协、约束和牵绊，婚姻可以给人以安稳，也可以教会人更加理性和负责任。如果没有看清爱情和婚姻的区别，闪婚可能会陷入巨大的挫败。

三、家庭矛盾很常见，理性对待家庭矛盾

矛盾无处不在，无时不有。所有人的婚姻，都有因家庭琐事发生争吵的可能，这与情商高低无关，与人的性情、人生经历、现实处境、熟悉度和错误容忍度有关。年轻人阅历较少，感情更追求纯粹和自我，心气高，脾气直率，婚内因琐事发生争吵概率较高，属于正常现象。

尤其子女出生后，双方都初为父母，没有经验，各自成长环境和学识背景又不同，看护孩子，有时不可避免会需要双方家长或多或少的参与，家长对子女教育观念和教育方式，认识不同，以及因孩子到来，给双方工作、生活、二人世界、情感分配造成不利影响，加上经济和住房压力显著提升，未来孩子上学和生活规划的美好预期和现状矛盾，在孩子出生后的两年到三年，往往是普通家庭矛盾爆发的第一个小周期，大部分家庭都会遇到这个阶段，在此期间，更需要双方互相理解和注意克制自己的情绪，多多体谅对方，等孩子上幼儿园之后，家庭矛盾会急剧减少。

因此，正视及理性对待矛盾，积极解决和化解矛盾，是每对夫妻必须学会的家庭基本技能，否则婚姻很难长久。

四、发现不合适，在没孩子前选择离婚，相对更容易

结婚之前，男女双方一般都会隐藏一些缺点或不足，也会对对方进行美化和抱有更高期望。闪婚之后，一些个人缺点和问题逐渐暴露，如果发现两个人无法磨合得非常好，或者觉得两个人确实不合适，在没有孩子之前，选择离婚，也是一种对错误选择的及早更正。

结婚后，如果短时间内发现自己所托非人，应尽早启动离婚程序，尤其是没有孩子的阶段，离婚对彼此的生活影响可以最小化。否则，随着孩子的降临，财富的积累，矛盾的增加，问题会越来越复杂，处理起来举步维艰，即便最终离开破碎的婚姻，离婚后也会因财产分割、孩子抚养和探望权等问题，产生各种争议和不快。

当然，婚姻不是儿戏，闪婚固不提倡，闪离更不可取，无论从社会道德层面，还是法律层面来看，闪婚闪离都不符合社会主流价值观和立法初衷，还是应该尽可能在结婚前做好了解和考察工作，避免后续陷入被动局面。

第六章
彩礼返还案件实务精要

第一节　彩礼返还案件裁判观点一览表

常见问题	1. 如何认定彩礼范围； 2. 婚前给的财产，都算彩礼吗； 3. 婚前购买的三金，是否算作彩礼； 4. 父母给的压箱钱，是否算作彩礼； 5. 如何认定双方确未共同生活； 6. 要彩礼结婚后不辞而别，算不算骗婚； 7. 如果返还彩礼，是不是要全额返还； 8. 结婚该不该要彩礼。
人民法院裁判观点	
观点一	男方不符合要求返还彩礼的三种法定情形，不予支持。
适用情形	1. 已经结婚；2. 已经生子；3. 给付彩礼未导致对方生活困难。
主要理由	1. 双方登记结婚，共同生活多年，并育有子女，不符合返还彩礼条件； 2. 男方无证据证明因给付行为导致其生活困难； 3. 男方未提供证据证明彩礼数额，可另诉主张。
观点二	男方符合可主张彩礼返还的情形，应予以返还。
适用情形	1. 没办理结婚登记；2. 结婚登记后共同生活时间较短；3. 彩礼金额巨大； 4. 给付彩礼，给对方造成严重困难。
主要理由	1. 婚后共同生活时间较短，婚前给彩礼数额较大，应部分返还； 2. 婚前给付彩礼行为，导致给付人的生活困难； 3. 返还彩礼的金额，根据当事人的过错程度、双方经济状况，结合双方是否同居生活等当地风俗因素酌情确定。

律师观点	
律师观点	彩礼是礼，是锦上添花，不是结婚的必备条件和程序。 彩礼是父母对子女的爱和祝福，应量力而为，不应过重，不应成为结婚时的筹码，不应成为爱情贵贱好坏的评价，不应成为获取财物的捷径，更不应成为对原生家庭的财富掠夺和过分索取。 彩礼的性质如果变了味，返还彩礼的诉求，会随之而来。根据法律规定，给付彩礼后，双方未结婚登记；或登记结婚后未共同生活或生活时间较短；或给付行为造成给付方生活困难，都可在离婚时要求返还。
律师提示	1. 婚前给付对方的财产可分为四类财产性质，并非全部算作彩礼； 2. "确未共同生活"包含共同生活时间较短情形，具体多短算"较短"，法律无明文规定，一般认为1年以下为较短； 3. "禁止借婚姻索取财物"与"给付彩礼"并不相同，法律不禁止给付彩礼，但禁止天价彩礼和彩礼攀比陋习； 4. 即便符合返还彩礼情形，也非全额返还，要根据彩礼数额、共同生活时间长短、有无子女、过错程度、当地风俗和经济水平等综合认定； 5. 除隐瞒重大疾病和不符合法定婚龄外，其他方面的欺骗式结婚，不属于可撤销或婚姻无效情形。
行动建议	1. 爱情和婚姻有条件，脱离条件谈爱情和婚姻不现实； 2. 爱情和婚姻是独立的，不要用金钱（彩礼）去衡量； 3. 彩礼可作为共同财产开支，不建议独占式消费； 4. 相信爱情和对方，是解决彩礼问题的最佳方法。
费用分析	根据《诉讼费用交纳办法》第13条的规定："离婚案件每件交纳50元至300元。涉及财产分割，财产总额不超过20万元的，不另行交纳；超过20万元的部分，按照0.5%交纳。"
周期分析	根据《民事诉讼法》的规定，一审案件速裁程序1个月内审结，简易程序3个月内审结，普通程序6个月内审结，二审案件审判周期为3个月。一审判决后，当事人有15天上诉期。上诉案件送达和整理卷宗以及移交周期，一般在1个月内。实务中，送达时间、公告时间、评估、鉴定时间、调解时间、移送卷宗时间等不计算在审理期限内。涉外案件期间另有规定。

第二节　彩礼的认定和范围

彩礼一般是指依据当地习俗，一方或其家庭成员给付另一方或其家庭成员的与缔结婚姻密切相关的大额财物。

一、如何认定彩礼范围

我国关于彩礼的性质的学说观点有三种：一般赠与说、附解除条件赠与说、证约定金说。

"一般赠与说"的观点认为，彩礼属于私人之间的赠与，一方在没有给付义务的情况下主动交付彩礼，另一方一旦接受，彩礼的所有权便发生变化，此观点让送彩礼一方的可期待性利益不能保证，时刻处于担忧之中，和法律的宗旨背道而驰。

"证约定金说"的观点认为，彩礼是男女双方为保证婚约缔结而约定的一种担保方式，若男方毁约无权要回彩礼，若女方毁约则应双倍返还彩礼，此观点与社会现实不符。

《最高人民法院关于适用〈中华人民共和国民法典〉婚姻家庭编的解释（一）》第 5 条的规定，采用的是"附解除条件赠与说"。附解除条件的赠与，是指赠与行为虽然具有法律效力，但约定的缔结婚姻的条件不能成就时；或虽然缔结婚姻，但双方确未共同生活居住，婚姻的目的无法实现时；或一方赠与行为，明显是受婚姻习俗所迫，赠与行为导致给付人生活困难的，该赠与行为可以解除，受赠方应返还彩礼。

因彩礼可能涉及返还问题，故确定彩礼的范围，至关重要。实务中，一般会结合给付彩礼的实际过程，即订立婚约后到结婚登记前，其间给付了哪些财产，这些财产的用途是什么，价值多少，支付方的经济情况等，来综合判断哪些是彩礼，哪些不是彩礼。根据实务情况，两人恋爱交往后到结婚登记前期间，双方之间的给付财产行为，可能存在四种类型：

（一）婚前赠品

婚前赠品，指男女双方在交往过程中为表达感情、出于自愿给付对方的一些易损耗的日常用品或价值较小的财物。例如，日常衣物、生活用品、生活费用、请客花费、逢年过节人情往来的消费性支出、节日小礼品等，此种财物不宜认定为彩礼，应属于一般性的赠与。给付人要求接收人返还的，不应予以支持。

婚前赠品有 4 个特点：

（1）婚前给付。结婚登记前发生的给付行为。婚后财产多为共同财产，除非特别约定，婚后互赠的礼物，除个人用品外，大多仍属于夫妻共同财产。

（2）培养感情为目的，不明确以结婚为条件。多表现为两人刚开始交往接触，尚未到谈婚论嫁阶段的赠与礼物行为。

（3）价值不大。价值不大是判断赠品和彩礼的最客观表现，因是否以结婚为目的，双方可能主观认识不同，但物品价值是客观的，价值较小的，倾向于不认为是彩礼，属于一般的赠品；价值较大的，除非有明确书面约定，否则被认定属于以结婚为目的附条件的赠与（即彩礼）的可能性较大，这也符合一般社会大众的理解和认知。

（4）单方自愿和主动给付。一方对另一方自愿的、主动的积极行为，不需要双方家长或双方协商确定，也不是基于习俗给付。

（二）彩礼

彩礼，是指以结婚为目的，按照当地风俗习惯，一方或其家庭成员给付另一方的礼金及贵重财物。彩礼有 5 个特征：

（1）以结婚为目的。给付财产的行为，一方或双方都明确知晓是以结婚为目的。具体是否以结婚为目的，可结合双方的行为及沟通记录等言词证据、证人证言，是否带见父母、是否订婚及财物用途等综合判断。

（2）婚前或结婚时给付。彩礼一般在结婚前或结婚时给付。

（3）财产价值较大。价值大小，需根据赠与方的经济条件、负担能力、当地居民平均收入水平和消费水平等综合判断，有些地方给出价值判断标准。

（4）数额协商确定。彩礼的数额，多由双方家长或双方根据习俗协商确定并常伴随有另一方的回礼金额。

（5）接收人特定。彩礼一般由一方或其家庭成员给付到另一方或其家庭成员，由接收方或其家庭成员收取、保管和使用。

彩礼的范围包括但不限于：见面礼、聘礼、上车礼、下车礼、改口费、首饰、不动产、交通工具、通讯工具、电器、有价证券等，只要给付具有明显订立婚约的意思，且价值较大，就属于以结婚为目的的附条件赠与，可以认定为彩礼。

（三）共同开销

共同开销，是指一方为缔结婚约而与对方共同开支的花费。例如，婚庆衣服、结婚拍照、结婚旅游、婚庆策划、亲朋招待成本、婚宴酒席、婚前购买用于婚后共同生活物品等财产，此种花费也不宜认定为彩礼，如已经消耗完毕，无剩余价值的，则无须分割。如有剩余价值或实物物品的，谁购买的可以归谁所有，如果物品属于个人用品，可以归属于个人一方，给购买方相应的折价补偿。

（四）婚前个人财产

一方以结婚为目的，向另一方支付的购房款、购车款或房屋、车辆等，为出资一方或购买一方的婚前个人财产，一方要求返还的，另一方应予以返还。至于是否以结婚为目的，双方如发生争议，法院一般会从宽认定为"以结婚为目的"。毕竟，感情和金钱是两回事，但脱离开感情谈大额金钱的赠与，在社会公众眼中，是不可思议的事情，很难被世人所认可。因此，以恋爱期间对方进行"大额赠与"为由，认为高价值财物归属自己的主张，在诉讼中往往很难获得支持。

二、婚前购买的"三金"，是否算作彩礼

结婚前，基于地方风俗，一些男方家庭或男方会给女方购买"三金"（如金项链、金耳环、金手镯或金戒指），作为迎娶对方的馈赠礼物，有时候是钻戒，钻石项链，钻石耳环或胸针等。部分女方家庭或女方也会给男方回以大体同等价值的同类物品。

这些礼物价值贵重，意义独特，部分为定制产品，多用于婚礼当天佩戴，具有明显的"以结婚为目的"的特征。实务中，认定其为彩礼性质的观点较多，离婚时，在符合彩礼返还条件的情况下，可以要求返还。

当然，如果夫妻互赠礼物，价值相当，且物品基于定制，只能供某方使用时，基于价值对等原则和有效使用原则，也可以互不返还。

一部分人民法院认为，婚前一些特殊节日，生日期间，男方为博女方欢

心，购买的非用于结婚时佩戴，用于日常生活佩戴的价值不高的黄金或钻石项链、手链、戒指等物品，也可以属于双方培养感情的赠与行为，不属于以结婚为目的的彩礼性质，赠与行为完成后，动产所有权发生转移，不应该要求返还，故不支持返还。还有更少部分法院，认为婚前男方给女方购买的"三金"等贵重物品，属于购买方（一般是男方）所有的个人婚前财产，不因结婚而发生所有权转移，另一方应在离婚时予以返还。

可见，实务中对"三金"是否属于彩礼的范围，还有一些争议。不过，"禁止借婚姻索取财物"是《民法典》婚姻家庭编的基本原则。"三金"价值的大小与用途，其实是判断是否属于彩礼的关键所在。

三、父母给的"压箱钱"，算不算彩礼

根据一些地方风俗习惯，男女双方在结婚时，双方父母会或多或少给予一定数量的压箱钱，保障子女婚后共同生活所需，该笔款项，除非事先有书面约定，否则认定为双方父母赠与两人的财产更为合理，该部分财产倾向于认为属于夫妻共同财产，而非彩礼。

如果该笔款项在婚后生活中因为家庭共同开支已经支出，或没有证据证明该笔财产离婚时仍存在，一方要求返还"压箱钱"的请求，一般不会得到支持。

第三节 彩礼返还的常见证据准备

一、彩礼案件常见证据类型

1. 结婚证（如有）

证明双方之间存在婚姻关系。

2. 出生证明

证明子女出生基本情况。

3. 礼金、礼单、银行转账流水

证明彩礼的具体给付时间、给付对象和给付金额及使用情况。

4. 证人证言

证明彩礼的给付过程和金额，或证明双方的共同居住情况。

5. 家庭贫困证明

证明给付彩礼方，因给付行为导致家庭生活困难。

6. 当事人陈述

证明双方相恋过程及彩礼使用和花销情况。

二、合法的取证方式

关于是否共同生活、彩礼支付数额、家庭生活困难等方面，一般会存有较大争议。

1. 未共同生活情况取证

如需要证明双方未共同生活或共同生活时间较短，需提供双方不在一起居住的证明，如一方在外租住房屋，该类证据以租赁合同和租金缴纳凭证的方式体现较为常见。如系在父母家居住，一般需提供居委会或公安机关开具的居住证明等。

2. 彩礼支付情况取证

如需证明彩礼支付数额，需提供彩礼支付的凭证。购买物品交付的，可以提供购买物品的发票及单据；银行转账支付的，可以提供银行转账流水或银行存折；现金支付的，可以提供现金收据或礼单；如无法提供收据或礼单的，也可以结合双方的介绍人、证婚人、当事人陈述等内容，来综合查明支付的金额。

不过，对于彩礼数额和彩礼使用的认定，出于礼俗和实际情况，很多礼金和花费是不可能留有痕迹的，尤其是现金支付，如果没有记账或双方的认可，是很难准确认定真实数额的，只能结合当地习俗、媒人证言、购买票据、当事人陈述、物品价值等因素综合判断，当事人对各自主张应当依法承担举证责任，举证不能的，应自行承担举证不力的法律后果。

3. 家庭贫困情况取证

如需证明因给付彩礼导致家庭生活困难的，需提供相应的生活困难证明。如属于困难户、低保户的，提供领取低保证明；如属于城市失业人员的，提供领取失业救济金的证明；如属于残疾人的，提供残疾人证明等。村委会开具的证明，证明力相对较弱，一般需要乡镇一级相关部门的证明或街道办事处的相关证明。但部分法院也会根据彩礼数额、当地生活水平及给付人家庭情况来直接判断是否会造成家庭困难。

三、影响法官观点的主要事实

（一）共同生活时间的长短

根据《最高人民法院关于适用〈中华人民共和国民法典〉婚姻家庭编的解释（一）》第5条规定可知，有权主张返还彩礼的情形有三种，分别为：（1）双方未办理结婚登记手续；（2）双方办理结婚登记手续但确未共同生活；（3）婚前给付并导致给付人生活困难。其中，"双方办理结婚登记手续但确未共同生活"为常见理由之一。

因此，共同生活时间的长短，成为能否支持返还彩礼的关键因素之一。这里的"确未共同生活"，包含的行为有两种：（1）结婚登记后没有在一起共同生活的；（2）结婚登记后，虽有共同生活，但共同生活时间很短暂的。具体短暂的期间如何判断，法律并无定论，由法官自由裁量。

（二）双方是否有子女

有无子女是法官判决是否支持返还彩礼的重要参考因素。如双方已有子女，至少可证明两个事情：（1）双方有共同生活；（2）女方为此怀胎十月，有巨大的身体和情感付出。因此，有孩子的情况下，尤其是孩子抚养权最后判给男方的情况下，很少有法官会支持女方向男方返还彩礼。

当然，如果给付彩礼的行为，导致给付人生活发生严重困难的，又另当别论。

（三）给付彩礼数额大小

给付彩礼是几千年沿袭下来的封建习俗。虽然《民法典》及原婚姻法都明确规定"禁止借婚姻索取财物"，但对于民间基于习俗自发的给付彩礼行为，法律也并不禁止。只有在出现财力和实力明显失衡，引发给付人生活困难的情况下，法律会视为这是一种基于习俗压力或女方压力"迫不得已"的不当行为，法律会予以强制干预。

因此，如给付彩礼数额较高，而给付者家庭的经济条件又比较差，给付行为给其造成生活困难的，离婚时，人民法院会支持返还彩礼。不过，法律对彩礼数额的高低并无判断标准，主要靠法官结合案情及当地情况自由裁量。

第四节　不符合法定情形，不支持返还彩礼

一、法院不支持返还彩礼的观点

根据《最高人民法院关于适用〈中华人民共和国民法典〉婚姻家庭编的解释（一）》第 5 条的规定，对结婚多年，已生育子女的夫妻，如无证据证明给付彩礼时导致对方生活困难的，不应支持男方要求返还彩礼的请求。

二、法院不支持返还彩礼的主要裁判理由

1. 双方登记结婚，共同生活多年，并育有子女

婚约彩礼是当事人间以结婚为目的，按照习俗由一方支付给另一方的财产，是一种以结婚为成就条件的赠与行为。现双方已经登记结婚多年，双方缔结婚姻的目的已经实现，且双方生育有子女，现男方不符合《最高人民法院关于适用〈中华人民共和国民法典〉婚姻家庭编的解释（一）》第 5 条规定的情形，对其请求返还彩礼的主张，不予支持。

参考案例：（2021）冀 0423 民初 778 号民事判决书

来源：中国裁判文书网

2. 男方未能提供证据证明因给付彩礼导致其家庭生活困难

男方仅提交了其户口所在地村委会出具的贫困证明，未提交乡镇一级部门出具的证明，不能认定男方存在因给付巨额彩礼款导致其家庭贫困的事实，故对男方要求返还彩礼的诉求，不予支持。

参考案例：（2020）豫 1681 民初 4489 号民事判决书

来源：中国裁判文书网

3. 彩礼属于以结婚为目的的婚前赠与，双方已结婚登记，不支持返还

原告于某要求被告何某返还彩礼，应不予支持，因为彩礼是夫妻一方婚前给予另一方的财物，性质上是一种以结婚为目的的赠与行为，现原告、被告已经办理结婚登记手续，故彩礼不应当返还。被告何某辩称原告于某欠其 10000 元，因其未提供证据证明，本院不予支持。

参考案例：（2020）豫 1625 民初 4517 号民事判决书

来源：中国裁判文书网

三、法院不支持返还彩礼高频引用的法条

（一）实体法

1.《民法典》

第 1042 条 禁止包办、买卖婚姻和其他干涉婚姻自由的行为。禁止借婚姻索取财物。

禁止重婚。禁止有配偶者与他人同居。

禁止家庭暴力。禁止家庭成员间的虐待和遗弃。

2.《最高人民法院关于适用〈中华人民共和国民法典〉婚姻家庭编的解释（一）》

第 5 条 当事人请求返还按照习俗给付的彩礼的，如果查明属于以下情形，人民法院应当予以支持：

（一）双方未办理结婚登记手续；

（二）双方办理结婚登记手续但确未共同生活；

（三）婚前给付并导致给付人生活困难。

适用前款第二项、第三项的规定，应当以双方离婚为条件。

（二）程序法

3.《民事诉讼法》

第 67 条 当事人对自己提出的主张，有责任提供证据。

当事人及其诉讼代理人因客观原因不能自行收集的证据，或者人民法院认为审理案件需要的证据，人民法院应当调查收集。

人民法院应当按照法定程序，全面地、客观地审查核实证据。

第五节　特定情形下，返还部分彩礼

一、法院支持返还彩礼的观点

夫妻双方没有登记结婚；或虽已经登记结婚，但共同生活时间较短，长期分居且尚未生育孩子；或因给付彩礼导致给付方生活困难的，在离婚诉讼中，男方要求返还彩礼的，人民法院一般会考虑实际情况，支持男方要求返还彩礼的诉讼请求。但具体返还的彩礼金额，需要根据个案分析，一般只是部分返还，由人民法院酌情确定一个数额。

二、法院支持返还彩礼的主要裁判理由

1. 共同生活时间较短，婚前给付彩礼数额较大，应部分返还

关于彩礼的返还问题。《最高人民法院关于适用〈中华人民共和国民法典〉婚姻家庭编的解释（一）》第5条规定，当事人请求返还按照习俗给付的彩礼的，如果查明属于以下情形，人民法院应当予以支持：（1）双方未办理结婚登记手续；（2）双方办理结婚登记手续但确未共同生活；（3）婚前给付并导致给付人生活困难。适用前款第二项、第三项的规定，应当以双方离婚为条件。

生活困难是指给付彩礼的一方婚前举债给付、婚后无经济来源偿还债务，或者是婚前用家庭财产给付，婚后无固定经济来源，依靠自己的力量无法维持最基本的生活水平。生活困难应当以家庭收入低于当地最低生活保障标准确定。原告提供的相关证明，没有负责人签字，形式上不合法，不具有证明效力。且仅仅证明因给付彩礼及结婚花费，造成原告家中经济困难。并未证明其家庭收入低于本地最低生活保障标准。且原告的父亲现在县城经营鞋店，有经济收入。原告及其父亲的银行流水账单也未显示原告及其家人逾期偿还贷款的情况，说明原告及其家人并未达到因给付彩礼无力偿还债务的程度。综上，原告证据也未能达到婚后无经济来源偿还债务，因给付彩礼导致生活困难的程度。原被告××××年××月××日补办结婚登记手续，其婚姻关系的效力应当从其

举行结婚仪式同居生活的时间 2021 年 5 月 5 日起算，根据双方当事人认可发生矛盾被告离开的时间 2021 年 8 月 14 日，原被告实际共同生活的时间为三个月零九天。考虑到原告交付给被告大额彩礼，双方实际生活时间较短，但又办理结婚登记手续的情况，本院酌定返还彩礼的比例为 40%。彩礼的金额为 172000 元，应返还 68800 元。金首饰价值较高，属于彩礼，应当返还原告，如不能返还原物则返还相同价值的现金。

对于结婚时收受的礼金，属于婚后夫妻双方共同受赠的财产，属于夫妻共同财产。但原被告已经实际共同生活三个多月，被告陈述礼金已经消费符合实际情况。且原告亦未提供证据证明该礼金仍在被告处保存，故原告要求分割该礼金的诉讼请求，本院不予支持。

参考案例：（2021）豫 1625 民初 7533 号民事判决书

来源：中国裁判文书网

2. 婚前给付彩礼的行为，导致给付人的生活困难

男方户籍为农村，结婚时未满 30 周岁，无固定职业和稳定高收入来源，且男方所在家庭在男方给付彩礼期间，属于当地贫困户，已建档，温饱尚存在困难，故其给付较大数额的彩礼和支出其他婚约风俗人情的实际费用，必然导致其和所在的农村家庭生活更加困难和难以为继，故其要求返还彩礼的请求，本院依法予以支持。

参考案例：（2021）甘 2922 民初 373 号民事判决书

来源：中国裁判文书网

3. 彩礼属于附条件赠与，彩礼数额较大，共同生活时间短，没有生育子女，结合公平原则、当地收入情况、风俗习惯等因素，酌情按比例返还

彩礼是婚约关系中一方对另一方以结婚为目的的附条件赠与，一般情况下，夫妻离婚所赠与的财产无须返还，但在特殊情况下，如两个人结婚时间较短，闪婚闪离或者结婚不到一年等情况，完全超出了赠与人一方的期待，如在双方离婚时不予处理，则对一方明显不公平，也不符合公序良俗原则，则需要酌情全部或部分返还。本案根据原告给付 6600 元，应视为赠与不能列入彩礼的数额，原告给付被告彩礼款为 137000 元，原告提供证人证实举债支付的彩礼，结合彩礼的数额较大，综合本地收入条件、双方的共同生活时间较短、当

地农村的风俗习惯、没有生育子女等因素，本院酌情考虑被告向原告部分返还，酌情返还彩礼款的 30%，即 41100 元（137000 元×30%）。

参考案例：（2022）鲁 0830 民初 3228 号民事判决书

来源：中国裁判文书网

三、法院支持返还彩礼的高频引用的法条

（一）实体法

1.《民法典》

第 1042 条　禁止包办、买卖婚姻和其他干涉婚姻自由的行为。禁止借婚姻索取财物。

禁止重婚。禁止有配偶者与他人同居。

禁止家庭暴力。禁止家庭成员间的虐待和遗弃。

第 1063 条　下列财产为夫妻一方的个人财产：

（一）一方的婚前财产；

（二）一方因受到人身损害获得的赔偿或者补偿；

（三）遗嘱或者赠与合同中确定只归一方的财产；

（四）一方专用的生活用品；

（五）其他应当归一方的财产。

2.《最高人民法院关于适用〈中华人民共和国民法典〉婚姻家庭编的解释（一）》

第 5 条　当事人请求返还按照习俗给付的彩礼的，如果查明属于以下情形，人民法院应当予以支持：

（一）双方未办理结婚登记手续；

（二）双方办理结婚登记手续但确未共同生活；

（三）婚前给付并导致给付人生活困难。

适用前款第二项、第三项的规定，应当以双方离婚为条件。

（二）程序法

3.《最高人民法院关于适用〈中华人民共和国民事诉讼法〉的解释》

（2022年修正）

第90条　当事人对自己提出的诉讼请求所依据的事实或者反驳对方诉讼请求所依据的事实，应当提供证据加以证明，但法律另有规定的除外。

在作出判决前，当事人未能提供证据或者证据不足以证明其事实主张的，由负有举证证明责任的当事人承担不利的后果。

第六节　律师提示：婚姻基础是感情，彩礼应量力而行

一、彩礼的缘起及发展

彩礼源于我国古代的"六礼"制度。根据《礼记·昏义第四十四》记载，"昏礼者，将合二姓之好，上以事宗庙，而下以继后世也。故君子重之。是以昏礼纳彩、问名、纳吉、纳征、请期，皆主人筵几于庙，而拜迎于门外，入揖让而升，听命于庙，所以敬慎、重正昏礼也"。这是古代缔结婚姻的流程记载，后世将"纳彩、问名、纳吉、纳征、请期、迎亲"的结婚程序，称为"六礼"。①

纳采，指男方请媒人去女方家提亲，获准后，备礼求婚；问名，指男方请媒人问明女子姓名及出生时日；纳吉，指男方获得女子信息后，到祖庙占卜；纳征，亦称纳币，指男方给女方送聘礼；请期，指男方定婚期后，备礼征求女方同意；亲迎，指婚前女方送嫁妆并铺床，新郎隔日迎娶新妇。

彩礼同古代的"纳征"一样，是古代缔结婚姻的流程之一，也是极为重要的流程之一，可以彰显男方家的经济实力和男方家对女方家的重视程度。中华人民共和国成立后，虽然明确规定，不得借婚姻索取财物，也严格禁止买卖和包办婚姻，并提倡节俭办婚，力图将婚姻和金钱彻底分开，但实践中，因彩礼还蕴含着父母对子女美好祝福的本意，以及对子女家庭和经济生活的基础保障功能，故至今仍存在。

---

① 《礼记》，胡平生、张萌译注，中华书局2017年版，第1182页。

二、彩礼并非结婚的必要条件

《婚姻登记条例》中，关于男女双方结婚登记的条件和程序中，并没有彩礼的任何规定。

不过，《民法典》对"彩礼"问题方面作出了规定。一方面，《民法典》第 1042 条规定"禁止借婚姻索取财物"；另一方面，法律又没有明文规定"禁止给付彩礼"，只是在《最高人民法院关于适用〈中华人民共和国民法典〉婚姻家庭编的解释（一）》中，沿袭了旧有的规定，明确在特定条件下，男方可以要求女方返还彩礼。

根据《最高人民法院关于适用〈中华人民共和国民法典〉婚姻家庭编的解释（一）》第 5 条的规定："当事人请求返还按照习俗给付的彩礼的，如果查明属于以下情形，人民法院应当予以支持：（一）双方未办理结婚登记手续；（二）双方办理结婚登记手续但确未共同生活；（三）婚前给付并导致给付人生活困难。适用前款第二项、第三项的规定，应当以双方离婚为条件。"

三、结婚时，彩礼的意义

爱情的产生，需要符合主、客观的条件。主观条件上讲，要两人两情相悦，心心相印；客观条件上讲，要两人对自然条件基本认同，才可能有爱的基础，其次是对性格、品格、能力、爱好、价值观、经济状况等非自然条件有契合点和磨合可能，才可能有爱的升华。两个相爱的人，结婚后还需要构筑共同的家，生养孩子和规划未来，如果没有经济基础，生存都可能会遇到各种困难，更别提爱情的长久了。

婚姻也是如此，不仅需要两个人的共同意愿，还涉及两家人的经济利益和人际交往，柴米油盐，上有老，下有小，衣食住行，样样都离不开钱。经济基础决定上层建筑，婚姻属于上层建筑的一种。经济条件更好的家庭，婚姻生活，会多一些体面和受人尊重；经济条件差的家庭，难免会陷入"贫贱夫妻百事哀"的困窘中无法自拔，这就是社会现实。

因此，彩礼虽不是夫妻结婚的必备条件，但成为某些夫妻的可选条件，我们也无须去指责或反对它。借婚姻索取财物，虽然不合法，但彩礼习俗符合社会的婚姻习俗，也为人们广泛接受。

不过，需提醒的是，彩礼只能解决一定程度的经济问题，无法解决人类的情感问题。人的生存发展虽然依赖于经济，但情感却可以脱离经济而独立发展。人类解决生存需求后，情感需求会被大大激发和释放。爱情是一种情感需求，需要两人真情实意的感情投入，它不是一种交易行为，也无法用金钱来衡量或评价。

四、婚前协议与家庭妇女的劳动力价值

（一）婚前协议

婚前协议，是指将要结婚的男女双方为结婚而签订的、于婚后生效的具有法定约束力的书面协议。制定婚前协议的主要目的，是对双方各自的财产和债务范围以及权利归属等问题事先作出约定，有时也会对孩子的生育和抚养问题作出事先约定，以免将来离婚或一方死亡时产生争议。

我国实行夫妻共有财产制度，除非有明确的书面约定，夫妻关系存续期间取得的财产，一般属于夫妻共有财产。根据《民法典》第 1062 条的规定："夫妻在婚姻关系存续期间所得的下列财产，为夫妻的共同财产，归夫妻共同所有：（一）工资、奖金、劳务报酬；（二）生产、经营、投资的收益；（三）知识产权的收益；（四）继承或者受赠的财产，但是本法第一千零六十三条第三项规定的除外；（五）其他应当归共同所有的财产。夫妻对共同财产，有平等的处理权。"

根据《民法典》第 1063 条规定："下列财产为夫妻一方的个人财产：（一）一方的婚前财产；（二）一方因受到人身损害获得的赔偿或者补偿；（三）遗嘱或者赠与合同中确定只归一方的财产；（四）一方专用的生活用品；（五）其他应当归一方的财产。"

在实行夫妻共有财产制为主体的同时，我国也规定了约定财产制，夫妻之间可以约定财产的归属，约定范围，包括婚前和婚后的财产。

根据《民法典》第 1065 条的规定："男女双方可以约定婚姻关系存续期间所得的财产以及婚前财产归各自所有、共同所有或者部分各自所有、部分共同

所有。约定应当采用书面形式。没有约定或者约定不明确的，适用本法第一千零六十二条、第一千零六十三条的规定。夫妻对婚姻关系存续期间所得的财产以及婚前财产的约定，对双方具有法律约束力。"

基于婚前财产的匮乏，多数工薪家庭或农民家庭，并无约定婚前财产归属的必要。部分收入较高的家庭，婚前已经积累了大量财产，为了避免结婚导致婚前个人财产与婚后共同财产的混同，多会选择签署婚前协议。因此，婚前协议，也称为有钱人的婚姻协议，这是富人保护自己婚前财产的有效手段。

不过，很多《婚前协议》，并不会约定婚后女方的家庭劳务价值和支付义务，导致成为家庭妇女的一方，可能成为《婚前协议》的受害方，沦为富人生育的工具或免费的家庭劳动力。

（二）全职主妇的劳动力价值

《民法典》第 1088 条规定："夫妻一方因抚育子女、照料老年人、协助另一方工作等负担较多义务的，离婚时有权向另一方请求补偿，另一方应当给予补偿。具体办法由双方协议；协议不成的，由人民法院判决。"

可见，对家庭付出较多的一方，我国法律规定有索要补偿权，这是法律的进步，也是法律的人性之光。

不过，这种权利，只能在离婚时行使。很多不打算离婚，却已经是家庭妇女的一方，还是没有权利索要家庭劳动力价值的对应补偿。这在一定程度上，导致全职主妇的经济地位，只有形式意义上的平等，难以获得实际地位的平等。很多全职主妇，只能依赖于配偶对自己积极主动的经济补贴，在离婚前，并不能强制要求配偶给自己相应的劳动力价值补偿。

如果全职主妇因为配偶的行为，导致自己的身体、财产权利遭受重大损害，也可以在婚内请求进行共同财产的分割。根据《民法典》第 1066 条规定，婚姻关系存续期间，有下列情形之一的，夫妻一方可以向人民法院请求分割共同财产：（1）一方有隐藏、转移、变卖、毁损、挥霍夫妻共同财产或者伪造夫妻共同债务等严重损害夫妻共同财产利益的行为；（2）一方负有法定扶养义务的人患重大疾病需要医治，另一方不同意支付相关医疗费用。

五、返还彩礼案件中，如何认定双方"确未共同生活"

根据《最高人民法院关于适用〈中华人民共和国民法典〉婚姻家庭编的解释（一）》第5条的规定："当事人请求返还按照习俗给付的彩礼的，如果查明属于以下情形，人民法院应当予以支持：（一）双方未办理结婚登记手续；（二）双方办理结婚登记手续但确未共同生活；（三）婚前给付并导致给付人生活困难。适用前款第二项、第三项的规定，应当以双方离婚为条件。"此处的"确未共同生活"，应该如何理解。

共同居住生活属于私事，外人很难了解真实情况，一般要通过双方陈述、外在表现及证据综合判断，可以参考以下因素：

（1）居住时间。共同居住时间越长，认定双方共同生活的时间越长。反之则共同生活时间越短。此处共同生活，主要指共同生活起居和发生性行为。法律对此不便言明，只能通过共同居住时间长短，辅助判断共同生活时间长短。如共同居住期间，双方没有发生性行为，也有可能被人民法院认定为"未共同生活"。

（2）有无子女。如双方已育有子女，证明双方有婚内性生活，则认为双方已有共同生活。此时，共同生活时间的长短，一般以结婚时间的长短来进行辅助判断。

（3）有无分居。如双方因各种原因存在分居情形，也可证明双方有一段时间未共同居住，由此反推出共同生活时间的长短。如果双方结婚时，均达到法定婚龄，身体也不存在影响夫妻生活、生育能力的相关疾病，不存在共同生活、生育子女的年龄障碍和身体障碍，则共同生活就是双方婚后的法定权利和义务，一方办理结婚登记后拒绝履行共同生活的夫妻义务，另一方可以在离婚时主张返还彩礼。

当然，婚内双方互有忠诚义务，也有性自由权和生育权，配偶一方不能强迫与对方发生性行为，或强迫要求对方生育。毕竟，互信互爱和互相尊重，是《民法典》倡导的文明家风之一。

需要注意的是，此处的"确未共同生活"，不仅指完全没有在一起共同居住的情形，还包括共同生活时间显著较短的情形，具体多短算"较短"，法律无进一步规定，实务中，不同法官有不同理解，长短认定也有所不一，从几个月到 5 年都有判例，一般认为两年以下的共同生活时间为较短。

六、索要彩礼结婚后，不告而别，算不算骗婚

"骗婚"也称婚姻诈骗，是指行骗者依据国家的婚姻登记程序，或以婚姻作为诱饵，骗取他人感情、性和财物的行为。例如，有些当事人，故意隐瞒自己的结婚情况、债务纠纷、家庭情况、婚史、身体缺陷或疾病等，骗取他人信任，最终获得结婚登记。

男性骗婚和女性骗婚的情况在现实中都存在，但法律上并无"骗婚"概念或罪名，大概因结婚登记程序往往是合法有效的，结婚的目的性，偏主观判断，很难进行证明。故《民法典》第 1052 条和第 1053 条规定可撤销婚姻的两种情形：（1）因胁迫结婚的，受胁迫的一方可以向婚姻登记机关或者人民法院请求撤销该婚姻。（2）一方患有重大疾病的，应当在结婚登记前如实告知另一方；不如实告知的，另一方可以向人民法院请求撤销婚姻。目前除了隐瞒重大疾病情形外，我国法律并未规定因欺诈结婚可以撤销婚姻登记，也没有规定因欺诈结婚可以申请宣告婚姻无效。

因此，如果对方确实存在感情欺骗，受骗方无法忍受的，目前法律给的救济途径，主要是允许当事人提出离婚，很少会判决支持精神损害赔偿或青春损失费。

但是，如对方索要彩礼，结婚登记后，短时间内即不告而别，没有实际共同生活或共同生活时间较短的，可以在诉讼离婚时，请求对方返还彩礼，从而减轻财务上的损失。

七、返还彩礼，是否需要全额返还

彩礼返还的具体数额，是全部返还还是部分返还，我国法律并没有作出明确具体的规定。在处理彩礼的返还问题时，法院一般会结合彩礼的数额、双方家庭的经济情况、男女双方共同生活时间的长短、双方有无子女、一方有无婚内过错、当地彩礼风俗和经济水平等因素综合考虑，更加注重个案的公平公正，以达到法律效果与社会效果的有机统一。

八、彩礼返还案件中，诉讼主体的认定

彩礼是以结婚为目的，按照当地风俗习惯，一方或其家庭成员给付另一方或其家庭成员的礼金及贵重财物。彩礼中的金钱部分，有时用于夫妻的共同生活开支，有时被收取方单独存储或独占式消费。如彩礼用于双方婚后共同生活的开销，则即便离婚，开销部分也不涉及返还问题（需注意提供证据证明礼金的实际支出情况及用途）。

实务中，人民法院通常会默认男女双方及其有利害关系的亲属都可以作为婚约财产案件的主体。如果彩礼由父母掌管和支配，难以作为夫妻共同财产开支的。此种情况下，如面临彩礼返还纠纷，诉讼的主体会突破男女双方。

从原告方面考虑，因为现在我国彩礼给付数额的巨大，彩礼通常不是男方能够独自承担的，往往与男方父母或者亲属相关联，是一个大家庭共同努力而积攒的，有时甚至还有对外借贷情况，这时如果仅规定男方自己作为彩礼的给付人，但男方实际上却不是彩礼的实际拥有人，也不是真正的权利人，必然会与民事诉讼的权益关联原则相冲突，不符合法律的规定。

从被告方面考虑，彩礼的接受者可能是女方、女方父母或者由其共同接受，彩礼在接受后的去向也并不是单一的，可能用作女方父母为女方置办嫁妆、女方自己的日常开销或者是女方给父母贴补家用等，如果只列女方本人为彩礼纠纷返还案件的当事人，女方在没有实际接受彩礼的情况下，就会造成男方的权益无法得到保障。

因此，如果彩礼的实际掌控人或开销人，包括一方或双方的父母，将男女双方及其父母作为彩礼纠纷返还案件的当事人，就可以避免因主体不适格而造成诉求得不到保障的情况发生。

第七章
婚内出轨案件实务精要

第一节　婚内出轨案件裁判观点一览表

常见问题	1. 出轨怎么取证，需要注意什么问题； 2. 什么样的聊天记录可以作为证据； 3. 能不能申请调取对方的聊天记录； 4. 怎么证明是出轨； 5. "出轨"和"与他人同居"是一回事吗； 6. 哪些出轨行为会引发离婚损害赔偿。
人民法院裁判观点	
观点一	不符合法定离婚情形，有和好可能的，驳回离婚请求。
适用情形	1. 被告不同意离婚；2. 孩子年幼；3. 出轨情节轻微或举证不足。
主要理由	1. 被告不同意离婚，双方应珍惜夫妻感情，共同经营好家庭； 2. 孩子需要健康完整的家，双方应对孩子负责； 3. 出轨行为不构成"与他人同居"行为，同时原告没有提供充足证据证明双方符合法定离婚情形。
观点二	准许离婚，但出轨行为不符合离婚损害赔偿情形，不支持或支持较低金额的精神损害赔偿。
适用情形	1. 出轨行为查证属实；2. 出轨导致提起离婚；3. 一方有过错行为。
主要理由	1. 出轨行为导致感情彻底破裂，准许离婚； 2. 出轨行为不符合"与他人同居"的法定情形，不支持离婚损害赔偿； 3. 被告违反忠诚义务的过错行为，原告存在"家庭暴力"的过错行为，双方均有过错，原告无资格请求离婚损害赔偿。

律师观点	
律师观点	"出轨"和"与他人同居"行为并不等同，大多数婚内出轨行为，一般不构成"与他人同居"情形，不属于法定的离婚事由，也不能依此请求离婚损害赔偿。但出轨行为属于过错行为，如查证属实，部分法院会支持少量精神损害赔偿金，金额一般不超过 10 万元。
律师提示	1. 聊天记录属于电子证据，可作为证据提交； 2. 申请人民法院从第三方公司调取聊天记录的路径，基本行不通； 3. "与他人同居"是法律概念，是婚内出轨行为中最恶劣的行为，并非所有出轨行为都可主张精神损害赔偿，需达到严重程度才可。
行动建议	1. 感情归感情，钱财归钱财，勿混为一谈，劳而无功； 2. 微信、钉钉等聊天记录的取证要点； 3. 不要用错误去惩罚错误。
费用分析	根据《诉讼费用交纳办法》第 13 条的规定："离婚案件每件交纳 50 元至300 元。涉及财产分割，财产总额不超过 20 万元的，不另行交纳；超过 20万元的部分，按照 0.5% 交纳。"
周期分析	根据《民事诉讼法》的规定，一审案件速裁程序 1 个月内审结，简易程序 3个月内审结，普通程序 6 个月内审结，二审案件审判周期为 3 个月。一审判决后，当事人有 15 天上诉期。上诉案件送达和整理卷宗以及移交周期，一般在 1 个月内。实务中，送达时间、公告时间、评估、鉴定时间、调解时间、移送卷宗时间等不计算在审理期限内。涉外案件期间另有规定。

第二节　婚内出轨的常见证据准备

一、常见的证据类型

证明存在出轨行为，常见的证据，有直接证据和间接证据两种。

（一）直接证据

1. 性行为视频资料。法官一般会要求视频资料能够清晰地辨认出正在发生性行为的双方，且能查证视频没有经过剪辑编纂，需提供原件。

2. 性行为场面照片。法官一般会要求说明照片的来源、拍摄时间、拍摄地点，人员姓名、身份等信息。

3. 出轨方的保证书、承诺书、悔过书等。发生婚外情的当事人自己书写的保证书、承诺书、认错书等，需要有承认自己有出轨，婚外情的表述内容；实践中可以要求丈夫在"保证书""悔过书"中检讨自己与情人长期共同生活的情节，作为"出轨"或"非法同居"的有力证据。

4. 本人认可的录音。行为人自己承认婚外情的录音，要求录音真实合法。

（二）间接证据

1. 非婚生子女。婚外所生孩子，需要对方认可，否则，需要通过亲子鉴定进行证明，如果对方或孩子不配合，不可能实现。

2. 微信聊天记录、照片、暧昧短信。这些证据取得相对困难，转发又容易引起法官怀疑是否经过修改。因此，条件许可的情况下，可以及时将短信内容公证，或自行录像存证。

3. 证人证言。仅有证人证言属于孤证，不能作为证据使用，很难独立证明婚外情事实。

4. 录音材料，一些与婚外情有关的语音记录。

5. 共同租房证据，证明同居，但不能直接证明发生婚外性行为。

6. 酒店开房记录，证明同居，但不能直接证明发生婚外性行为。

7. 派出所出具的证明或报案记录。证明双方因家庭纠纷多次报警的事实，或报警捉奸的事实。

需要提示的是，间接证据不能直接证明重婚或是有配偶者与他人同居，需要有其他证据进行佐证。

二、合法获得证据的方式

1. 带人带物录像取证

如果知道对方预备或正在与他人通奸时，可以自行取证，此时最好约请二个到三个自愿出庭作证的人一同前往，并用照相、录音、摄像等方法作好影像记载。

2. 看电子通讯信息，查找蛛丝马迹

微信、短信、邮件内容等电子通讯信息，可作为电子证据使用，可以查看对方过往手机短信、微信、邮件记录，看有无蛛丝马迹。如果确定要离婚，可以将发现的相关内容到公证处做公证，或者将相关内容转发自己，并用自己手机将对方手机信息录像后存证。

需说明的是，夫妻间互看手机等通讯信息，法律对此并无明文限制。有些地方法院对此还作出一些原则性规定，只要不是严重侵害对方合法权利，违反法律禁止性规定或严重违背公序良俗的方式获取的音像证据，就不算非法证据。例如，《北京市高级人民法院民一庭关于审理婚姻纠纷案件若干疑难问题的参考意见》第54条规定，离婚诉讼中一方提交照片、音像资料等证据证明诉讼主张的，一般应予采纳；但有证据表明上述证据系以严重侵害他人合法权利、违反法律禁止性规定或严重违背公序良俗方法取得的除外。

3. 留意行程安排，核验异常记录

留意行程安排，看有无异常行程或随行人员，可能会获得一些额外信息，如私密照、亲昵照等，可以判断对方有无不正当行为，有无不正常的开房情况等，但这些基本属于间接证据，只能用来辅助证明。

4. 注意自身安全，适时求助公权

如发生紧急和必要情况时，可以报警，如看到配偶跟陌生异性在宾馆开房，怀疑是卖淫嫖娼时，硬闯进去可能人身安全受到威胁，同时也可能引发其他安全风险或法律责任，此时可以请求公安机关介入调查。公安机关调查后，会有相关调查询问笔录，可以证明双方之间的关系。

5. 使用电话录音，记录真实内容

双方可以就相关事实作沟通交流，并进行录音，看问题能否解决。如无法解决，可以将录音中对方认可的内容，作为录音证据提交，但需要将录音文件整理成文字版本，便于法官查阅。

6. 不轻信口头承诺，获取文书证据

出轨方的婚外情被发现后，如果出轨方并无离婚意图，为了维护婚姻，有时候会向配偶方承认错误乞求原谅，此时可要求对方写悔过书、保证书、承诺书，对其婚外情情况作出说明，并对未来不再发生类似行为作出相关保证或承诺。这也是证明婚外情的关键证据。

不过，出轨方面的证据，在离婚诉讼案件中的作用微乎其微，主要在协商离婚时，基于各方的诚信和道德约束，会发挥一些作用。

三、当事人能否向法院申请调取对方聊天记录

腾讯公司的微信聊天记录，采用"点对点"和"加密"技术进行传输，腾讯公司没有保存用户微信的聊天记录和数据，该记录仅保存在用户自己的手机或电脑等个人终端设备上，仅用户自己可查看，腾讯公司无法调取个人的微信聊天记录。

钉钉平台也非常注重隐私保护，像聊天会话，只有参与该聊天的人能够查看对应文件和聊天记录，不在此聊天会话中的人是无权查看的。企业管理员、老板无法从管理后台查看到员工聊天信息，钉钉平台更加不会提供给企业查看员工聊天内容的功能。

如果当事人向人民法院申请从第三方公司调取对方当事人的聊天记录，目前比较困难，该类证据主要靠当事人自行提交和自行保存证据。

四、什么样的聊天记录可作为证据

根据《最高人民法院关于民事诉讼证据的若干规定》（2019 年修正）第 14 条的规定："电子数据包括下列信息、电子文件：（一）网页、博客、微博客等网络平台发布的信息；（二）手机短信、电子邮件、即时通信、通讯群组等网络应用服务的通信信息；（三）用户注册信息、身份认证信息、电子交易记录、通信记录、登录日志等信息；（四）文档、图片、音频、视频、数字证书、计算机程序等电子文件；（五）其他以数字化形式存储、处理、传输的能够证明案件事实的信息。"微信、钉钉、QQ 等电子聊天记录属于电子证据的一种。

审判中，法官同样要对电子证据的"三性"进行审查，即"真实性、合法性和关联性"。如作为定案的电子证据，只有符合以下 3 个条件，才能有法律效力。

1. 具备真实性

微信、钉钉、QQ、微博等用户，均可以使用昵称或化名，化名和当事人真实姓名可能不一致。因此，需要通过账户实名认证的信息，或账户中显示的其他关联的个人信息，如电话号码，姓名、头像、单位、住址等，与案件中的当

事人或证人等信息，一一对应和匹配，这样才能证明账号为真实的自然人所有和使用，法官才能核实确认聊天人员的真实身份。

庭审中，法官有时会问电子账户的使用人，询问账户是否他本人账户，或是否本人使用，也可能会要求其当庭打开相应账户，以供法官核实。

2. 具备合法性

电子记录一大特点，就是容易篡改和删除。有些当事人很聪明，也很谨慎，提前把很多不利于自己的手机信息给删除掉，这样，即便能够证明是本人账户，也无法核实具体的聊天内容。删信息，很常见，也很方便。

因此，当事人向法院提供电子聊天记录作为证据时，一般要提供电子记录的原始载体，进行内容比对，以便核实信息有无删除或篡改。如果是两个人间的聊天记录，两人中任一个人的手机，都可作为信息的原始载体，提供给法院，以便核实。

当然，更有效的做法，是开庭前，通过公证机关，把自己或对方手机中的电子信息记录，用公证方式，固定和保存下来，制成公证书，提交给法院。这样，除非对方能举证证明，公证机关取证过程中程序或公证资质有问题，否则，人民法院一般会认可公证书的效力。

3. 具有关联性

聊天内容是否有用，与当事人证明的事实是否有关，语义表达是否明确，内容含义是否清晰，决定了证据能否有证明力，法官有必要查清楚。不过，聊天记录，经常存在口语化的表达，信息不完整，表意不清晰，内容短小，信息繁多，有时要结合上下文，才能判断其准确含义。法庭上提交的电子聊天记录，只能按照普通人的正常语义和表达的一般逻辑来理解，不能过度推测和解读。

五、影响裁判观点的主要事实

(一) 能否认定出轨的事实

在我国，精神出轨不属于法律概念，也不属于法律规制的行为，无相应的法律后果。人们俗称的"出轨"，其实一般指的是身体出轨，即夫或妻一方与婚外异性发生性行为。基于个人信息的保护和隐私权的保护，以及婚内出轨行为的高度隐秘性，当事人想要将出轨的事实进行证据化外显，极为困难。

打官司就是打证据，如果一方只是提交了对方与婚外异性的一些暧昧聊天记录，或举止亲昵照片，或两个人登记在一个房间的开房记录，并不足以证明两个人发生了婚外性行为。所谓"捉贼捉赃，捉奸捉双"。没有捉奸在床的直接证据，不能提供出轨发生时的视频资料，也无现场目击证人的佐证，或公安机关的查证记录等，想要证明对方出轨，非常困难。

庭审中，很多被指责出轨的一方，大多否认存在出轨行为，表示只是和婚外异性存在好感，或只是深夜聊天、谈工作，没有特别注意影响等，法官很难查明有无出轨的事实，也不能根据一些聊天记录或照片、开房记录就主观推断其已经与婚外异性发生性行为，只能告诫该当事人行为举止不当，影响了夫妻感情，存在一定过错。

当然，如果有当事人自认的悔过书或保证书，或已有婚外私生子或相关的亲子鉴定报告，则对出轨行为的事实有较大的证明作用。

（二）出轨有无损害后果

如一方的出轨行为，情节显著轻微，为社会公众难以察觉，未造成严重的人身或财产的损害后果，未对婚姻家庭和社会秩序产生较大冲击，也未对一方的社会评价造成显著降低，则人民法院一般不视为该出轨行为属于法定离婚情形，如果出轨方有悔错表现，人民法院一般会给当事人一个和好的机会。

反之，人民法院可能认为出轨行为对夫妻感情造成极大影响，可能视为双方感情已经彻底破裂，从而判决离婚。

（三）出轨一方的离婚意见

出轨方多属于被告方，如其坚决表示不同意离婚，且不承认有出轨行为，法院对出轨行为难以查实的，或虽经查实，但认为不构成"与他人同居"情形的，也会倾向于判决不予以离婚。

第三节　婚内出轨不同于"与他人同居"，不支持离婚

一、法院不支持离婚请求的观点

婚内出轨行为和"与他人同居"行为不同，"与他人同居"需要有"持续、稳定"地共同居住的事实，实务中，大部分的婚内出轨行为，都达不到如此严重的程度。因此，如果被告不同意离婚，且有悔改表现，人民法院大多数会给双方一个和好的机会，不会轻易判决离婚，在不判决离婚的情况下，对出轨的事实，一般也不会予以确认。

二、法院不支持离婚请求的主要裁判理由

1. 被告不同意离婚，双方应珍惜夫妻感情，共同经营家庭

依照《民法典》第 1043 条的规定，夫妻应当互相忠诚，互相尊重，互相关爱。双方经人介绍相识，在进行一定了解的基础上登记结婚，是对彼此建立夫妻关系的认可；婚后双方应珍惜家庭成员之间的亲情，把夫妻感情融入共同经营好家庭生活上，对彼此负责，对家庭负责，发扬中华民族的传统美德，承担起孝敬父母、抚养教育孩子的义务；夫妻间为生活琐事发生争吵是人们生活中较为普遍的现象，关键是如何认识矛盾性质，在互谅互让基础上理智解决问题。对于生活中遇到的困难，夫妻应互相勉励，共同想办法解决，不要单纯凭个人情感得失做出不当宣泄行为，同时也要自觉抵制现实中不良现象影响，以免伤害夫妻感情。双方发生的矛盾，应把婚姻问题和生活中遇到的问题区别开来，不能一概归于夫妻感情问题而采取离婚的方式，相信双方还是能够继续共同生活的，故对女方的离婚诉讼请求不予支持。

参考案例：（2021）甘 0725 民初 955 号民事判决书

来源：中国裁判文书网

2. 出轨不属于"与他人同居"，原告未提供充足证据证明有法律规定的感情破裂情形

法律规定的"与他人同居"是指有配偶者与婚外异性，不以夫妻名义，持

续、稳定地共同居住。原告要求离婚，未提供充足证据证实被告存在法律规定的严重导致夫妻感情彻底破裂的情况，因此缺乏离婚的法定情形，本院难以支持。

婚姻家庭中难免遇到各种矛盾和问题，综合分析本案中离婚的原因、夫妻关系的现状等因素，双方只要树立起家庭责任感，以积极健康的心态去经营家庭及夫妻关系，加强沟通和理解，双方夫妻关系尚有改善的可能。据此，视其夫妻感情尚未完全破裂。本院应当给予两人一次重归于好的机会。

参考案例：（2020）湘 3130 民初 1789 号民事判决书

来源：中国裁判文书网

3. 孩子年幼，需要一个完整和谐的家

双方之子年纪尚小，其健康成长离不开一个完整、和谐的家庭。为小孩营造一个完整、温馨、和谐的家庭，亦是原告、被告作为父母的共同责任。

参考案例：（2021）豫 1623 民初 4241 号民事判决书

来源：中国裁判文书网

三、法院不支持离婚请求高频引用的法条

（一）实体法

1. 《民法典》

第 1043 条　家庭应当树立优良家风，弘扬家庭美德，重视家庭文明建设。

夫妻应当互相忠诚，互相尊重，互相关爱；家庭成员应当敬老爱幼，互相帮助，维护平等、和睦、文明的婚姻家庭关系。

第 1079 条　夫妻一方要求离婚的，可以由有关组织进行调解或者直接向人民法院提起离婚诉讼。

人民法院审理离婚案件，应当进行调解；如果感情确已破裂，调解无效的，应当准予离婚。

有下列情形之一，调解无效的，应当准予离婚：

（一）重婚或者与他人同居；

（二）实施家庭暴力或者虐待、遗弃家庭成员；

（三）有赌博、吸毒等恶习屡教不改；

（四）因感情不和分居满二年；

（五）其他导致夫妻感情破裂的情形。

一方被宣告失踪，另一方提起离婚诉讼的，应当准予离婚。

经人民法院判决不准离婚后，双方又分居满一年，一方再次提起离婚诉讼的，应当准予离婚。

2.《最高人民法院关于适用〈中华人民共和国民法典〉婚姻家庭编的解释（一）》

第2条　民法典第一千零四十二条、第一千零七十九条、第一千零九十一条规定的"与他人同居"的情形，是指有配偶者与婚外异性，不以夫妻名义，持续、稳定地共同居住。

第87条　承担民法典第一千零九十一条规定的损害赔偿责任的主体，为离婚诉讼当事人中无过错方的配偶。

人民法院判决不准离婚的案件，对于当事人基于民法典第一千零九十一条提出的损害赔偿请求，不予支持。

在婚姻关系存续期间，当事人不起诉离婚而单独依据民法典第一千零九十一条提起损害赔偿请求的，人民法院不予受理。

（二）程序法

3.《民事诉讼法》

第67条　当事人对自己提出的主张，有责任提供证据。

当事人及其诉讼代理人因客观原因不能自行收集的证据，或者人民法院认为审理案件需要的证据，人民法院应当调查收集。

人民法院应当按照法定程序，全面地、客观地审查核实证据。

第四节　出轨违反忠诚义务，支持离婚及损害赔偿

一、法院认为出轨违反忠诚义务的观点

虽然法律对"与他人同居"的行为认定，有明确的法律规定和认定标准，

但出轨行为，即便达不到"与他人同居"的严重过错程度，也属于对夫妻忠诚义务的违反，属于一般过错行为。过错方对夫妻感情的破裂，也需要承担一定责任。如果经过开庭审理，法院发现双方的感情确已破裂，也可以准许双方离婚。

但是，是否支持因对方出轨提起的离婚损害赔偿，需要看具体案件情况、行为人的过错程度和受害人的伤害程度。一般情况下，出轨行为如果不符合"与他人同居"的法定情形，可以不支持当事人请求的离婚损害赔偿金。不过，根据法律规定，离婚分割财产时，应该按照照顾无过错方利益的原则进行分割，故法院可以给无过错方适当的赔偿或补偿，具体赔偿或补偿的金额，没有法定标准，由法院进行酌定。

二、部分法院支持离婚，但未支持损害赔偿的主要裁判理由

1. 出轨不符合"与他人同居"的法定情形，不支持损害赔偿

根据《最高人民法院关于适用〈中华人民共和国民法典〉婚姻家庭编的解释（一）》第 2 条的规定，"与他人同居"的情形，是指有配偶者与婚外异性，不以夫妻名义，持续、稳定地共同居住。

原告提供的通话录音、微信截图，虽然可以证明被告确有出轨行为，但不能证明被告与婚外异性持续、稳定地共同居住，故原告主张被告与他人同居证据不足，不符合《民法典》第 1091 条规定的有权请求损害赔偿的法定过错情形。对原告精神损害抚慰金的请求，不予支持。

参考案例：（2020）豫 0823 民初 3155 号民事判决书

来源：中国裁判文书网

2. 双方均有过错，均无资格主张离婚损害赔偿

法律规定，有权提起离婚损害赔偿请求的主体必须是无过错一方。因此，只有无过错方才有权利、有资格提起离婚损害赔偿请求。如果双方都有过错，双方均没有资格请求离婚损害赔偿。根据《反家庭暴力法》第 2 条的规定，本法所称家庭暴力，是指家庭成员之间以殴打、捆绑、残害、限制人身自由以及经常性谩骂、恐吓等方式实施的身体、精神等侵害行为。通过原告提供的通话录音显示及原告自认，其对被告有殴打、捆绑行为，故原告本身的暴力行为亦

存在过错。虽然被告有出轨行为，但原告也有家暴行为，双方均有过错，均无权请求损害赔偿。综上，对原告请求离婚精神损害赔偿的主张，本院不予支持。

参考案例：（2020）辽 0682 民初 2732 号民事判决书

来源：中国裁判文书网

三、部分法院支持离婚，并支持少量赔偿金的主要裁判理由

虽然当事人的出轨行为，不一定都符合"与他人同居"的法定情形，但实务中，也有部分当事人的出轨行为，确实给配偶方带来极大的精神伤害。如果一律将"出轨"行为的认定标准拔高到"与他人同居"的严苛程度，会导致出轨行为人得不到法律应有的惩戒和警示，法律规定的忠实义务也会逐渐丧失道德的指引作用。所以，有些法院根据出轨方的过错程度和配偶方实际受到的精神伤害程度，支持受害方一定的精神损害赔偿金额，或在分配财产时，对受害方进行倾向性的财产分割照顾，也体现出法院的人文关怀精神和价值导向，兼顾法律价值和社会价值的统一性。不过，具体赔偿的金额或多分财产的数额，一般由法院酌定，并无法定标准。

1. 出轨行为违反忠实义务，有违道德准则，酌情赔偿

婚姻关系的存续应以感情为基础；如感情确已破裂，调解无效，应准予离婚。结合双方所述及在案证据可知，徐某于婚姻关系存续期间出轨，导致夫妻感情失和并且分居生活。孙某曾尝试挽救婚姻，在双方短暂共同生活期间，徐某再次发生出轨行为。徐某对婚姻不忠的行为严重伤及孙某感情，双方之间丧失信任基础，孙某离婚意愿强烈。徐某虽不同意离婚，但并未对挽救婚姻提出合理规划及可行方案，上述情形足以认定双方感情确已破裂，已无和好可能。孙某主张离婚理由正当，本院予以支持。徐某于婚姻关系存续期间先后两次出轨，不仅违反夫妻忠实义务，而且有违道德准则，孙某独自抚养女儿的同时精神上承受着感情不忠的负担和压力，其主张损害赔偿于法有据，本院予以支持并对此酌情判处。另，孙某要求徐某负担流产费用，徐某予以同意，本院不持异议。

参考案例：（2021）京 0105 民初 33497 号民事判决书

来源：中国裁判文书网

2. 婚内出轨，并与他人生育子女，具有明显过错，应予赔偿

被告在与原告合法婚姻关系存续期间，与他人生育了子女，致使原告对该子女按照婚生子女履行了抚养义务，被告应依法适当返还原告抚养费用，综合本案实际情况，本院酌定被告返还原告 20000 元。被告婚内确有出轨行为并与他人生育了子女，具有明显过错，确实给原告造成了名誉损失及精神伤害，被告理应给付原告一定的精神损害抚慰金，本院酌定 10000 元。

参考案例：（2022）鲁 1525 民初 3490 号民事判决书

来源：中国裁判文书网

四、法院支持离婚及损害赔偿高频引用的法条

（一）实体法

1.《民法典》

第 1043 条　家庭应当树立优良家风，弘扬家庭美德，重视家庭文明建设。

夫妻应当互相忠诚，互相尊重，互相关爱；家庭成员应当敬老爱幼，互相帮助，维护平等、和睦、文明的婚姻家庭关系。

第 1079 条　夫妻一方要求离婚的，可以由有关组织进行调解或者直接向人民法院提起离婚诉讼。

人民法院审理离婚案件，应当进行调解；如果感情确已破裂，调解无效的，应当准予离婚。

有下列情形之一，调解无效的，应当准予离婚：

（一）重婚或者与他人同居；

（二）实施家庭暴力或者虐待、遗弃家庭成员；

（三）有赌博、吸毒等恶习屡教不改；

（四）因感情不和分居满二年；

（五）其他导致夫妻感情破裂的情形。

一方被宣告失踪，另一方提起离婚诉讼的，应当准予离婚。

经人民法院判决不准离婚后，双方又分居满一年，一方再次提起离婚诉讼

的，应当准予离婚。

第 1091 条　有下列情形之一，导致离婚的，无过错方有权请求损害赔偿：

（一）重婚；

（二）与他人同居；

（三）实施家庭暴力；

（四）虐待、遗弃家庭成员；

（五）有其他重大过错。

2.《最高人民法院关于适用〈中华人民共和国民法典〉婚姻家庭编的解释（一）》

第 2 条　民法典第一千零四十二条、第一千零七十九条、第一千零九十一条规定的"与他人同居"的情形，是指有配偶者与婚外异性，不以夫妻名义，持续、稳定地共同居住。

3.《最高人民法院关于确定民事侵权精神损害赔偿责任若干问题的解释》

第 5 条　精神损害的赔偿数额根据以下因素确定：

（一）侵权人的过错程度，但是法律另有规定的除外；

（二）侵权行为的目的、方式、场合等具体情节；

（三）侵权行为所造成的后果；

（四）侵权人的获利情况；

（五）侵权人承担责任的经济能力；

（六）受理诉讼法院所在地的平均生活水平。

（二）程序法

4.《民事诉讼法》

第 67 条　当事人对自己提出的主张，有责任提供证据。

当事人及其诉讼代理人因客观原因不能自行收集的证据，或者人民法院认为审理案件需要的证据，人民法院应当调查收集。

人民法院应当按照法定程序，全面地、客观地审查核实证据。

第五节　婚内"出轨"和"与他人同居"不同

一、"出轨"不等于"与他人同居"

"出轨"并非法律名词，一般指有配偶者与婚外异性发生性关系的行为。"与他人同居"是法律名词，有专门定义。《最高人民法院关于适用〈中华人民共和国民法典〉婚姻家庭编的解释（一）》第2条规定，"与他人同居"是指有配偶者与婚外异性，不以夫妻名义，持续、稳定地共同居住。"出轨"和"与他人同居"并不等同，前者是更上位概念，前者行为范围更广，形式更多样，后者包含在前者中。一般情况下，"与他人同居"有以下特点：

（1）夫或妻一方与婚外异性有性行为；

（2）夫或妻一方与婚外异性共同生活，能被外人察觉或感知；

（3）夫或妻一方与婚外异性的生活状态，时间和地点上有持续性和稳定性。

因此，夫妻一方与婚外异性短期的、偶发的、秘密的性行为，或夫或妻一方偶发的、秘密的嫖娼行为，或夫或妻一方与多个婚外异性都有不正当男女关系的，算婚内"出轨"行为，但不算"与他人同居"行为。

情节轻微的婚内出轨行为，虽然不道德，但不一定会承担法律责任。"与他人同居"是婚内出轨行为中性质更严重、方式更恶劣的行为，严重违反法律规定，其直接后果是败坏社会风气，严重破坏夫妻感情和一夫一妻婚姻制度，被法律严格禁止，是夫妻法定离婚情形之一，无过错方有权主张离婚损害赔偿。

因持续、稳定地共同生活很难举证，实务中，被告不认可感情破裂，不同意离婚的情况下，人民法院以"与他人同居"为由直接判决双方离婚的情形十分少见。有一种情况，实务中可能会认定为"与他人同居"，即与婚外异性生育子女，此种情况会视为与他人有"持续、稳定"的共同居住行为，并被认定具有过错，应予赔偿。

二、哪些出轨行为会引发离婚损害赔偿

（一）哪些婚内出轨行为，无法请求离婚损害赔偿

1. 偶发、隐蔽性的出轨行为。这种行为不道德，不符合社会主义核心价值观，伤害配偶的个人感情，损害双方间的婚姻关系，属于坚决反对和打击的行为，也属于婚姻内的过错行为。但这种行为，人民法院不支持无过错方的离婚损害赔偿请求，也不因此对夫妻共同财产分割进行较大比例的倾向性调整。可能考虑到当今社会现况和人们性观念的开放程度，认为这种情况较多，且不以破坏婚姻或家庭制度为目的，对另一方造成的精神损害和社会负面评价影响也较小，故惩罚力度相对较弱。

2. 嫖娼行为。嫖娼是一种违法行为，也是婚姻内的过错行为，但不属于《民法典》规定的离婚精神损害赔偿的适用范围，也不属于可以少分或不分财产的情形。无过错方以对方嫖娼为由请求精神损害赔偿或要求多分财产，大多也得不到支持。不过，嫖娼行为会受到公安机关的治安管理处罚，会被予以行政拘留或罚款，有些单位还会将此作为开除员工的理由之一。

3. 精神出轨行为。精神出轨很难进行举证，且人的精神是自由的，不能因婚姻而戴上枷锁，只要有自律行为，能够管控自己的行为举止，没有做出违法行为或不适当的出格举动，就不应该进行惩罚。出轨不是思想犯，且是否精神出轨，往往各执一词，很难有客观的判断标准，如果对配偶的思想也进行控制，所有的人格独立、地位平等、互相尊重、社交自由等，都将难以得到保障。

4. 双方都有过错行为，不存在谁伤害谁的问题。根据法律规定，如夫妻双方均有规定的过错情形，一方向对方提出离婚损害赔偿请求的，人民法院不予支持。此处的过错，不仅包括双方都有出轨行为，也包括一方有出轨行为，另一方有赌博、吸毒、遗弃或家庭暴力的其他过错行为。

（二）哪些婚内出轨行为，可以请求离婚损害赔偿

1. 重婚。重婚已经不是简单的出轨，而是一种严重的犯罪行为。有配偶的人又与他人结婚的，或者明知他人有配偶而与之结婚的，都属于犯罪行为，构成重婚罪，无过错方可以请求离婚损害赔偿。

2. 与他人同居。指有配偶者与婚外异性，不以夫妻名义，持续、稳定地共同居住。这种情况通常发生在夫妻分居期间，夫或妻一方与其他异性长期保持不正当男女关系，长期共同居住。

3. 婚内与他人发生不正当关系并生子，导致夫妻离婚。指夫或妻一方在婚内与其他异性发生性行为，无论是长期通奸还是偶发行为，只要导致怀孕并生子，都构成对另一方的严重伤害，都属于可主张离婚损害赔偿的情形。

4. 男方婚后发现与子女无亲生血缘关系，导致离婚。这种情况与第 3 种情况的不同之处在于，女方婚前与他人怀孕未告知男方，男方婚后才发现与子女无亲生血缘关系，构成欺诈型抚养，这种行为虽不算婚内出轨，但也属于感情伤害，还涉及子女抚养费及情感的付出，因此也可以索要离婚损害赔偿。

离婚损害赔偿包括物质损害和精神损害。涉及精神损害赔偿的，适用《最高人民法院关于确定民事侵权精神损害赔偿责任若干问题的解释》的有关规定。当然，根据法律规定，离婚损害赔偿不能单独提出，需要和离婚诉求一并提出，如果法院未准许离婚诉讼请求的，离婚损害赔偿也不会得到支持。

第六节　律师提示：出轨赔偿额度低，设定合理预期

一、感情的伤害，金钱难以弥补

从实务角度讲，婚内出轨会对配偶方情感造成重大伤害，但对夫妻共有财产分割和离婚损害赔偿方面，影响实际很小。因此，不建议当事人在婚外情取证上下太多功夫，除感情会受到二次创伤，取证方面也会增加一些不必要的法律风险和经济成本。

从更理性的角度看，感情归感情，钱财归钱财，分开考虑更清晰。感情方面，更多考虑对方出轨的情况下，如何采取措施挽救婚姻或考虑以何种方式解散婚姻，而非考虑如何索要更多赔偿金。原因如下。

1. 婚内出轨，属于一般过错行为

婚内出轨行为确实不道德，违反夫妻忠诚义务，属于一般过错行为，根据《民法典》第 1087 条第 1 款的规定："离婚时，夫妻的共同财产由双方协议处

理；协议不成的，由人民法院根据财产的具体情况，按照照顾子女、女方和无过错方权益的原则判决。"

无过错方在分割财产时，法院会考虑给予适当照顾。但这种照顾，具有很大的主观性和随意性，照顾比例，也无法律明文规定，允许法官自由裁量。实务中，为了保持同案同判及限制法官自由裁量权的随意性，法院因出轨行为在财产上照顾无过错方的金额占比，并不高。

2. 婚内出轨，不是法定离婚情形之一

出轨不是法定离婚情形之一，法院可以判决不准离婚。如前所述，"出轨"和"与他人同居"并不等同，结合《最高人民法院关于适用〈中华人民共和国民法典〉婚姻家庭编的解释（一）》第 2 条"与他人同居"的定义，就知"与他人同居"行为的证明难度非常大，几乎不可能证明。尤其是与婚外异性"持续、稳定"地共同生活，这在夫妻未分居的情况下，基本不可能成立。

3. 离婚损害赔偿金额不高

根据以往案例结果查询，即便人民法院判决支持离婚损害赔偿，精神损害赔偿金超过 10 万元的也极为少见，大部分在 10 万元以内，甚至有赔偿几千元的情况，仅具有象征意义。

因此，正视出轨行为与财产之间的关系，设置合理预期，是该类案件中需注意的问题。出轨行为是判断双方感情是否破裂的依据，并非一方索要更多财产或赔偿的依据。感情的事情归感情判断，财产的事情归财产分割，不要混为一谈。出轨不道德，但不要把出轨行为，当成自己的营利工具，这样也缺乏道德可讲。

二、微信、钉钉等聊天记录的取证要点

微信、钉钉等即时通讯工具，可显示双方间的沟通记录和聊天内容，属于一种电子证据，也是法律认可的证据形式之一。当事人可提供微信、钉钉、QQ 等聊天记录作为证据使用。但电子聊天记录，容易被机主删除、篡改或过期失效无法打开，且原始内容一般保存在过错方使用的手机上，很难及时取证和长久保存。

实务中，多数法官会要求当事人提供经公证机关公证的电子证据，或要求

当事人提交电子证据的原始载体用于内容核实，如果手机未被起诉方控制的话，一旦对方（机主）否认，仅有聊天记录的截屏打印件，很难获得法官认可，从而导致证明力大大减弱。

因此，搜集该类证据时，需要注意以下几个要点：

（1）通过自己手机视频拍摄功能拍摄对方手机聊天记录内容，并将相关内容从对方手机转发至自己手机，保留痕迹。符合条件的，拿对方手机做公证，提高证据证明力；

（2）发现有出轨照片或视频，第一时间转发至自己手机保留证据；

（3）拍摄或保存对方微信、钉钉或 QQ 的"个人信息"或"账号与安全"中相关信息，对个人信息中记录的相关手机号、姓名、头像、邮箱地址、公司名称、住址等个人属性强的内容，进行取证储存；

（4）如有语音播放内容，建议逐条播放，或转换成文字，逐条拍摄转发，避免遗漏重要信息或断章取义；

（5）注意聊天记录的具体形成时间及信息发送的先后顺序，依序转发，避免后期整理材料时，聊天记录混乱或不全导致证明力减弱；

（6）视频拍摄或照片拍摄，要保持画面内容的清晰准确和有效识别，避免模糊不清，导致难以识别；

（7）保管好视频内容及录制设备，避免手机丢失或被误删，以便对方提出鉴定时可以提供检材。

三、无过错方可请求损害赔偿

根据《最高人民法院关于适用〈中华人民共和国民法典〉婚姻家庭编的解释（一）》第 87 条第 1 款的规定，承担《民法典》第 1091 条规定的损害赔偿责任的主体，为离婚诉讼当事人中的无过错方的配偶。

可见，主张离婚损害赔偿的前提，是权利方自己没有过错。

有些当事人，发现配偶一方存在出轨行为，抑制不住心中的愤怒，发生一些过激行为，如对出轨方殴打、捆绑、限制人身自由或者进行经常性谩骂、恐吓，实施一些身体或精神上的侵害行为，从而构成"家庭暴力"行为，导致自己也被认定为过错方，从而丧失请求离婚损害赔偿的权利。

第八章
婚内忠诚协议案件实务精要

第一节　婚内忠诚协议案件裁判观点一览表

常见问题	1. 婚内忠诚协议，有没有法律效力； 2. 忠诚协议约定的违约金，一定会被支持吗； 3. 婚内财产分割协议，在什么情况下会无效； 4. 一方违反忠诚协议，人民法院会不会判决离婚； 5. 对方有不忠行为，人民法院会少分对方财产吗； 6. 签署婚内财产分割协议，有什么注意事项； 7. 证明对方婚内出轨，如何取证。
人民法院裁判观点	
观点一	忠诚义务为道德义务，非法定义务，忠诚协议不能作为分割财产的依据。
适用情形	1. 对方不认可忠诚协议；2. 财产分配显著失衡；3. 以离婚为条件。
主要理由	1. 忠诚义务属于道德义务，非法定义务，违反道德义务的损害赔偿，不同于婚内财产分割约定，应为无效约定； 2. 以离婚为条件的忠诚协议（含有财产分割内容），如双方未能协议离婚，或离婚诉讼中一方反悔的，应认定协议没有生效； 3. 一方因不忠行为对婚姻破裂存在过错，应负主要责任，分割财产时，可以对无过错方予以照顾，对过错方少分财产，但并非遵照协议判决。
观点二	忠诚协议内容不违反法律禁止性规定，合法有效，但损害赔偿数额，应根据过错程度和经济状况，由法院酌定。
适用情形	1. 协议内容不违法；2. 财产分割条件明确；3. 过错与赔偿适当。
主要理由	1. 忠诚协议中关于特定情形下放弃财产的约定，不违反法律禁止性规定和公序良俗原则，不损害第三人利益，应合法有效，受法律保护； 2. 违反忠诚协议的赔偿金，根据过错程度及经济状况等，由法院酌定； 3. 因一方存在婚内过错行为，共同财产分割方面，可对过错方少分。

续表

	律师观点
律师观点	忠诚协议在实务中较为常见，签署不慎很容易导致协议不生效或无效。以离婚为条件的财产分割协议，如双方最终未办理离婚登记，法院会认定其为未生效协议。 即使协议被认定为有效协议，关于精神赔偿金数额，法院也会视过错程度或经济状况进行酌定，不会支持天价赔偿或净身出户诉求。
律师提示	1. 忠诚协议法律效力目前存在争议； 2. 忠诚协议约定的违约金不宜过高，财产分割不宜过于失衡； 3. 婚内财产分割协议中财产约定有效，人身权限制无效； 4. 签署忠诚协议的夫妻，发生出轨行为，更易被法院支持离婚； 5. 证明对方有不忠行为，法院分割共同财产时，可照顾无过错方。
行动建议	1. 签忠诚协议，不如签订婚内财产分割协议； 2. 婚内财产分割协议签署，有六大注意要点； 3. 最好的婚姻不是捆绑，不是威胁，而是平等和自由的相爱。
费用分析	根据《诉讼费用交纳办法》第13条的规定："离婚案件每件交纳50元至300元。涉及财产分割，财产总额不超过20万元的，不另行交纳；超过20万元的部分，按照0.5%交纳。"
周期分析	根据《民事诉讼法》的规定，一审案件速裁程序1个月内审结，简易程序3个月内审结，普通程序6个月内审结，二审案件审判周期为3个月。一审判决后，当事人有15天上诉期。上诉案件送达和整理卷宗以及移交周期，一般在1个月内。 实务中，送达时间、公告时间、评估、鉴定时间、调解时间、移送卷宗时间等不计算在审理期限内。涉外案件期间另有规定。

第二节　忠诚协议的法律效力之争

夫妻之间的忠诚协议，是指夫妻在婚前或者婚后对相互间的忠诚义务以及违约后果进行的约定。协议中常常约定若一方在婚姻关系存续期间，出现背叛配偶的婚外性行为或出轨行为，必须承担一定违约责任或放弃部分或全部夫妻共同财产。

法院对夫妻忠诚协议的效力问题，尚有争议。目前有"有效说""无效说"和"无强制力说"三种观点。

1. 无效说

主张忠诚协议无效的理由主要为：（1）夫妻忠诚义务是具有人身关系属性的道德义务，而非法定义务，忠诚义务不属于合同可以约定的范围，不属于法律调整的范围；（2）我国法律规定的四种过错方应给予离婚损害赔偿的情形，不包括一般的婚外情行为，故夫妻间的不忠行为，如果没有达到"重婚"或"与他人同居"的严重程度，不属于应进行赔偿的法定情形；（3）"忠诚协议"包含明显的人身关系，不属于财产约定范围，法律不允许通过协议来设定人身关系。

2. 有效说

部分法院认为忠诚协议有效，理由主要为：（1）忠诚协议属于契约的一种，婚姻事实上可以推定为特定男女当事人之间存在的一种契约，互相忠诚属于双方当事人间的当然义务；（2）《民法典》第1043条规定了夫妻应当互相忠诚，互相尊重。因此，夫妻忠诚义务属于法定义务，夫妻忠诚协议的约定完全符合法律的立法精神，只是对违反忠诚义务后的惩戒规则进一步细化，并不违反法律规定，也不违背公序良俗；（3）忠诚协议是一种对夫妻财产关系的约定，夫妻可以对自己的财产进行自由约定，除非损害到第三人的利益，否则法律并无干预的必要。

3. 无强制力说

夫妻之间签订忠诚协议，应由当事人本着诚信原则自觉自愿履行，法律并不禁止夫妻之间签订此类协议，但也不赋予此类协议强制执行力，从整体社会效果考虑，法院对夫妻之间的忠诚协议纠纷以不受理为宜。理由如下：

（1）如果人民法院受理此类忠诚协议纠纷，主张按忠诚协议赔偿的一方当事人，既要证明协议内容是真实的，没有欺诈、胁迫的情形，又要证明对方具有违反忠诚协议的行为，可能导致为了举证而去捉奸，为获取证据窃听电话、私拆信件，甚至对个人隐私权更为恶劣的侵犯情形都可能发生，夫妻之间的感情纠葛可能演变为刑事犯罪案件，其负面效应不可低估。

（2）赋予忠诚协议法律强制力的后果之一，就是鼓励当事人在婚前签订一个可以"拴住"对方的忠诚协议，这不仅会加大婚姻成本，也会使建立在双方情感和信任基础上的婚姻关系变质。

（3）忠诚协议实质上属于情感、道德范畴，当事人自觉自愿履行当然极好，如违反忠诚协议一方心甘情愿净身出户或赔偿若干金钱，为自己的出轨行为付出经济上的代价。但是如果一方不愿履行，不应强迫其履行忠诚协议。

第三节　忠诚协议案件的证据准备

一、常见的证据类型

1.《悔过书》《保证书》《承诺书》《忠诚协议》《财产分割协议书》

证明双方签署忠诚协议的内容以及婚内财产分割的内容。

2. 劳动合同、收入证明、银行流水

证明各自的工资情况及收入情况。

3. 录音、录像证据

证明双方签署忠诚协议的过程及真实意思表示。

4. 共同财产的证明

证明双方的共同财产情况。根据不同的财产类型，提交的证据内容不同，详见第二章婚前财产查询章节内容。

5. 当事人陈述

证明双方相识相恋过程及签署忠诚协议的前因后果等情况。

二、合法获取证据的方式

1. 关于出轨方面的证据获取方式

同前面婚内出轨章节的取证内容，此处不再赘述。

2. 忠诚协议的书写过程，建议录音录像

忠诚协议一般是书面协议。口头承诺的忠诚内容，除非对方认可，否则不能作为证据使用。在对方进行忠诚承诺时，告知口说无凭，立字为据，要求对方书写忠诚协议，并对已经发生的不忠行为进行悔过，保证永不再犯等。这样，可以通过忠诚协议，查证其已有的不忠行为，从而在诉讼中降低自己的举证责任。

另外，如要证明忠诚协议是当事人的真实意思表示和自愿签署，可以通过手机录音或录像方式进行辅证。

3. 双方的共同财产情况，需要提前梳理

忠诚协议只是对性自由的一种约束，并不是财产分割协议，往往无法直接体现出共同财产的情况。

实务中，发生严重威胁夫妻感情的事件后，为防止另一方未来提起离婚诉讼，夫妻双方或一方往往会出现转移、隐匿、毁损、挥霍夫妻共同财产的情况，从而对夫妻共同财产的分割产生不利影响。

因此，在对方发生不忠行为时，可以就共同财产情况提前进行梳理核查。如认为有必要，最好可以和对方进行协商，配套让对方书写并签署夫妻婚内财产分割协议，以降低未来财产分割方面可能发生的不利风险。

三、影响法官观点的主要事实

（一）签署忠诚协议是否有欺诈、胁迫等情形

根据《民法典》第 148 条和第 150 条之规定，签署协议时，如一方存在欺诈、胁迫等行为，使对方在违背真实意思的情况下签署的协议，可以申请法院撤销该协议。故协议是否存在可撤销情形，以及是否在撤销权的行使时效期间内，是影响案件结论和观点的事实因素之一。

（二）对方是否存在不忠诚行为

以忠诚协议为由要求对方进行赔偿或进行财产倾向性分割的，要查明对方当事人是否有不忠诚行为。因不忠诚行为的查证较为困难，故主要看当事人的举证能力和证据情况。如可证明对方有不忠行为，则有较大可能会被认定属于过错一方，法院判决离婚以及按照照顾无过错方原则分配财产的可能性大大加强。

（三）约定的赔偿数额是否过高

忠诚协议中，对违反忠诚义务的法律后果多有明确约定，如约定为"过错方净身出户"或约定了远远超出过错方承受能力和当地经济发展水平的金额，则人民法院也不会予以支持，而是会酌定一个数额。

（四）是否设置了以离婚为条件

根据《最高人民法院关于适用〈中华人民共和国民法典〉婚姻家庭编的解释（一）》第69条的规定，如协议约定以离婚为财产分割的条件，在未离婚的情况下，该协议不生效。法院可以根据案情重新进行分割。

第四节　忠诚义务属于道德义务

一、法院认为忠诚协议无强制力的观点

有些法院认为，夫妻忠诚义务属于人身权利限制方面的道德义务，而非法定义务，不应将忠诚协议作为夫妻财产分割的依据，也不应赋予其强制执行力。夫妻一方的不忠行为，属于过错行为，法院可以按照照顾无过错方的原则，对夫妻共同财产进行倾斜性的分割，而不应该按照忠诚协议的约定，进行财产分割。

二、法院认为忠诚协议无强制力的主要裁判理由

1. 夫妻忠诚义务属于道德义务，而非法定义务，不能理解为确定具体民事权利义务的协议

被告与原告离婚后向原告出具一份欠条并非被告向原告借款或被告欠原告其他债务，双方签订的保证和欠条，均属于夫妻"忠诚协议"的范畴。夫妻忠诚协议是已婚公民对自己的性自由进行自愿限制和约束的提醒，是夫妻双方合意的结果，符合《民法典》的原则及公序良俗。被告辩称出具的保证及欠条系受胁迫下所写，但没有提供任何的依据予以证实，该辩护意见本院不予支持。该协议系双方对忠诚义务的量化，没有违反法律的禁止性规定，本院予以支持。被告向原告出具的100万元的欠条，是女方为防止男方在婚内出轨和确定婚内出轨而要求对方赔偿的精神损害赔偿金。夫妻之间的忠诚义务，是一种道德层面的义务，夫妻一方以道德义务作为对价与另一方进行交换而订立的协议，不能理解为确定具体民事权利义务的协议。

关于精神损害赔偿的数额，依据《最高人民法院关于适用〈中华人民共和国婚姻法〉若干问题的解释（一）》第 28 条"涉及精神损害赔偿的，适用《最高人民法院关于确定民事侵权精神损害赔偿责任若干问题的解释》的有关规定"的规定，根据本案双方离婚时将仅有的一套住房全部给予原告，被告基本属于净身出户，被告无长期的稳定工作。收入也不稳定，结合双方约定及当地社会经济水平、被的承受能力等酌情确定精神损害赔偿的数额为 20 万元。

参考案例：（2021）湘 0521 民初 3143 号民事判决书

来源：中国裁判文书网

2. 忠诚协议是在配偶施压下出具，目的是平息激化的矛盾及维护家庭稳定，并非当事人的真实意思表示

一审法院认为，被告（男方）所写保证书，承诺了不再和赵某有任何来往，如再发生，其自愿净身出户并赔偿女方 50 万元，且不能提出离婚，如提出离婚申请，自愿净身出户并赔偿女方 50 万元。

被告称在原告（女方）胁迫下出具的该保证，根据一审法院查明的事实，原告确实是在发现被告过错后通过报警等措施给被告造成压力而使之出具保证书，被告目的是平息激化的矛盾及维护家庭稳定，故可视为非被告真实意思表示。

另净身出户约定的效力，在法律上没有明确的依据。被告该保证即使有效，从内容上看也因其未提离婚，只应履行婚内的净身出户及赔偿约定，原告在发现被告违背保证还与赵某暧昧通话的情况下，并未在离婚前对被告主张该项权利，故应视为放弃了婚内索赔权利。

因系原告主动提出离婚，故被告不应履行离婚后的赔偿约定。且从双方离婚协议来看，被告未分割任何共同财产，已系净身出户。综上所述，原告的诉讼请求不予支持。

本案一审后，原告（女方）不服，提出上诉，后经过二审法院审理，最终驳回了女方的上诉请求，维持一审法院的判决结果。

参考案例：（2020）黔 01 民终 286 号民事判决书

来源：中国裁判文书网

3. 忠诚协议不具备法律约束力及可诉性，不属于民法调整范围

《民法典》第 1043 条规定，家庭应当树立优良家风，弘扬家庭美德，重视家庭文明建设。夫妻应当互相忠实，互相尊重，互相关爱；家庭成员应当敬老爱幼，互相帮助，维护平等、和睦、文明的婚姻家庭关系。

《最高人民法院关于适用〈中华人民共和国民法典〉婚姻家庭编的解释（一）》第 4 条规定，当事人仅以民法典第一千零四十三条纠纷提起诉讼的，人民法院不予受理；已经受理的，裁定驳回起诉。

夫妻之间签订的忠诚协议，属于情感、道德范畴，应由当事人本着诚信原则自觉自愿履行，法律并不禁止夫妻之间签订此类协议，但也不赋予此类协议强制执行力，即夫妻之间签订的忠诚协议并不具备法律约束力及可诉性，不属民法调整范围，故对原告诉请撤销原、被告签订的《夫妻保证书（忠诚协议）》的诉讼请求应予驳回。

参考案例：（2021）甘 1021 民初 3355 号民事判决书

来源：中国裁判文书网

三、法院不认可忠诚协议效力高频引用的法条

（一）实体法

1. 《民法典》

第 464 条　合同是民事主体之间设立、变更、终止民事法律关系的协议。

婚姻、收养、监护等有关身份关系的协议，适用有关该身份关系的法律规定；没有规定的，可以根据其性质参照适用本编规定。

第 1043 条　家庭应当树立优良家风，弘扬家庭美德，重视家庭文明建设。

夫妻应当互相忠实，互相尊重，互相关爱；家庭成员应当敬老爱幼，互相帮助，维护平等、和睦、文明的婚姻家庭关系。

第 1066 条　婚姻关系存续期间，有下列情形之一的，夫妻一方可以向人民法院请求分割共同财产：

（一）一方有隐藏、转移、变卖、毁损、挥霍夫妻共同财产或者伪造夫妻共同债务等严重损害夫妻共同财产利益的行为；

（二）一方负有法定扶养义务的人患重大疾病需要医治，另一方不同意支付相关医疗费用。

2.《最高人民法院关于适用〈中华人民共和国民法典〉婚姻家庭编的解释（一）》

第69条　当事人达成的以协议离婚或者到人民法院调解离婚为条件的财产以及债务处理协议，如果双方离婚未成，一方在离婚诉讼中反悔的，人民法院应当认定该财产以及债务处理协议没有生效，并根据实际情况依照《民法典》第一千零八十七条和第一千零八十九条的规定判决。

（二）程序法

3.《民事诉讼法》

第67条　当事人对自己提出的主张，有责任提供证据。

当事人及其诉讼代理人因客观原因不能自行收集的证据，或者人民法院认为审理案件需要的证据，人民法院应当调查收集。

人民法院应当按照法定程序，全面地、客观地审查核实证据。

第五节　违反忠实义务，是否赔偿由法院酌定

一、最高人民法院对忠诚协议效力的态度

关于夫妻在婚姻关系存续期间签署忠诚协议是否有效的问题，最高人民法院在《中华人民共和国民法典婚姻家庭编继承编理解与适用》中明确："夫妻之间签订忠诚协议，应由当事人本着诚信原则自觉自愿履行，法律并不禁止夫妻之间签订此类协议，但也不赋予此类协议强制执行力。如果法院受理此类忠诚协议纠纷，主张按忠诚协议赔偿的一方当事人，既要证明协议内容是真实的，没有欺诈、胁迫的情形，又要证明对方具有违反忠诚协议的行为，可能导致为了举证而去捉奸，为获取证据窃听电话、私拆信件，甚至对个人隐私权更为恶劣的侵犯情形都可能发生，夫妻之间的感情纠葛可能演变为刑事犯罪案件，其负面效应不可低估。因此，从整体社会效果考虑，法院对夫妻之间的忠

诚协议纠纷以不受理为宜。"①

上述内容虽然并非最高人民法院作出的司法解释或批复性意见，不能直接作为地方人民法院裁判案件的法律依据，但仍然具有较大的参考价值，也能体现出最高人民法院在处理该类案件时的一个鲜明态度。

《民法典》颁布后，各地法院单独将忠诚协议纠纷作为合同纠纷进行立案的情况几乎没有。绝大多数法院在离婚案件中，只是将忠诚协议作为对夫妻共同财产情况进行查明或婚内过错事实进行认定的一个辅助判断。忠诚协议的地位，有点类似于证据材料。至于最终是否支持损害赔偿，由法院根据个案情况进行酌定，并无统一标准，支持或不支持的案例均有。

二、违反忠诚协议，法院酌定赔偿或不赔偿的主要裁判理由

1. 忠诚协议属道德情感领域范畴，当事人应当自觉自愿履行，法律不赋予其强制执行力，当事人以协议要求确认财产归属的，于法无据，不予支持

一审法院认为，该案首先应当明确被告向原告出具的婚前协议的性质。双方在协议中约定，如果被告背叛原告，则被告的财产都归原告所有。该协议应是双方为维护婚姻关系的稳定所作的"忠诚协议"，该忠诚协议对维护婚姻关系稳定具有积极作用。但是夫妻之间是否忠诚属于情感道德领域范畴，夫妻双方之间订立的忠诚协议应当本着诚信自觉自愿履行，不应赋予其强制执行效力。法律不阻止夫妻之间在结婚前后签订此类协议，但是不应由法律赋予其强制执行力。同时，《中华人民共和国婚姻法》第4条的本质提倡夫妻之间互相忠实，但并不以此来将该义务强加给公民。法律允许夫妻对财产关系及婚后所取得财产的分配等进行约定，但是不允许通过协议来设定人身关系。人身权系法定权，不能通过合同来调整。

本案中，原被告之间所签订的忠诚协议的内容，应属道德情感领域范畴，不宜由法律干预调整赋予其强制执行力，该协议的履行应是被告方本着诚信原则自愿自觉履行。原告依照该协议向一审法院提起诉讼要求确认案涉房屋及车

---

① 最高人民法院民法典贯彻实施工作领导小组主编：《中华人民共和国民法典婚姻家庭编继承编理解与适用》，人民法院出版社 2020 年版，第 39 页。

辆归原告所有，于法无据，不予支持。

参考案例：（2021）黔 02 民终 288 号民事判决书

来源：中国裁判文书网

2. 忠诚协议内容是双方的真实意思表示，不违反法律禁止性规定，也不损害他人和社会公共利益，应受法律保护，但具体赔偿金额，需结合经济状况、感情状况和过错程度，进行酌定赔偿

关于婚姻过错赔偿金 20 万元（含精神损害抚慰金 2 万元），原告依据被告于 2019 年 2 月 18 日出具的欠条以及被告的婚内出轨行为提出该项主张，被告称该欠条是因为夫妻吵架，家人调解，其保证回归家庭所写。

本院认为，根据双方陈述，该借条名为借条，实质上包含了忠诚协议的内容。该内容是双方在平等自愿未受任何胁迫的前提下作出的真实意思表示，是夫妻双方合意的结果，符合婚姻法的原则及公序良俗，内容没有违反法律的禁止性规定，也不损害他人和社会公共利益，故该协议内容应当受到法律保护。

现被告确实存在婚内出轨的过错行为，且被告自认 2019 年 3 月因原告在上海徐泾地区抓被告与其他女人非法同居向徐泾派出所报警事件后离家至今。故原告据此主张婚姻过错赔偿金即精神损害抚慰金的诉求，本院予以支持。金额方面，鉴于原告称部分是借款，部分是保证金，再结合双方的经济状况和感情状况以及被告的过错程度，本院酌情支持 5 万元。

参考案例：（2020）沪 0115 民初 46816 号民事判决书

来源：中国裁判文书网

3. 法律虽不赋予忠诚协议强制执行力，但一方确有违反忠实义务行为，对婚姻破裂具有过错责任，分配夫妻共同财产时，应考虑保护无过错方权益

离婚时夫妻共同财产的分割，如双方协议处理不成，应根据财产的具体情况，按照照顾子女、女方和无过错方权益的原则判决。被告称书面材料系原告胁迫书写，但没有提供充分证据予以证明，故本院不予采信。

虽然该材料系夫妻之间的"忠诚协议"，主要是一种道德约束，由当事人本着诚信原则自愿履行，法律不赋予此类协议强制执行力。但被告吴某 1 在书面材料中确认婚内出轨事实，对婚姻不忠诚，对婚姻破裂具有过错，在分配夫妻共同财产时应考虑保护无过错方权益。

参考案例：（2021）沪 0115 民初 90376 号民事判决书

来源：中国裁判文书网

三、部分法院对违反忠实义务酌定赔偿高频引用的法条

（一）实体法

1.《民法典》

第 1043 条　家庭应当树立优良家风，弘扬家庭美德，重视家庭文明建设。

夫妻应当互相忠实，互相尊重，互相关爱；家庭成员应当敬老爱幼，互相帮助，维护平等、和睦、文明的婚姻家庭关系。

第 1087 条　离婚时，夫妻的共同财产由双方协议处理；协议不成的，由人民法院根据财产的具体情况，按照照顾子女、女方和无过错方权益的原则判决。

对夫或者妻在家庭土地承包经营中享有的权益等，应当依法予以保护。

2.《最高人民法院关于确定民事侵权精神损害赔偿责任若干问题的解释》

第 5 条　精神损害的赔偿数额根据以下因素确定：

（一）侵权人的过错程度，但是法律另有规定的除外；

（二）侵权行为的目的、方式、场合等具体情节；

（三）侵权行为所造成的后果；

（四）侵权人的获利情况；

（五）侵权人承担责任的经济能力；

（六）受理诉讼法院所在地的平均生活水平。

（二）程序法

3.《民事诉讼法》

第 67 条　当事人对自己提出的主张，有责任提供证据。

当事人及其诉讼代理人因客观原因不能自行收集的证据，或者人民法院认为审理案件需要的证据，人民法院应当调查收集。

人民法院应当按照法定程序，全面地、客观地审查核实证据。

第六节 律师提示：婚内财产分割协议，效力易获法律保障

一、忠诚协议的效力认定

2020 年 7 月，最高人民法院民法典贯彻实施工作领导小组主编的《中华人民共和国民法典婚姻家庭编继承编理解与适用》认为，不应赋予忠诚协议强制执行力，而应由当事人自愿约定，自愿履行，法院不加干预。该观点其实属于司法实务中形成的一种裁判观点，目前还没有上升成为法律或司法解释的明确规定。

实务中，各地法院对忠诚协议约定的效力认定，还存在一些争议。但普遍的观点认为，无论忠诚协议的约定是否有效，违反忠实义务，都被法律明文禁止和明确反对，这是毋庸置疑的。只是不同法院，对违反忠实义务的法律后果和责任承担，存在不同认知。因此，讨论"忠诚协议"的效力和责任承担问题，并将其进一步明确化、具体化、法条化，对婚姻家事案件的审判指导，具有较大意义。

笔者认为，只要在认定其效力的时候，把控几个前提条件即可，如：（1）内容不违反法律法规的禁止性规定；（2）不存在欺诈、胁迫、乘人之危等恶意情形；（3）没有偏离当事人的承受能力和负担能力；（4）没有影响当事人的生存权和居住权；（5）没有影响其他人的合法权利。

在符合上述条件的前提下，认定忠诚协议书有效，更有利于保护当事人之间诚实信用和忠诚义务的履行和坚守。忠诚协议，实际上是双方对法律规定的忠诚义务的细化约定和安排，不应对其进行"全盘否定"或者"不置可否"，具体理由如下：

（一）意思自治和诚信原则，是私法领域的基本原则

忠诚协议的签署属于一种民事行为，也应遵从意思自治和诚信原则。作为合法夫妻，年龄和智力均已达到成年人标准，具有完全的民事行为能力，清晰地知晓行为可能导致的法律后果。

因此，基于真实意思表示，对自己的性自由进行自愿限制和约束，并设置相应法律后果，属于典型的意思自治行为，不违反法律的强制性规定，也不违背公序良俗，应为合法有效。

反之，如果当事人签署《忠诚协议》，却被法律认定协议无效，无异于默许或放任当事人可以对忠诚协议"随意签署"和"肆意毁约"，这与法律规定的"诚实信用"原则完全不符，也有损忠诚义务的严肃性和法定性。

（二）忠诚义务是法定义务，对违反忠诚义务的责任进行约定，是对法律条文未涉及范围的有效补充

《民法典》第1043条规定了"夫妻应当互相忠实，互相尊重，互相关爱"，故夫妻间的"忠诚义务"实际是"法定义务"。但《民法典》第1091条规定可以请求提起离婚损害赔偿的范围只有"重婚""与他人同居""家暴""虐待""遗弃"五种情形，这不免有些苛刻。

实务中，不忠行为更多的表现形式是"一夜情、婚内出轨、与他人通奸、强奸、聚众淫乱、猥亵、嫖娼"等行为，而法律对上述常见的不忠行为却未规定相应法律后果。

生活在不断变化中，法律不可能事无巨细地规定完整生活中的所有情形，但当事人通过自由协商将范围更广的不忠行为通过协议方式约定为可赔偿情形，是对法律条文未涉及的内容在私法自治范围内的有效补充，是对违反法定忠诚义务的一种细化约定，使法律原则性规定具有了生命力和可诉性，避免法律条文的"口号化"和"空洞化"，这不但不违法，还是一种进步的体现。

（三）忠诚协议往往是双务协议，夫妻权利义务对等，并无不公

忠诚义务是对夫妻双方的义务，忠诚协议中对忠诚义务的约定，一般对双方都有约束力，未明显加重另一方的责任，也不会导致双方的权利义务明显失衡，故并无不公。

（四）法律允许当事人对婚内财产进行自由处分

忠诚协议对违约责任的约定亦属一种财产处分行为。根据《民法典》第1065条的规定，当事人可以对婚内夫妻共同财产的归属进行自由约定，故当事人对特定情形下自有财产的处分行为，在不妨碍任何第三人利益的情况下，法

律也不应做过多干预。

（五）忠诚协议在法定情形下可以撤销

忠诚协议的约定也属于民事行为，遵从民事行为的一般规定。如当事人认为该协议显失公平，或者在对方欺诈、胁迫、苦苦相逼的情形下被迫无奈签订的所谓"忠诚协议书"，依然可以根据《民法典》的规定，在协议签订之日起一年之内提出撤销申请。

（六）忠诚协议约定的违约金过高，法院可依法调整

因忠诚协议主要是对违反忠诚义务后的违约责任进行约定，故如果当事人约定的违约赔偿数额过高，超出过错方的实际负担能力和过错程度，法院依然可以根据当事人的请求及实际情况，酌情予以调整，并不会处于失控状态。

二、忠诚协议的违约金不宜过高，财产分割不宜过于失衡

笔者认为忠诚协议应认定为有效，但不得不承认，实务中，很多忠诚协议，并非当事人积极主动书写，多数情况下，是一方发现对方有不忠行为或风险后，以"死亡、离婚、暴力、自我伤害、大肆宣扬、限制自由"等各种手段，带有一些逼迫、威胁或诱导的情况下，在无过错方写好特定内容的情况下，由另一方签署的忠诚协议。

此时，忠诚协议内容的背后，往往隐藏着一方对另一方更多的欲求和枷锁，因不忠行为引发的财产分割或违约责任条款，也往往会出现利益的重大失衡现象，动辄就是"过错方净身出户"或"孩子抚养权归无过错方所有"。

因签署忠诚协议的环境多数并非公开场合，故取证极为困难，书写方很难举证证明自己是在欺诈、胁迫、乘人之危、限制人身自由等不利情况下书写。另外，一旦书写方签署《忠诚协议》，除非打算近期离婚，否则也不太可能在一年内去法院起诉要求撤销《忠诚协议》。因此，一旦认可忠诚协议的有效性，必然导致大量不属于一方当事人真实意思表示的《忠诚协议》，在风雨飘摇的离婚案件中，成为无过错方借机敛财的一种工具。

因财产分割比例严重失衡的方案（如净身出户等），会影响到出户人衣食住行等基本生活需求，也明显会出现过错人过错程度与过错责任不对等的情

形，让人容易产生逆反心理，故在法庭上，一方为获取畸量的他人财产，另一方为获取安身立命之本，不得不各自尽情展现人性的贪婪不满和谎言无数，这无疑与"禁止借婚姻索取财物"的立法精神不符，也与"文明家风"的树立目的背道而驰。

因此，笔者认为，夫妻忠诚义务是法定义务，在肯定忠诚协议效力和弘扬诚实信用原则的基础上，也应旗帜鲜明地反对权利失衡的财产分割方案（忠诚协议中的财产分割方案，其实相当于发生不忠行为后违约的赔偿金）或天价的精神损害赔偿金，忠诚协议中，对于违约金的赔偿金额，只有符合家庭经济情况和当地生活水平的情况下，方可认为有效，否则法律可进行强制干预和调整，以树立人们正确的婚姻价值观和财富观。具体少分财产的比例，法律上并无规定，笔者认为以不超出夫妻共同财产的30%为宜。

树立夫妻"感情和金钱不应混为一谈"的正确婚姻价值观，避免将不幸婚姻作为敛财工具，在处理忠诚协议的离婚案件中，显得尤为重要。

三、婚内财产分割协议的效力

（一）关于婚内财产方面的权属约定有效

根据《民法典》第1065条的规定，男女双方可以约定婚姻关系存续期间所得的财产以及婚前财产归各自所有、共同所有或者部分各自所有、部分共同所有。约定应当采用书面形式。没有约定或者约定不明确的，适用本法第1062条、第1063条的规定。夫妻对婚姻关系存续期间所得的财产以及婚前财产的约定，对双方具有法律约束力。夫妻对婚姻关系存续期间所得的财产约定归各自所有，夫或者妻一方对外所负的债务，相对人知道该约定的，以夫或者妻一方的个人财产清偿。

可见，关于婚内财产约定，法律尊重当事人意思自治原则，并无限制，夫妻双方可以自由约定婚内财产为各自所有，共同所有或部分各自所有，部分共同所有。只要双方书面签署协议，且签署过程中，没有欺诈、胁迫等行为，协议就会视为双方的真实意思表示，对双方发生法律效力，双方均应遵守协议内容。

（二）关于人身权利方面的限制性约定无效

自然人的基本人身权益，比如身体权、继承权、探视权、抚养权、人身自由权、离婚自由权等，都不得通过协议的方式予以剥夺或限制。

对于婚内财产协议中约定的"一方提出离婚，协议无效""谁提离婚，谁净身出户""谁提出离婚，孩子归另一方抚养"等类似"保婚"条款，因限制他人的离婚自由，违反法律规定和公序良俗，应认定无效，其无效不影响其他条款的效力。

对于婚内财产分割协议中，因各种理由限制另一方的法定继承权、探望权、抚养权、人身自由权、身体权的约定，一般也视为无效约定。

因此，婚内财产分割协议，如约定了财产和人身关系，可能出现部分有效，部分无效的情形，无效条款不影响有效条款的效力。

四、忠诚协议在离婚案件中的影响

（一）一方违反忠诚协议被诉离婚，人民法院支持离婚概率会提高

忠诚协议在实务中较为常见，表现形式和称呼多种多样，通常有保证书、承诺书、悔过书、认罪书、忠诚协议书等。因忠诚协议是双方当事人的自行约定，如无证据证明存在欺诈、胁迫、乘人之危等情形，该协议认定为有效协议，更符合《民法典》规定的诚实信用的基本原则。

根据过往案例查询，达成忠诚协议的夫妻，一旦对方出现忠诚协议中约定的不忠行为，无过错方请求离婚的，法院支持离婚的可能性会显著增加，这也体现了人民法院对当事人意思自治行为的一种尊重。

（二）只要证明存在不忠行为，人民法院较大可能在分割财产时对无过错方进行照顾

《民法典》与原婚姻法相比，有一大亮点，共同财产分割时，在照顾子女和女方权益的原则基础上，新增了"照顾无过错方权益"的原则。现实生活中，婚内出轨现象较常见。但离婚诉讼中，出轨的经济赔偿代价却十分低廉，无错方仅能通过离婚损害赔偿来救济权益，且金额极低，导致无过错方的精神创伤无法得到有效弥补。而无过错方要求多分共同财产时，又被法院以无法律

依据为由予以驳回，这导致对婚姻感情破裂有过错的一方，几乎很少承担任何经济责任，这对治理婚姻关系、促进家庭和谐和文明家风建设，都极为不利。

因此，适当加重婚姻中过错方的惩罚力度，增加有过错方的离婚成本，让无过错方在经济上得到一定补偿，精神上得到一丝慰藉，不仅有利于夫妻之间相互忠诚义务的履行，也有利于弘扬社会的公平正义之风，培育良好的社会风尚和文明家风。

2021年以来，夫妻一方有出轨或其他婚内过错行为，人民法院在分割财产时，已经开始引用"照顾无过错方权益"原则，对财产进行倾斜分割的案例开始增多，虽数量较少，但也是司法的进步，也体现了法律的人文关怀和价值导向。不过，倾斜分割的比例不会严重失衡，一般会根据共同财产的价值大小和一方的过错程度，进行差额比例分割，差额值一般不会超过30%。

五、签忠诚协议，不如签婚内财产分割协议

因忠诚协议的法律效力有一定争议，法院一般也不会支持天价赔偿金或净身出户条款，故最好的方式是，双方协商签署婚内财产分割协议。婚内财产分割协议，建议双方站在相对公平合理的角度去签署，对双方都有一定的利益保护和财产分配，而非通过协议完全控制或获取另一方财产，对另一方巧取豪夺或将对方逼入绝境。

六、签署婚内财产分割协议的六大注意要点

1. 必须采用书面协议方式

很多夫妻对婚内财产有双方认可的运行潜规则，一般分为四种：（1）男当家。男方掌管家中财政大权，女方收入除必要生活费外，交给男方，由男方负责家中生活一切开支；（2）女当家。女方掌管家中财政大权，男方收入除必要生活费外上交，女方负责家中生活一切开支；（3）双当家。男女双方各自财产归各自所有，双方共同支付口头约定的费用用于家庭日常生活开支；（4）父母当家。男方或女方将部分财产交给父或母，由父或母负责家庭日常生活开支。男方或女方的其余收入，归一方管控或双方各自管控。

无论哪种方式，大部分家庭都是口头约定，无书面协议，口头约定难查

明，易否认，极易引发争端。《民法典》第 1065 条的规定，男女双方可以约定婚姻关系存续期间所得的财产以及婚前财产归各自所有、共同所有或者部分各自所有、部分共同所有。约定应当采用书面形式。没有约定或者约定不明确的，适用本法第 1062 条、第 1063 条的规定，也即适用法定共同财产和个人财产规定。

因此，夫妻财产婚内分割，必须白纸黑字写清楚，才有效。

2. 明确双方名下的财产，不能对他人财产进行处分

有些夫妻对财产属于个人财产、夫妻共同财产、家庭资产还是公司资产认识不清，签协议时，有时会把他人或公司的资产也包括在内。例如，民营企业家通常存在家庭资产与公司资产混同的情况，有时可能会把登记在公司名下的房产、汽车，甚至公司账户内资金等，作为个人资产或夫妻共同财产进行约定分割。实际上，公司财产、个人财产、家庭财产、夫妻共同财产是四个不同权属的财产，夫妻只能分割双方名下的共同财产和各自名下的财产，不能分割登记在他人名下的财产，否则相关约定可能无效。因此，在签协议时，首先要明确双方的财产范围，避免对他人财产形成无权处分。

3. 直接进行财产分割，不设置任何附加条件

双方签署分割财产协议时，应直接对相应财产进行具体的分割，明确具体的归属人员，不再额外附加条件，避免成为附生效条件的协议，导致协议未生效。尤其不建议以"协议离婚"或"调解离婚"为条件进行财产分割，该类约定表述不但涉嫌以财产限制离婚自由，还可能因对方事后反悔，不同意离婚，导致财产分割协议无法生效，成为一纸空文。

4. 非真实意愿签署，需一年内提撤销诉讼，不可放任不管

实务中，经常有夫妻一方称，忠诚协议是在对方威逼利诱或以死相逼的特定情况下签署的，并非其真实意思表示，但很难拿出直接证据。根据《民法典》第 148 条和第 150 条之规定，签署协议时，如一方存在欺诈、胁迫等行为，使对方在违背真实意思的情况下签署的协议，可以申请人民法院撤销该协议。

因此，因欺诈、胁迫、乘人之危等原因签署的协议，只是可撤销协议，并非无效协议。根据《民法典》第 152 条的规定，可撤销权的行使期间为 1 年，

自知道或者应当知道撤销事由之日起计算，该 1 年为除斥期间，不能发生时效中止、中断、延长的效果。故，双方一旦签署婚内财产分割协议，超过 1 年，基本上协议无法撤销，双方需要严格遵守执行。

5. 只能对财产和债务分割，不能对人身权利进行限制

婚姻关系是人身和财产关系的混合，财产分割协议中，有时候容易出现和人身属性有关的内容。例如，约定一方不能提出离婚，若提出离婚，则所有财产归另一方所有。还有协议约定，离婚时子女抚养权归属问题，因判断子女的抚养权要以有利于子女为原则，故类似约定也将被认定为无效。建议财产分割协议中只约定财产归属及债务承担问题，不要涉及人身权利内容。

6. 明确协议性质为婚内财产分割协议

婚内财产分割协议和婚内财产赠与协议都可能涉及夫妻之间财产的无偿转移，但二者又有不同。

根据《民法典》第 658 条的规定，赠与人在赠与财产的权利转移之前可以撤销赠与。经过公证的赠与合同或者依法不得撤销的具有救灾、扶贫、助残等公益、道德义务性质的赠与合同，不适用前款规定。夫妻间财产赠与，显然不具有救灾、扶贫、助残等公益、道德义务性质，且少有夫妻会去办理协议公证（因公证机关收费较高）。因此，一旦协议性质被认定为婚内财产赠与协议，在不动产物权转移变更登记前，原登记权利人可以随时请求撤销赠与，导致不动产权属转移失败。

而婚内财产分割协议，夫妻间达成的婚内财产分割协议是双方通过订立契约对采取何种夫妻财产制所作的约定，是双方协商一致对家庭财产进行内部分配的结果，在不涉及婚姻家庭以外第三人利益的情况下，应当尊重夫妻之间的真实意思表示，按照双方达成的婚内财产分割协议履行，优先保护事实物权人，不宜以产权登记作为确认不动产权属的唯一依据。

因此，婚内财产分割协议达成后，如约定了不动产的产权归属，即使没有办理产权变更登记，双方约定也仍然有效，一方仍可以依据协议取得该房屋所有权。但是，考虑到不动产权属以登记为生效要件，为避免产生争议，尽可能在签署协议后及时办理变更登记手续。

第九章
离婚协议案件实务精要

第一节　离婚协议案件裁判观点一览表

常见问题	1. 离婚协议可以以口头形式吗； 2. 离婚协议签署后没有离婚，协议有效吗； 3. 离婚协议能否撤销； 4. 离婚协议可以约定将财产赠与子女吗； 5. 能否以显失公平为由撤销离婚协议； 6. 离婚协议签署后不履行，能否起诉对方违约； 7. 签署离婚协议要注意什么问题。
人民法院裁判观点	
观点一	离婚协议真实有效，对双方具有约束力，不得撤销。
适用情形	1. 协议内容合法；2. 协议是综合协议；3. 无欺诈、胁迫情形。
主要理由	1. 离婚协议是双方真实意思表示，不违反法律规定，具有法律约束力； 2. 离婚协议是一揽子协议，非法定情形，不得撤销； 3. 离婚协议将财产赠与孩子名下，涉及孩子权利义务，应另案解决； 4. 欺诈、胁迫的证明责任在被欺诈、胁迫方，无证据，法院不予采信。
观点二	离婚协议未成立或未生效，应重新分割财产。
适用情形	1. 离婚协议未签字；2. 离婚协议附生效条件；3. 协议内容不合法。
主要理由	1. 离婚协议是要式协议，必须双方签名确认，才能成立； 2. 离婚协议是附条件协议，离婚未成，一方反悔的，不能生效； 3. 离婚协议中，限制离婚自由的相关条款自始无效。

续表

	律师观点
律师观点	离婚协议要有法律效力，必须具备成立要件和生效要件。 离婚协议是关于人身、财产、子女抚养关系的一揽子协议，离婚后，只要没有欺诈、胁迫等法定事由和相应证据，离婚协议不得撤销。双方签署离婚协议后，正式离婚前，一方反悔并明确提出异议的，离婚协议未生效，法院可以重新分割财产和确定抚养权。
律师提示	1. 离婚协议的生效，需要具备两大要件：成立要件和生效要件； 2. 离婚协议撤销的法定事由：欺诈和胁迫； 3. 离婚协议将财产赠与孩子的，属于赠与合同关系，应另案解决； 4. 显失公平，不是撤销离婚协议的法定理由。
行动建议	1. 事实分居是双方离婚的利器； 2. 离婚协议是两人的最后承诺，不能沦为霸凌工具； 3. 登记离婚是《离婚协议》生效的前提，不要操之过急。
费用分析	根据《诉讼费用交纳办法》第 13 条的规定："离婚案件每件交纳 50 元至 300 元。涉及财产分割，财产总额不超过 20 万元的，不另行交纳；超过 20 万元的部分，按照 0.5%交纳。"
周期分析	根据《民事诉讼法》的规定，一审案件速裁程序 1 个月内审结，简易程序 3 个月内审结，普通程序 6 个月内审结，二审案件审判周期为 3 个月。一审判决后，当事人有 15 天上诉期。上诉案件送达和整理卷宗以及移交周期，一般在 1 个月内。 实务中，送达时间、公告时间、评估、鉴定时间、调解时间、移送卷宗时间等不计算在审理期限内。涉外案件期间另有规定。

第二节　签署离婚协议常见的八个问题

一、夫妻间签署离婚协议时的常见问题

（一）内容过于简单，容易产生争议

一些离婚协议约定："双方同意离婚；女儿归男方抚养；财产已分割完毕，双方对此无异议。"上述协议，看似简单，实则问题重重。

首先是孩子抚养，没有约定抚养费问题，抚养费数额，支付时间等，也没

有约定孩子的探望权，探望时间，实现方式等。

其次是财产分割模糊不清。"财产已分割完毕"，意味着双方对财产的数额、分割的方案、分配的数目，均已协议一致，并处置完结。

但是，具体有哪些财产、如何进行分割，各自分到哪些财产，协议中却没有体现。一旦因离婚后的财产问题产生纠纷，会产生两种对立的观点：

第一种，财产已分割完毕，说明谁名下的财产就归谁所有。

第二种，没有明确约定财产的具体项目和处理方式，应当视为约定不明，财产没有进行分割，应当依法分割。

两种观点完全对立，一旦无法协商，诉至法院，可能会出现无法预期的结果。一般情况下，对于笼统地说财产已分割完毕的离婚协议，人民法院基本不会对财产进行二次分割。除非有证据证明一方是受欺诈、胁迫才签署的离婚协议。

（二）内容过于宽泛，隐藏财产被悄然分割

一般情况下，协议离婚时，双方签订离婚协议，是建立在知晓对方真实财产情况下作出的意思表示。

有些协议会约定："男女双方名下的财产归各自所有"或"男女双方无其他财产争议"等。

如果离婚后，一方发现另一方有隐匿资产情况，如在其他城市有多处房产、有公司股票或大额存款，保单，理财产品等巨额资产，离婚时，自己根本不知道对方存在隐瞒情形。此时，根据上述协议内容，想要再次分割对方隐匿的财产，极有可能丧失胜诉机会。

因此，财产应尽可能明确清晰地写明，避免出现遗漏。为后续发现对方存在隐匿财产时，保留一条救济途径。

（三）房屋贷款归还的处理约定模糊

如果房屋有贷款，夫妻二人是共同借款人，或夫妻一方为连带责任保证人，此时，银行多数情况下不会同意变更借款人或减少保证人，除非当事人另行提供担保人，或采取其他保险措施。

如果银行不同意就借款协议中的借款主体做变更，则夫妻离婚协议中约定的还款主体变化，属于夫妻之间的内部约定，对银行没有效力，银行依旧可以向夫妻双方主张归还全部借款。

因此，房屋剩余贷款的归还主体，应约定明确。同时，还建议明确，"非因本人原因，导致非约定方额外承担还款责任的，有权利向另一方进行追偿"。

（四）存款分割不明问题

夫妻共同生活中，有些家庭，银行存款主要存在一方名下，另一方往往不知道家里积蓄存于哪个银行，甚至有多少存款都不知道。

为了使财产分割透明化，防止财产漏分，在离婚协议中，明确共同存款的数额，存于谁名下、存于哪个银行非常必要。如果给付义务方在离婚后不履行义务，另一方也好及时到法院起诉，根据离婚协议记载的存款信息及账号，及时申请法院查封相应账户并保全相应款项。

一些离婚协议中，对于银行存款的处理，往往这样约定："各自名下存款归各自所有。"这样约定有好有坏，好处在于简单方便，很好理解；坏处在于，如果一方故意隐瞒了存款讯息，这样约定，是无法知晓对方实际财产讯息，也无法主张对方隐瞒财产法律责任的。

即使离婚后，一方知道对方还有银行存款，也很难要求再重新分割。毕竟，"离婚时各自名下的存款归各自所有"，从字面意思理解，财产已经分割完毕，各自名下财产归各自所有，这种约定，对有钱隐瞒不报者最为有利，可能使夫妻财产分割实际上不公平。因此，如果认为对方告知的财产与实际财产有巨大差距，即便暂时无法获知对方财产实际情况，也可以在离婚协议中明确已知晓的具体财产，明确银行卡号和对应金额，避免分了一笔糊涂账。这样，离婚后，一方若发现对方还有隐藏的存款，便可以通过"离婚后财产纠纷"，要求分割甚至要求故意隐匿一方少分甚至不分相应财产。

当然，有些夫妻，离婚时，为了逃避对第三人的债务，在离婚协议中故意不写明夫妻具体财产数额及分配情况，是一种逃债手段。

实务中，如果结婚时都不清楚对方名下财产有多少，离婚后，想发现对方名下的其他财产，恐怕难上加难。因此，如果对夫妻财产不了解或有异议，最好通过法院诉讼方式，申请法院调查取证或开具调查令，查明对方资产状况。

（五）公司股权处理问题

如果遇到夫妻一方或双方在公司拥有股份时，通常做法是，夫妻约定一方持股，给予另一方对价补偿。此时只需双方协议并书面明确价款及支付方式即可。

但是，如果夫妻双方约定，一方将拥有的公司股权部分或全部给付另一方，此时必须符合公司法的相关规定。审理离婚案件，涉及分割夫妻共同财产中以一方名义在有限责任公司的出资额，另一方不是该公司股东的，按以下情形分别处理：

（1）夫妻双方协商一致，将出资额部分或者全部转让给该股东的配偶，过半数股东同意、其他股东明确表示放弃优先购买权的，该股东的配偶可以成为该公司股东；

（2）夫妻双方就出资额转让份额和转让价格等事项协商一致后，过半数股东不同意转让，但愿意以同等价格购买该出资额的，人民法院可以对转让出资所得财产进行分割。过半数股东不同意转让，也不愿意以同等价格购买该出资额的，视为其同意转让，该股东的配偶可以成为该公司股东。

（六）违约责任约定问题

一般在离婚协议中，夫妻双方仅对给付另一方的数额和给付期限作了约定，如男方办理完离婚手续后的一个月内，向女方支付人民币×万元。对于故意迟延履行的一方，很少约定惩罚措施，这就导致违约方没有违约成本，加大了履约风险。

因此，建议在离婚协议中加上违约责任条款，如："若不按期支付相应款项，就延期给付费用，按同期银行贷款利率的双倍计算罚息。若不按照协议约定完成相应的行为义务，则支付对方违约金×万元，并以违约金为计算基数，按同期银行贷款利率的双倍计算罚息，直至付清为止。"这样，若给付义务人不按期履行，自己就会有违约压力，可以达到惩戒对方和督促履行的目的。

（七）探视权问题

《民法典》规定，离婚后不带孩子的一方，有探视孩子的权利，带孩子一方及其家人不得阻挠。

探视权的后遗症最多，实务中，探视权的强制履行也最难，因为法律并不支持对孩子的强制探望，只能对不配合探望权实现的一方予以强制性惩罚。

人民法院在离婚判决中，一般只简单写明孩子归某方抚养，另一方享有探望权，但对探视时间、地点、方式，可能不具体明确写明，只是告诉双方可以自行商量。

这就留下了后患，一旦双方就探望方式和时间产生争议，可能将不得不再次通过法院诉讼方式进行确认，增加了当事人经济成本和时间成本，也可能对孩子造成二次伤害。

因此，最好在离婚协议或诉讼中，就探视权提出明确要求，比如每月探望几次，每次探望时间为几天，在何处探视，几点接走，几点送回。遇有特殊情况，探视时间、方式可由双方另行约定等。

一般而言，每月探视次数不宜过多，一月一次或两次，若探视过度频繁，会给双方带来很多不便，也会影响孩子的正常生活和学习。等孩子年满8周岁后，具体探视时间及方式，还可以听取孩子的意见，以孩子的独立意志为转移。

（八）户口问题

户口迁移问题也是离婚案件的难点。很多离婚协议不会涉及户口迁出问题。事实上，户口问题会影响房子出售，房子价格，孩子上学，拆迁补偿安置等。

如果离婚后，一方户口仍在对方产权的房子里，对方拒不迁出，造成经济损失或麻烦，该如何处理？

根据现有户口管理规定以及法院审判实践，人民法院一般不会受理以户口迁出为诉讼请求的侵权损害赔偿案件，而是以户籍问题归公安机关行政管理，不属于法院管辖范围为由，驳回当事人的诉讼请求，让当事人找公安机关解决。而公安机关往往以此类请求不符合强制迁出的法律规定为由，不予处理。

因此，建议在离婚协议中明确约定，有义务迁出户口方，如不履行按时迁出户口的义务，要承担相应的补偿责任，并列明补偿费用的计算标准。这样，一旦对方拒不迁出户口，另一方就可以以协议约定，请求对方支付损害赔偿金，如长期不迁出，可按期主张违约费用。

如要加重惩罚力度，还可约定，因一方不迁出户口，导致转让房屋产生价值贬损或违约责任时，对价值贬损或违约责任部分，由拒不迁出户口方承担。如此，可最大力度督促对方按期迁出户口。

二、离婚协议书示范文本

以下为夫妻之间的《离婚协议书》示例，供男女双方在拟写离婚协议时参考，因不同夫妻的财产情况不同，要求和约定各异，请据实填写和修改相关内容，不建议完全照抄。

离婚协议书

男方：姓名____，身份证号：_____；

女方：姓名____，身份证号：_____；

男女双方于_____年____月____日在_____民政部门注册登记，结为合法夫妻。双方于_____年____月____日生育一儿子/女儿，取名_____。

现因双方感情不和，经双方慎重考虑，友好协商，达成如下协议：

一、男女双方自愿离婚

1. 双方自愿解除婚姻关系，自愿签订离婚协议。

2. 双方签订协议时，无智力及精神异常，意思表示真实、合法、有效。

二、子女抚养、抚养费及探望权

1. 孩子_____由____（男/女）方抚养，随同____（男/女）方生活，由____（男/女）方负责孩子日常生活起居，为孩子的"抚养方"。

2. 孩子的生活费、教育费、医疗费等抚养费用，由双方共同负责，____（男/女）方每月支付子女抚养费_____元，直至孩子年满十八周岁。

3. 孩子的教育、医疗费用支出，已经纳入非抚养一方每月支付的子女抚养费中，如发生大额费用支出（超出每月抚养费用的一倍），原则上由男女双方按照一人一半的方式承担超额部分，但私立学校/国际学校/出国留学的教育费用，以及非公立医院的医疗费用支出，抚养方需提前与另一方协商一致后，方可要求分担。

4. ____（男/女）方可每月探望孩子两次，探望时间为每月第二周和第四周的周六，每次探望的时间为八个小时，探望方式为从抚养方处接走孩子，时间结束前送回抚养方处，另一方不得无故阻挠，也不得无故拒绝另一方的探望。

三、夫妻共同财产的处理

1. 存款

（1）双方现在各自名下所有的银行账户存款，共计____元，其中，男方名下____元，女方名下____元，上述款项，归各自所有，不予分割。

（2）双方互不主张各自的存款分割，本协议签订之后，对双方均具有约束力，各方不得再另行提出异议以及权利主张。除非一方对另一方有重大隐瞒，提供的银行存款金额有误，且偏差数额超过5%。

2. 房屋

（1）位于_____市_____区_____路_____号_____幢_____单元____楼____号住房一套的所有权，现登记在_____名下，该房屋购买价值为_____元，无贷款，双方同意该房屋归____（男/女）方所有。

（2）位于_____市_____区_____路_____号_____幢_____单元____楼____号住房一套的所有权，现登记在_____名下，该房屋购买价值为_____元，尚有贷款_____元未还清，双方同意该房屋归____（男/女）方所有，剩余贷款由_____自行还清。

（3）位于_____市_____区_____路_____号_____幢_____单元____楼____号住房一套的所有权，现登记在_____名下，该房屋购买价值为_____元，无贷款，双方同意该房屋归____（男/女）方所有，由____（男/女）方给另一方相应的房屋折价补偿款_____元。

（4）双方签署离婚协议后____个月内，各自协助另一方办理房屋的相应过户手续，过户费用由房屋所有者承担。如因一方没有按时协助另一方办理房屋产权变更登记手续，该方需承担违约责任。

（5）本协议签订之后，所有权、居住权、使用权、收益权等基于房屋所有权而享有的一切权利归属于双方约定的房屋所有者，另一方不得提出任何异议或主张任何权利。

3. 公司股权

____（男/女）方持有_____公司____%的股权，____（男/女）方同意给____（男/女）方股权折价补偿款_____元，视为对公司股权价值的分割；股权补偿款支付后，____（男/女）不得再提出任何异议及权利主张。

4. 车辆

（男/女）方名下登记有一辆_____轿车，车牌号为_____，双方同意该车归_____所有，____（男/女）方给付____（男/女）方车辆折价补偿款_____元。

5. 其他财产

双方共同确认无隐匿财产的行为，本协议以上载明的财产已经包含了全部夫妻婚姻关系存续期间的夫妻共同财产。如有隐匿财产行为，自愿承担相关法律责任并赔偿对方损失。

四、债权债务的处理

1. 债权处理

（1）夫妻关系存续期间，男女双方共同确认各自所享有的对外债权归各自所有，由双方各自进行权利主张，另一方不得有任何异议并进行权利主张。

（2）债权不能实现的风险由双方各自承担，不得因债权不能实现而追究对方任何责任。

2. 债务处理

（1）夫妻关系存续期间，____（男/女）方为夫妻共同生活而进行的项目投资所产生的对外债务为_____元（大写：_____元整）。此部分债务双方确认为共同债务，____（男/女）方对此部分债务予以确认，并不提出异议，承诺由双方共同偿还。

（2）双方共同确认，除上述约定的债务外，____（男/女）方对外无其他共同债务，____（男/女）方对外亦无其他共同债务。夫妻共同债务的范围，以本次协议确认的为准，如有未纳入本协议的债务，则不属于夫妻共同债务，男女双方承诺各自偿还。债权人主张权利的，由当时的债务方各自负责偿还。

（3）在本协议签订之后，____（男/女）方自愿支付_____元（大写：_____元整）用于偿还本条第（1）款规定的夫妻共同债务。此部分款项在＿＿（男/女）方支付之后，即视为对共同债务进行了处理，＿＿（男/女）方不再承担此部分债务的偿还。

五、经济帮助及精神赔偿

双方自愿离婚，互不对对方进行经济帮助，也不对对方进行精神赔偿和补偿。

六、款项支付

1. 补偿款金额

基于本协议约定，＿＿（男/女）方须向＿＿（男/女）方支付房屋折价补偿款＿＿＿＿元（大写：＿＿＿＿＿＿元整）、股权补偿款＿＿＿＿元（大写：＿＿＿＿＿＿元整）、车辆折价补偿款＿＿＿＿元（大写：＿＿＿＿＿元整）、偿还共同债务＿＿＿＿元（大写：＿＿＿＿＿元整）等补偿款，以上合计金额为：＿＿＿＿元（大写：＿＿＿＿＿元整）。

2. 款项支付时间

上述款项，分三笔支付：

(1) 双方签订本协议并领取离婚证后＿＿＿日内，由＿＿（男/女）方支付＿＿（男/女）方第一笔补偿金＿＿＿＿元（大写：＿＿＿＿＿元整）；

(2) 双方领取离婚证后＿＿＿日内，由＿＿（男/女）方支付＿＿（男/女）方第二笔补偿金＿＿＿＿元（大写：＿＿＿＿＿元整）；

(3) 双方领取离婚证后＿＿＿日内，由＿＿（男/女）方支付＿＿（男/女）方第三笔补偿金＿＿＿＿元（大写：＿＿＿＿＿元整）。

七、离婚证办理

本协议签订后＿＿＿日内，男女双方需持本协议及各自相关的证件，到婚姻登记机关办理离婚登记手续。

八、户口迁移

1. 双方办理完离婚登记手续，领取离婚证后，（男/女）＿＿方需在领取离婚证书后3个月内完成户口的对外迁移。

2. 如因（男/女）＿＿方无法找到落户地址，或因各种原因导致无法对外转出的，（男/女）＿＿方应按照每日＿＿＿元的金额承担违约责任。同时，户口所在地址及房屋，因转让、出售、出租、抵押、拆迁、改造等各种原因产生的收益，均与（男/女）＿＿方无关，其不得主张任何权益，也无需承担除转出户口外的任何义务。

九、违约责任

1. 本协议约定的款项支付，支付方出现逾期支付的，以逾期金额为计算基数，按照日千分之三的标准，向对方支付逾期付款违约金。

2. 本协议约定的产权变更、股权变更或转移登记，应在约定时间内办理完毕，否则，义务方应向权利方承担违约责任，以对应财产权利价值的金额为计算基数，按照日千分之三的标准，向对方支付违约金。如双方对财产价值有争议的，提出异议的一方，可以申请评估，双方以评估后确定的价值为准。

3. 一方不配合另一方行使探望权的，另一方有权暂时中止支付抚养费，直至恢复正常探望为止，且无需承担违约责任。

4. 如有本协议未涉及的其他债务，被认定为夫妻共同债务，则隐瞒该债务的一方，应赔偿对方因此承担的分摊费用。

十、协议生效

1. 本协议一式三份，自婚姻登记机关颁发《离婚证》之日起生效，男、女双方各执一份，婚姻登记机关存档一份。

2. 如本协议生效后在执行中发生争议的，双方应协商解决，协商不成，任何一方均可向_____人民法院起诉。

男方（签名）：_____　　　　女方（签名）：_____
　　年　　月　　日　　　　　　　年　　月　　日

第三节　离婚协议案件的证据准备

一、常见的证据形式

1. 结婚证

证明双方之间存在婚姻关系。

2. 出生证明

证明子女出生基本情况。

3. 户口簿

证明孩子的年龄、性别等基本情况。

4. 离婚证或离婚调解书

证明双方离婚的事实。

5. 离婚协议

证明双方签署的离婚协议内容。

6. 当事人陈述

证明双方离婚过程，签署协议过程及履行协议的情况。

二、合法的举证方式

关于离婚协议有欺诈、胁迫等方面的证据举证：

1. 证明签署协议存在欺诈、胁迫等证据，一般需要提交书面或电子的证据，如签署协议时，一方被欺诈、胁迫的视频资料，录音资料，聊天记录，电子邮件，报警记录等。

2. 证明协议内容中有不实财产情况的，需要提交与协议内容严重不符的财产线索，以供核实。

三、影响法官观点的事实

（一）是否办理了离婚登记

离婚协议是以离婚为目的的附生效条件的协议，一般以双方办理离婚登记手续，或者去法院调解离婚达成调解协议为生效条件。因此，是否完成离婚，是离婚协议是否生效的条件之一，直接影响离婚协议的效力。但另一方在离婚诉讼中，未对离婚协议内容提出异议的除外。

（二）协议约定内容是否合法

根据《民法典》的规定，当事人地位平等，都享有婚姻自由权。婚姻自由包含结婚自由和离婚自由。因此，离婚协议中，如一方以财产或孩子等为条件，限制离婚自由，涉嫌违反法律的强制性规定，一般会归于无效。

（三）是否涉及第三方财产

离婚协议中涉及的财产，必须是夫妻共有财产。如涉及第三方名下财产或有争议财产的分割，涉嫌构成无权处分，会影响相应条款的效力。

实务中，有些夫妻，将自己的财产交给第三方进行打理，或用第三方的名义持有财产（如借名买房，股票代持等），此时涉及第三方，最好让第三方在离婚协议中签名，或者将第三方的相关协议附在离婚协议之后，以便查明事实。

（四）是否存在欺诈、胁迫等情形

离婚协议的签署，应自愿、平等、自由协商，如一方有证据证明自己是在对方欺诈或胁迫之下签署协议，可以申请撤销该协议，但撤销期间只有一年。

另外，因离婚协议的签署方为夫妻双方，法律地位平等，且协议内容涉及个人财产等方面的隐私，签署时，具有一定的私密性，因此，一方要举证证明签署协议时，另一方存在欺诈、胁迫等情形非常困难，实务中鲜有案例支持撤销离婚协议。

第四节　离婚协议是一揽子协议，非法定情形不得撤销

一、法院支持离婚协议有效的观点

离婚协议不违反法律和行政法规的强制性规定，为双方当事人真实意思表示，对双方均有约束力，为有效协议，离婚后，双方均应严格遵守。

二、法院支持离婚协议有效的主要裁判理由

1. 离婚协议是双方真实意思表示，不违反法律规定，具有法律约束力

原告与被告自愿协议离婚并办理离婚登记，双方签订的《离婚协议书》系双方当事人的真实意思表示，内容不违反法律、行政法规的强制性规定，合法有效，对双方均具有法律约束力，双方应严格按照协议约定履行相应的义务。

根据《离婚协议书》的约定，被告应支付原告×万元，并于某年年底之前

全部付清，现履行期限早已届满，但被告并未支付原告任何款项，故对于原告要求被告支付×万元的诉讼请求，本院予以支持。

参考案例：（2021）川 0304 民初 138 号民事判决书

来源：中国裁判文书网

2. 离婚协议是一揽子协议，非法定情形，不得撤销

本院认为，离婚协议是夫妻双方权衡利益，考量利弊之后，围绕婚姻关系解除而形成的一个有机整体，既包含关于婚姻解除、子女抚养的身份关系约定，也包含财产分割的协议。

不论原告、被告双方办理离婚是出于何种利益考量，原告、被告签订的《离婚协议书》，系双方自愿在民政部门办理离婚手续时签订，所有内容系双方协商一致确认，程序合法、有效。被告亦未能提供相应证据，证明《离婚协议书》存在胁迫等可撤销的情形。故该协议书系双方当事人真实意思的表示，对双方具有法律约束力。

参考案例：（2021）苏 0505 民初 479 号民事判决书

来源：中国裁判文书网

3. 离婚协议中将财产赠与孩子，涉及孩子权利义务，应另案解决

本案审理中涉及 2015 年 7 月 24 日离婚协议中关于财产处分的约定，应属合法有效，双方对该不动产的处置，已于上次婚姻结束时处理完毕。原告要求将该不动产办理过户到孩子名下的诉讼请求，因涉及孩子的权利义务，本案不宜处分，另案处理为宜。关于夫妻双方共同财产及债权债务，因被告未到庭无法进行查实，另案起诉为宜。

参考案例：（2021）冀 0681 民初 837 号民事判决书

来源：中国裁判文书网

4. 欺诈、胁迫的证明责任在被欺诈、胁迫方，无证据的法院不予采信

根据《最高人民法院关于适用〈中华人民共和国民事诉讼法〉的解释》第 90 条规定："当事人对自己提出的诉讼请求所依据的事实或者反驳对方诉讼请求所依据的事实，应当提供证据加以证明，但法律另有规定的除外。在作出判决前，当事人未能提供证据或者证据不足以证明其事实主张的，由负有举证证明责任的当事人承担不利的后果。"第 108 条规定："对负有举证证明责任的

当事人提供的证据，人民法院经审查并结合相关事实，确信待证事实的存在具有高度可能性的，应当认定该事实存在。"第 109 条规定："当事人对欺诈、胁迫、恶意串通事实的证明，以及对口头遗嘱或者赠与事实的证明，人民法院确信该待证事实存在的可能性能够排除合理怀疑的，应当认定该事实存在。"

本案中，被告辩称其系在受到原告及其带领的 2 名社会闲杂人员的语言威胁下签订的《离婚协议》，但并未向本院提交任何其受到胁迫的证据，且其事后并未报警，也未在办理离婚登记时，向办理离婚登记的工作人员说明系受胁迫所签订《离婚协议》的事实，与一般的常理不符，本院对被告的该辩称理由不予采信。

参考案例：（2021）渝 0233 民初 131 号民事判决书

来源：中国裁判文书网

三、法院支持离婚协议有效高频引用的法条

（一）实体法

1. 《民法典》

第 1076 条　夫妻双方自愿离婚的，应当签订书面离婚协议，并亲自到婚姻登记机关申请离婚登记。

离婚协议应当载明双方自愿离婚的意思表示和对子女抚养、财产以及债务处理等事项协商一致的意见。

2. 《最高人民法院关于适用〈中华人民共和国民法典〉婚姻家庭编的解释（一）》

第 69 条　当事人达成的以协议离婚或者到人民法院调解离婚为条件的财产以及债务处理协议，如果双方离婚未成，一方在离婚诉讼中反悔的，人民法院应当认定该财产以及债务处理协议没有生效，并根据实际情况依照民法典第一千零八十七条和第一千零八十九条的规定判决。

当事人依照民法典第一千零七十六条签订的离婚协议中关于财产以及债务处理的条款，对男女双方具有法律约束力。登记离婚后当事人因履行上述协议发生纠纷提起诉讼的，人民法院应当受理。

第 70 条　夫妻双方协议离婚后就财产分割问题反悔，请求撤销财产分割协议的，人民法院应当受理。

人民法院审理后，未发现订立财产分割协议时存在欺诈、胁迫等情形的，应当依法驳回当事人的诉讼请求。

（二）程序法

3. 《民事诉讼法》

第 67 条　当事人对自己提出的主张，有责任提供证据。

当事人及其诉讼代理人因客观原因不能自行收集的证据，或者人民法院认为审理案件需要的证据，人民法院应当调查收集。

人民法院应当按照法定程序，全面地、客观地审查核实证据。

第五节　特定情形下离婚协议不生效，需重新分割财产

一、法院认为离婚协议不生效的观点

离婚协议书未经双方签字，或离婚协议书签署后，一方反悔，双方未协议离婚或离婚协议书约定内容违反离婚自由规定，相关条款无效，应根据法律规定，重新分割双方的共同财产。

二、法院认为离婚协议不生效的主要裁判理由

1. 离婚协议是要式协议，必须双方签名确认，才能成立

离婚协议是解除夫妻双方人身关系的协议，该协议是一种要式协议，必须经双方当事人签名确认才能生效，即双方在协议上签名画押是其成立的前提条件。否则，即使有证人在场见证，证明双方达成过离婚合意，但由于一方没有在离婚协议上签名确认，在法律上该离婚协议是没有成立的。

原告草拟离婚协议一份交给被告，虽然被告口头答应离婚，且双方履行了共同财产分割的部分，可以认定双方对离婚达成了合意，但是由于被告并没有在协议上签名，导致离婚协议欠缺合同成立的要件，且事后被告反悔不愿离

婚，因此，不能根据仅有一方签名的离婚协议判决双方离婚。

参考案例：（2021）宁 02 民终 244 号民事判决书

来源：中国裁判文书网

2. 离婚协议是附条件协议，离婚未成，一方反悔的，不能生效

《最高人民法院关于适用〈中华人民共和国民法典〉婚姻家庭编的解释（一）》第 69 条规定，当事人达成的以协议离婚或者到人民法院调解离婚为条件的财产以及债务处理协议，如果双方离婚未成，一方在离婚诉讼中反悔的，人民法院应当认定该财产以及债务处理协议没有生效，并根据实际情况依照《民法典》第一千零八十七条和第一千零八十九条的规定判决。《民法典》第 1089 条规定，离婚时，夫妻共同债务应当共同偿还。共同财产不足清偿或者财产归各自所有的，由双方协议清偿；协议不成的，由人民法院判决。本案中，原、被告协议离婚时原告认可共同债务有 22.5 万元，但双方离婚未成，现原告反悔，则原告认可 22.5 万元债务的协议未生效。

参考案例：（2021）辽 09 民终 928 号民事判决书

来源：中国裁判文书网

3. 离婚协议中，限制离婚自由的相关条款自始无效

我国实行婚姻自由和男女平等原则，男女双方结婚自愿、离婚自由，是法律赋予婚姻当事人的权利，离婚是以夫妻感情是否破裂作为判断依据的，不得附加任何条件限制。

本案中，原告、被告所签承诺书中"男方承诺除男女关系外，不得找任何理由、任何借口同女方离婚。如男方除男女关系外提出离婚，无条件给女方×万元"的约定，涉及身份和人身关系，与普通合同不同，虽然真实性毋庸置疑，但限制了法律赋予婚姻当事人在夫妻感情破裂时要求离婚的权利，违背婚姻自由和男女平等原则，与法相悖，自签订之日起，就当属无效。

参考案例：（2021）豫 0823 民初 144 号民事判决书

来源：中国裁判文书网

三、法院认为离婚协议无效或未生效高频引用的法条

（一）实体法

1.《民法典》

第 1076 条　夫妻双方自愿离婚的，应当签订书面离婚协议，并亲自到婚姻登记机关申请离婚登记。离婚协议应当载明双方自愿离婚的意思表示和对子女抚养、财产以及债务处理等事项协商一致的意见。

第 1079 条　夫妻一方要求离婚的，可以由有关组织进行调解或者直接向人民法院提起离婚诉讼。

人民法院审理离婚案件，应当进行调解；如果感情确已破裂，调解无效的，应当准予离婚。

有下列情形之一，调解无效的，应当准予离婚：

（一）重婚或者与他人同居；

（二）实施家庭暴力或者虐待、遗弃家庭成员；

（三）有赌博、吸毒等恶习屡教不改；

（四）因感情不和分居满二年；

（五）其他导致夫妻感情破裂的情形。

一方被宣告失踪，另一方提起离婚诉讼的，应当准予离婚。

经人民法院判决不准离婚后，双方又分居满一年，一方再次提起离婚诉讼的，应当准予离婚。

2.《最高人民法院关于适用〈中华人民共和国民法典〉婚姻家庭编的解释（一）》

第 69 条　当事人达成的以协议离婚或者到人民法院调解离婚为条件的财产以及债务处理协议，如果双方离婚未成，一方在离婚诉讼中反悔的，人民法院应当认定该财产以及债务处理协议没有生效，并根据实际情况依照《民法典》第一千零八十七条和第一千零八十九条的规定判决。

当事人依照《民法典》第一千零七十六条签订的离婚协议中关于财产以及债务处理的条款，对男女双方具有法律约束力。登记离婚后当事人因履行上述

协议发生纠纷提起诉讼的，人民法院应当受理。

（二）程序法

3.《民事诉讼法》

第 67 条　当事人对自己提出的主张，有责任提供证据。

当事人及其诉讼代理人因客观原因不能自行收集的证据，或者人民法院认为审理案件需要的证据，人民法院应当调查收集。

人民法院应当按照法定程序，全面地、客观地审查核实证据。

4.《最高人民法院关于适用〈中华人民共和国民事诉讼法〉的解释》

第 90 条　当事人对自己提出的诉讼请求所依据的事实或者反驳对方诉讼请求所依据的事实，应当提供证据加以证明，但法律另有规定的除外。

在作出判决前，当事人未能提供证据或者证据不足以证明其事实主张的，由负有举证证明责任的当事人承担不利的后果。

第 108 条　对负有举证证明责任的当事人提供的证据，人民法院经审查并结合相关事实，确信待证事实的存在具有高度可能性的，应当认定该事实存在。

对一方当事人为反驳负有举证证明责任的当事人所主张事实而提供的证据，人民法院经审查并结合相关事实，认为待证事实真伪不明的，应当认定该事实不存在。

法律对于待证事实所应达到的证明标准另有规定的，从其规定。

第 109 条　当事人对欺诈、胁迫、恶意串通事实的证明，以及对口头遗嘱或者赠与事实的证明，人民法院确信该待证事实存在的可能性能够排除合理怀疑的，应当认定该事实存在。

第六节　离婚协议如何才能有效

一、离婚协议的生效条件

离婚协议是指夫妻双方离婚时，就婚姻关系的解除、共有财产的分割、子女的抚育探望、经济帮助或补偿、赔偿等问题达成合意所签订的协议，是集人身关系、财产关系、抚养关系于一体的一揽子协议，性质上属于民事法律关系。

离婚协议要想有效，必须符合成立要件和生效要件两大要件。

（一）成立要件

1. 书面协议。离婚协议首先必须是书面协议，不能是口头协议。口头协议除不好举证存在外，协议内容也不可呈现，具有极大的不确定性，在双方发生争议后，无法作为证据进行提交。

2. 内容完整。离婚协议的内容必须清晰明确，且需包含三方面的内容，即：（1）双方自愿离婚的意思表示；（2）对子女抚养的意见；（3）对共同财产以及债务处理的意见。

3. 双方签名。离婚协议需有双方签名确认。只有一方签字确认的离婚协议，不能称为协议，只能称为磋商过程中的文本，另一方在正式签名前，可以随时反悔。

（二）生效要件

1. 登记离婚。离婚协议是以协议离婚为目的，以财产分割和孩子抚养为主要内容的特殊民事协议，一般以登记离婚或去法院调解离婚为协议的生效条件。如果双方达成离婚协议后，到办理离婚登记或去法院调解离婚前，任何一方反悔，应视为离婚协议未生效。当然，如离婚协议设置有其他生效条件，也可以其他条件为生效条件。

需要注意的是，如果双方签署了离婚协议书，一方事后反悔，不同意离婚，另一方提起诉讼，如果反悔方经法院合法传唤后，拒不出庭应诉，法院极可能视为未出庭方放弃质证和答辩的权利，从而支持原告的诉请，包含认可离婚协议书效力，并按照离婚协议书的约定进行判决。因此，如果一方对离婚协议书有异议，一定要在离婚诉讼中正式积极地提出，不能以拒绝出庭的方式进行冷处理。

2. 财产权属清晰，不涉及第三方。离婚协议中约定的财产分割，应为夫妻共同财产，且为权属清晰明确的财产。如涉及第三方财产、有争议财产或家庭共有财产，则该部分财产分割涉嫌损害第三方利益，应另诉解决。否则法院对该部分财产不会处理。

3. 内容合法。离婚协议也属于民事协议的一种，《民法典》中关于协议无效的条款，同样适用于离婚协议。

需要特别注意的是，离婚自由和抚养权、探视权是当事人的法定权利，离婚协议中如有对"提起离婚"设置惩罚性赔偿或限制性内容的条款，都为无效条款。例如："一方提起离婚的，需赔偿对方××万元；或一方提起离婚，自动丧失对孩子的抚养权；或一方提起离婚，自愿净身出户"等内容，都属于无效条款。

二、离婚协议中的财产约定能否撤销

一般情况下，基于诚实守信原则，双方签署后不能撤销。

很多时候，夫妻为了达到离婚目的，在订立离婚协议时，会综合考虑权衡子女、财产、感情、补偿等各方面的利益，有时会作出对自己不利的财产约定，如"放弃分割财产，自愿净身出户""补偿对方较大数额的资金"等，但该类财产分割约定往往与子女抚养、离婚事宜等其他约定内容紧密关联，故应从整体意思表示的真实性来考量离婚协议，而不应从个别条款的公平合理与否来进行考量。

根据《最高人民法院关于适用〈中华人民共和国民法典〉婚姻家庭编的解释（一）》第70条的规定，夫妻双方协议离婚后就财产分割问题反悔，请求撤销财产分割协议的，人民法院应当受理。人民法院审理后，未发现订立财产分割协议时存在欺诈、胁迫等情形的，应当依法驳回当事人的诉讼请求。

因此，离婚协议中的财产分割条款，只有符合法定情形，当事人才可以申请撤销。目前法定情形主要有两种：（1）欺诈；（2）胁迫。欺诈和胁迫的证明义务，应由提起方来完成。

实务中，基于离婚协议签署时环境的私密性、离婚协议文本在婚姻登记部门备案的公开性、离婚冷静期内任何一方可以反悔的便利性，以及夫妻之间法律地位的平等性，想要证明签署离婚协议时对方存在"欺诈"或"胁迫"的法定情形，十分困难。

因为离婚协议的撤销，主要针对的是离婚协议中的财产分割条款，故"欺诈"和"胁迫"的结果，也多体现在财产分配方案的不公平上。

关于"欺诈"导致的财产分配方案不公，一般指一方存在"故意隐瞒、转移财产"的情形。如果一方存在故意隐瞒、转移财产的情况，根据法律规定，就隐瞒或被转移的财产，如果离婚协议中没有提及，当事人可以另行提起离婚后财产纠纷诉讼，要求重新分割。

如果是"欺诈"式抚养子女，导致的抚养孩子方案或抚养费用支付不公，一般指的是"孩子不是亲生"等特殊情形，可以通过"变更子女抚养权"或"抚养费纠纷"等诉讼进行解决。

关于"胁迫"导致的财产分配方案不公，一般指一方签署离婚协议时，受到配偶或其家属方对自己人身、财产方面的巨大威胁，情非得已的情况下才签署的离婚协议，并非本人的真实意思表示。此时，提出"被胁迫"的一方，需要证明签署离婚协议时受到"胁迫"的具体事实和情形，并提交相关证据材料。例如，（1）签署协议后，短期内就报警的记录及询问笔录；（2）办理离婚登记时，向办理离婚登记的工作人员举报遭受胁迫的事实；（3）其他可证明签署协议时，遭受胁迫的录音、录像或电子证据，第三人证言等。如果无法进行举证，提出方应承担举证不利的法律后果。

另外，如果当事人申请撤销离婚协议，行使撤销权的期间，根据法律规定，只有一年时间。该期间为除斥期间，无法适用中止、中断和延长诉讼时效的规定。

需要注意的是，《最高人民法院关于适用〈中华人民共和国民法典〉婚姻家庭编的解释（一）》第70条规定的撤销离婚协议的情形，仅指夫妻双方可提起撤销的情形，并不包含第三人申请撤销离婚协议的情形。

离婚协议，仅对夫妻双方内部有效，对案外第三人并无法律效力。如果夫妻双方通过离婚协议的方式，将夫妻共同财产转移至一方名下，约定由名下无财产的一方独自承担对外债务，可能涉嫌故意逃避债务的违法行为，由于侵害到债权人的合法利益。债权人可以根据《民法典》第538条的规定，对离婚协议申请撤销。

根据《民法典》第538条规定，债务人以放弃其债权、放弃债权担保、无偿转让财产等方式无偿处分财产权益，或者恶意延长其到期债权的履行期限，影响债权人的债权实现的，债权人可以请求人民法院撤销债务人的行为。

当然，债权人的撤销权，也有法定的行使期间。根据《民法典》第541条的规定，撤销权自债权人知道或者应当知道撤销事由之日起一年内行使。自债务人的行为发生之日起五年内没有行使撤销权的，该撤销权消灭。

三、离婚协议约定将房产赠给子女，离婚后能否撤销赠与

不少父母在离婚时，出于对子女的愧疚之情和对子女未来利益的保护，以及对双方利益平衡的考虑，会约定将房屋等大额资产归子女所有。但房屋过户登记与办理离婚手续之间，一般会有时间差，这个时间差内，容易产生赠与反悔的事情。如果双方离婚后，办理房屋过户登记手续前，一方因各种原因，要求适用《民法典》中关于撤销赠与的规定，能否支持，实务中曾有两种不同看法。

（一）可以撤销赠与

该观点认为可以撤销赠与。理由如下：父母将共有房屋赠给子女，属于财产自由处分行为，子女的法定代理人（父亲或母亲）可以代为接受赠与。因此，离婚协议中关于将房屋赠与孩子的约定，包含赠与人赠与财产和受赠人接受赠与的两层意思表示，均合法有效，赠与合同在离婚协议签署后便成立，自双方离婚后便生效。

因房屋属于不动产，故转移权属需进行变更登记。根据《民法典》第658条的规定："赠与人在赠与财产的权利转移之前可以撤销赠与。经过公证的赠与合同或者依法不得撤销的具有救灾、扶贫、助残等公益、道德义务性质的赠与合同，不适用前款规定。"可见，父母在房屋产权变更登记前，可以随时撤销赠与。赠与撤销后，房产恢复为夫妻共同财产，双方可另行分割。

（二）不可以撤销赠与

该观点认为，不可以撤销，理由如下：

1. 离婚协议是关于人身、财产、抚养关系的一揽子协议，不能单独适用任意撤销权

离婚协议是夫妻双方对婚姻关系的解除、财产分割、子女抚养及债权享有

与债务承担等涉及人身关系、财产事项等内容协商一致后达成的协议，带有强烈的身份关系与感情因素。离婚协议中的房产赠与条款与整个离婚协议属于同一个整体，不能单独适用任意撤销权。

2. 离婚协议是婚姻家庭编中的特有协议，应适用《最高人民法院关于适用〈中华人民共和国民法典〉婚姻家庭编的解释（一）》的特殊规定

依据《最高人民法院关于适用〈中华人民共和国民法典〉婚姻家庭编的解释（一）》第 70 条规定，夫妻双方协议离婚后就财产分割问题反悔，请求撤销财产分割协议的，人民法院应当受理。人民法院审理后，未发现订立财产分割协议时存在欺诈、胁迫等情形的，应当依法驳回当事人的诉讼请求。

鉴于婚姻家庭关系的特殊性，离婚协议中的赠与行为，与一般"赠与合同"中的赠与行为有本质区别，故在离婚协议中，因夫妻共同财产赠与行为产生的纠纷，应适用《民法典》中"婚姻家庭编"的专门司法解释之规定，即，除非证明协议的签署存在欺诈、胁迫等情形，否则不可撤销。笔者认为第二种观点更合理，实务中第二种观点也占据主流。

第七节　律师提示：签署离婚协议后应尽快办理离婚手续

一、显失公平不属于撤销离婚协议的理由

实务中，有些夫妻签署离婚协议书后，以协议内容显失公平，自己受到欺诈为由，要求撤销离婚协议。

例如，一方认为财产大部分或全部分给另一方，严重违反财产平等分割原则，要求撤销离婚协议；再例如，一方认为离婚协议中约定给对方赔偿高额的精神损失费或补偿金，或代替对方承担较高的对外个人债务不合理，显失公平，要求予以撤销。

可惜，这些都不属于离婚协议可以撤销的法定事由。根据《最高人民法院关于适用〈中华人民共和国民法典〉婚姻家庭编的解释（一）》第 70 条的规定，夫妻双方协议离婚后就财产分割问题反悔，请求撤销财产分割协议的，人民法院应当受理。人民法院审理后，未发现订立财产分割协议时存在欺诈、胁

迫等情形的，应当依法驳回当事人的诉讼请求。

可见，撤销离婚协议的法定事由，只有"欺诈和胁迫"两种情形，此处的"等"，并不代表还有其他情形。

其实，普通民事协议行为，如遭遇显失公平情形，可以申请撤销。《民法典》第151条规定，一方利用对方处于危困状态、缺乏判断能力等情形，致使民事法律行为成立时显失公平的，受损害方有权请求人民法院或者仲裁机构予以撤销。但为何不把"显失公平"作为离婚协议的撤销理由，原因如下：夫妻之间的法律地位平等，不存在地位高低或乘人之危情况，不能推定男女任一方在签署协议时，处于危困状态；如果是被胁迫签署协议，可适用"胁迫"理由，不能适用"显失公平"。

除非另有协议约定，婚姻关系存续期间的财产属于共有状态，双方对财产的情况和子女情况，应为"明知和应知"，不能推定任意一方对双方的财产情况或子女情况不清楚，或无判断能力。如果存在一方不清楚财产的情况，则意味着另一方有隐瞒、欺诈的情形，应适用"欺诈"理由，而非"显失公平"。

离婚协议是一揽子内容的协议，是双方权衡利弊和各自诉求后作出的决定，有人身、财产、情感、子女的四重属性，不能简单分割处理。一方可能基于早日摆脱对方的离婚诉求，或自己扶养孩子的抚养诉求，或情感上亏欠对方的补偿诉求，或全力照顾对方及子女日后生活的奉献诉求等，签署了离婚协议，这些协议的条款，是彼此关联，互为依据和互有考量的，有可能存在财产分配上的实质不公平。

家庭组织属于特殊组织，不能用等价有偿来衡量和评价。诚实信用作为《民法典》规定的基本原则之一，夫妻之间也同样需要恪守。但家庭属于特殊组织，充满了父母对子女，夫妻相互之间的照顾、关爱、尊重、抚养、教育、保护、赡养、忠诚等道德义务，也充满了继承、监护、财产监管等法定权益，不能用"等价有偿"和"公平合理"的价值观进行评价。

因此，显失公平不是离婚协议撤销的法定事由。

二、事实分居是双方离婚的"利器"

人民法院审理离婚案件，判决准予或不准离婚，应以夫妻感情是否破裂作为区分界线，而判断夫妻感情是否确已破裂，应从婚姻基础、婚后感情、离婚原因、夫妻关系现状，有无和好可能等方面综合分析。在共同生活期间，夫妻常因生活琐事发生矛盾，如果夫妻因感情不和选择长期分居，只要达到分居2年以上，就可以认定夫妻感情确已破裂，法院判决离婚的概率就会高一些。

是否因感情不和而分居，可以从分居原因、分居地点、分居时间、分居效果来综合判断。如两人分居后，一方拒绝对方进入房屋，对方强行进入，导致一方报警，可证明双方因感情不和而分居。分居的租房合同，可以证明分居时间及分居地点。

需要注意的是，双方在自己购买的不同地点的房屋分开居住，因房屋是共同财产，双方作为房屋权利人，均可以在同一个房屋或小区开出房主证明或居住证明，此时很难证明分居情况。另外，双方在同一住房，分卧室居住，也很难认定为分居，故最好通过另外租房的方式来进行分居，也可避免对方有钥匙，强行进入家门。

不过，共同生活是婚姻生活的基础，哪怕对方在法庭上不认可因感情不和而分居，但分居事实，不会因对方否认而不存在，即便人民法院无法查明分居的事实，但对方其实对此心知肚明。如果双方真的感情破裂，长期处于分居状态，长期不履行夫妻共同生活义务，也不履行经济扶助义务，夫妻关系有名无实，对方同意离婚，其实只是迟早的问题，并非完全不可能。

三、离婚协议是两人的最后承诺

经营婚姻不易，解除婚姻更难。人生无常，离婚协议的出现，意味着两人婚姻关系走向尽头。既然婚姻走向散场，继续来回撕扯，不免彼此难堪。

离婚协议，需要包含离婚意愿，孩子抚养，财产分割等各项内容，不是一念之间的冲动，而是深思熟虑的方案。这方案，也不是普通协议，而是包含人身、财产、子女等一揽子的协议，是彼此对对方最后的承诺。

有些夫妻，在离婚协议中，提出各种不合理的霸凌条款，要求对方净身出户，放弃所有财产，放弃孩子抚养权，不让对方探视等，几乎把对方逼入绝境；有的甚至设置一些圈套，哄骗对方签署后，自己实际获得大量财产，对方权利遭受重大损失。

这些霸凌条款和不公平的分配方案，不但可能与情理不符，也可能违反基本的人道主义精神，在实务中经常发生争议，导致一方提起要求确认离婚协议无效或要求撤销离婚协议的诉讼，从而另起波澜。

以离婚为条件，要求对方放弃财产所有权或孩子抚养权的，与法律规定的基本原则不符，属于无效条款。2021 年，我国实行一个月的离婚冷静期后，留给双方考虑离婚的时间更长，一旦离婚协议中约定内容显失公平，对方的反悔的概率加大，离婚成功可能性就会大大降低，从而使得协议登记离婚减少，诉讼离婚增多。不公平的离婚协议，可能会产生以下不利后果。

（1）签署离婚协议书后，对方反悔，不同意离婚，导致无法办理协议登记离婚，导致离婚的周期变长，不确定性增大。

（2）一方事后反悔，发生离婚纠纷，诉至人民法院，根据《最高人民法院关于适用〈中华人民共和国民法典〉婚姻家庭编的解释（一）》第 69 条规定，人民法院会以一方反悔为由，认定离婚协议不生效，导致离婚协议成为一张废纸。

（3）人民法院根据实际情况，重新进行财产分配和孩子抚养权确定，导致方案失去可控性，不得不由法院进行裁决。

（4）因双方诉讼对抗，产生互不信任情绪，导致执行上引发后遗症，在后续财产权利转移，孩子抚养和探望上，加大双方继续对抗的可能性，甚至不得不通过启动人民法院强制执行程序和其他诉讼程序来解决问题。

因此，一份清晰、明确、周全和权利义务分配方案相对公平合理的离婚协议，更容易让双方和平分手，离婚后归于平静。

四、签署离婚协议后应尽快办理离婚手续

离婚协议都是以离婚为目的达成的协议，其中孩子抚养、财产分割，都是围绕"离婚"进行的。如果双方签署离婚协议后，未实际离婚，该离婚协议往往不能生效。任何一方反悔，人民法院都可以重新进行财产分割。

双方签署离婚协议书后应尽快到民政部门办理手续，提交材料，在经过一个月的离婚冷静期后，双方仍无人反悔，才可以办理离婚登记，离婚协议才能正式生效。

　　实务中，夫妻双方签署离婚协议书后，不必急于求成，立即要求对方配合办理转移财产手续，或立即带走孩子，可在正式登记离婚后的合理期间内，再行依照协议约定办理财产转移和交割的相应手续，避免节外生枝，离婚不成，反起诉讼。

第十章

军人及配偶离婚案件实务精要

第一节 军人离婚案件裁判观点一览表

常见问题	1. 军人离婚的手续和流程有哪些； 2. 军人方不同意离婚，非军人一方能否离婚； 3. 军人方要求离婚，是否给予特殊保护； 4. 军人离婚的管辖机构； 5. 军人离婚案件中，如何确定孩子的抚养权为宜； 6. 军人特殊财产如何处理； 7. 离婚时军产房如何处理。
人民法院裁判观点	
观点一	现役军人的配偶要求离婚，未取得军人同意，不准许离婚。
适用情形	1. 军人无过错；2. 军人不同意离婚。
主要理由	1. 军婚家庭聚少离多为正常现象，因琐事产生家庭矛盾在所难免； 2. 军人配偶要求离婚，需取得军人同意，无证据证明军人有重大过错； 3. 双方婚姻基础较牢固，军人不同意离婚，双方仍有和好可能。
观点二	现役军人配偶多次提出离婚，感情确已破裂，准许离婚。
适用情形	1. 军人有过错；2. 多次起诉离婚。
主要理由	1. 法院驳回军人配偶的离婚诉请后，双方仍未能修复感情，矛盾不断； 2. 军人的配偶多次起诉要求离婚，表明夫妻双方感情确已破裂； 3. 军人的配偶方有离家分居情形，已经不愿意共同生活。
律师观点	
律师观点	军婚案件比较特殊。因军人身份特殊，纪律要求严格，军婚受到国家特殊保护。无论结婚还是离婚，军人均需向所在单位团级以上政治机关提出申请，经审查同意，出具证明文件后，方可结婚或离婚登记。

律师提示	1. 军人配偶的离婚自由权同样受法律保护，对于多次提出离婚诉请的军人配偶，人民法院会考虑其离婚权利； 2. 军人财产相对特殊，并非所得收入或所分配财产均为夫妻共同财产。
行动建议	1. 军婚神圣，结婚前做好为爱守护准备； 2. 军人岗位特殊，离婚前可先找军人部队团级政治机关调解；
费用分析	根据《诉讼费用交纳办法》第 13 条的规定："离婚案件每件交纳 50 元至 300 元。涉及财产分割，财产总额不超过 20 万元的，不另行交纳；超过 20 万元的部分，按照 0.5% 交纳。"
周期分析	根据《民事诉讼法》的规定，一审案件速裁程序 1 个月内审结，简易程序 3 个月内审结，普通程序 6 个月内审结，二审案件审判周期为 3 个月。一审判决后，当事人有 15 天上诉期。上诉案件送达和整理卷宗以及移交周期，一般在 1 个月内。实务中，送达时间、公告时间、评估、鉴定时间、调解时间、移送卷宗时间等不计算在审理期限内。涉外案件期间另有规定。

第二节　军人离婚的方式、流程和管辖机构

一、军人离婚的方式及流程

军人离婚分为协商离婚和诉讼离婚两种方式。

基于军人身份的特殊性，无论是协商离婚还是诉讼离婚，军人都要遵守国家法律规定和军队纪律，先行报给部队团级以上单位政治机关进行审查。军队各级党组织和政治机关负有管理本单位军人婚姻的责任。对军人结婚、离婚有审查、调解和出具证明等权利和义务。

实践中，现役军人离婚，离婚的情形具体分为以下五种。

（1）双方均为现役军人，双方自愿离婚或一方要求离婚的，当事人所在部队领导或政治机关应当进行调解；调解无效，并符合法律规定的离婚条件的，由政治机关出具证明后，方可到婚姻登记机关申请离婚或向人民法院提出离婚诉讼。

（2）配偶是地方人员，军人一方要求离婚的，所在部队政治机关领导应当

视情进行调解；符合法律规定的离婚条件，并经对方同意，政治机关方可出具证明同意离婚；

（3）配偶是地方人员，如军人一方坚持要求离婚，对方坚决不同意离婚的，部队可商请对方所在单位或地方有关部门进行调解，调解无效的，政治机关出具证明，由当事人向法院提出离婚诉讼。

（4）配偶是地方人员，如配偶一方要求离婚，军人一方同意离婚的，政治机关可出具证明同意离婚；

（5）配偶是地方人员，如配偶一方要求离婚，军人一方不同意离婚的，政治机关不得出具同意离婚证明，但经政治机关查实军人一方确有重大过错的除外。

团级以上单位政治机关出具同意离婚的证明时，还应要求离婚双方签字或提供本人书面意见。申请再婚、复婚的，须持离婚证件。

中国人民解放军总政治部发布的《军队贯彻实施〈中华人民共和国婚姻法〉若干问题的规定》是规范性文件，对现役军队具有管理性质，不属于法律和行政法规的规定，主要用于约束现役军人。因此，军队团级以上单位政治机关出具离婚证明，并不是军人配偶一方起诉离婚的前置必备条件。

二、军人离婚的管辖机构

不同法律和司法解释对军人的定义和范围规定有所区别。《军人地位和权益保障法》第 2 条规定，本法所称军人，是指在中国人民解放军服现役的军官、军士、义务兵等人员。《最高人民法院关于军事法院管辖民事案件若干问题的规定》（2020 年修正）第 8 条规定，本规定所称军人是指中国人民解放军的现役军官、文职干部、士兵及具有军籍的学员，中国人民武装警察部队的现役警官、文职干部、士兵及具有军籍的学员。军队中的文职人员、非现役公勤人员、正式职工，由军队管理的离退休人员，参照军人确定管辖。

由于军人身份的特殊性，其离婚诉讼管辖与普通离婚诉讼管辖有所区别，不能简单适用原告就被告原则。

（一）一方是军人，另一方不是军人的情形

一方当事人是非军人的离婚案件，非军人一方提起离婚诉讼时，具有选择

权，可以选择由地方人民法院管辖，也可以选择由被告所在部队团级以上单位驻地的军事法院管辖。但作为军人，如向非军人一方的配偶提起离婚诉讼，则只能由地方人民法院管辖，除非涉及军事秘密，否则不得向军事法院提起离婚诉讼。

1. 军人起诉离婚，由非军人一方住所地或经常居住地法院管辖

根据《民事诉讼法》第 22 条第 1 款的规定："对公民提起的民事诉讼，由被告住所地人民法院管辖；被告住所地与经常居住地不一致的，由经常居住地人民法院管辖。"军人起诉非军人离婚案件，可以适用原告就被告原则，由被告住所地或经常居住地人民法院管辖。

2. 非军人起诉离婚，由非军人一方住所地法院管辖

根据《最高人民法院关于适用〈中华人民共和国民事诉讼法〉的解释》第 12 条第 1 款的规定："夫妻一方离开住所地超过一年，另一方起诉离婚的案件，可以由原告住所地人民法院管辖。"因军人长期驻扎在军区，如果军人离开自己住所地超过一年，此时也可在原告住所地法院起诉离婚，由原告住所地法院管辖。如果不足一年，可适用一般管辖原则，即由被告住所地法院管辖。

3. 非军人起诉离婚，向军事法院提出的，军事法院应当受理

根据《最高人民法院关于军事法院管辖民事案件若干问题的规定》第 2 条第 3 项的规定："当事人一方为军人的婚姻家庭纠纷案件，地方当事人向军事法院提起诉讼或者提出申请的，军事法院应当受理。"非军人一方向军人一方所在部队的第一审军事法院提起离婚诉讼的，军事法院应当受理。

（二）双方都是军人情形

根据《最高人民法院关于适用〈中华人民共和国民事诉讼法〉的解释》第 11 条的规定："双方当事人均为军人或者军队单位的民事案件由军事法院管辖。"

（三）军事法院和地方法院管辖争议处理

如果因当事人提出管辖异议，或军事法院和地方法院认为管辖有问题，可以进行移送管辖；如两个法院对管辖权有争议的，可以报请各自的上级法院协商解决；仍然协商不成的，报请最高人民法院指定管辖。

根据《最高人民法院关于军事法院管辖民事案件若干问题的规定》第 5 条的规定："军事法院发现受理的民事案件属于地方人民法院管辖的，应当移送有管辖权的地方人民法院，受移送的地方人民法院应当受理。地方人民法院认为受移送的案件不属于本院管辖的，应当报请上级地方人民法院处理，不得再自行移送。地方人民法院发现受理的民事案件属于军事法院管辖的，参照前款规定办理。"第 6 条规定："军事法院与地方人民法院之间因管辖权发生争议，由争议双方协商解决；协商不成的，报请各自的上级法院协商解决；仍然协商不成的，报请最高人民法院指定管辖。"第 7 条规定："军事法院受理案件后，当事人对管辖权有异议的，应当在提交答辩状期间提出。军事法院对当事人提出的异议，应当审查。异议成立的，裁定将案件移送有管辖权的军事法院或者地方人民法院；异议不成立的，裁定驳回。"

第三节　军人不同意，军人配偶能否离婚

根据《民法典》第 1081 条的规定，现役军人的配偶要求离婚，应当征得军人同意，但是军人一方有重大过错的除外。

一、何谓军人方存在重大过错

根据《最高人民法院关于适用〈中华人民共和国民法典〉婚姻家庭编的解释（一）》第 64 条的规定，《民法典》第 1081 条所称的"军人一方有重大过错"，可以依据《民法典》第 1079 条第 3 款前 3 项规定及军人有其他重大过错导致夫妻感情破裂的情形予以判断。

根据《民法典》第 1079 条第 3 款前 3 项规定可知，军人存在重大过错的四种情形分别为：（1）重婚或者与他人同居；（2）实施家庭暴力；（3）虐待、遗弃家庭成员；（4）有赌博、吸毒等恶习屡教不改。

事实上，上述规定的军人重大过错情形，现实生活中不但极少发生，取证也极为困难。现役军人大多在部队服役，部队纪律森严，管控严格，外人很难进入，军人每年探亲回家的时间较短，也很少会在服役期间或探亲期间重婚、与他人同居，实施家庭暴力，虐待、遗弃家庭成员，赌博、吸毒等。

二、如何保护军人配偶的离婚自由权

如果军人一直不同意离婚，非军人一方又坚决要求离婚，如何处理呢？实务中，对于军婚，法院给予军人必要保护的同时，也考虑了非军人一方离婚自由权的实现问题。

非军人一方因协商无果提起离婚诉讼的，在第一次离婚诉讼中，只要军人没有重大过错，法院一般不会判决双方离婚。但如果原告态度坚决，法院判决驳回其第一次离婚诉请，在 6 个月后，原告又第二次提起离婚诉求，甚至第二次驳回离婚诉请后，在 6 个月后又第三次提出离婚诉请。此时表明，原告要求离婚的态度异常坚决，也表明军人在法院给予的和好期内，没有办法通过进一步的行为和互动沟通，重新挽回婚姻、弥补分歧、修复感情，和好难度极大。法院继续一味判决维持双方婚姻关系，对非军人一方明显不公平，对军人一方也意义不大，对婚姻自由制度也会造成一种伤害。此时，法院判决离婚的可能性就比较大。

第四节 军婚离婚的证据准备

一、常见的证据形式

1. 结婚证

证明双方之间存在婚姻关系。

2. 出生证明

证明子女出生基本情况。

3. 租赁合同

证明双方长期分居，处于分居状态及分居的起始时间。

4. 报警记录

证明双方之间存在激烈的矛盾冲突，或军人一方存在重婚、家暴、虐待、遗弃、出轨、吸毒、赌博等重大过错。

5. 当事人陈述

证明双方相识相恋过程及存在的家庭矛盾情况。

二、合法的取证方式

1. 关于军人一方家暴的取证方式

同家暴案件取证方式，详见家庭暴力章节的内容。

2. 关于军人一方出轨的取证方式

同婚内出轨取证方式，详见婚内出轨章节的内容。

3. 关于军人赌博、吸毒等恶习屡教不改的取证方式

一般需提供军人赌博被抓的公安机关出具的《拘留通知书》《行政处罚决定书》，或吸毒被强制戒毒的《强制隔离戒毒决定书》等。

4. 关于军人其他过错的取证方式

军人的其他重大过错，也可能会严重伤害夫妻感情。例如，军人有虐待、家暴等犯罪行为，依法被判处有期徒刑的，可提交刑事判决书；有重婚情况的，可提交相应的结婚登记查询记录；有遗弃行为的，可以提交军人方长期不给家用，不承担家庭责任，不抚养孩子的相关证据或银行流水；有与他人通奸、同居情形的，可以提供相应的视频资料，军人书写的悔过书、保证书、承诺书等，或提供相应的录音资料或微信、钉钉、邮件等电子证据资料。

三、影响法官观点的事实

（一）军人是否存在重大过错

根据法律规定，军人如有以下三种情形，属于存在重大过错，可以判决离婚：

（1）重婚或者与他人同居；

（2）实施家庭暴力或者虐待、遗弃家庭成员；

（3）有赌博、吸毒等恶习屡教不改。

除上述三种情形外，《最高人民法院关于适用〈中华人民共和国民法典〉婚姻家庭编的解释（一）》第 64 条还规定了一个"兜底条款"，即"军人有其

他重大过错导致夫妻感情破裂的情形"。至于何种情形属于其他重大过错，法律和司法解释均未予以明确，属于法官根据案情和实务经验，个案个判，自由裁量的范畴。

（二）军人是否同意离婚

虽然法律规定了军婚保护条款，对军人予以特殊保护，但婚姻是双方选择的结果。婚姻关系的存续以夫妻感情为基础，如军人的配偶提出离婚，军人同意离婚，则不再适用军婚保护条款，法院可以直接判决双方离婚。

第五节　无法定情形，不准军人配偶离婚

一、法院不准军人配偶离婚的观点

一般认为，军婚受到国家法律保护，只要军人一方不同意离婚，且没有证据证明军人方存在重大过错，就应该驳回原告的诉讼请求，不准许离婚。

二、法院不准军人配偶离婚的主要裁判理由

1. 军人配偶要求离婚，须取得军人同意，无证据证明军人有重大过错

根据法律规定，现役军人的配偶要求离婚，须取得军人同意，但军人一方有重大过错的除外。本案中，被告系现役军人，明确表示不同意离婚，而原告主张要求离婚的主要原因是经济及双方父母等问题存在分歧、矛盾，所提供证据无法证实被告存在重大过错。

参考案例：（2021）豫 0425 民初 2140 号民事判决书

来源：中国裁判文书网

2. 双方婚姻基础较牢固，仍有和好可能

本案双方经相互了解后组成家庭，婚姻基础较为牢固。当家庭生活出现矛盾时，夫妻双方更应懂得以互谅互让、相互理解包容的态度及恰当的方式化解矛盾。本案原告、被告婚姻出现问题，系彼此长期两地分居和缺乏包容理解、有效沟通所致，但夫妻感情并未达到完全破裂的程度。原告作为非军人一方，

应对被告理解、包容、支持，珍惜双方的婚姻关系，被告亦应体谅原告，对原告及子女在生活上照料，在感情上抚慰，在经济上尽责，相信只要双方相互理解，相互尊重，相互关心，就能处理并维持好夫妻关系。

参考案例：（2019）鲁 1002 民初 5396 号民事判决书

来源：中国裁判文书网

三、法院不准军人配偶离婚高频引用的法条

（一）实体法

1.《民法典》

第 1081 条 现役军人的配偶要求离婚，应当征得军人同意，但是军人一方有重大过错的除外。

2.《最高人民法院关于适用〈中华人民共和国民法典〉婚姻家庭编的解释（一）》

第 64 条 民法典第一千零八十一条所称的"现役军人的配偶要求离婚，应当征得军人同意，但是军人一方有重大过错的除外"，可以依据民法典第一千零七十九条第三款前三项规定及军人有其他重大过错导致夫妻感情破裂的情形予以判断。

（二）程序法

3.《民事诉讼法》

第 67 条 当事人对自己提出的主张，有责任提供证据。

当事人及其诉讼代理人因客观原因不能自行收集的证据，或者人民法院认为审理案件需要的证据，人民法院应当调查收集。

人民法院应当按照法定程序，全面地、客观地审查核实证据。

第 92 条 受送达人是军人的，通过其所在部队团以上单位的政治机关转交。

4.《最高人民法院关于适用〈中华人民共和国民事诉讼法〉的解释》

第 11 条 双方当事人均为军人或者军队单位的民事案件由军事法院管辖。

第 12 条 夫妻一方离开住所地超过一年，另一方起诉离婚的案件，可以

由原告住所地人民法院管辖。

夫妻双方离开住所地超过一年，一方起诉离婚的案件，由被告经常居住地人民法院管辖；没有经常居住地的，由原告起诉时被告居住地人民法院管辖。

第六节　律师提示：军婚受特殊保护，需谨慎对待

一、军婚神圣，结婚前做好为爱守护的准备

军人岗位特殊，工作光荣，军人为守国护民作出了巨大的个人牺牲，尤其是家人陪护时间上的牺牲。非军人一方在恋爱时，就应该能够清楚地认识到军人身份的特殊性，婚后可能无法长期陪伴自己与孩子。与军人结婚，本身需要更大的勇气。军婚是神圣的，是最能体现爱情守护特点的一种婚姻。夫妻双方需要克服长期异地相处的难题，并保持情感上的忠贞不二，这并不是每对夫妻都能做到的。非军人一方面临婚后把夫妻感情融入经营好家庭生活，承担起孝敬父母，抚养教育子女的责任。

因此，选择军人结婚，需要有忠贞不渝的爱情支撑，无比坚定的信念和责任支持，在结婚前，双方都付出了巨大勇气，也承担了巨大责任，都应该为爱做好长期守护的准备。

二、军人岗位特殊，离婚前可找军人部队团级政治机关调解

夫妻间为生活琐事发生争吵，是人们生活中较为普遍的现象，军人军嫂也不例外。关键是如何认识矛盾性质，在互谅互让的基础上理智解决问题，对于生活中遇到的困难，夫妻应相互鼓励，共同想办法解决，而不要单纯凭个人情感得失做出不当的宣泄行为，以免伤害夫妻感情。

如果确实产生各种矛盾或纠纷，可能是因夫妻双方长期异地分居导致的沟通不畅和照顾不上，可以寻求军人一方部队团级政治机关进行调解解决，确实调解无效的，再选择进行离婚诉讼。

三、军人离婚案件，如何确定孩子抚养权

关于孩子抚养权问题，并没有对现役军人有倾斜保护的规定，一般应从有利于子女身心健康、保障子女合法权益出发，并结合双方的抚养能力和抚养条件等具体情况妥善解决。

孩子的日常生活和学习，大多离不开家长的陪伴和照顾。现实中，现役军人长期在部队生活，抚养孩子的时间精力和条件有限，军人的工作内容和工作环境，多数对孩子的成长环境也不一定十分有利。很多军婚家庭，孩子大多数时间是随非军人一方共同生活，由非军人一方抚养和照顾。相比之下，离婚后如能继续保持子女的原成长环境及生活状态，对子女一方来讲，显然更有利于其健康成长。法律也规定，确定抚养权归属时，要照顾子女利益。

因此，现役军人离婚案件中，除非非军人一方不同意抚养孩子，或无能力、无条件抚养孩子，或现役军人提供更妥善方案能照顾到孩子。否则，孩子判归非军人一方抚养的情况更多一些。

当然，2 岁以内的孩子，仍然原则上归女方抚养；8 岁以上的孩子，原则上还要征求和尊重孩子的真实意见；2 周岁至 8 周岁之间的孩子，法官将孩子判归非军人一方抚养的可能性较大。

双方均是军人的，以最有利于孩子成长为原则，进行孩子抚养权的归属确定。

四、军人几项特殊财产的处理

军人的工资、住房补贴、住房公积金、退伍时领取的军人职业年金等，均属于夫妻共同财产。大多数情况下，军人在婚姻关系存续期间所得的财产，均属于夫妻共同财产，但有几项财产例外：

1. 伤亡保险金、伤残补助金、医药生活补助费

根据《最高人民法院关于适用〈中华人民共和国民法典〉婚姻家庭编的解释（一）》第 30 条的规定，军人的伤亡保险金、伤残补助金、医药生活补助费属于个人财产。

2. 复员费、自主择业费等费用

根据《最高人民法院关于适用〈中华人民共和国民法典〉婚姻家庭编的解释（一）》第71条的规定，人民法院审理离婚案件，涉及分割发放到军人名下的复员费、自主择业费等一次性费用的，以夫妻婚姻关系存续年限乘以年平均值，所得数额为夫妻共同财产。

前款所称年平均值，是指将发放到军人名下的上述费用总额按具体年限均分得出的数额。其具体年限为人均寿命七十岁与军人入伍时实际年龄的差额。

因此，复员费，自主择业费，只有少部分属于夫妻共同财产，大部分仍属于个人财产，具体比例与军人的入伍时间和婚龄时间相关。

举例说明如下：

如果军人入伍时是22岁，军人结婚后，婚姻关系存续的婚龄时间是5年，军人复员费，自主择业费是25万元，人均寿命统一按照70岁计算，则可以算作夫妻共同财产的数额为：25万元÷（70岁−22岁）×5年＝2.6万元。

剩余的费用：25万元−2.6万元＝22.4万元，属于军人的个人财产。

第十一章
家庭暴力案件实务精要

第一节　家庭暴力案件裁判观点一览表

常见问题	1. 如何认定是家庭暴力； 2. 家庭暴力如何取证； 3. 夫妻间互殴，算不算家庭暴力； 4. 制止家庭暴力有什么好办法； 5. 申请人身安全保护令的条件； 6. 如何对待家庭暴力； 7. 家庭暴力，能否主张离婚损害赔偿。
人民法院裁判观点	
观点一	证据不足以证明双方感情破裂，也不足以证明存在家暴行为，故驳回原告的离婚诉求。
适用情形	1. 举证不足；2. 对方否认存在家暴；3. 对方不同意离婚。
主要理由	1. 双方结婚多年，育有子女，虽偶有口角、打仗，但仍有和好可能； 2. 原告证据不足以证明双方感情确已破裂； 3. 无证据证明被告方实施了家庭暴力行为； 4. 双方应深刻反思，多站在对方角度考虑，正确处理家庭关系。
观点二	认为存在家庭暴力或其他法定情形，准许离婚。
适用情形	1. 有证据证明存在家暴；2. 家暴行为导致感情破裂。
主要理由	1. 符合法定离婚情形，准许离婚； 2. 一方存在家庭暴力，构成过错，应给对方精神损害赔偿； 3. 出轨行为不能作为家庭暴力的正当性理由； 4. 因举证不足，双方财产问题可另诉分割。

续表

律师观点	
律师观点	法律明文禁止家庭暴力，家暴属于离婚的法定事由之一，同时也是主张离婚损害赔偿的法定情形之一。 家暴行为危害极大，有周期性和反复性特点，当事人一定要勇于采取应对和自我保护措施，避免酿成悲剧。基于家庭暴力行为的临时性、隐秘性和短期性，举证较为困难，法院对家庭暴力认定的比例较低，故在发生家暴行为时，一定要有证据意识，要第一时间向公安部门报案求助，同时建议当事人申请出具告诫书或人身安全保护令，以便固化证据，必要时可采取分居或离婚方式，减少被家暴风险，保护自己合法权益。
律师提示	1. 夫妻间的互殴行为，不算家庭暴力行为； 2. 认定家庭暴力，需要符合三个条件，但不需要有损害后果； 3. 告诫书和人身安全保护令，是制止家暴行为的有效公力救济手段； 4. 申请人身安全保护令，不以离婚诉讼为前提； 5. 申请人身安全保护令，需要具备三个条件。
行动建议	1. 分居和离婚，是逃避家暴行为的有效私力救济途径； 2. 对家庭暴力说不，在安全的前提下，选择救济途径； 3. 法院认定构成家暴行为的比例极低，需注重收集证据。
费用分析	根据《诉讼费用交纳办法》第 13 条的规定："离婚案件每件交纳 50 元至 300元。涉及财产分割，财产总额不超过 20 万元的，不另行交纳；超过 20 万元的部分，按照 0.5%交纳。"
周期分析	根据《民事诉讼法》的规定，一审案件速裁程序 1 个月内审结，简易程序 3个月内审结，普通程序 6 个月内审结，二审案件审判周期为 3 个月。一审判决后，当事人有 15 天上诉期。上诉案件送达和整理卷宗以及移交周期，一般在 1 个月内。实务中，送达时间、公告时间、评估、鉴定时间、调解时间、移送卷宗时间等不计算在审理期限内。涉外案件期间另有规定。

第二节　家庭暴力的证据准备

一、家暴案件的常见证据类型

1. 结婚证

证明双方之间存在婚姻关系。

2. 出生证明

证明子女出生基本情况。

3. 公安机关出警记录、告诫书、伤情鉴定意见等

一般包括：（1）公安机关出警后制作的受害人的询问记录、施暴人的讯问笔录、报警回执等；（2）公安机关对加害人、受害人出具的告诫书；（3）公安机关依法作出治安管理处罚决定后，抄送给受害人的决定书副本；（4）公安机关对受害人进行伤情鉴定后出具的报告。可以用于证明因家庭暴力的问题。

4. 村（居）民委员会、妇联组织、反家暴社会组织、双方用人单位等机构的求助接访记录、调解记录等

受害人如果曾经到这些机构投诉，可以申请查阅调取详细记录，也可以向法院申请调取投诉记录。

5. 伤情病历、照片、诊断证明、医药费收据、伤情鉴定报告

证明因家暴行为的受伤情况，救治情况及鉴定情况。

6. 加害人实施家庭暴力的录音、录像等视听资料或电子证据

证明施暴行为存在的录音资料或影像资料。如果加害人通过电话、短信、微信聊天记录、电子邮件等威胁、恐吓的，受害人可以录音、截屏等方式备份保存此类证据，具备条件的，可以通过公证处提取电子证据。

7. 身体伤痕和打砸现场照片、录像

证明因家庭暴力造成的身体伤痕和打砸现场拍照、录像。

8. 保证书、承诺书、悔过书等

证明曾因家暴行为，一方写有保证不再动手打人的承诺书，保证书或悔过书。

9. 证人证言、未成年子女证言

请目睹或听到家庭暴力发生情况的邻居、同事、未成年子女等作证，证明家暴情况。

10. 当事人陈述

证明双方相识、相恋过程及各自陈述的家暴情况。

二、合法的取证方式

如需要证明有家庭暴力行为，一般有以下几种证据。

1. 当事人陈述和自认文件

如当事人认可有家庭暴力行为，可以在其承认错误时，进行录音录像，获取视听资料；也可以要求其书写不再打人的承诺书、保证书、悔过书等文字资料，获取其自认事实的证据。

2. 派出所询问笔录或告诫书、伤情鉴定意见

当事人遭遇家暴后，可以及时报警。警察出警后，尽可能让警察带双方去派出所做询问笔录，陈述事实经过，并对笔录进行签字确认，如不构成治安管理处罚的，还可以要求警方出具告诫书，伤情鉴定意见。警方的询问笔录，告诫书、伤情鉴定意见等，属于第三方机构保存的证据，证明力要高，且保留时间较长，当事人在诉讼时，可以申请法院调取该证据，当事人在询问笔录中自认的事实，也可以作为事实进行认定。

3. 病历、受伤照片和医院诊断证明

当事人遭遇家暴后，应及时对伤情进行拍照，并去医院进行伤情治疗，保留伤情证据。需注意的是，实务中有些当事人会耍赖，极力否认照片的真实性，或否认伤情是因自己家暴行为导致，故在保留照片和诊断证明时，还需有对方施暴的其他证据予以佐证。

4. 证人证言

当事人在遭受家暴时，可以大声呼救，引起四邻注意，如有人赶到现场，目睹了暴力过程，在场人员的证人证言，可以作为证据使用。另外，子女在现场，且子女已经成年的，也可以做证人证言。

5. 录像资料

家中安装摄像头，就家庭暴力的事实进行视频取证，是一种可取的方式。在自己家中安装摄像头，记录家暴的行为，不算侵犯个人隐私。

三、影响法官观点的主要事实

（一）是否存在家庭暴力行为

是否有家暴行为，双方往往各执一词，很难查证。一般情况下，发生家庭暴力行为后，被打方有时会报警处理，警方出警后，部分警察是当场教育和调

和矛盾，不做带回警局处理，也不做询问笔录。此时只有出警记录，该记录只能体现出警时间，出警地点和报案人陈述的报案事由，无法体现施暴人的陈述内容，也无法供法院核实是否真的有家庭暴力行为发生。

因此，仅有派出所的报案回执或出警记录，不能证明有家暴行为，还需要有派出所的询问笔录，告诫书、伤情鉴定意见等，结合双方对事实的陈述内容，方可综合判断有无家暴行为。

大部分地区派出所的询问笔录，当事人不能自行调取，需申请人民法院进行调取。

（二）被告是否悔过或否认家暴行为

被告如认可有家暴行为，但作出悔过或承认错误的积极表态，只要家暴行为频次较低，伤害情形显著轻微，法官大多数情况下也会对其网开一面，以双方有和好可能为由，驳回原告诉讼请求。

被告如果完全否认存在家暴事实，因家暴行为具有一定偶发性，隐秘性和短期性，举证极为困难，即便有伤情照片或出警记录，也很难证明系对方所伤，需要进行进一步检测，这导致施暴者的一些施暴行为，可能会因受害人的举证不足而无法被法院采信，从而影响到最终的结果。

第三节　举证不足，家庭暴力认定难

一、法院认为不存在家庭暴力的观点

家庭暴力案件中，举证不足问题普遍存在。多数当事人对家暴的事实，仅限于口头陈述，或提供个别的医疗证明或受伤照片，没有证据链条意识，对方在庭审中，也往往否认存在家庭暴力行为，导致法官对家庭暴力的存在与否，常常难以查明。多数人民法院认为，原告证据不足以证明存在家暴行为，也不足以证明双方感情破裂，故无法认定存在家庭暴力行为，从而驳回原告离婚的诉讼请求。

二、法院认为不存在家暴的主要裁判理由

1. 双方结婚多年，有子女，虽偶有口角、打仗，但有和好可能

双方结婚多年，在生活中经历了风风雨雨，荣辱与共，双方均应当珍惜。双方还育有一女，应当有一个幸福美满的家庭。随着时间推移，双方在共同生活中产生矛盾和隔阂，导致夫妻感情出现裂痕。双方间缺乏有效沟通，导致矛盾积累，双方未能积极寻找解决问题的办法，任由夫妻关系恶化，感情受损，这是由于双方缺乏理解、包容、体谅和有效的沟通交流所致，并不存在不可调和的矛盾。二人虽在生活中偶有口角、打仗，但在今后的生活中互相理解，互谅互让，夫妻感情还是能和好如初的。因此，本院认为双方感情并未达到破裂程度，仍有和好可能，故对原告离婚请求，不予支持。

参考案例：（2021）辽 0381 民初 3069 号民事判决书

来源：中国裁判文书网

2. 原告证据不足以证明双方感情确已破裂

夫妻感情确已破裂是准予离婚的法定条件。双方结婚多年，生育子女，说明双方有较深的感情基础。每个家庭都可能存在困难和矛盾，有困难和矛盾不一定导致夫妻感情破裂，应选择化解矛盾，解决困难，离婚并不是解决困难和化解矛盾的最佳方法和途径。现原告要求与被告离婚，但其提供的证据不足以证明双方感情确已破裂，故对原告要求离婚的诉讼请求，不予支持。

参考案例：（2021）豫 1327 民初 1823 号民事判决书

来源：中国裁判文书网

3. 无证据证明被告方实施了家庭暴力行为

"家庭暴力"是指以殴打、捆绑、残害、强行限制人身自由或者其他手段，给其家庭成员的身体、精神等方面造成一定伤害后果的行为。原告和被告发生争执后报警，但双方均未验伤，原告虽然提供了伤情照片，但不能以此认定伤情为被告殴打所致，故原告所称的家暴行为，本院难以认定。

参考案例：（2021）黑 0811 民初 282 号、（2021）豫 1528 民初 3375 号、（2021）沪 0115 民初 44056 号民事判决书

来源：中国裁判文书网

4. 双方应深刻反思，多站在对方角度考虑，正确处理家庭关系

原告脾气执拗，遇事固执己见，不想办法解决；被告对原告一味指责，不尊重体谅原告；双方互不沟通交流，对夫妻感情十分不利，双方应对各自的行为及言语进行深刻反思，多站在对方角度考虑，用心呵护夫妻感情，正确处理家庭关系，若双方在今后生活中作出有效改善，仍有和好可能。现双方分居时间较短，原告提供的证据不足以证明夫妻感情破裂，也不存在《民法典》第1079 条第 3 款规定的其他情形，故对原告要求离婚的诉讼请求不予支持。

参考案例：（2021）陕 0728 民初 96 号民事判决书

来源：中国裁判文书网

三、法院认为不存在家暴高频引用的法条

（一）实体法

1.《民法典》

第 1079 条　夫妻一方要求离婚的，可以由有关组织进行调解或者直接向人民法院提起离婚诉讼。

人民法院审理离婚案件，应当进行调解；如果感情确已破裂，调解无效的，应当准予离婚。

有下列情形之一，调解无效的，应当准予离婚：

（一）重婚或者与他人同居；

（二）实施家庭暴力或者虐待、遗弃家庭成员；

（三）有赌博、吸毒等恶习屡教不改；

（四）因感情不和分居满二年；

（五）其他导致夫妻感情破裂的情形。

一方被宣告失踪，另一方提起离婚诉讼的，应当准予离婚。

经人民法院判决不准离婚后，双方又分居满一年，一方再次提起离婚诉讼的，应当准予离婚。

2.《反家庭暴力法》

第 2 条　本法所称家庭暴力，是指家庭成员之间以殴打、捆绑、残害、限

制人身自由以及经常性谩骂、恐吓等方式实施的身体、精神等侵害行为。

（二）程序法

3.《民事诉讼法》

第 67 条　当事人对自己提出的主张，有责任提供证据。

当事人及其诉讼代理人因客观原因不能自行收集的证据，或者人民法院认为审理案件需要的证据，人民法院应当调查收集。

人民法院应当按照法定程序，全面地、客观地审查核实证据。

第四节　存在家暴，准许离婚并支持损害赔偿

一、法院认定存在家庭暴力的观点

家庭暴力是法定的离婚理由之一。当事人如果对家庭暴力行为及后果的证据进行了充分的收集，提供了多种多样的证据材料，形成比较完整的证据链条，让法官能够充分相信对方构成家庭暴力。依据《民法典》的规定，人民法院不但可以支持离婚的诉讼请求，还可以支持少量金额的离婚损害赔偿金。

二、法院认为存在家庭暴力的主要裁判理由

1. 一方存在家庭暴力，构成过错，应给对方精神损害赔偿

双方在婚内发生多次争执，引起吵架、打架，男方存在家庭暴力情形，造成女方身上多处受伤，现女方要求男方给予离婚损害赔偿符合法律规定，应当酌情予以支持。女方要求原告赔偿数额为×万元，但未举出相应的证据证明其损害数额的合理性，故根据现有有效证据和确认的事实，酌定男方给予女方损害赔偿×元，超出部分不予支持。

参考案例：（2021）豫 0823 民初 144 号民事判决书

来源：中国裁判文书网

2. 男方构成故意伤害罪，已经法院生效判决认定，故属于家庭暴力行为，应给予女方赔偿

张某主张刘某对其实施家庭暴力行为伤害了其人身权利和夫妻感情，给其精神上、肉体上都造成极大的痛苦和伤害，应赔偿其精神损害赔偿金 20 万元，鉴于刘某的故意伤害行为已经构成犯罪，且经过法院生效判决认定，故张某诉请精神损害抚慰金的请求具有事实及法律依据，具体数额本院酌情判定。

参考案例：（2016）京 0108 民初 6141 号民事判决书

来源：中国裁判文书网

3. 有报警回执，法医鉴定，人身安全保护令，保证书，证人证言等，形成证据链，证明存在家庭暴力，应给予赔偿

原告为证明被告存在家暴及婚外情的事实，提交以下证据：2011 年 4 月 29 日报警回执、2021 年 5 月 20 日报警回执、司法鉴定意见书等；（2021）粤 0105 民保令 4 号《民事裁定书》；被告向原告写的保证书；婚生子张某 2 的证言证词；被告婚外情的手机微信聊天记录与短信聊天记录；原告与被告婚外情对象的电话录音。

关于离婚损害赔偿问题。《民法典》第 1091 条规定，有下列情形之一，导致离婚的，无过错方有权请求损害赔偿：（1）重婚；（2）与他人同居；（3）实施家庭暴力；（4）虐待、遗弃家庭成员；（5）有其他重大过错。本案中，如前所述，被告确实存在家暴及婚外情的情形，故本院酌情认定被告应支付原告精神损害赔偿金 30000 元，对原告主张的超出部分本院不予支持。

参考案例：（2021）粤 0105 民初 16516 号民事判决书

来源：中国裁判文书网

三、法院认定家庭暴力高频引用的法条

（一）实体法

1. 《民法典》

第 1042 条第 3 款　禁止家庭暴力。禁止家庭成员间的虐待和遗弃。

第 1079 条　夫妻一方要求离婚的，可以由有关组织进行调解或者直接向

人民法院提起离婚诉讼。

人民法院审理离婚案件，应当进行调解；如果感情确已破裂，调解无效的，应当准予离婚。

有下列情形之一，调解无效的，应当准予离婚：

（一）重婚或者与他人同居；

（二）实施家庭暴力或者虐待、遗弃家庭成员；

（三）有赌博、吸毒等恶习屡教不改；

（四）因感情不和分居满二年；

（五）其他导致夫妻感情破裂的情形。

一方被宣告失踪，另一方提起离婚诉讼的，应当准予离婚。

经人民法院判决不准离婚后，双方又分居满一年，一方再次提起离婚诉讼的，应当准予离婚。

第 1091 条　有下列情形之一，导致离婚的，无过错方有权请求损害赔偿：

（一）重婚；

（二）与他人同居；

（三）实施家庭暴力；

（四）虐待、遗弃家庭成员；

（五）有其他重大过错。

2.《中华人民共和国反家庭暴力法》

第 2 条　本法所称家庭暴力，是指家庭成员之间以殴打、捆绑、残害、限制人身自由以及经常性谩骂、恐吓等方式实施的身体、精神等侵害行为。

（二）程序法

3.《民事诉讼法》

第 67 条　当事人对自己提出的主张，有责任提供证据。

当事人及其诉讼代理人因客观原因不能自行收集的证据，或者人民法院认为审理案件需要的证据，人民法院应当调查收集。

人民法院应当按照法定程序，全面地、客观地审查核实证据。

第五节　人身安全保护令，不以离婚为条件

一、夫妻间的互殴行为，不算家庭暴力

夫妻双方发生争执后，有时会出现一方对另一方的家暴行为，更为常见的是，双方都发生肢体冲突，也即所谓的"互殴"。互殴行为一般不算家庭暴力。

根据《反家庭暴力法》第2条的规定，家庭暴力，是指家庭成员之间以殴打、捆绑、残害、限制人身自由以及经常性谩骂、恐吓等方式实施的身体、精神等侵害行为。

夫妻间因琐事发生口角，偶发性地互有推搡或肢体接触，进行有打斗行为，互有损伤的，应认定为一般的夫妻纠纷，不能仅仅依据双方体格差异或伤情差异，就认定一方对另一方构成"家庭暴力"行为。

二、如何认定家庭暴力

一般情况下，认定构成家庭暴力行为，需要符合以下条件：

1. 施暴者和受害人都是家庭成员

家庭暴力的施暴方和受害方都是家庭成员。根据《民法典》第1045条第3款的规定，配偶、父母、子女和其他共同生活的近亲属为家庭成员。这里的近亲属关系，不仅包含依婚姻和血缘关系形成的近亲属，还包括依法律关系形成的近亲属，如已形成抚养关系的继父母子女关系，继兄弟姐妹关系等。

《最高人民法院关于办理人身安全保护令案件适用法律若干问题的规定》第4条规定，反家庭暴力法第37条规定的"家庭成员以外共同生活的人"一般包括共同生活的儿媳、女婿、公婆、岳父母以及其他有监护、扶养、寄养等关系的人。

2. 施暴者主观上有故意

家庭暴力是一种积极主动的行为，以故意施暴为特点。因精神病发作导致产生的家暴行为，因其行为在发病时不受当事人控制，只能对其精神病进行干预治疗，不能视为家暴行为。但施暴人酒后因意识不清的施暴行为，也算家暴

行为。

3. 施暴者客观上存在施暴行为

施暴者客观上实施了殴打、捆绑、残害、限制人身自由以及经常性谩骂、恐吓等相应行为。其中，殴打、捆绑、残害等暴力行为，除捆绑较好理解外，如"殴打""残害"等行为，实务中有不同理解和认识，只能通过伤害行为的方式及后果进行综合判断，如病历、伤情照片、诊断证明或伤情报告等。像限制人身自由、经常性谩骂、恐吓等行为，实务中很难举证。

《反家庭暴力法》第2条规定，家庭暴力是指家庭成员之间以殴打、捆绑、残害、限制人身自由以及经常性谩骂、恐吓等方式实施的身体、精神等侵害行为。反家庭暴力法采取的是行为要件说，不以构成伤害后果为认定要件，在一定程度上缓解了家庭暴力认定难的问题。

《最高人民法院关于办理人身安全保护令案件适用法律若干问题的规定》第3条规定，家庭成员之间以冻饿或者经常性侮辱、诽谤、威胁、跟踪、骚扰等方式实施的身体或者精神侵害行为，应当认定为反家庭暴力法第2条规定的"家庭暴力"。

不过，实务中，多数法官还是按一般侵权行为思路认定家暴行为，要求家暴行为有一定损害后果，如构成身体损伤后果或精神疾病，否则不予认定，这无疑加大了认定家暴行为的难度。其实这种要求没有法律依据，离婚诉讼中，一定要据理力争，要求不以有损害后果为前提，只要证明有家暴行为即可。下图是《司法大数据专题报告之离婚纠纷》中关于家暴方式数据：

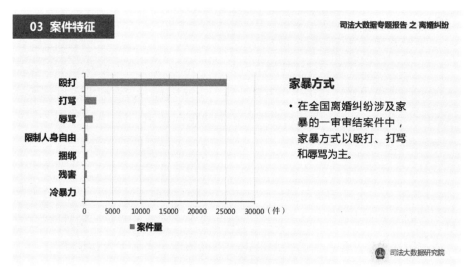

图 11.1　家暴方式案件量

三、公安机关的告诫书

《反家庭暴力法》第 15 条规定，公安机关接到家庭暴力报案后应当及时出警，制止家庭暴力，按照有关规定调查取证，协助受害人就医、鉴定伤情。第 16 条规定，家庭暴力情节较轻，依法不给予治安管理处罚的，由公安机关对加害人给予批评教育或者出具告诫书。告诫书应当包括加害人的身份信息、家庭暴力的事实陈述、禁止加害人实施家庭暴力等内容。

出现家暴行为后，受害人可以及时请求公安机关介入，情节轻微的，可以要求公安机关给施暴者出具告诫书；情节较重的，可以要求公安机关对施暴者予以治安管理处罚；伤情更为严重的，如造成伤害在轻伤及以上级别的，可以请求追究对方的刑事责任。

四、法院的人身安全保护令

根据反家庭暴力法第 23 条至第 32 条的规定，当事人因遭受家庭暴力或者面临家庭暴力的现实危险时，还可以向人民法院申请人身安全保护令。人身安全保护令案件由申请人或者被申请人居住地、家庭暴力发生地的基层人民法院管辖，人民法院受理申请后，在 72 小时内以裁定形式作出，情况紧急的，应当在 24 小时内作出。人身安全保护令可以包括下列措施：

（1）禁止被申请人实施家庭暴力；

（2）禁止被申请人骚扰、跟踪、接触申请人及其相关近亲属；

（3）责令被申请人迁出申请人住所；

（4）保护申请人人身安全的其他措施。

人身安全保护令有效期不超过 6 个月，可以申请延长或撤销。人民法院作出人身安全保护令后，应当送达申请人、被申请人、公安机关以及居民委员会、村民委员会等有关组织。人身安全保护令由人民法院执行，公安机关以及居民委员会、村民委员会等应当协助执行。因此，出现家庭暴力行为后，受害人应及时报警，请求公安机关介入，或向当地人民法院提起申请，请求法院作出人身安全保护令，这些是相对有效的公力救济途径。

不过，这些救济手段，只能短期内有一定威慑作用，公安或法院无法派员跟踪监视施暴人日常行为举止，也无法在发生家暴行为时随时出现，只能在事后惩戒或予以拘留、罚款、逮捕等。因此，从长远讲，还需要当事人自行斟酌，发生家庭暴力后，是否可以分居或提出离婚，彻底摆脱家暴的潜在风险。

五、申请人身安全保护令不依附于离婚诉讼

根据《反家庭暴力法》第 23 条的规定，当事人因遭受家庭暴力或者面临家庭暴力的现实危险，向人民法院申请人身安全保护令的，人民法院应当受理。

《最高人民法院关于办理人身安全保护令案件适用法律若干问题的规定》第 1 条规定，当事人因遭受家庭暴力或者面临家庭暴力的现实危险，依照反家庭暴力法向人民法院申请人身安全保护令的，人民法院应当受理。向人民法院申请人身安全保护令，不以提起离婚等民事诉讼为条件。

在离婚诉讼前，诉讼中，诉讼后的各个时段，只要因对方的行为导致当事人遭受家庭暴力的现实危险，均可向人民法院申请人身安全保护令，而无需依附于离婚诉讼。

实务中，因人身安全保护令有期限限制，而夫妻间共同生活是法定权利和义务。如果不打算离婚，最好通过公安机关来求助，要求公安机关出具告诫

书，可能效果更好一些；只有在打算离婚的情况下，在考虑诉前、诉中、诉后向法院申请人身安全保护令。

六、申请人身安全保护令需要符合法定条件

根据反家庭暴力法第 27 条的规定，申请人身安全保护令必须同时满足三个条件：（1）有明确的被申请人；（2）有具体的请求；（3）有遭受家庭暴力或者面临家庭暴力现实危险的情形。

其中，有遭受家庭暴力或者面临家庭暴力现实危险的情形，需要提供证据进行证明。根据《最高人民法院关于办理人身安全保护令案件适用法律若干问题的规定》第 6 条规定，以下材料可作为证据提供：

（1）当事人的陈述；

（2）公安机关出具的家庭暴力告诫书、行政处罚决定书；

（3）公安机关的出警记录、讯问笔录、询问笔录、接警记录、报警回执等；

（4）被申请人曾出具的悔过书或者保证书等；

（5）记录家庭暴力发生或者解决过程等的视听资料；

（6）被申请人与申请人或者其近亲属之间的电话录音、短信、即时通讯信息、电子邮件等；

（7）医疗机构的诊疗记录；

（8）申请人或者被申请人所在单位、民政部门、居民委员会、村民委员会、妇女联合会、残疾人联合会、未成年人保护组织、依法设立的老年人组织、救助管理机构、反家暴社会公益机构等单位收到投诉、反映或者求助的记录；

（9）未成年子女提供的与其年龄、智力相适应的证言或者亲友、邻居等其他证人证言；

（10）伤情鉴定意见；

（11）其他能够证明申请人遭受家庭暴力或者面临家庭暴力现实危险的证据。

第六节　律师提示：反对家庭暴力，是社会的共同责任

一、对家暴勇敢说不

家庭暴力行为的危害极大，一旦不能及时制止或有效规制，极有可能发展成为周期性家暴，"挨打是丑事""家丑不可外扬""自认倒霉""命苦""怕受威胁"的想法都是极其危险的。如果任由家暴发展，未来被施暴方随时有毙命风险。因此，遇到家庭暴力时，一定不可姑息忍让，不可做无助羔羊自怨自艾，而要极力自救，切实保护自己，避免更大危险发生，具体有以下路径供参考选择：

1. 找当地村委会、居委会、妇女联合会投诉和求助。要求对施暴方进行教育和劝诫。根据反家庭暴力法第 13 条的规定，家庭暴力受害人及其法定代理人、近亲属可以向加害人或者受害人所在单位、居民委员会、村民委员会、妇女联合会等单位投诉、反映或者求助。有关单位接到家庭暴力投诉、反映或者求助后，应当给予帮助、处理。

2. 打电话给派出所报案请求制止。如果你正在遭受伤害、无力自卫，可大声呼救，并打 110 电话报警。根据反家庭暴力法第 15 条的规定，公安机关接到家庭暴力报案后应当及时出警，制止家庭暴力，按照有关规定调查取证，协助受害人就医、鉴定伤情。

3. 请求公安机关介入，对加害人出具告诫书。根据反家庭暴力法第 16 条的规定，家庭暴力情节较轻，依法不给予治安管理处罚的，由公安机关对加害人给予批评教育或者出具告诫书。告诫书应当包括加害人的身份信息、家庭暴力的事实陈述、禁止加害人实施家庭暴力等内容。

4. 请求政府给予临时生活帮助。根据反家庭暴力法第 18 条的规定，县级或者设区的市级人民政府可以单独或者依托救助管理机构设立临时庇护场所，为家庭暴力受害人提供临时生活帮助。

5. 对轻伤以上行为追究对方刑事责任。轻伤案件是可自诉案件，如果当事人做了伤情鉴定，受到轻伤及以上伤害，可以到法院起诉对方犯故意伤害罪，

追究对方的刑事责任。

6. 请求人民法院作出人身安全保护令。根据反家庭暴力法第 23 条至第 32 条的规定，当事人因遭受家庭暴力或者面临家庭暴力的现实危险时，可以向人民法院申请人身安全保护令。人民法院受理申请后，在 72 小时内以裁定形式作出。情况紧急的，应当在 24 小时内作出。人身安全保护令可以包括下列措施：禁止被申请人实施家庭暴力；禁止被申请人骚扰、跟踪、接触申请人及其相关近亲属；责令被申请人迁出申请人住所；保护申请人人身安全的其他措施。

7. 如有进一步危险，远离对方，选择分居。如果受到严重暴力威胁，一定要注意保护自己，尽可能远离对方，到自己认为安全的地方，最好选择分开居住，避免承受不可预知的危险。

8. 及时去医院就诊，保留就医凭证。因家暴受伤，一定要尽快到医院诊断，向医生说明伤情原因，不要隐瞒家暴事实，要保存病历、诊断证明等，并请人拍下伤情照片，保存好以备未来作为证据提交。

9. 慎重考虑离婚事宜。家暴行为一般具有周期性和控制性，如家暴行为频率超过 2 次，为了摆脱这种不可预知的危险和痛苦，可以考虑要不要离婚，家庭暴力属于离婚的法定情形之一。

10. 索要离婚损害赔偿。根据《民法典》第 1091 条的规定，因家庭暴力导致离婚的，无过错方有权请求损害赔偿，受害人可以请求对方赔偿因伤造成的财产损失和精神损害抚慰金。

二、分居和离婚，是逃避家暴行为的有效私力救济途径

家暴行为具有明显的周期性特征，如果一个家庭的家暴行为出现两次以上，则未来继续发生家庭暴力行为的概率极高。只要双方在一起共同居住，就有面临家暴的风险。据全国妇联 2016 年统计的数据显示，在中国 2.7 亿个家庭中，有 30% 的女性曾遭受家暴行为。[①]

---

① 《女性遭遇家暴，可以向谁求救》，载最高人民检察院网站，https：//www.spp.gov.cn/llyj/201902t20190220_408533.shtml，2023 年 4 月 7 日访问。

离婚不是彻底解决家暴风险的终极方式，离婚之后，还要尽可能远离施暴者，最好少接触，少见面，必要时，在公开场所见面和沟通，不要单独接触。因为部分施暴者，在离婚后仍会对前妻纠缠不止，继续找机会施暴，以期达到继续控制的目的。不过，离婚后，施暴行为已经多有不便，想通过施暴行为达到精神控制的目的，也较难实现。

在暂时无法离婚的情况下，分居也是减少家暴行为的一种有效方式。如夫妻因感情不和长期分居，分居达到 2 年以上，就可以认定夫妻感情确已破裂，法院判决离婚的概率会高一些。

但实务中，即便原告宣称有家暴行为，大多数的婚姻还是被判决不准予离婚，原因就在于家暴行为查证极为困难，另一方又极力否认，法官不能根据伤情主观推断是另一方所为。在这种困境下，因感情不和而分居的举证，就成为家暴类案件另一个常用的离婚理由。

有时候，一些当事人出于各种目的，在法庭上作虚假陈述，不认可双方因感情不和分居，表示因其他原因（如工作、父母、孩子、就医等）而分居，甚至不认可有分居情况。这就需要人民法院结合当事人的事实陈述，分居原因，分居地点，分居时间，分居效果及其他证据综合判断。如两人分居后，一方拒绝对方进入自己房屋，对方强行进入，导致一方报警，可证明双方因感情不和而分居。分居的租房合同及租金缴纳凭证，也可以证明分居时间及分居地点。

需要注意的是，如果双方是在夫妻名下所有的不同地点的两套房屋，或者在同一套房屋的不同卧室居住，在另一方否认分居的情况下，很难证明双方已开始分居。因双方均可自由出入自己名下房屋，无法证明其实际在哪套或哪个房屋居住。故最好通过租房方式进行分居，也可避免对方有钥匙，强行进入家门，导致无法证明分居事实。

另外，双方对是否分居以及为何分居，其实彼此心知肚明，只是法官可能蒙在鼓里无法查明，但如果一方铁了心肠要离婚，长期不履行夫妻共同生活义务，也不履行经济扶助义务，甚至不再联系和沟通，老死不相往来，夫妻关系有名无实，另一方也会觉得维系这种名义夫妻关系毫无意义，从而端正解决问题的态度，正视离婚问题。

三、法院认定构成家暴行为的比例较低，注重收集证据

1. 家庭暴力举证难。以实施家庭暴力为由诉请离婚的案件中，近一半仅有受害人的自我陈述，无其他证据佐证。其余案件中，受害人虽能提供受伤照片、医院诊断证明、伤情鉴定报告、报警回执、妇联救助登记表、证人证言等证据，但当对方当事人对该类证据的真实性、合法性或证明目的不予认可时，法官多数会认为上述证据的证明力不足，从而无法确认构成家庭暴力。

2. 法官依职权调取证据可能性小。离婚案件通常适用"谁主张，谁举证"的规则，在当事人举证不能、举证不力的情况下，人民法院认定家庭暴力的比例也较低。

3. "第一次起诉不判离"的司法观念影响。离婚案件中，调解属于必经程序。感情确已破裂，是判决离婚的实体性要件。实践中，法官对家庭暴力的理解和适用仍然存在分歧，一些案件虽然调解无效，但因家庭暴力行为的认定并无客观标准，法官仍然可能会有不同理解导致判决结果不同。多数情况下，只要被告方在法庭上表示愿意痛改前非，或被告矢口否认家暴行为，且证据链条不足以完整证明被告实施了家庭暴力行为，本着"没有大矛盾，劝和不劝离，给双方一次机会"的心态，可能会判决不准离婚。

因此，以家庭暴力为由提起离婚诉讼时，证据收集至关重要。实务中，公权力机关作出的具有法律效力的文书，是认定家庭暴力较为有效的证据，如人身安全保护令、告诫书、刑事判决书、治安管理处罚决定书、伤情鉴定报告等。一旦发生家暴行为，受害人应尽快向公安机关、人民法院等部门主张权利，陈述事实，固化证据，以便提高未来离婚诉讼中证据的证明效力。

第十二章
非亲生子女赔偿案件实务精要

第一节　非亲生子女赔偿案件裁判观点一览表

常见问题	1. 情侣之间，有忠诚义务吗； 2. 孩子不是亲生的，能否要赔偿； 3. 一方不配合做亲子关系鉴定，怎么办； 4. 结婚后，已经支付的非亲生子女的抚养费，能否要求返还； 5. 离婚后，非亲生子女的抚养费问题。
人民法院裁判观点	
观点一	女方违反夫妻忠诚义务，应支付男方精神损害赔偿金。
适用情形	1. 女方有出轨行为；2. 子女非亲生孩子；3. 男方对此不知情。
主要理由	1. 夫妻应当互相忠诚，互相尊重，互相关爱； 2. 女方违反夫妻忠诚义务，亦严重违背公序良俗，给男方造成伤害，应支付精神损害赔偿金； 3. 精神损害抚慰金应根据结婚时间、抚养孩子时间、经济能力、生活水平、社会影响等综合评判，由法院酌情确定。
观点二	不属于法定过错行为，不予进行赔偿。
适用情形	1. 无法认定孩子非亲生；2. 女方不构成婚内出轨；3. 未共同生活。
主要理由	1. 男方未提交非亲生子女关系的必要证据，不能认定孩子非亲生； 2. 女方行为不符合"与他人同居"的法定情形，不支持离婚损害赔偿； 3. 法院判决双方不准许离婚，不支持赔偿； 4. 结婚后未共同生活，长期分居，未尽抚养义务，未造成精神伤害。

律师观点	
律师观点	该类案件，男方起诉离婚的情况较多。如认定为非亲子关系，人民法院在多数情况下会支持男方离婚诉请，且以女方违反忠诚义务、违背公序良俗为由，会支持男方索要精神损害赔偿金，返还孩子抚养费、教育费和医疗费的诉求。不过，精神损害赔偿金的具体数额，一般以法院酌定为准，该行为不会因此导致离婚财产分割的比例出现大幅调整。
律师提示	1. 夫妻间有忠诚义务，情侣间无法定忠诚义务，但不得违背公序良俗； 2. 法院不能强行让当事人做亲子鉴定，主张否定亲子关系的一方需提供必要证据，该必要证据多指有资质机关出具的亲子鉴定报告； 3. 如非亲子关系成立，男方不具有抚养义务，男方可主张精神损害赔偿金及要求返还已付抚养费的一半费用； 4. 精神损害赔偿金根据结婚时间，抚养孩子时间、经济能力、生活水平、社会影响等综合评判，由法院酌情确定，无法定标准。
行动建议	1. 婚姻自由，也要守护忠诚； 2. 对自己的行为负责，对孩子负责，不做生活的欺骗者； 3. 精神赔偿有价，未来生活无价。
费用分析	根据《诉讼费用交纳办法》第 13 条的规定："离婚案件每件交纳 50 元至 300 元。涉及财产分割，财产总额不超过 20 万元的，不另行交纳；超过 20 万元的部分，按照 0.5% 交纳。"
周期分析	根据《民事诉讼法》的规定，一审案件速裁程序 1 个月内审结，简易程序 3 个月内审结，普通程序 6 个月内审结，二审案件审判周期为 3 个月。一审判决后，当事人有 15 天上诉期。上诉案件送达和整理卷宗以及移交周期，一般在 1 个月内。实务中，送达时间、公告时间、评估、鉴定时间、调解时间、移送卷宗时间等不计算在审理期限内。涉外案件期间另有规定。

第二节　亲子鉴定自愿原则

一、如何做亲子鉴定

亲子鉴定是通过人类遗传标记 DNA 检测的方法，确认孩子和父亲是否存在亲子关系。亲子鉴定分为个人亲子鉴定和司法亲子鉴定。

个人亲子鉴定，只是个人知情的亲子关系鉴定，不作为司法用途的亲子鉴定，是不需要被鉴定人提供身份信息的。其鉴定结果也只是对所提供的样本负责，出具的 DNA 检测报告，即个人亲子鉴定报告，是不具有司法效力的。因此，个人亲子鉴定不需要被鉴定人一定要在鉴定中心监督下采集样本，只需要提供合格的可以用于 DNA 检测的样本即可，鉴定机构得到被鉴定人留样者的 DNA 数据，就可以分析两者的亲子关系。

司法亲子鉴定一般需要作为证据使用，因此司法亲子鉴定是一个被取证的过程。需要被鉴定人在场，由鉴定中心人员亲自监督采集样本。鉴定中心人员需要保证采集的人员样本和其证件、照片一一对应。保证出具的司法亲子鉴定报告的真实性。同时司法鉴定有备案信息，备案信息是作为司法鉴定报告提交到公检法，作为核实核对用的，保证司法亲子鉴定具有司法用途。

亲子鉴定的办理步骤：

1. 个人亲子鉴定：（1）当事人咨询了解；（2）当事人提交样本（可现场采集、自己采集）；（3）鉴定机构做 DNA 检测；（4）鉴定人员分析数据；（5）鉴定机构通知结果，发放报告。

2. 司法亲子鉴定：（1）当事人向人民法院提出鉴定申请。（2）法院准许司法鉴定。（3）通过当事人协商或人民法院摇号方式，确定司法鉴定机构。（4）鉴定机构通知当事人提交身份信息。（5）当事人向鉴定机构提交指纹和拍照。（6）鉴定机构对当事人进行现场采样。（7）鉴定机构做 DNA 检测。（8）鉴定机构审核资料，分析数据。（9）鉴定机构通知结果，向法院出具鉴定报告。

二、一方不配合做亲子关系鉴定，怎么办

实务中，因亲子鉴定对夫妻感情破坏性极大，对孩子亦可能造成情感伤害，故亲子鉴定，并非当事人提起，人民法院就会准许。人民法院一般需要申请鉴定的一方当事人，先提供必要证据证明否认或认定有亲子关系存在的依据。此处的必要证据，一般指足以使法官产生内心确信，使举证责任产生转移的证据，如血型、DNA 鉴定相符或不相符，载有父母子女关系的出生医学证明，对方与他人在特定时段同居，男女双方在特定时段有或没有同居生活等方面的证据。

根据《最高人民法院关于适用〈中华人民共和国民法典〉婚姻家庭编的解

释（一）》第 39 条第 1 款规定，父或者母向人民法院起诉请求否认亲子关系，并已提供必要证据予以证明，另一方没有相反证据又拒绝做亲子鉴定的，人民法院可以认定否认亲子关系一方的主张成立。

需要注意的是，在无证据证明亲子关系有问题的情况下，女方将孩子控制起来，不配合做亲子鉴定，此时法院不能强行要求做亲子鉴定，也不能仅以女方不同意做亲子鉴定，而推定孩子和男方不存在亲子关系。

因此，当事人一方发现可能存在非亲子关系时，不建议立即向配偶一方求证，以免因过度紧张或猜忌对夫妻感情造成伤害，可先行找有合格资质的鉴定机构问询了解，根据鉴定机构的要求和流程，采集自己和孩子样本提交，或带着孩子一起去鉴定机构采集样本，登记身份信息，得到盖章的相应鉴定报告。

需要提示的是，采集样本方式不当，可能会造成样本污染，导致结果不准确；鉴定机构和鉴定人员的资质，鉴定机构的盖章等，也是鉴定报告有效的前提。在无任何真凭实据的情况下，因怀疑或直觉去猜忌女方，很容易引发女方的情绪反感或矛盾爆发，导致对方不配合做亲子鉴定，也无法强制让对方做鉴定。

三、一方私自委托的鉴定结论，人民法院可能不予认可

具有法律资质的鉴定机构作出的亲子鉴定结果有效。夫妻双方自愿去合格资质的鉴定机构申请鉴定，得到的鉴定结论可以作为认定亲子关系的辅助证据。但如果是一方当事人单方委托鉴定，私自进行采样，作为证据提交到法庭后，法官很难判断委托人与鉴定机构间的利害关系，也无法判断采样的合规性，无法判定鉴定机构的资质和鉴定人员的专业能力，其提交的亲子鉴定结果，容易被对方当事人提出各种质疑，而被人民法院不予认可。

如司法程序中双方当事人确有需要做亲子鉴定，可经当事人申请，到司法机关认可或指定的鉴定机构去进行再次鉴定。

四、法院不能强制启动亲子鉴定

人民法院启动亲子鉴定程序，首先要有当事人一方的申请，其次要征得另一方的同意。在当事人没有申请的前提下，即使法官对案情有所怀疑，也不能

主动启动鉴定程序。实务中，有以下三种情形。

1. 可以做亲子鉴定的情形

（1）一方申请亲子鉴定，并且提供必要证据证明的，可以准许亲子鉴定；

（2）双方当事人一致同意做亲子鉴定的，应该准许。

2. 不得强制做亲子鉴定的情形

（1）一方申请亲子鉴定，虽有证据而另一方或子女否认，坚决不同意做亲子鉴定的，不能强制做亲子鉴定；

（2）一方无证据猜疑另一方作风不正，以此要求做亲子鉴定，另一方拒绝的，不得强制做亲子鉴定。

3. 无法做亲子鉴定的推定情形

根据《最高人民法院关于适用〈中华人民共和国民法典〉婚姻家庭编的解释（一）》第39条的规定，父或者母向人民法院起诉请求否认亲子关系，并已提供必要证据予以证明，另一方没有相反证据又拒绝做亲子鉴定的，人民法院可以认定否认亲子关系一方的主张成立。

此处的必要证据，实务中一般指的是有资质的鉴定机构或医学机构盖章出具的检测报告或鉴定报告。

第三节　非亲生子案件的证据准备

一、常见的证据形式

1. 结婚证

证明双方之间存在婚姻关系。

2. 出生证明

证明子女出生基本情况。

3. 亲子鉴定报告或医学证明

证明不存在亲子关系，或一方无生育能力。

4. 抚养费、医疗费、教育费等费用单据

证明实际支付的抚养费等开支。

5. 当事人陈述

证明双方的家庭矛盾情况。

二、合法的举证方式

结婚证和出生证明的证据效力，双方一般都会认可。关于相识相恋的过程，一般主要靠双方对事实的陈述和认可，分歧也较小。

是否有亲子关系，是否支付抚养费用等方面，一般会有较大争议。

1. 非亲子关系，需提供相应鉴定报告或医学证明

如要证明不存在亲子关系，需提交有鉴定资质的机构出具的亲子鉴定报告或医学证明。实务中，当事人一方往往在法庭上不配合做亲子鉴定，法院也不能强行做亲子鉴定。故在发现亲子关系存在问题时，应及时带孩子前往鉴定机构，根据机构的规定流程和要求进行亲子鉴定，最好提供身份信息，并在鉴定机构进行现场取样，核实鉴定机构的资质，并要求鉴定机构出具盖章意见，避免证据不合法而被法院不予认可。

如一方因自身原因无法生育，也应提供相应的医学证明，反证孩子不是自己所生。

2. 抚养费、医疗费、教育费等，需提供票据或银行转账流水

如需证明已经支付的抚养费、医疗费、教育费等情况，可提供相应的银行转账流水，医疗费用单据，教育费用单据等。

第四节 违反忠诚义务，支持男方索赔请求

一、法院支持男方索赔请求的观点

多数法院认为女方出轨并与他人生育子女的行为，违反夫妻忠诚义务，违背善良风俗，对男方的精神伤害较大，会支持男方的离婚诉讼请求，也支持精神损害抚慰金的请求，具体金额由法院酌定。

二、法院支持男方索赔请求的主要裁判理由

1. 非男方亲生子女，无法定抚养义务，应退还男方抚养费；违反忠诚义务，给男方造成精神伤害，应支付精神损害赔偿

夫妻之间应该相互扶助，共同承担对家庭的责任。原告任某1与被告殷某婚后感情不和，且被告又违背了夫妻应当互相忠诚原则，可以认定原告、被告夫妻感情确已破裂，原告要求与被告离婚，符合法律规定，本院予以准许。非婚生子不是原告任某1的亲生子，原告没有法定抚养的义务，应由被告殷某自行抚养。被告并应支付给原告抚养非婚生子期间4个月的抚养费酌定2000元。另被告违背夫妻互相忠诚原则，存在过错，给原告的精神造成了一定的伤害，结合本案实际情况及被告过错程度，应赔偿给原告精神损害抚慰金30000元为宜。另原告给付被告订婚彩礼共计246000元，结合本案实际情况及被告过错程度，酌定返还150000元为宜。

参考案例：（2020）豫1423民初1444号民事判决书

来源：中国裁判文书网

2. 女方违反夫妻忠诚义务，亦严重违背公序良俗，应赔偿精神损害抚慰金

依照我国《民法典》第1043条规定，夫妻应当互相忠诚，互相尊重，互相关爱的规定，以及该法第1091条规定，有配偶者与他人同居的，无过错方在离婚时有权向过错方请求损害赔偿。因孩子非男方亲生子的事实，是女方违反了夫妻相互忠诚的义务，与他人同居生子，是过错方。根据我国的善良风俗和道德评价，女方的行为给男方的人格权造成了较大侵害，在社会生活中给男方造成了较为严重的消极影响和负面评价，该损害后果是女方的过错行为所导致，女方依法应当承担损害赔偿的责任。

参考案例：（2019）鄂0281民初4881号民事判决书

来源：中国裁判文书网

3. 精神损害抚慰金应根据结婚时间，抚养孩子时间、财产情况、社会影响等综合评判

根据双方当事人的结婚时间，给付的彩礼金，依俗举办婚礼的事实，在社会和家庭中都已有一定影响，女方行为给男方造成了较大损失，是导致离婚的

关键原因，故女方对此应承担全部责任。另外，女方怀孕到分娩生子，男方对此在物质上和精神上虽有付出，但考虑到男方在小孩出生后短时间内，就知道了小孩非其亲生子的事实，时间较短，给男方在精神上造成的痛苦尚未至深。综上，本院酌情认定由女方赔偿男方精神损害抚慰金×万元。

参考案例：（2019）陕0522民初252号民事判决书

来源：中国裁判文书网

三、法院支持男方索赔请求高频引用的法条

（一）实体法

1.《民法典》

第1043条　家庭应当树立优良家风，弘扬家庭美德，重视家庭文明建设。

夫妻应当互相忠诚，互相尊重，互相关爱；家庭成员应当敬老爱幼，互相帮助，维护平等、和睦、文明的婚姻家庭关系。

第1079条　夫妻一方要求离婚的，可以由有关组织进行调解或者直接向人民法院提起离婚诉讼。

人民法院审理离婚案件，应当进行调解；如果感情确已破裂，调解无效的，应当准予离婚。

有下列情形之一，调解无效的，应当准予离婚：

（一）重婚或者与他人同居；

（二）实施家庭暴力或者虐待、遗弃家庭成员；

（三）有赌博、吸毒等恶习屡教不改；

（四）因感情不和分居满二年；

（五）其他导致夫妻感情破裂的情形。

一方被宣告失踪，另一方提起离婚诉讼的，应当准予离婚。

经人民法院判决不准离婚后，双方又分居满一年，一方再次提起离婚诉讼的，应当准予离婚。

第1091条　有下列情形之一，导致离婚的，无过错方有权请求损害赔偿：

（一）重婚；

（二）与他人同居；

（三）实施家庭暴力；

（四）虐待、遗弃家庭成员；

（五）有其他重大过错。

2. 《最高人民法院关于适用〈中华人民共和国民法典〉婚姻家庭编的解释（一）》

第 39 条 父或者母向人民法院起诉请求否认亲子关系，并已提供必要证据予以证明，另一方没有相反证据又拒绝做亲子鉴定的，人民法院可以认定否认亲子关系一方的主张成立。

父或者母以及成年子女起诉请求确认亲子关系，并提供必要证据予以证明，另一方没有相反证据又拒绝做亲子鉴定的，人民法院可以认定确认亲子关系一方的主张成立。

3. 《最高人民法院关于确定民事侵权精神损害赔偿责任若干问题的解释》

第 5 条 精神损害的赔偿数额根据以下因素确定：

（一）侵权人的过错程度，但是法律另有规定的除外；

（二）侵权行为的目的、方式、场合等具体情节；

（三）侵权行为所造成的后果；

（四）侵权人的获利情况；

（五）侵权人承担责任的经济能力；

（六）受理诉讼法院所在地的平均生活水平。

（二）程序法

4. 《民事诉讼法》

第 67 条 当事人对自己提出的主张，有责任提供证据。

当事人及其诉讼代理人因客观原因不能自行收集的证据，或者人民法院认为审理案件需要的证据，人民法院应当调查收集。

人民法院应当按照法定程序，全面地、客观地审查核实证据。

第五节　未造成精神伤害，不支持男方索赔请求

一、法院不支持男方索赔的观点

部分法院认为，虽然孩子不是亲生的，但根据案情，女方的行为不构成婚内出轨；或女方与男方共同生活时间较短，不会给男方造成太大的精神损害；或男方提供的证据，无法证明孩子不是亲生的，不符合离婚损害赔偿的法定情形，故不支持男方的精神损害赔偿金。

二、法院不支持男方索赔请求的主要裁判理由

1. 男方未提交非亲子关系的必要证据，不能认定孩子非亲生

男方提供的遗传标记检测报告，未提供检测单位的鉴定资质相关证据，且鉴定人及鉴定单位法定代表人未签字确认，男方也没有持户口本、身份证、医学出生证明，亲自带着子女到出具检测报告的单位接受采样抽血，据此，男方提供的该遗传标记检测报告备注不具有证据性，不属于《最高人民法院关于适用〈中华人民共和国民法典〉婚姻家庭编的解释（一）》第39条规定中的"已提供必要证据予以证明"的必要证据，人民法院对该证据不予采信。因孩子不是本案当事人，无法采取相应措施进行鉴定，从而导致男方与孩子是否具有亲子关系不能确定，故不能据此认定精神损害赔偿金。

参考案例：（2020）豫0823民初3155号民事判决书

来源：中国裁判文书网

2. 女方不符合"与他人同居"的法定情形，不支持男方的离婚损害赔偿

关于原告请求被告赔偿精神损害赔偿金50万元是否应予支持的问题。在婚姻存续期间，被告在外与第三者有不正当两性关系并生育男孩刘某3，没有把真实情况告知原告，被告存在违反忠诚义务的过错，但没有造成严重后果。且根据《最高人民法院关于适用〈中华人民共和国婚姻法〉若干问题的解释（一）》第2条，婚姻法第3条、第32条、第46条规定的"有配偶者与他人同居"的情形，是指有配偶者与婚外异性，不以夫妻名义，持续、稳定地共同

居住"的规定。

但原告、被告双方无充分证据显示被告存在与他人同居等婚姻法第 46 条规定的法定情节，只是有被告与他人生育子女的事实。根据《婚姻法》第 46 条"有下列情形之一，导致离婚的，无过错方有权请求损害赔偿：（一）重婚的；（二）有配偶者与他人同居的；（三）实施家庭暴力的；（四）虐待、遗弃家庭成员的"的规定。故原告请求被告精神损害赔偿金 50 万元，没有法律依据，本院不予支持。

参考案例：（2017）粤 0825 民初 673 号民事判决书

来源：中国裁判文书网

3. 孩子出生时即知晓非亲生子女，同意抚养并共同生活，未造成精神伤害，不支持精神损害赔偿

关于原告主张的精神损害赔偿 5 万元。根据本案中原告、被告陈述，原告在孙某甲出生时即明确知晓孙某甲非其亲生子女的事实，但之后仍为孙某甲办理了其作为父亲的出生医学证明及户籍登记，并与被告及孙某甲共同生活，因此原告主张孙某甲非其生育子女而对其造成精神损害，证据不足，本院不予支持。

参考案例：（2017）鲁 0103 民初 6317 号民事判决书

来源：中国裁判文书网

三、法院不支持男方索赔请求高频引用的法条

（一）实体法

1. 《民法典》

第 1079 条 夫妻一方要求离婚的，可以由有关组织进行调解或者直接向人民法院提起离婚诉讼。

人民法院审理离婚案件，应当进行调解；如果感情确已破裂，调解无效的，应当准予离婚。

有下列情形之一，调解无效的，应当准予离婚：

（一）重婚或者与他人同居；

（二）实施家庭暴力或者虐待、遗弃家庭成员；

（三）有赌博、吸毒等恶习屡教不改；

（四）因感情不和分居满二年；

（五）其他导致夫妻感情破裂的情形。

一方被宣告失踪，另一方提起离婚诉讼的，应当准予离婚。

经人民法院判决不准离婚后，双方又分居满一年，一方再次提起离婚诉讼的，应当准予离婚。

第1091条　有下列情形之一，导致离婚的，无过错方有权请求损害赔偿：

（一）重婚；

（二）与他人同居；

（三）实施家庭暴力；

（四）虐待、遗弃家庭成员；

（五）有其他重大过错。

2.《最高人民法院关于适用〈中华人民共和国民法典〉婚姻家庭编的解释（一）》

第2条　民法典第一千零四十二条、第一千零七十九条、第一千零九十一条规定的"与他人同居"的情形，是指有配偶者与婚外异性，不以夫妻名义，持续、稳定地共同居住。

第87条　承担民法典第一千零九十一条规定的损害赔偿责任的主体，为离婚诉讼当事人中无过错方的配偶。

人民法院判决不准离婚的案件，对于当事人基于民法典第一千零九十一条提出的损害赔偿请求，不予支持。

在婚姻关系存续期间，当事人不起诉离婚而单独依据民法典第一千零九十一条提起损害赔偿请求的，人民法院不予受理。

（二）程序法

3.《民事诉讼法》

第67条　当事人对自己提出的主张，有责任提供证据。

当事人及其诉讼代理人因客观原因不能自行收集的证据，或者人民法院认为审理案件需要的证据，人民法院应当调查收集。

人民法院应当按照法定程序，全面地、客观地审查核实证据。

第六节　律师提示：非亲生子女，无义务支付抚养费

一、情侣间有无相互忠诚义务

法律只规定了夫妻间有相互忠诚义务。结婚之前，同居关系期间，情侣之间有忠诚义务吗？

法律对此没有规定。根据"法无明文禁止即可为"和"私法意思自治"的原则，婚前性行为，是当事人自由选择的结果，没有被法律禁止，也没有被法律限制，当事人对自己选择的行为产生的后果负责。

情侣之间的婚前性行为，法律不禁止也不提倡，情侣之间的忠诚义务，法律不强加也不约束，法律只是最低限度的道德要求，不对人们自由、自愿的行为做过多干预。但情侣之间的不忠行为，如果伤害到其他人，或影响到整个社会秩序，法律可能会介入调整。

情侣间的不忠行为，如果没有破坏法律的基本原则，也没有动摇婚姻关系或社会秩序，我们只能对其进行道德评价，不能进行法律制裁。如果情侣关系突破法律设置的道德底线，威胁或影响到婚姻关系的稳定或亲子关系的紊乱，则一定会被法律所规制。

婚后与第三方异性生子，违反夫妻忠诚义务，为法律所禁止。但婚前与第三人发生性行为造成怀孕，隐瞒孕情与第三方结婚，婚后产子，老公在不知情的情况下，视为亲生子抚养教育，这种行为，是否被法律禁止？

笔者认为，虽然法律没有禁止婚前性行为，对个人隐私权也予以保护，夫妻双方均无披露婚前性行为和性历史的义务。但对配偶一方权利义务有重大影响的事宜，应进行必要告知，否则隐瞒实情的配偶一方，应承担因隐瞒行为带来的损失赔偿责任。

非亲生子的隐瞒行为，属于对配偶方有重大影响的事实之一，至少会对婚姻家庭和社会秩序产生以下三方面的破坏：

（1）非生父承担了法定义务。父母和子女之间有法律上的权利义务关系，父母对未成年子女有抚养、教育和保护义务，有法定监护职责或代为承担责任义务，有支付抚养费、教育费、医疗费的法定义务。非亲子关系的隐瞒，会导致非生父对非亲子承担额外的义务。

（2）非亲子享有了法定权利。父母和子女间有相互继承权，特定情形下的监护权和财产代管权。非亲子关系的隐瞒，会导致非亲子获得额外的权利。当然，如果隐瞒，其也需承担相应的赡养义务。

（3）男方亲属关系发生紊乱。婚姻家庭中，很多权利和义务及于近亲属，如禁止近亲结婚，第二顺位继承人的选择，第二顺位监护人的选择，代位继承，转继承等，在以男性为主划分亲属关系的社会中，非亲子的出现，会对男方的人身和财产关系发生多方面影响。

当然，法律保护秩序的同时，也尊重当事人的选择。如果女方在婚前与第三人怀孕，将实情和盘托出，男方知情并认可，同意与女方结婚并一起抚养孩子，法律并不禁止，如同法律支持收养关系一样。此时男方不能以此为由在离婚时索要精神损害赔偿。

二、离婚时，已付非亲生子的抚养费能否要求返还

父母对子女有法定抚养义务，但前提是子女属于自己的亲生子女或收养子女。对不具有血缘关系的非亲生子或非收养子，男方并无抚养义务，故在婚姻关系存续期间，因非亲生子支付的抚养费、教育费、医疗费等各种费用，男方有权利要求返还。

不过，夫妻关系存续期间取得的财产，除非另有约定，一般属于夫妻双方共同财产，故男方要求返还的数额，为各种已付抚养费用的一半。

如双方对孩子已付抚养费用难以计算的，法院也可以参照当地上一年度的人均可支配收入、夫妻双方的收入水平，以及孩子生活教育抚养的必要性开支等，酌情确定一个返还数额。

三、离婚后，非亲生子的抚养费问题

非亲生子与男方不具有法律上的父子关系，男方无抚养孩子的法定义务，

离婚后可不抚养孩子，无须支付孩子的抚养费，自然也无权利探望孩子。孩子可以判归女方自行抚养。

女方可自行抚养，如知晓孩子的生父是谁，也可向孩子的亲生父亲主张抚养费，但需提供证据证明孩子和生父之间的亲子关系。主张抚养费时，由母亲以孩子名义，作为法定监护人和法定代理人，向生父主张。孩子如果已成年，则无法主张抚养费。

当然，孩子毕竟是无辜的，大人的过错不应及于孩子的未来。如果男方与孩子建立起感情，男方同意支付孩子抚养费，女方也同意男方探望孩子，法律对此并不禁止，这也是一种难得的珍贵感情。

四、精神赔偿有价，未来生活无价

精神伤害后果及损失虽无形，且难以估量，但精神赔偿金是有价的。根据《最高人民法院关于确定民事侵权精神损害赔偿责任若干问题的解释》第5条规定，精神损害的赔偿数额根据以下因素确定：（1）侵权人的过错程度，但是法律另有规定的除外；（2）侵权行为的目的、方式、场合等具体情节；（3）侵权行为所造成的后果；（4）侵权人的获利情况；（5）侵权人承担责任的经济能力；（6）受理诉讼法院所在地的平均生活水平。

实务中，精神损害赔偿金并无法定标准，多数由人民法院承办法官进行酌定，法官有很大主观性和自由裁量权，结合实务案例看，超过10万元的精神损害赔偿金非常少。总体讲，精神损害赔偿的金额，不但有价，还有上限，与当事人的经济承受能力和社会认知及接受度有关。

不过，未来生活是无价的，家庭解体后，还要抚平创伤，继续生活，抚养孩子。一段婚姻解体后，最重要的是迅速调整自己的心态和情绪，从之前的状态中走出来。毕竟，婚姻不是生活的全部，有劳动能力的成年人，离开任何人都可以活下去，一个人的开心也很重要，重获精神和时间的自由，也许会给未来带来更好的收获和体验，回味过去没有意义，告别过去，才能更好地追求未来。

第十三章
子女抚养权案件实务精要

第一节 子女抚养权案件裁判观点一览表

常见问题	1. 人工授精生育的子女，如何抚养； 2. 抚养费一般包含哪些费用； 3. 2 周岁内的孩子，什么情况下可由父亲抚养； 4. 父母能不能不支付抚养费； 5. 什么情况下能要求对方一次性支付子女抚养费； 6. 探视权如何约定和进行主张。
人民法院裁判观点	
观点一	孩子归男方抚养。
适用情形	1. 孩子同意男方抚养；2. 孩子长期与男方生活；3. 女方抚养条件较差。
主要理由	1. 不影响孩子生活习惯和成长环境，由经常抚养方抚养； 2. 尊重当事人协商一致意见，由男方抚养； 3. 尊重孩子意愿，由男方抚养； 4. 女方离家出走，杳无音讯，孩子随男方生活，由男方抚养为宜； 5. 因女方抚养能力和条件问题等，由男方抚养为宜。
观点二	孩子归女方抚养。
适用情形	1. 孩子同意女方抚养；2. 女方长期与孩子生活；3. 男方抚养条件较差。
主要理由	1. 不影响孩子生活习惯和成长环境，由经常抚养方抚养； 2. 尊重当事人协商一致的意见，由女方抚养； 3. 考虑孩子年龄和孩子意愿，由女方抚养为宜； 4. 因男方抚养条件问题，由女方抚养更为适宜； 5. 男方下落不明，孩子由女方抚养为宜。
更少观点	分别抚养或轮流抚养。

续表

适用情形	1. 多个子女；2. 双方均争夺抚养权；3. 抚养条件基本相同。
主要理由	多个子女，分别抚养，互不承担子女抚养费； 多个子女，根据各自情况及子女意愿，分别抚养； 双方抚养条件基本相同，均坚持抚养，故双方轮流抚养。
律师观点	
律师观点	子女抚养是父母的法定义务，无论是否离婚，无论是否有收入，父母均应承担抚养子女义务。抚养子女权属，法院一般主要考虑对子女利益最大化的原则。一般情况下，子女会因年龄分为三个阶段：2 岁之前；2 岁到 8 岁之间；8 岁以上。不同年龄阶段，抚养权可能的归属各有不同。 当然，凡事皆有例外。只要父母真心愿意抚养子女，也能证明有抚养能力，原则上，都有可能争取到子女抚养权。
律师提示	1. 抚养子女为法定义务，父母不能以任何理由拒绝支付子女抚养费； 2. 谁实际抚养孩子，谁照顾孩子更多，谁更可能获得孩子抚养权； 3. 抚养费包含生活费、教育费、医疗费等费用，但不包括超出常规生活、常规教育、常规医疗范围的费用，如国外医疗等费用； 4. 索要抚养费的主体是孩子，不是大人，大人只能作为法定代理人； 5. 父母不得因子女变更姓氏而拒付子女抚养费，但可以要求恢复姓氏。
行动建议	1. 孩子的抚养权，最好协商解决，否则执行会困难重重，后患不断； 2. 离婚必然会对孩子产生不利影响，不要忽视孩子感受，离婚要慎重； 3. 变更孩子抚养权难上加难，一旦放手，就要学会接受和尊重选择。
费用分析	根据《诉讼费用交纳办法》第 13 条的规定："离婚案件每件交纳 50 元至 300 元。涉及财产分割，财产总额不超过 20 万元的，不另行交纳；超过 20 万元的部分，按照 0.5% 交纳。"
周期分析	根据《民事诉讼法》的规定，一审案件速裁程序 1 个月内审结，简易程序 3 个月内审结，普通程序 6 个月内审结，二审案件审判周期为 3 个月。一审判决后，当事人有 15 天上诉期。上诉案件送达和整理卷宗以及移交周期，一般在 1 个月内。实务中，送达时间、公告时间、评估、鉴定时间、调解时间、移送卷宗时间等不计算在审理期限内。涉外案件期间另有规定。

第二节　影响获得孩子抚养权的九大因素

一、父母意愿

离婚案件中，只要有未成年子女的情况，父母双方都需要向法庭陈述对孩子的抚养意愿和诉求，有时双方也能够协商一致。法院会充分尊重当事人的意思自治行为，只要夫妻双方协商一致，且对孩子成长无明显不利情形，法院会尊重当事人意愿，就子女抚养问题协商一致的内容，作出相应一致内容的判决结果。

二、孩子年龄

根据《民法典》第 1084 条第 3 款的规定，不满 2 周岁的孩子，原则上归母亲一方抚养。在 2 周岁前，因哺育、抚养、照顾等生活原因及生活习惯，孩子对母亲的依赖程度，要远远高于对父亲的依赖程度，故 2 周岁以下的孩子，在双方无法协商一致的情况下，法院一般会判归女方抚养。

三、孩子意愿

根据《民法典》第 1084 条第 3 款的规定，孩子年满 8 周岁的，确定抚养权时，需要考虑孩子的真实意愿，需要询问孩子想要随父或母哪一方共同生活居住，并尊重孩子的选择。

四、抚养孩子的生活环境

根据《最高人民法院关于适用〈中华人民共和国民法典〉婚姻家庭编的解释（一）》第 46 条第 2 项的规定，对已满 2 周岁的未成年子女，父母均要求直接抚养，一方有下列情形之一的，可予优先考虑……子女随其生活时间较长，改变生活环境对子女健康成长明显不利……

抚养权的归属，一般主要考虑有利于孩子成长的原则，以上条款虽指的是 2 周岁以内未成年子女的抚养权问题，但对 2 周岁以上的未成年子女，也同样适用。出于保护孩子原生活、成长和学习环境的需要，人民法院一般以最小变动周围环境为原则，在诉讼前的一段时间内，如孩子跟随母亲生活居住时间较多，则判归母亲的可能性较大；反之，如孩子主要跟随父亲共同生活，则判归父亲抚养的可能性较大。

实务中，受父母双方双职工影响，男女双方忙于工作，在工作日无时间照顾和接送孩子上下学，孩子跟随爷爷奶奶或姥姥姥爷生活的情况也较为普遍。

根据《最高人民法院关于适用〈中华人民共和国民法典〉婚姻家庭编的解释（一）》第47条的规定，父母抚养子女的条件基本相同，双方均要求直接抚养子女，但子女单独随祖父母或者外祖父母共同生活多年，且祖父母或者外祖父母要求并且有能力帮助子女照顾孙子女或者外孙子女的，可以作为父或者母直接抚养子女的优先条件予以考虑。

故法官也会考虑实际抚养人情况，如平常主要是由爷爷奶奶抚养的，则孩子判归男方抚养概率较高；如平常是由姥姥姥爷抚养的，则判归女方抚养概率较高。

如孩子平常由父母双方抚养，离婚必然导致抚养环境被破坏，此时只能结合其他因素综合考虑。

五、双方抚养条件

父母双方的抚养能力与条件，也是重点参考因素。父母双方的工作单位是否稳定、学历高低、收入水平、经济状况、身体状况、精神状况、有无独立居住房屋、户籍、职业性质、自由时间等，都可能成为影响孩子抚养权的因素。

例如，没有稳定工作、学历较低、收入较低、家庭经济状况较差、无固定居住房屋（租房住）的一方，离婚后，可能因经济条件等影响孩子正常的生活和学习，其争取抚养权的难度就会相对较大。

反之，有稳定工作，稳定收入，固定居所，较好家庭经济条件，较高学历的人员，在抚养孩子方面，客观条件可能更胜一筹，获得抚养权的机会更大一些。

根据《最高人民法院关于适用〈中华人民共和国民法典〉婚姻家庭编的解释（一）》第46条第4项的规定，对已满2周岁的未成年子女，父母均要求直接抚养，一方有下列情形之一的，可予优先考虑……子女随其生活，对子女成长有利，而另一方患有久治不愈的传染性疾病或者其他严重疾病，或者有其他不利于子女身心健康的情形，不宜与子女共同生活。

因此，双方各自抚养孩子的客观条件以及对孩子抚养的有利方面和不利方面，在争取孩子抚养权时，需要详细展现。

六、生育能力

男女双方，如一方已经丧失生育能力，且主张孩子抚养权的，另一方仍有生育能力和生育条件，人民法院会倾向于考虑将孩子抚养权判归没有生育能力的一方所有。

根据《最高人民法院关于适用〈中华人民共和国民法典〉婚姻家庭编的解释（一）》第46条第1项的规定，对已满2周岁的未成年子女，父母均要求直接抚养，已做绝育手术或者因其他原因丧失生育能力的，可予优先考虑。

对2周岁以上未成年子女抚养权的确定，上述规定依然有参考意义。

七、是否有多个子女

如双方只有一个子女，子女的抚养权一般只能判归一方所有。《民法典》实施后，法律创造性地提出了双方可轮流抚养的规定，多了一种抚养方案。因此，只有一个孩子的父母，可以主张轮流抚养孩子。

如当事人有多个子女，双方均主张多个孩子的抚养权，多数情况下，法院不会将多个孩子的抚养权判归一方所有，而会倾向于将多个孩子分别判归两方各自抚养，双胞胎也不例外，除非另一方有不适合抚养孩子的疾病或恶习。

根据《最高人民法院关于适用〈中华人民共和国民法典〉婚姻家庭编的解释（一）》第46条第3项的规定，对已满2周岁的未成年子女，父母均要求直接抚养，无其他子女，而另一方有其他子女的，可予优先考虑。

对2周岁以上未成年子女抚养权的确定，上述规定依然有参考意义。具体哪个孩子判归哪一方抚养，主要看双方协商的意见，如双方无法协商一致，人民法院会参考性别、年龄、抚养环境、经济状况等其他因素。

八、双方性别

出于性别的不同和照顾孩子成长的便利性，人民法院一般遵从男孩倾向由男方抚养，女孩倾向由女方抚养的惯例。

不过实务中，除非父或母有重大的恶劣情形，如性侵、猥亵等与性和身体有关的犯罪或其他不法行为，否则此因素在抚养权争议中，考虑占比较低。

九、不利于孩子成长的情形

如一方有家庭暴力，虐待、遗弃家庭成员的严重过错行为，或有赌博、吸毒、酗酒等恶习，或有难以治愈的精神类疾病，或因刑事犯罪被羁押在监狱，或因职业原因等长期出差或驻扎在外地，或因离家出走下落不明，或失踪，或残疾等各种情形，都可能无法给孩子一个稳定、安全、健康、陪伴的成长环境和学习环境，导致其获得抚养权的概率明显降低。

第三节　争取孩子抚养权的证据准备

一、常见的证据形式

1. 结婚证

证明双方之间存在婚姻关系。

2. 出生证明

证明子女出生基本情况。

3. 当事人陈述及文件

证明双方相识、相恋过程及抚养孩子的各自条件及能力情况。

二、合法的举证方式

关于孩子抚养的情况及抚养孩子的能力和条件等方面，一般会存有较大争议。有利于孩子抚养权争取的证据，一般有以下几种。

1. 收入证明、工作证明、房产证明、户籍证明、身体状况证明

证明自己有足够的抚养能力和抚养条件，可以很好地抚养子女，给子女提供较好的生活、学习等条件。同时，也可通过对方的工作、收入、房产、身体状况等，反证证明对方不具备很好抚养孩子的能力和条件。

2. 交费证明，签字证明，陪伴孩子学习、活动照片等

证明自己有抚养孩子的实际行为。例如，自己负责交纳孩子学费，负责辅导孩子作业，负责签署孩子各种需要家长签字的文件或功课作业，与孩子参加各种校内校外活动，证明自己抚养照顾孩子学习、生活较多。

3. 对方对孩子有家庭暴力、虐待、遗弃行为

证明一方存在对孩子的错误行为或伤害行为，对孩子的抚养成长不利。

4. 对方有赌博、吸毒等恶习，不利于孩子成长

证明一方有不良恶习，对孩子健康成长不利。需要提示的是，一方有家庭暴力，如并非对孩子使用家庭暴力，一般不会因此导致其抚养权的丧失；一方存在出轨等行为，与孩子的抚养权也关联性不大。孩子的抚养，主要还是看是否有利于孩子成长，孩子的原抚养成长环境是否会发生重大变化，以及孩子的年龄、主观意愿等。

5. 孩子的书面、录音、录像意见等

人民法院在处理抚养问题上，会认真听取8周岁以上孩子的意见，并做笔录入卷。离婚前或离婚过程中，做好孩子思想工作，使孩子愿意随自己生活尤为重要。8周岁以上的孩子，对于离婚的含义及后果都基本了解，虽然会对其造成伤害，但伤害避免不了，询问孩子的真实意愿，由孩子自行选择对其成长最为有利的一方抚养，也算是对孩子的一种补救和尊重。

在离婚诉讼中，询问孩子意见，一般由法官进行主导。法官可以去家里、学校里核实孩子意见，也可要求家长把孩子带至法庭，单独询问孩子意见。具体方法由法官自行决定。

第四节　法院判归男方抚养子女的裁判理由

一、法院判归男方抚养子女的观点

孩子在 2 岁至 8 岁期间，男女双方均有获得孩子抚养权的机会。实务中，人民法院判决孩子归男方抚养的比例，略微高于归女方抚养的比例，这和男女地位平等及男女双方经济能力差距缩小相关。虽然较多数人民法院判决孩子归男方抚养，但该类判决中，女方放弃抚养权、同意男方抚养的占比相对较高。因此，子女抚养问题，更多体现的是一种双方一致意思的表示。

二、法院判归男方抚养子女的主要裁判理由

1. 男方是经常抚养方，由男方抚养，不影响孩子的生活习惯和成长环境

关于子女抚养问题，本院认为，男方及其家人对孩子照顾较多，且夫妻双方分居期间，婚生女一直随男方及其亲属共同生活，从有利于子女身心健康，保障子女的合法权益出发，婚生女归男方抚养更有利于孩子的成长。

参考案例：（2021）甘 2921 民初 3134 号民事判决书

来源：中国裁判文书网

2. 尊重当事人协商一致意见，由男方抚养

双方之子现随男方生活，孩子已经习惯了现在的生活模式，由男方抚养更有利于小孩的成长；另外，女方在庭审中表示同意孩子由男方抚养，男方也要求抚养孩子，本院尊重双方当事人的意愿，支持小孩由男方抚养。

参考案例：（2021）辽 0103 民初 9337 号民事判决书

来源：中国裁判文书网

3. 尊重孩子意愿，由男方抚养

被告（女方）主张抚养子女的请求，因子女超过 8 周岁，经征求子女的意见，孩子明确表示与原告（男方）共同生活，故女方的该主张本院不予支持。一方抚养子女，另一方承担抚养费，故男方要求女方承担孩子抚养费的请求成立，本院予以支持。

参考案例：（2021）甘 2921 民初 1758 号民事判决书

来源：中国裁判文书网

4. 女方离家出走杳无音信，孩子随男方生活，由男方抚养更宜

双方虽登记结婚，且生育孩子，但女方于××年××月离家出走，杳无音信两年以上，导致夫妻关系名存实亡，故男方要求与女方离婚的理由成立，本院予以支持。孩子一直随男方抚养，已适应其生活环境，故男方要求抚养孩子的理由成立，本院予以支持。一方抚养孩子，另一方应当负担部分孩子抚养费，故男方要求女方给付孩子抚养费的理由成立，本院予以支持。

参考案例：（2020）甘 2921 民初 2072 号民事判决书

来源：中国裁判文书网

三、法院判归男方抚养子女高频引用的法条

（一）实体法

1. 《民法典》

第 1058 条　夫妻双方平等享有对未成年子女抚养、教育和保护的权利，共同承担对未成年子女抚养、教育和保护的义务。

第 1084 条　父母与子女间的关系，不因父母离婚而消除。离婚后，子女无论由父或者母直接抚养，仍是父母双方的子女。

离婚后，父母对于子女仍有抚养、教育、保护的权利和义务。

离婚后，不满两周岁的子女，以由母亲直接抚养为原则。已满两周岁的子女，父母双方对抚养问题协议不成的，由人民法院根据双方的具体情况，按照最有利于未成年子女的原则判决。子女已满八周岁的，应当尊重其真实意愿。

第 1085 条　离婚后，子女由一方直接抚养的，另一方应当负担部分或者全部抚养费。负担费用的多少和期限的长短，由双方协议；协议不成的，由人民法院判决。

前款规定的协议或者判决，不妨碍子女在必要时向父母任何一方提出超过协议或者判决原定数额的合理要求。

第 1086 条　离婚后，不直接抚养子女的父或者母，有探望子女的权利，

另一方有协助的义务。

行使探望权利的方式、时间由当事人协议；协议不成的，由人民法院判决。

父或者母探望子女，不利于子女身心健康的，由人民法院依法中止探望；中止的事由消失后，应当恢复探望。

2.《最高人民法院关于适用〈中华人民共和国民法典〉婚姻家庭编的解释（一）》

第 42 条　民法典第一千零六十七条所称"抚养费"，包括子女生活费、教育费、医疗费等费用。

第 44 条　离婚案件涉及未成年子女抚养的，对不满两周岁的子女，按照民法典第一千零八十四条第三款规定的原则处理。母亲有下列情形之一，父亲请求直接抚养的，人民法院应予支持：

（一）患有久治不愈的传染性疾病或者其他严重疾病，子女不宜与其共同生活；

（二）有抚养条件不尽抚养义务，而父亲要求子女随其生活；

（三）因其他原因，子女确不宜随母亲生活。

第 45 条　父母双方协议不满两周岁子女由父亲直接抚养，并对子女健康成长无不利影响的，人民法院应予支持。

第 46 条　对已满两周岁的未成年子女，父母均要求直接抚养，一方有下列情形之一的，可予优先考虑：

（一）已做绝育手术或者因其他原因丧失生育能力；

（二）子女随其生活时间较长，改变生活环境对子女健康成长明显不利；

（三）无其他子女，而另一方有其他子女；

（四）子女随其生活，对子女成长有利，而另一方患有久治不愈的传染性疾病或者其他严重疾病，或者有其他不利于子女身心健康的情形，不宜与子女共同生活。

第 47 条　父母抚养子女的条件基本相同，双方均要求直接抚养子女，但子女单独随祖父母或者外祖父母共同生活多年，且祖父母或者外祖父母要求并且有能力帮助子女照顾孙子女或者外孙子女的，可以作为父或者母直接抚养子女的优先条件予以考虑。

第 49 条　抚养费的数额，可以根据子女的实际需要、父母双方的负担能力和当地的实际生活水平确定。

有固定收入的，抚养费一般可以按其月总收入的百分之二十至三十的比例给付。负担两个以上子女抚养费的，比例可以适当提高，但一般不得超过月总收入的百分之五十。

无固定收入的，抚养费的数额可以依据当年总收入或者同行业平均收入，参照上述比例确定。

有特殊情况的，可以适当提高或者降低上述比例。

（二）程序法

3.《民事诉讼法》

第 67 条　当事人对自己提出的主张，有责任提供证据。

当事人及其诉讼代理人因客观原因不能自行收集的证据，或者人民法院认为审理案件需要的证据，人民法院应当调查收集。

人民法院应当按照法定程序，全面地、客观地审查核实证据。

第五节　法院判归女方抚养子女的裁判理由

一、法院判归女方抚养子女的观点

部分法院会根据案情及孩子的实际情况，将孩子判归女方抚养。此种情况下，多数是双方协商一致；或者因孩子长期与女方一起共同生活，不想改变孩子生活现状；或孩子小于 2 周岁；或孩子虽然大于 8 周岁，但明确表示愿意与母亲共同居住等情形，法官认为女方抚养孩子，更有利于保障孩子的权利和利益。

二、法院判归女方抚养子女的主要裁判理由

1. 不影响孩子生活习惯和成长环境，由经常抚养方抚养

父母与子女之间的关系，不因父母离婚而消除。离婚后，子女无论由父或

母直接抚养，仍是父母双方的子女，子女随谁生活，要从有利于子女身心健康成长的原则予以考量。

本院根据双方的具体情况，本着有利于子女健康成长的原则，认为婚生女随原告（女方）生活较为适宜。因孩子年龄尚小，出生后一直由原告照顾其生活，原告、被告分居后，孩子随原告和外祖父母生活，若由原告直接抚养，更有利于子女成长，故原告要求婚生女由自己抚养的诉讼请求，本院依法予以支持。

被告应当依法承担抚养子女的义务，被告应当支付生活费、教育费、医疗费，给付生活费的数额，根据《最高人民法院关于适用〈中华人民共和国民法典〉婚姻家庭编的解释（一）》第49条第2款"有固定收入的，抚养费一般可以按其月总收入的百分之二十至三十的比例给付。负担两个以上子女抚养费的，比例可以适当提高，但一般不得超过月总收入的百分之五十"的规定，本院根据孩子的实际需要，被告的给付能力以及当地的生活水平，予以酌情确定为×××元，教育费、医疗费由原告、被告平等承担。

参考案例：（2021）川3401民初6120号民事判决书

来源：中国裁判文书网

2. 尊重当事人协商一致的意见，由女方抚养

原告、被告均认为夫妻感情已破裂，应准予离婚。孩子双方均同意由原告徐某某（女方）抚养，应准予。李某（男方）给付孩子的抚养费数额，根据孩子的生活情况和李某的收入状况确定为每月700元为宜。

参考案例：（2020）甘0302民初1031号民事判决书

来源：中国裁判文书网

3. 考虑孩子年龄和孩子意愿，由女方抚养为宜

女方要求两名子女归其抚养，考虑女儿年纪尚幼，应随母亲生活为宜，又因经法庭询问，婚生子表示愿意随母亲共同生活，亦表示平日母亲对其照顾较多，且两子女在一起共同生活会更有利于孩子健康成长，故原告、被告婚生子女均由其母亲负责抚养，由被告承担抚育费为宜。

参考案例：（2021）内0526民初3921号民事判决书

来源：中国裁判文书网

4. 多个子女，根据情况及子女意愿，分别抚养

原告、被告婚后生育一子一女，原告要求与被告分别抚养子女，各自承担抚养费用，因婚生子一直随被告生活，婚生女现在随原告生活，本院调查原告父母时表示愿意帮助原告抚养子女。综合本案实际情况，双方均有一定的抚养能力，由双方各自抚养一个子女较为适宜，故对原告抚养子女的意见，本院予以支持。

参考案例：（2022）陕 0728 民初 84 号民事判决书

来源：中国裁判文书网

5. 男方下落不明，孩子由女方抚养为宜

根据我国《民事诉讼法》的规定，当事人有答辩并对对方当事人提交的证据进行质证的权利，本案被告（男方）经本院合法传唤，无正当理由拒不出庭应诉，视为其放弃了答辩和质证的权利。本院根据原告（女方）提交的证据，对原告提供的案件事实，予以认定。本案原告、被告虽自愿登记结婚，但婚后因感情不和，并分居已满 2 年，且被告离家后至今未归，并有被告母亲及继父陈述为凭，现夫妻感情已经破裂，故原告离婚之诉讼请求，本院予以支持。关于原告主张婚生男孩归原告抚养一节，因婚生男孩现随原告共同生活，且被告下落不明，无法联系，婚生子女由原告抚养为宜，故本院对原告的诉讼请求，予以支持。

参考案例：（2021）辽 0115 民初 1060 号民事判决书

来源：中国裁判文书网

三、法院判归女方抚养子女高频引用的法条

（一）实体法

1.《民法典》

第 1058 条　夫妻双方平等享有对未成年子女抚养、教育和保护的权利，共同承担对未成年子女抚养、教育和保护的义务。

第 1084 条　父母与子女间的关系，不因父母离婚而消除。离婚后，子女无论由父或者母直接抚养，仍是父母双方的子女。

离婚后，父母对于子女仍有抚养、教育、保护的权利和义务。

离婚后，不满两周岁的子女，以由母亲直接抚养为原则。已满两周岁的子女，父母双方对抚养问题协议不成的，由人民法院根据双方的具体情况，按照最有利于未成年子女的原则判决。子女已满八周岁的，应当尊重其真实意愿。

第 1085 条　离婚后，子女由一方直接抚养的，另一方应当负担部分或者全部抚养费。负担费用的多少和期限的长短，由双方协议；协议不成的，由人民法院判决。

前款规定的协议或者判决，不妨碍子女在必要时向父母任何一方提出超过协议或者判决原定数额的合理要求。

2.《最高人民法院关于适用〈中华人民共和国民法典〉婚姻家庭编的解释（一）》

第 42 条　民法典第一千零六十七条所称"抚养费"，包括子女生活费、教育费、医疗费等费用。

第 46 条　对已满两周岁的未成年子女，父母均要求直接抚养，一方有下列情形之一的，可予优先考虑：

（一）已做绝育手术或者因其他原因丧失生育能力；

（二）子女随其生活时间较长，改变生活环境对子女健康成长明显不利；

（三）无其他子女，而另一方有其他子女；

（四）子女随其生活，对子女成长有利，而另一方患有久治不愈的传染性疾病或者其他严重疾病，或者有其他不利于子女身心健康的情形，不宜与子女共同生活。

第 47 条　父母抚养子女的条件基本相同，双方均要求直接抚养子女，但子女单独随祖父母或者外祖父母共同生活多年，且祖父母或者外祖父母要求并且有能力帮助子女照顾孙子女或者外孙子女的，可以作为父或者母直接抚养子女的优先条件予以考虑。

第 49 条　抚养费的数额，可以根据子女的实际需要、父母双方的负担能力和当地的实际生活水平确定。

有固定收入的，抚养费一般可以按其月总收入的百分之二十至三十的比例给付。负担两个以上子女抚养费的，比例可以适当提高，但一般不得超过月总收入的百分之五十。

无固定收入的，抚养费的数额可以依据当年总收入或者同行业平均收入，参照上述比例确定。

有特殊情况的，可以适当提高或者降低上述比例。

第52条　父母双方可以协议由一方直接抚养子女并由直接抚养方负担子女全部抚养费。但是，直接抚养方的抚养能力明显不能保障子女所需费用，影响子女健康成长的，人民法院不予支持。

（二）程序法

3.《民事诉讼法》

第67条　当事人对自己提出的主张，有责任提供证据。

当事人及其诉讼代理人因客观原因不能自行收集的证据，或者人民法院认为审理案件需要的证据，人民法院应当调查收集。

人民法院应当按照法定程序，全面地、客观地审查核实证据。

第六节　法院判决分别抚养或轮流抚养子女的裁判理由

一、法院判决分别抚养或轮流抚养的观点

当事人有多个子女或只有一个子女的，如果父母都争夺孩子的抚养权，双方的抚养条件，抚养能力又旗鼓相当，子女对由父母哪一方来抚养没有特别意见或无行为能力发表意见的，此时，由父亲还是母亲抚养，可能都不会影响孩子的利益。那么，人民法院判归哪一方抚养子女，都合情合理合法。《民法典》新增了一个"双方可以轮流抚养子女"的条款，在一定程度上，减少了这方面的法律争议。双方有多个子女的，可以由父母分别抚养；只有一个子女的，父母在同等条件下，也可以选择轮流抚养。

二、法院判决分别抚养或轮流抚养的主要裁判理由

1. 多个子女，分别抚养，互不承担抚养费

当事人双方生育子女 2 个，长女一直由母亲抚养教育，长子 3 岁以后一直由父亲及其父母抚养教育，据此，长女由其母抚养较宜，长子由其父抚养较妥。子女抚养费各自承担。

参考案例：（2021）甘 3023 民初 510 号民事判决书

来源：中国裁判文书网

2. 双方抚养条件基本相同，均坚持抚养，故双方轮流抚养

原告、被告均强烈要求直接抚养婚生女儿，原告、被告抚养女儿的条件基本相同，双方都不放弃对女儿的抚养权，为了让孩子得到相同的父爱和母爱，婚生女由原告、被告以一年为期限轮流抚养为宜，直到婚生女儿年满 8 周岁之日。原告、被告互不负担女儿的抚养费。婚生女年满 8 周岁之后，可继续轮流抚养，也可由父母提出变更抚养关系后，由本人自主决定跟随父或母一方生活。

参考案例：（2021）豫 1625 民初 782 号民事判决书

来源：中国裁判文书网

三、法院判决分别抚养或轮流抚养高频引用的法条

（一）实体法

1.《民法典》

第 1084 条　父母与子女间的关系，不因父母离婚而消除。离婚后，子女无论由父或者母直接抚养，仍是父母双方的子女。

离婚后，父母对于子女仍有抚养、教育、保护的权利和义务。

离婚后，不满两周岁的子女，以由母亲直接抚养为原则。已满两周岁的子女，父母双方对抚养问题协议不成的，由人民法院根据双方的具体情况，按照最有利于未成年子女的原则判决。子女已满八周岁的，应当尊重其真实意愿。

2.《最高人民法院关于适用〈中华人民共和国民法典〉婚姻家庭编的解释（一）》

第48条　在有利于保护子女利益的前提下，父母双方协议轮流直接抚养子女的，人民法院应予支持。

（二）程序法

3.《民事诉讼法》

第67条　当事人对自己提出的主张，有责任提供证据。

当事人及其诉讼代理人因客观原因不能自行收集的证据，或者人民法院认为审理案件需要的证据，人民法院应当调查收集。

人民法院应当按照法定程序，全面地、客观地审查核实证据。

第七节　律师提示：抚养权很关键，后续变更很困难

一、人工授精生育的子女，如何抚养

人工授精（AI）是指采用非性爱的方式将精子递送到女性生殖道中，以达到使女子受孕目的的一种辅助生殖技术（ART）。按照精子的来源，AI可分为来自丈夫精子的夫精人工授精（AIH）和来自第三方精子的供精人工授精（AID）。

有些男方，对第三方精子供精的人工授精，没有办理书面同意手续，后因感情矛盾提出离婚时，不同意抚养孩子，也不同意支付孩子抚养费。此时，要对男方是否知晓人工授精方式，是否知晓精子的来源，之前是否同意抚养孩子等行为来进行综合判断。

根据《最高人民法院关于适用〈中华人民共和国民法典〉婚姻家庭编的解释（一）》第40条的规定，婚姻关系存续期间，夫妻双方一致同意进行人工授精，所生子女应视为婚生子女，父母子女间的权利义务关系适用《民法典》的有关规定。

因此，婚姻关系存续期间，只要经过夫妻双方一致同意，通过人工授精方

式生育的子女，应视为婚生子女，同亲生子女一样，父母应履行抚养义务。

当然，对不知道是通过第三方供精的人工授精方式生养子女的男方，哪怕履行了抚养义务，也不能视为已取得其同意。

此处的"同意"，有三层含义：（1）男方同意采取"人工授精方式"；（2）男方知晓并同意"精子来源"；（3）男方同意抚养，可以是书面同意，也可以是口头同意，可以是明知前两事项，而不提出异议的默认方式同意。

不过，笔者建议，为避免纠纷，人工授精前，还是签署书面同意声明为妥。

二、父母能不能不支付抚养费

抚养子女为法定义务，父母不能以任何理由拒绝支付子女抚养费。

离婚案件中，只要抚养孩子的一方，主张对方支付子女抚养费，法院就应该予以支持。只不过，支付子女抚养费用的标准，可以结合当地生活水平标准和对方收入标准，酌情确定。如果对方没收入，也不能因此免除支付抚养费义务，仍会参照当地生活水平，酌定一个数额。

至于后期能否顺利支付子女抚养费，则需看对方履行意愿、履行能力及法院强制执行措施及执行情况。

当然，有两种例外情况，可能无须支付抚养费：

1. 双方协商一致，且无不利于孩子情形

如抚养子女一方，在离婚诉讼或者离婚协议中，明确放弃要求对方支付抚养费，明确由自己抚养，属于当事人对自己法定权利的放弃，只要不影响孩子的正常生活学习等，法律不会强制要求其行使权利。此种情况下，非抚养子女的一方，可以不支付抚养费。

不过，此种情况下，如果抚养子女的一方，后续因丧失抚养能力或抚养条件，发生客观条件重大变化，以子女名义要求对方支付子女抚养费，法律也会根据双方约定和客观实际情况变化，酌情支持相应子女抚养费。

2. 非抚养子女一方，因客观原因丧失抚养能力

非抚养子女一方，因病、因残丧失行为能力，无生活来源，非主观意愿不同意支付子女抚养费，属于政府救助对象，此时也无须支付子女抚养费。

有些父母以放弃探望权为条件，要求不支付子女抚养费，法律并不支持这种观点。

事实上，探望权和抚养费是两个内容，两者相关，但不互为条件。

无论是否支付抚养费，父母都有权探望子女；无论是否探望子女，父母都有义务支付抚养费。

三、能否要求对方一次性支付抚养费

法律上规定可以这样主张，但实务中被支持很困难。

实践中，很多当事人，特别是女方，希望男方一次性支付孩子的抚养费用。根据有关司法解释和司法实践来看，当事人的这种要求，往往得不到人民法院的支持。人民法院判决或调解一次性支付孩子的抚养费的情况，往往需要具备以下几个条件：

（1）一方要求对方一次性支付；

（2）另一方同意一次性支付；

（3）另一方有一次性支付的能力；

（4）不损害他人权益。

也就是说，如果另一方不同意一次性给付孩子的抚养费，人民法院很难支持一方一次性支付抚养费的诉讼请求，除非有特别情况，如对方在国外，无法域外执行；或对方在婚内已经有不支付子女抚养费的行为，离婚后拒不履行支付抚养费的风险较大。

四、探视权的约定和处理

《民法典》规定，离婚后不带孩子的一方，有探视孩子的权利，带孩子一方及其家人不得阻挠。

探视权往往不被当事人重视。只要当事人不提出具体诉求，人民法院在离婚判决中，一般只是简单写孩子归某方抚养，另一方享有探望权，但对探视的时间、地点、方式，可能不会具体明确写明。

这就留下了后患，一旦双方就探望方式和时间产生争议，将不得不再次通过法院诉讼方式进行确认，增加当事人的经济成本和时间成本。因此，最好在离婚协议或法院诉讼中，就探视权提出明确要求，如每月探望几次，每次探望时间为哪几天？在何处探视，几点接走，几点送回。遇有特殊情况，探视时间、方式可以由双方另行约定。

一般而言，每月探视的次数不宜过多，若探视过度频繁，会给双方带来很多不便，并会影响孩子的正常生活和学习。等孩子 8 周岁以上了，具体探视的时间及方式，还可以听取孩子的意见，以孩子的独立意志为转移。

五、孩子抚养权，最好协商解决

1. 容易把控孩子抚养权

只有夫妻双方协商一致，或取得 8 周岁以上孩子同意其抚养的意见，才能完全掌控孩子的最终抚养权。

如双方无法协商一致，交给人民法院裁判，则法院判归男方或女方抚养子女的概率均较大，会导致抚养权陷入失控状态。

需要注意的是，实务中，有些父母，为确保孩子抚养权归自己，协商中，同意在财产分割中做一些合理让步，让对方多分一些财产，是一种常见的妥协方式。但有些父或母，贪心不足，在明知对方希望获得孩子抚养权的情况下，利用孩子为筹码，不断提出严重背离公平合理的财产分配方案，使双方权利义务严重失衡，孩子争夺大战，演变为财产争夺大战，最后不得不对簿公堂，也是无可奈何之事。此时，尽可能实际自行抚养孩子，通过申请人民法院不改变孩子的抚养环境，来争取孩子抚养权，方是正确之道。

2. 容易减少对孩子伤害

夫妻关系走向终结后，孩子往往是情感的牺牲品。离婚，一定会对孩子造成心理伤害。对孩子心理创伤最小的方式，就是父母能心平气和地妥善安排好对孩子的抚养和探视问题，而不要将问题抛给孩子。把抚养权利交给孩子，对孩子的心理压力是巨大的，可能会让孩子夹在父母间左右为难，患得患失，情绪敏感而出现抑郁、暴躁或自闭等精神疾病。

父母协商一致后，做好各种安排，和孩子坦诚交流，获得孩子认可和支持，对孩子的不利影响，可以降到最低。

3. 容易判决后执行

有些夫妻离婚后，反目成仇，老死不相往来，或者一见面就发生激烈争吵或暴力冲突，难以好好协商沟通。这种反目成仇的夫妻，在孩子后续抚养费和探望问题上，往往也会有对立情绪，经常出现拖欠抚养费或百般阻挠探视权实现情形，甚至有些夫或妻，还会将孩子隐匿或转移至亲属家，不让对方行使探视权。

根据《最高人民法院关于适用〈中华人民共和国民法典〉婚姻家庭编的解释（一）》第61条的规定，对拒不履行或者妨害他人履行生效判决、裁定、调解书中有关子女抚养义务的当事人或者其他人，人民法院可依照《民事诉讼法》第111条的规定采取强制措施。

探视权利中，孩子是被探视主体，法官不可能把孩子控制起来，交给另一方进行探视，以实现对方探视权。此处的采取强制措施，不是强制实现对孩子的探视，而是对拒不配合实现探视权的前妻或前夫，进行相应的惩戒，如罚款、拘留或追究刑事责任。

六、谁实际抚养孩子，谁更可能获得孩子抚养权

法官考虑抚养孩子的因素虽然很多，但最根本的原则，只有两个：

（1）年龄。2周岁以内的孩子，原则上归母亲抚养；8周岁以上的孩子，需考虑孩子的本人真实意愿。

（2）环境。2周岁到8周岁间，主要看孩子学习成长的环境，以不改变原抚养环境为原则。更通俗地说，是判断谁才是真正抚养孩子和尽到抚养责任的人。一般情况下，只要经济条件不差太远，谁实际抚养孩子，孩子抚养权判归谁的可能性更大。是否尽到主要的抚养责任，不是指支付抚养费的多少，而是指生活中的共同居住；学习上的辅导照顾；课外活动中的陪伴关心。

这些，从孩子的生活照片、家庭作业签署、社会活动视频等方面，都可起到一些证明作用。

因此，撇开孩子年龄这个客观因素，父母争取孩子抚养权最大的筹码，是实实在在对孩子尽到抚养和照顾之责，有陪伴和关心孩子之实，在此情况下，实际抚养孩子的一方，更可能获得孩子抚养权。

有些女性担心自己是家庭主妇，因长期照顾孩子，脱离工作岗位，后续生活能力不足，可能无法获得孩子抚养权。这些担心确实有一定道理。不过，只要双方没有约定夫妻分别财产制，也没有婚内财产分割协议，丈夫在婚姻关系存续期间所得的财产，大多属于夫妻共同财产，女方有权利在离婚时分得一半。在此情况下，男女双方的经济实力，可以说是旗鼓相当，男方在经济条件上的优势，会因共同财产的分割，消失殆尽。

另外，根据《民法典》第1088条的规定："夫妻一方因抚育子女、照料老年人、协助另一方工作等负担较多义务的，离婚时有权向另一方请求补偿，另一方应当给予补偿。具体办法由双方协议；协议不成的，由人民法院判决。"第1090条规定："离婚时，如果一方生活困难，有负担能力的另一方应当给予适当帮助。具体办法由双方协议；协议不成的，由人民法院判决。"

女方还可以为家庭付出较多为由，向男方申请进行一定的经济补偿和适当的经济帮助，虽然支持的金额一般不高，但也不必过于悲观。孩子抚养权问题上，其实很少有考虑金钱多少的时候，毕竟孩子抚养费，一般不会超出当地的人均可支配收入，且一方抚养孩子，对方还要支付抚养费的。

七、成年人的对错，不要牵连孩子

家庭是孩子的第一所学校，父母是孩子的第一任老师，孩子性格的形成，与原生家庭中父母有千丝万缕的联系。幸福的家庭，夫妻和睦相处，家人温情陪伴，培养出来的孩子，大多心地善良、充满爱心、有自信、性格开朗、品行优良。不幸的家庭，各有其不幸，孩子也会受家庭影响，沾染些父母的习气。

离婚对孩子的影响是终生的。因为缺乏稳定的预期和温暖的成长环境，他们不免有各种担惊受怕，从而忧虑重重。他们害怕父母离婚后，自己不再有完整的家，永远失去父亲或母亲的关爱；对未来生活充满茫然和手足无措，不知道生活会变得更好还是更糟糕；害怕父母离婚与自己有关，变得敏感、谨慎和不自信，甚至怀疑自己适不适合结婚；害怕父母又再婚，自己不得不面对更复杂的家庭环境，未知的继父继母脾气如何，能否接受自己；害怕因父母离异，自己在学校遭受污名化的闲言碎语，和充满恶意的取笑、挖苦和欺辱，哪怕是充满善意的怜悯、关心和呵护，有时也会使其觉得自尊心受辱。

　　离婚对孩子的情感必有损伤，随着婚姻关系的解除，孩子面临的生活变化是巨大的，又不得不被动接受，毫无选择的余地，有些孩子因此无奈、伤心、沮丧、愤怒，甚至从此叛逆和仇恨，性格大变。

　　因此，有孩子的家庭，离婚一定要慎重。孩子2周岁之前，性格未养成，情感依赖未形成，孩子此时懵懵懂懂，如果夫妻离婚，对孩子情感伤害还小一些；8周岁以上，孩子已上小学二三年级了，有一定情感认知和理解能力，离婚时，征求其对抚养权的意见，对孩子伤害也稍小一些；2周岁到8周岁期间，孩子性格属于养成期，成长也有依赖性，学习能力，生活能力，都在慢慢培养期，一旦父母离婚，家庭解体，对孩子的不利影响要大一些，尤要慎重。

第十四章
变更孩子抚养权案件实务精要

第一节 变更孩子抚养权案件裁判观点一览表

常见问题	1. 离婚后，一方不配合探望孩子，如何处理； 2. 离婚后，一方探视中，强行带走孩子，如何处理； 3. 离婚后，抚养方给孩子变更名字，如何处理； 4. 离婚后，一方能否增加抚养费； 5. 离婚后，如何变更子女抚养权。
人民法院裁判观点	
观点一	不符合变更抚养权的法定事由，或不宜改变孩子已经形成的稳定的生活学习环境，不准许变更抚养权。
适用情形	1. 抚养条件未变化；2. 子女随一方生活时间较长；3. 离婚时间较短；4. 抚养方不同意变更。
主要理由	1. 不符合变更抚养权的法定事由，不允许变更； 2. 子女随抚养方生活时间较长，改变生活环境对子女不利，且子女同意继续由抚养方抚养； 3. 离婚时间较短，双方抚养条件未发生较大变化，不宜贸然变更孩子抚养权。
观点二	符合法定事由，或双方协商一致，可以变更抚养权。
适用情形	1. 孩子要求变更；2. 孩子随非抚养方生活时间较长；3. 原抚养方不尽抚养义务；4. 原抚养方同意。

主要理由	1. 8 周岁以上孩子同意变更，且申请方有抚养能力，同意变更抚养权； 2. 子女长期随申请方共同生活，形成稳定的生活习惯，且子女明确表示愿意和申请方继续共同生活； 3. 原定抚养人长期下落不明，未尽到抚养义务，子女一直跟随申请抚养方共同生活，故同意变更抚养权； 4. 抚养方同意变更抚养权，法院对此予以支持。
律师观点	
律师观点	实务中，变更抚养权比较困难，只有 8 周岁以上的孩子意见，相对客观，实务中裁判结果也较统一。故在孩子 8 周岁以后申请变更，充分尊重孩子意见，更为重要。
律师提示	1. 探望执行案件是较难问题。离婚后，一方不配合探望孩子，只能申请法院对不配合的父或母采取强制措施，不能对孩子采取强制措施； 2. 离婚后，一方探视中强行带走孩子，也不能申请法院把孩子强行带回，只能对违法探视一方采取强制措施； 3. 离婚后，抚养方给孩子变更姓氏，另一方可以要求恢复姓氏，但不能以此为由拒绝支付抚养费； 4. 一方抚养孩子过程中，可要求对方增加抚养费，但需符合法定情形。
行动建议	1. 抚养孩子是父母的法定义务，如果父或母一方不支付抚养费，子女可以起诉父母支付抚养费，无论是婚姻期间内，还是离婚后； 2. 没有法定事由，一方变更孩子抚养权比较困难，建议在离婚时，就确定好孩子抚养权归属，不要抱有事后变更的侥幸心理； 3. 经济条件、学历条件、职位条件、住房条件等，都是外在条件，都不是争取孩子抚养权的核心，只有倾心抚养孩子，切实投入时间和精力陪护孩子，照料孩子，才是获得抚养权的核心。
费用分析	根据《诉讼费用交纳办法》第 13 条的规定："离婚案件每件交纳 50 元至 300 元。涉及财产分割，财产总额不超过 20 万元的，不另行交纳；超过 20 万元的部分，按照 0.5% 交纳。"
周期分析	根据《民事诉讼法》的规定，一审案件速裁程序 1 个月内审结，简易程序 3 个月内审结，普通程序 6 个月内审结，二审案件审判周期为 3 个月。一审判决后，当事人有 15 天上诉期。上诉案件送达和整理卷宗以及移交周期，一般在 1 个月内。实务中，送达时间、公告时间、评估、鉴定时间、调解时间、移送卷宗时间等不计算在审理期限内。涉外案件期间另有规定。

第二节　变更孩子抚养权案件常见证据准备

一、常见证据类型

1. 离婚判决书、离婚协议书、离婚证等

证明双方已经离婚的事实，以及孩子抚养权的归属。

2. 户口本、子女出生医学证明、子女身份证

证明子女的基本情况。

3. 子女的抚养费用开支流水和票据

证明子女抚养过程中所产生的各种费用的开支情况，包括生活、学习、医疗等方面的费用。

4. 8 周岁以上子女的个人陈述意见

对于 8 周岁以上的子女，可以提供子女陈述的抚养方面的意见。

二、合法获取证据的方式

除以上基础证据外，申请变更子女抚养权的一方，还可以从以下几个方面收集提供证据。

1. 医疗诊断证明书或病历

如果对方患有严重疾病或身体伤残，不利于照看孩子。需要提供医疗机关或医学鉴定机构出具的相关诊断证明书、病历资料和鉴定报告，残疾证明等。

2. 报警记录、惩戒书、处罚决定书或刑事拘留书、判决书等

如果一方有吸毒、赌博、家庭暴力、虐待孩子、遗弃孩子等恶劣情形，另一方因此报过警，有出警记录，或公安机关出具过处罚决定书、拘留决定书、告诫书，或法院作出过《人身安全保护令》，可以证明对方有不良嗜好或恶习，不利于抚养孩子，可以提供上述机关出具的文书。

3. 一方经常变更住所，导致孩子流离失所影响生活和学习的

如果对方经常搬家，更换住所，已经影响到孩子的正常生活和学习，也可以提供对方相应的租房合同等证明。

4. 双方的经济情况证明、工资收入证明、任职证明、缴税证明

如果对方经济困难，无法保障孩子的正常生活和学习的开支，可以提供相关证据。例如，对方经常索要金钱的短信、电话、邮件、微信等，对方提供的欠条、借条；对方的工资收入证明，对方领取低保或失业保险的证明等。同时，可以提供己方的收入证明，任职证明，缴税证明，证明自己有稳定收入，有抚养能力和条件。

5. 对方拒绝探望孩子的证明

如一方在离婚后，拒绝另一方正常探望孩子，无法保障另一方对孩子的探望权，另一方可以申请法院强制执行，并提交相关的强制执行申请和法院作出的相关执行裁定书，证明对方不履行协助探望义务，从而申请进行变更抚养权。

6. 父母愿意协助抚养的声明、申请方的学历证明等

这种证据的证明力较低，只有辅助作用。如果父母已经退休，而夫妻双方均属于在职员工，父母能够协助子女看孩子，也有一定助力。可以让父母出具愿意协助抚养子女的声明书，以及父母的基本情况证明。申请抚养的一方，也可以提供自己的学历证明等，以证明自己有较好的教育子女的能力和条件。

三、影响法官观点的主要事实

1. 8 周岁以上孩子的意见

根据《最高人民法院关于适用〈中华人民共和国民法典〉婚姻家庭编的解释（一）》第56条第3项的规定，已满8周岁的子女，愿随另一方生活，该方又有抚养能力的，法院可以准许变更抚养权。因此，如果子女已经年满8周岁，子女的意见对抚养权的确定，就具有较大的决定性。法官也会询问8周岁以上孩子的意见，只要孩子选择的抚养方有抚养能力和抚养意愿，法院一般会尊重孩子的意见。

2. 申请变更抚养权一方的理由

《最高人民法院关于适用〈中华人民共和国民法典〉婚姻家庭编的解释（一）》第56条规定了变更抚养权的4个条件：（1）抚养方患严重疾病或因伤致残，无力继续抚养子女；（2）抚养方不尽抚养义务或虐待子女；（3）抚养方

与子女共同生活，对子女身心健康确有不利影响；（4）已满 8 周岁的子女，愿随另一方生活，该方又有抚养能力。因此，只要申请变更抚养权的一方，能够提供证据证明符合法定情形，法院会遵照法律规定执行。

需要注意的是，身患严重疾病或因伤致残的一方，是否无力抚养子女，需要看该方经济条件有无重大下降，还要看原先确定抚养权时该情形是否已经存在，并非只要抚养方有疾病或伤残，就可以变更。

另外，抚养方是否尽到抚养义务，共同生活中对子女健康是否有不利影响，举证存在较大困难，需要结合证据材料，双方陈述和具体案情综合考虑。

3. 实际抚养方的意见

如果实际抚养方同意变更抚养权，人民法院一般不会持异议，会尊重当事人的意思自治，同意变更抚养权。如果实际抚养方不同意变更抚养权，孩子年龄又低于 8 周岁，无法表达自己意愿，此种情况下，很难变更抚养权。

第三节　无法定情形，不得变更抚养权

一、法院不支持变更抚养权的观点

一方要求变更抚养权，但不符合法律规定的变更子女抚养权的条件和情形，对方也不同意变更抚养权的，人民法院一般会以不改变孩子的生活、学习环境和生活习惯为原则，以为子女的利益最大化考虑为出发点，不轻易支持变更子女抚养权的请求。

二、法院不支持变更抚养权的主要裁判理由

1. 不符合变更抚养权的法定事由，不允许变更

《最高人民法院关于适用〈中华人民共和国民法典〉婚姻家庭编的解释（一）》第 56 条规定："具有下列情形之一，父母一方要求变更子女抚养关系的，人民法院应予支持：（一）与子女共同生活的一方因患严重疾病或者因伤致残无力继续抚养子女；（二）与子女共同生活的一方不尽抚养义务或有虐待子女行为，或者其与子女共同生活对子女身心健康确有不利影响；（三）已满八

周岁的子女，愿随另一方生活，该方又有抚养能力；（四）有其他正当理由需要变更。"

原告、被告双方在调解离婚时对子女抚养问题的约定，系双方真实意思表示，均应遵照履行。在离婚后，被告虽有曾将女儿滑板车砸坏的举动，但仅有一次，且作出了系教育女儿的合理解释。根据查明的事实，不存在被告有虐待婚生女的情形。其女儿尚未满8周岁，且录音中可以看出被告本人为女儿做饭等抚养婚生女的细节。原告不能证实本案存在上述法律关于变更子女抚养关系的事由，被告亦不同意变更，故对原告的诉讼请求，本院不予支持。

参考案例：（2022）新0109民初3663号民事判决书

来源：中国裁判文书网

2. 子女随抚养方生活时间较长，改变生活环境对子女不利，且子女同意继续由抚养方抚养

父母对子女有抚养、教育的义务。原告、被告在离婚时，协议婚生三个孩子均由被告抚养，由被告抚养三个孩子系原被告双方真实意思表示，原告对此并无异议。处理子女抚养问题，应从有利于子女身心健康、保障子女的合法权益出发，结合父母双方的抚养能力和抚养条件等具体情况妥善解决。子女随某一方生活时间较长的，改变其生活环境对其健康成长不利的，应不予支持。

本案中，原告、被告婚生次女郝××自小由原被告共同抚养，在原告、被告离婚后，一直由被告抚养其生活至今，已经适应现有的生活环境、生活条件。郝××现正在接受小学教育，在其生活环境、生活条件没有发生重大变化的情况下，维持其现有生活的稳定性和连续性，对其健康成长最为有利。且我院与郝××谈话，郝××也表示其愿意随被告生活。原告也无证据证明被告对郝××有虐待或损害其合法权益的情形。故对原告的诉讼请求，本院不予支持。

参考案例：（2022）陕0826民初734号民事判决书

来源：中国裁判文书网

3. 离婚时间较短，双方抚养条件未发生较大变化，不宜贸然变更孩子抚养权

原告、被告于××年××月××日协议离婚约定婚生女韩某2由被告毕某抚养，离婚至今不足一年，双方抚养条件并未发生较大变化，且婚生女韩某2现生

活、学习环境已相对稳定，贸然变更不利于其维持稳定生活状态。

原告韩某 1 主张被告毕某于离婚后对婚生女韩某 2 的抚养照顾存在不利于孩子成长的情况，但原告韩某 1 亦未提供证据证明其目前在个人精力以及经济基础上有较被告毕某更好的条件去抚养、教育婚生女韩某 2，即其抚养能力并非明显优于被告毕某，且婚生女韩某 2 系女孩，在短时间内变更抚养关系，不利于维护未成年人相对稳定的生活、学习环境，故对原告韩某 1 的诉讼请求，本院不予支持。

参考案例：（2022）辽 1002 民初 983 号民事判决书

来源：中国裁判文书网

三、法院不支持变更抚养权高频引用的法条

（一）实体法

1. 《民法典》

第 1084 条　父母与子女间的关系，不因父母离婚而消除。离婚后，子女无论由父或者母直接抚养，仍是父母双方的子女。

离婚后，父母对于子女仍有抚养、教育、保护的权利和义务。

离婚后，不满两周岁的子女，以由母亲直接抚养为原则。已满两周岁的子女，父母双方对抚养问题协议不成的，由人民法院根据双方的具体情况，按照最有利于未成年子女的原则判决。子女已满八周岁的，应当尊重其真实意愿。

2. 《最高人民法院关于适用〈中华人民共和国民法典〉婚姻家庭编的解释（一）》

第 56 条　具有下列情形之一，父母一方要求变更子女抚养关系的，人民法院应予支持：

（一）与子女共同生活的一方因患严重疾病或者因伤残无力继续抚养子女；

（二）与子女共同生活的一方不尽抚养义务或有虐待子女行为，或者其与子女共同生活对子女身心健康确有不利影响；

（三）已满八周岁的子女，愿随另一方生活，该方又有抚养能力；

（四）有其他正当理由需要变更。

（二）程序法

3.《民事诉讼法》

第 67 条　当事人对自己提出的主张，有责任提供证据。

当事人及其诉讼代理人因客观原因不能自行收集的证据，或者人民法院认为审理案件需要的证据，人民法院应当调查收集。

人民法院应当按照法定程序，全面地、客观地审查核实证据。

第四节　特定情形下，可以进行抚养权变更

一、法院支持变更抚养权的观点

只要当事人申请变更抚养权的理由和情形，符合法律规定的条件，就可以准许变更孩子的抚养权。虽然法院同意变更抚养权的案件占比相对较低，但只要孩子年满 8 周岁，且孩子同意变更抚养权，申请变更的一方有抚养能力和抚养条件，人民法院准许变更抚养权的概率极高。

二、法院支持变更抚养权的主要裁判理由

1. 8 周岁以上孩子同意变更，且申请方有抚养能力，同意变更抚养权

《最高人民法院关于适用〈中华人民共和国民法典〉婚姻家庭编的解释（一）》第 56 条规定："具有下列情形之一，父母一方要求变更子女抚养关系的，人民法院应予支持：（一）与子女共同生活的一方因患严重疾病或者因伤残无力继续抚养子女；（二）与子女共同生活的一方不尽抚养义务或有虐待子女行为，或者其与子女共同生活对子女身心健康确有不利影响；（三）已满八周岁的子女，愿随另一方生活，该方又有抚养能力；（四）有其他正当理由需要变更。"

原告、被告婚生女孩胡某 2 已满 13 周岁，具有一定的自主意识和认知判断能力，抚养权归属与其切身利益密切相关，尊重其意愿，有利于其健康成长。胡某 2 在随被告生活期间，已有随原告生活的意愿；第二次庭审前，在胡某 2 所在学校并有其老师在场的情况下，本院征求胡某 2 意见，胡某 2 明确表

示原告更能对其照顾，愿意随原告共同生活，系其真实意愿。原告有劳动能力、有收入、有居所，不存在不宜抚养孩子的情形。加之原告、被告婚生男孩胡某3由被告抚养，原告已做绝育手术。从有利于孩子的健康成长及尊重孩子的真实意愿出发，兼顾原告、被告抚养孩子的精力、能力，胡某2由原告抚养更有利于其健康成长。原告请求直接抚养胡某2，本院予以支持。

参考案例：（2022）鲁1721民初2979号民事判决书

来源：中国裁判文书网

2. 子女长期随申请方共同生活，形成稳定的生活习惯，且子女明确表示愿意和申请方继续共同生活

离婚后，子女无论由父或母直接抚养，仍是父母双方的子女，父母对子女仍有抚养和教育的权利和义务，对于子女的抚养问题，应从有利于子女身心健康，保障子女的合法权益出发，并结合父母双方的抚养能力和抚养条件等具体情况酌情处理。

虽然原告、被告离婚时约定婚生子徐××由被告徐某抚养教育，但近年来婚生子徐××多数时间随原告生活，主要由原告抚养教育。而且本院经询问徐××本人的意愿，其表示愿意与原告一起生活，原告亦有抚养的条件和能力。故本院对于原告要求婚生子徐××变更由其抚养的诉讼请求依法予以支持，并酌情确定由被告每月承担抚养费1000元。综上所述，对于原告合理的诉讼请求，本院予以支持。

参考案例：（2022）浙0109民初2903号民事判决书

来源：中国裁判文书网

3. 原定抚养人长期下落不明，未尽到抚养义务，子女一直跟随申请抚养方共同生活，故同意变更抚养权

本案被抚养人潘某某在原告、被告协议离婚时，约定归被告抚养，随同原告生活至6岁，在原告抚养期间，被告每月支付抚养费1000元，6岁后由被告抚养。但根据查明的事实，原告、被告协议离婚后，被告就无法取得联系，婚生女一直由原告独自抚养，被告未尽到抚养义务，且婚生女已经适应了现有的生活环境。为了被抚养人的身心健康发展，本院对原告的诉讼主张予以支持。

参考案例：（2022）新2301民初2845号民事判决书

来源：中国裁判文书网

4. 抚养方同意变更抚养权，人民法院对此予以支持

原告主张婚生子唐某 2 由其抚养，被告同意，故本院予以支持。被告可以在原告方便的时候探望孩子。原告主张由被告每月给付子女抚养费 1200 元至 1500 元，被告不同意，考量本地区目前的生活消费及被告的收入等情况，以被告每月给付子女抚养费 1000 元为宜。

参考案例：（2022）辽 0882 民初 992 号民事判决书

来源：中国裁判文书网

5. 原抚养方因涉嫌刑事犯罪随时可能被羁押或者被判刑，且负债较多，无固定工作和固定收入，继续抚养子女，对子女不利，故支持变更

根据《最高人民法院关于适用〈中华人民共和国民法典〉婚姻家庭编的解释（一）》第 56 条的规定，具有下列情形之一，父母一方要求变更子女抚养关系的，人民法院应予支持：（1）与子女共同生活的一方因患严重疾病或者因伤残无力继续抚养子女；（2）与子女共同生活的一方不尽抚养义务或有虐待子女行为，或者其与子女共同生活对子女身心健康确有不利影响；（3）已满八周岁的子女，愿随另一方生活，该方又有抚养能力；（4）有其他正当理由需要变更。同时，关于父母离婚后子女抚养问题，应从有利子女身心健康、保障子女合法权益出发，结合父母双方的抚养能力和抚养条件等情况，综合考虑子女应由哪方抚养。

本案中，原告因涉嫌刑事犯罪随时可能被羁押或者判处有期徒刑刑罚；因债权人提起民事诉讼，相关财产被保全，负债较多；原告目前无固定工作和固定收入，并患有焦虑障碍。综合前述因素，原告继续抚养婚生女对其成长、生活和身心健康不利。被告目前工作稳定，再婚后，其配偶亦有固定工作，目前尚未生育子女，无大额负债，且婚生女目前处于幼儿园中班教育，改变教育环境并不会对其学习造成较大影响。相比之下，被告更具有抚养婚生女的优势条件，变更抚养关系更有利于孩子身心健康和成长生活。故原告要求变更抚养关系的请求，理由正当，本院予以支持。

参考案例：（2023）鲁 1082 民初 361 号民事判决书

来源：中国裁判文书网

三、法院支持变更抚养权高频引用的法条

（一）实体法

1.《民法典》

第 1084 条 父母与子女间的关系，不因父母离婚而消除。离婚后，子女无论由父或者母直接抚养，仍是父母双方的子女。

离婚后，父母对于子女仍有抚养、教育、保护的权利和义务。

离婚后，不满两周岁的子女，以由母亲直接抚养为原则。已满两周岁的子女，父母双方对抚养问题协议不成的，由人民法院根据双方的具体情况，按照最有利于未成年子女的原则判决。子女已满八周岁的，应当尊重其真实意愿。

第 1085 条 离婚后，子女由一方直接抚养的，另一方应当负担部分或者全部抚养费。负担费用的多少和期限的长短，由双方协议；协议不成的，由人民法院判决。

前款规定的协议或者判决，不妨碍子女在必要时向父母任何一方提出超过协议或者判决原定数额的合理要求。

2.《最高人民法院关于适用〈中华人民共和国民法典〉婚姻家庭编的解释（一）》

第 56 条 具有下列情形之一，父母一方要求变更子女抚养关系的，人民法院应予支持：

（一）与子女共同生活的一方因患严重疾病或者因伤残无力继续抚养子女；

（二）与子女共同生活的一方不尽抚养义务或有虐待子女行为，或者其与子女共同生活对子女身心健康确有不利影响；

（三）已满八周岁的子女，愿随另一方生活，该方又有抚养能力；

（四）有其他正当理由需要变更。

第 57 条 父母双方协议变更子女抚养关系的，人民法院应予支持。

（二）程序法

3.《民事诉讼法》

第 67 条 当事人对自己提出的主张，有责任提供证据。

当事人及其诉讼代理人因客观原因不能自行收集的证据，或者人民法院认为审理案件需要的证据，人民法院应当调查收集。

人民法院应当按照法定程序，全面地、客观地审查核实证据。

第 147 条　被告经传票传唤，无正当理由拒不到庭的，或者未经法庭许可中途退庭的，可以缺席判决。

第五节　律师提示：变更抚养权困难，重视初始抚养权

一、离婚后，一方不配合探望孩子，如何处理

探望权，一般是指离婚后不直接抚养子女的父亲或母亲一方享有的与未成年子女探望、联系、会面、交往、短期共同生活的权利。离婚后，如果一方不配合探望孩子，该如何处理？

首先，探望孩子是父母的法定权利。根据《民法典》第 1086 条的规定，离婚后，不直接抚养子女的父或者母，有探望子女的权利，另一方有协助的义务。行使探望权利的方式、时间由当事人协议；协议不成的，由人民法院判决。如果对方不配合探望孩子，权利方可以到法院申请强制执行，由法院依法督促对方履行协助义务，如对方无正当理由拒不履行协助探望义务，法院会视情况采取强制措施。

其次，如果觉得孩子跟随对方生活，对孩子成长明显不利，有严重侵害孩子合法权益的行为，根据《最高人民法院关于适用〈中华人民共和国民法典〉婚姻家庭编的解释（一）》第 56 条的规定，可以通过诉讼，主张变更孩子的抚养权。不过，需要注意的是，对方拒绝配合探望孩子，并不是变更抚养权的法定事由。能否变更抚养权，关键还要看谁抚养孩子，对孩子更有利。

最后，如果通过法院执行，对方还是拒不配合探望，执行法院一般不会对抚养方直接采取强制措施，而是会采取较为缓和的方式，比如通过电话等方式督促被申请人按照生效文书履行协助义务，向双方释明法律、情理，组织双方调解，或陪同一方当事人进行探望，或向学校、街道、居委会等单位发送协助通知等，尽可能降低执行过程中对孩子的不利影响。

但如果人民法院向抚养方发出协助执行通知书后，抚养方仍旧采取隐匿或暴力等方式，阻挠另一方探望孩子，导致判决无法执行的，执行法院可以根据《最高人民法院关于适用〈中华人民共和国民法典〉婚姻家庭编的解释（一）》第68条的规定，对于拒不协助另一方行使探望权的有关个人或者组织，人民法院可以依法采取拘留、罚款等强制措施，但是不能对子女的人身、探望行为进行强制执行。

二、离婚后，一方探视中，强行带走孩子，如何处理

此种行为，需要根据探望权的确定方式分情况考虑。

（一）通过离婚协议确定探望权的，需要向法院起诉

离婚协议确定孩子抚养权后，如果离婚协议确定的非抚养方在探视中，将孩子强行带走，另一方不能依据协议直接申请法院强制执行，只能向人民法院提起抚养权纠纷诉讼，要求依据离婚协议约定，确定自己有抚养权，通过确定抚养权的方式，实现对孩子抚养权的获得，然后再根据生效判决，申请人民法院强制执行。

需要注意的是，向法院申请强制执行，人民法院根据《最高人民法院关于适用〈中华人民共和国民法典〉婚姻家庭编的解释（一）》第68条的规定，不能对孩子采取强制措施，比如不能将孩子强行带回等，只能对不配合履行判决的夫或妻一方，采取罚款，拘留等强制措施，督促其履行判决确定的义务。

（二）通过法院生效文书确定探望权的，可以直接申请强制执行

如果人民法院生效文书中确定一方享有抚养权，另一方享有探视权，另一方在探视过程中，将孩子强行带走并藏匿，也属于拒不履行生效判决书的行为。抚养权利方可以申请人民法院强制执行。人民法院在强制执行时，不能对孩子进行强制执行，只能对不履行判决义务的父或母采取强制措施。实务中，这种执行案件处理起来非常困难，因为属于行为类执行，被执行人必须作出一定的配合执行行为，如果被执行人一直躲着法院，人民法院很难掌握被执行人的行踪，自然也难以要求被执行人履行一定的行为。此时，需要申请执行人经常关注被执行人的行踪，一经发现，及时向人民法院执行法官进行报告，以便

人民法院执行人员能够快速赶往现场，对被执行人进行说服教育或者拘留、处罚。

三、离婚后，抚养方给孩子变更名字，如何处理

抚养孩子是法定义务，非抚养孩子一方，不能以任何理由拒付孩子抚养费，即便抚养方私自变更了孩子姓氏，非抚养方也不能以此为由拒付抚养费。但非抚养方可以要求孩子恢复原姓氏。

根据《最高人民法院关于适用〈中华人民共和国民法典〉婚姻家庭编的解释（一）》第 59 条的规定，父母不得因子女变更姓氏而拒付子女抚养费。父或者母擅自将子女姓氏改为继母或继父姓氏而引起纠纷的，应当责令恢复原姓氏。

不过，如果抚养孩子的一方，将孩子姓氏改为自己姓氏，如女方抚养，将孩子改为女方姓氏，法律并不禁止。因为孩子随父姓，随母姓，都可以，甚至还可以选择其他直系长辈血亲的姓氏或实际抚养人的姓氏。根据《民法典》第 1015 条的规定："自然人应当随父姓或者母姓，但是有下列情形之一的，可以在父姓和母姓之外选取姓氏：（一）选取其他直系长辈血亲的姓氏；（二）因由法定扶养人以外的人扶养而选取扶养人姓氏；（三）有不违背公序良俗的其他正当理由。少数民族自然人的姓氏可以遵从本民族的文化传统和风俗习惯。"

至于抚养方给孩子改名字，则法律并不禁止。非抚养方无权要求恢复孩子原来的名字。不过，孩子的名字是父母起的，如因改名可能引发双方较大纠纷，建议还是慎重考虑，不要因父母意气用事，给孩子造成额外的压力。

四、一方抚养过程中，能否要求对方增加抚养费

一方抚养过程中，基于正当理由，可以提出增加抚养费的要求，但能否得到对方认可，还需看对方经济能力和当地生活消费水平。

根据《最高人民法院关于适用〈中华人民共和国民法典〉婚姻家庭编的解释（一）》第 58 条的规定，具有下列情形之一，子女要求有负担能力的父或者母增加抚养费的，人民法院应予支持：

（1）原定抚养费数额不足以维持当地实际生活水平；

（2）因子女患病、上学，实际需要已超过原定数额；

（3）有其他正当理由应当增加。

不过，子女上贵族学校或出国留学或报高额费用的课外辅导班、艺术培训班等产生的教育费用，不一定可以要求对方增加抚养费。因前述教育费用支出，属于可选择性费用项目，不是孩子正常学习教育的刚性和常规性支出，只有在与对方协商一致的情况下，方可主张适当增加。

这在一些地方法院有明确细化意见。例如，《北京市高级人民法院民一庭关于审理婚姻纠纷案件若干疑难问题的参考意见》第 10 条规定，抚养费包括必要生活费、教育费、医疗费等费用，应主要根据当地实际生活水平和子女实际需要确定，也应当考虑父母实际负担能力。一方未经协商擅自支付必要费用之外的生活费、教育费、医疗费等费用，要求另一方分担的，人民法院一般不予支持。

补课费、课外兴趣培养费等超出国家规定的全日制教育费用之外的教育支出，应根据客观教育环境、收入情况、支出数额等因素确定是否属于必要教育费。

抚养费计算时依据的月总收入，系指税后年总实际收入按月均计算的实际收入，包括住房公积金、年终奖、季度奖等实际收入在内。

另外，夫妻可以自行约定抚养费给付到孩子 18 周岁，或独立生活为止。孩子年满 18 周岁后，父母就没有义务再支付孩子抚养费。但从现实情况看，大学阶段，甚至大学毕业后，有些子女仍不能完全独立生活，父母持续资助情况相当普遍。

笔者认为，在父母对抚养期限没有约定的情况下，父母抚养期限到 18 周岁为止；在父母对抚养期限有明确约定的情况下，可以适用父母的约定。例如，父母约定支付抚养费至孩子大学毕业止，若一方在孩子上大学后拒不履行，孩子有权向父母主张抚养费用。

实务中，有些父或母以自己收入不高，或失业没有经济收入为由，拒不支付抚养费。还有些父或母，直接下落不明，根本无法讨要子女抚养费。为此，《最高人民法院关于适用〈中华人民共和国民法典〉婚姻家庭编的解释（一）》第 49 条第 3 款和第 4 款规定，父母无固定收入的，抚养费的数额，可以依据当年总收入或者同行业平均收入，参照月总收入的百分之二十至三十的比例给付，如果确实有特殊情况的，也可以适当提高或者降低上述比例。但完全不支付抚养费，是得不到法律支持的。如果一方确实无收入来源，或者下落不明，根据《最高人民法院关于适用〈中华人民共和国民法典〉婚姻家庭编的解释（一）》第51条规定，父母一方无经济收入或者下落不明的，可以用其财物折抵抚养费。

五、索要抚养费的主体是孩子，不是大人

父母对子女有抚养教育的法定义务，父母不履行抚养义务时，未成年子女或不能独立生活的成年子女，有权要求父母给付抚养费。根据《民法典》第1084条的规定，父母与子女间的关系，不因父母离婚而消除。离婚后，子女无论由父或者母直接抚养，仍是父母双方的子女。离婚后，父母对于子女仍有抚养、教育、保护的权利和义务。

不能独立生活的子女，是指尚在校接受高中及其以下学历教育，或者丧失或未完全丧失劳动能力等非因主观原因而无法维持正常生活的成年子女。

追索抚养费的权利，属于未成年人或者不能独立生活的成年子女，孩子的父亲或母亲，不具有原告主体资格，只能由实际抚养的一方，作为子女的法定代理人。

关于父母达成的子女抚育费支付协议或人民法院作出的涉及子女抚养费的判决，不妨碍子女必要时向父母一方提出超过协议或判决确定数额的合理要求。

另外，婚内，孩子也可起诉要求支付抚养费。根据《最高人民法院关于适用〈中华人民共和国民法典〉婚姻家庭编的解释（一）》第43条的规定，婚姻关系存续期间，父母双方或者一方拒不履行抚养子女义务，未成年子女或者不能独立生活的成年子女请求支付抚养费的，人民法院应予支持。

六、离婚后，双方均不愿意抚养孩子怎么办

抚养孩子是父母的法定义务。根据《民法典》第1076条的规定，夫妻双方自愿离婚的，应当签订书面离婚协议，并亲自到婚姻登记机关申请离婚登

记。离婚协议应当载明双方自愿离婚的意思表示和对子女抚养、财产以及债务处理等事项协商一致的意见。

《最高人民法院关于适用〈中华人民共和国民法典〉婚姻家庭编的解释（一）》第60条规定，在离婚诉讼期间，双方均拒绝抚养子女的，可以先行裁定暂由一方抚养。

因此，双方离婚后，无论是通过协议登记离婚，还是通过诉讼实现离婚，均会对子女的抚养权作出处理。但有些不负责任的父母，在离婚后，将孩子视为累赘，谁都不愿意抚养孩子，将子女留置在对方家中，以逃避抚养子女义务。此种情况下，未成年子女可以起诉父母要求支付子女抚养费，但因为父或母是孩子的法定监护人和法定代理人，如果父或母不抚养孩子，也不代表孩子提起索要抚养费的诉讼，孩子的权利实际上很难获得保障。

人民法院采取的原则是：（1）批评教育，督促其主动履行法定义务。（2）对不听从教育的人员，根据法律规定，从保护子女合法权益和有利于子女成长的原则出发，依法判决孩子归一方抚养，由另一方承担必要的生活费和教育费。

七、变更抚养权相对困难，要重视初始抚养权

根据《最高人民法院关于适用〈中华人民共和国民法典〉婚姻家庭编的解释（一）》第56条的规定，具有下列情形之一，父母一方要求变更子女抚养关系的，人民法院应予支持：

（1）与子女共同生活的一方因患严重疾病或者因伤残无力继续抚养子女；

（2）与子女共同生活的一方不尽抚养义务或有虐待子女行为，或者其与子女共同生活对子女身心健康确有不利影响；

（3）已满八周岁的子女，愿随另一方生活，该方又有抚养能力；

（4）有其他正当理由需要变更。

夫妻双方在离婚时，千万不要心存侥幸，想着先把抚养权给对方，日后再设法变更回来。实务中，如果不符合上述的法定情形，一方想申请变更子女抚养权，将非常困难。夫妻之间签订的离婚协议，或调解中达成的调解协议，如果约定孩子由一方抚养，只要协议系双方真实意思表示、不违反法律、行政法

规强制性规定，就属有效协议，双方就应依照协议履行各自的义务。只要离婚协议书约定了孩子抚养权归属，且离婚协议生效，双方就不能任意反悔。实务中，一些非抚养方的当事人认为，抚养子女一方经济条件较差，抚养负担较重，非抚养一方离婚后，有稳定收入，收入较高，时间较充裕，甚至有学区房，孩子随其自己生活，显然更有利，因此提出请求，要求孩子归自己抚养，并以此为由向法院申请变更抚养权。然而，经济因素并非变更抚养关系的法定事由，孩子不是商品，不能完全用物质标准来衡量和争取孩子抚养权。只要抚养方不同意，孩子不同意，非抚养方就是再有钱、有车、有房、有能力，也无法变更抚养权。

八、对孩子倾心抚养，是获得孩子抚养权的核心

变更抚养权，若要获得法院支持，必须有充分理由。《最高人民法院关于适用〈中华人民共和国民法典〉婚姻家庭编的解释（一）》第 56 条规定的变更抚养权条件和要求，看似明确具体，实际在综合因素把控中，主观依赖性很强，尤其是"严重疾病、因残疾无力抚养、不尽抚养义务、对子女身心健康产生的不利影响、虐待孩子"等，具体要达到什么样的客观标准，不管在认识上，还是在举证层面上，都有不同见解，带给当事人的，可能是大相径庭的裁判结果。除了年满 8 周岁以上孩子的意见可以直接明确外，其他条件，都有模棱两可的地方。

因此，争取孩子抚养权时，还是应该将重心放在孩子身上。抚养孩子最大的受益方，是孩子。孩子在 8 周岁之后，已有一定判断能力，谁来抚养自己更符合自己利益和期待，孩子相对最清楚。如果父母想要争夺孩子的抚养权，最好的方式，就是要真正倾心抚养孩子，让孩子与自己尽可能多地共同生活，自己能抽出更多时间关心、照顾孩子，关注孩子的合理需求和心理健康，才是获得抚养权的关键所在。

人民法院判断孩子抚养权的归属及抚养权的变更，主要也是从孩子利益最大化角度来考虑，从有利于孩子成长角度出发，从不影响、不改变孩子生活、学习环境现状角度考虑，从哪方对孩子实际付出更多，投入精力更多来考虑。法官大多也为人父母，对于哪一方抚养子女更为有利，虽然缺乏客观的判断标

准，但是有生活经验可供判断的。

　　不过，抚养权变更，面对的是未成年人，需要积极保护的是未成年人，不管是抚养孩子的一方，还是提起变更抚养权诉讼的一方，均应当以孩子的身心健康成长作为首要考虑的问题。解决矛盾的方式，应当尽可能注重非诉讼途径，即协商沟通解决。即使在避免不了诉讼维权的前提下，也应当全面客观地看待矛盾，审慎把握诉讼请求，并且以解决实际问题作为落脚点，最好在律师的专业指引下，积极举证、客观分析、综合把握、适时调解，以此让孩子的抚养权，依法归于最适合抚养孩子的一方，从而切实保障孩子在未成年时期的合法利益，让孩子身心能够得到健康成长，进而日后成为对社会有益的人。

第十五章
十二种特殊房产的分割方式

第一节　婚前一方或双方出资购房，房屋权利归属

一、婚前一方或双方出资购房，房屋权利归属一览表

出资人	房屋登记	司法实务
一方出资全款购买	出资方名下	属于出资方的婚前个人财产。
	对方名下	实务中争议较大，观点不一。
	双方名下	属于双方共同财产，可以分割，多数人民法院按照平均分割；少数人民法院会考虑出资来源和占比，进行差额分割，给实际出资方适当多分。
一方出资首付款，并向银行贷款，婚后用夫妻共同财产还贷	出资方名下	1. 一般判决房屋归房屋登记方（首付款出资方）所有； 2. 婚后夫妻共同还贷部分（含本金及利息）及对应房屋增值部分，视为夫妻共同财产，由房屋登记方给另一方折价补偿，补偿金额为对应共同还款部分及增值价值的二分之一费用； 3. 房屋剩余贷款，由房屋登记方继续承担。
	对方名下	实务中，人民法院观点不一，总体把握的原则为： 1. 房归房，钱归钱； （1）房屋登记：谁登记，谁所有； （2）房屋价值：谁出资，谁获益； 2. 房屋剩余贷款由房屋获取方偿还。
	双方名下	1. 房屋算夫妻共同财产； 2. 离婚时一般不考虑出资情况，平均分割，除非有相反协议约定，少部分法院会根据出资情况差额分割。

续表

出资人	房屋登记	司法实务
双方婚前共同出资首付款，并向银行贷款，婚后用夫妻共同财产还贷	双方名下	1. 房屋属于夫妻共同财产，离婚时可进行平分； 2. 如有相反约定的，从约定； 3. 如无约定，各自出资比例明显失衡，法官也有一定的自由裁量权，可根据出资比例和公平原则，进行差额分割。
	一方名下	1. 房屋属于夫妻共同财产； 2. 有书面协议约定份额的，从约定； 3. 如无约定，法官有一定的自由裁量权，可考虑出资来源和出资比例，进行差额分割；也可进行平均分割。

二、婚前一方全款购买房屋的权利归属

结婚前，一方用全款购买房屋，基于房屋登记的不同，房屋权属可能出现差异。具体分为以下三种情形。

（一）婚前一方全款出资买房，登记在自己名下

婚前一方全款购买的房屋，登记在自己名下，房屋所有权归属于自己。这是房屋权利义务关系最简单、最清晰的购房方式。

根据《民法典》第 209 条的规定："不动产物权的设立、变更、转让和消灭，经依法登记，发生效力；未经登记，不发生效力，但是法律另有规定的除外。"房屋属于不动产，不动产权利归属的判断，首先依靠房屋的登记权利人进行判断，如果房屋实际购买人和登记权利人一致，则房屋权属不会产生争议，房屋应归属于登记权利人。

（二）婚前一方全款出资买房，登记在对方名下

结婚前，一方全款出资购房，但将房屋登记在拟结婚的另一方名下，此时，房屋的实际购房人和登记权利人出现不一致，房屋的权利归属，极易产生争议。

实务中，基于彩礼习俗，男女双方结婚时，购买婚房是很多男女不得不考虑的问题。购买婚房后，登记在谁名下，也会引发两方关注。如果男方全款购买房屋，却将房屋登记在女方名下，到底算婚前赠与行为，还是算以结婚为目

的的给付彩礼，抑或是算夫妻共同财产。

1. 是否属于婚前赠与

婚前赠与，是指男女双方在交往过程中，为了表达或培养爱意，一方出于自愿，给付对方的一些财物。这些财物，一般是易损耗的日常用品，或价值较小的财物。例如，衣物、生活用品、请客吃饭的花费、生活费，逢年过节人情往来的消费、节日小礼品等。

婚前赠与，是一种合法行为。只要符合赠与的构成要件，法律一样予以保护。根据《民法典》第 657 条的规定："赠与合同是赠与人将自己的财产无偿给予受赠人，受赠人表示接受赠与的合同。"

因不动产价值较大，且购房人和房屋登记人关系特殊，属于男女朋友关系，处于恋爱或谈婚论嫁期间，此时，其"以结婚为目的"的动机非常明显，将购买不动产并登记在对方名下的行为，视为所谓的婚前"无偿赠与"，与社会公众普遍认知不符，很难得到法院支持。

因此，笔者认为，恋爱期间，一方付款买房，并登记在另一方名下的行为，不应简单地视为无条件的婚前赠与行为，除非两人有书面无偿赠与的协议约定。

2. 是否属于彩礼性质

如何认定彩礼，在前面章节中已经讲过。

彩礼有 5 个特征：（1）以结婚为目的；（2）婚前或结婚时给付；（3）财产价值较大；（4）数额协商确定；（5）接收人特定。

房屋属于不动产，也属于贵重物品。结合房屋的特有价值和重大资产属性，考虑男女双方的恋爱关系，以及恋爱一般以结婚为目的的普遍社会认知，再结合结婚的民间风俗习惯和双方的家庭经济情况，购买房屋的目的及使用情况等综合判断，将一方婚前购房，登记在对方名下的行为，理解为以结婚为目的的"附条件赠与"，即支付女方的"彩礼"行为，有一定的合理性和法律依据。

部分人民法院也持类似观点。例如，河北省内丘县人民法院 2021 年 12 月 27 日作出的（2021）冀 0523 民初 1636 号民事判决书中认为："婚约财产纠纷案件中，当事人请求返还以结婚为条件而给付的彩礼，如果未婚男女双方已共同生活但最终未登记结婚，人民法院可以根据双方共同生活的时间、彩礼数额并结合当地农村的风俗习惯等因素，确定是否返还及返还的数额。本案中，在原告于 2021 年 2 月 27 日给付现金彩礼时双方即达成婚约，而被告在 2021 年 7 月 10 日已经怀孕 28 周余，即 6 个多月，应根据原告给付被告彩礼 160000 元的情况，并结合被告的支出情况进行综合考虑。被告购买陪嫁物品花费 59219 元，但是因为这些物品均在被告处，因此该部分支出不应从返还彩礼的数额中扣除。被告为结婚购买衣物、茶品，美肤美发共计花费 11147.2 元，因被告称有部分衣物在原告处，故酌情扣减 5000 元。被告购买黄金饰品花费 6481 元，但是其无证据证明上述首饰在原告处，原告也不认可，故不应扣减。被告为招待亲朋花费饭费及烟、酒、饮料费等共计 27275 元，系举办婚礼的正常花费，鉴于原告为举办婚礼也有花费，为公平起见，不应从返还彩礼数额中扣除。被告从接受彩礼到与原告分开消费支出 18966.32 元，应从返还彩礼数额中扣除。被告因流产和抑郁花费治疗费 9555.96 元，与原告存在一定关联，应从返还彩礼数额中扣除。因被告母亲的个人物品现在原告处，其称价值 14000 元，应从返还彩礼数额中扣除。以上应扣除项共计 47522.28 元。鉴于被告流产给身体造成一定伤害，应适当予以补偿。综合上述情况，本院认为被告退还原告彩礼 80000 元为宜。××公馆'××居'项目××号楼××单元××室及附属储藏间的买受人为被告，对于原告基于结婚目的支出的购房定金 35000 元和首付款 113855 元，共计 148855 元，因为结婚目的无法达成，被告应返还原告上述款项。"

3. 是否属于夫妻共同财产

《民法典》第 1042 条规定"禁止借婚姻索取财物"，将不动产这种高价值的财物视为结婚时给女方的"彩礼"，与《民法典》婚姻家庭编中法律规定的婚姻价值观明显有些背道而驰。婚姻不应成为一方索取财物的手段，也不应成为一方无偿获利的工具，婚姻也并非一场买卖和交易，将"不动产"视为"彩礼"的行为，多少有些物化婚姻和感情的色彩。

实务中，有些人民法院将"不动产"视为夫妻的共同财产，并考虑出资来源，在分割夫妻共同财产时，向出资方进行倾斜分割，也是一种比较公平的分割方法。

（三）婚前一方全款出资买房，登记在双方名下

婚前一方全款出资，房屋登记在双方名下。因房屋登记在男女双方的名下，故其明显不属于"彩礼"性质；因其标的物价值较高，视作"婚前赠与"，也不符合婚约习俗的普遍认知和"禁止借婚姻索取财物"的法律规定；故将其认定为夫妻共同财产，是实务中的唯一选择。

此时，根据《民法典》第209条的规定："不动产物权的设立、变更、转让和消灭，经依法登记，发生效力；未经登记，不发生效力，但是法律另有规定的除外。"房屋的所有权人，应为登记的男女双方所共有。共有的方式，有约定的从约定，没有约定的，视为共同共有，可以平均分割。

三、婚前一方出资首付款，婚后共同还贷的房屋产权归属

一方婚前支付房屋首付款，购买房屋，婚后用夫妻共同财产进行还贷。此时，根据房屋的登记情况，也可以分为三种情形。

（一）房屋登记在出资方一方名下

此时，房屋的权属，原则上属于房屋的登记方，离婚时，房屋的剩余未还贷款，也属于房屋登记方偿还。但房屋在婚姻关系存续期间的经济利益价值，属于夫妻共有。房屋贷款中，婚姻关系存续期间归还的贷款部分，应视为夫妻双方的共同还款，根据房屋的市场增值率，就共同还款部分，双方可以进行平均分割，由房屋登记方补偿给另一方。

表15.1　一方出资首付款，婚后共同还贷的房屋权利归属表

婚前首付	婚后共同还贷	登记男方	登记女方	登记双方	房屋归属
男方	是	是	—	—	男方
女方	是	—	是	—	女方

根据《最高人民法院关于适用〈中华人民共和国民法典〉婚姻家庭编的解释（一）》第78条规定："夫妻一方婚前签订不动产买卖合同，以个人财产支付首付款并在银行贷款，婚后用夫妻共同财产还贷，不动产登记于首付款支付方名下的，离婚时该不动产由双方协议处理。

依前款规定不能达成协议的，人民法院可以判决该不动产归登记一方，尚未归还的贷款为不动产登记一方的个人债务。双方婚后共同还贷支付的款项及其相对应财产增值部分，离婚时应根据《民法典》第一千零八十七条第一款规定的原则，由不动产登记一方对另一方进行补偿。"

登记权利的一方对另一方进行房屋补偿的计算公式为：

房屋补偿款＝夫妻共同支付款项（包括本息）÷（房屋购买价+全部应付利息）×房屋评估现值（或夫妻认可房屋现值）×50%。[①]

房屋评估现值，以人民法院委托时确定的时间为准，对房贷的计算标准，可通过当事人提供、向各银行查询及通过互联网查询等方式了解。上述计算标准，是离婚时夫妻分割财产的基准，人民法院可根据实际案件情况，综合考虑购房与结婚时间、为购房支付的税费等各项支出、妇女及子女权益等多种因素，充分保护双方当事人利益，酌情判定补偿数额。

（二）房屋登记在双方名下

此种情况，法律无明文规定。根据登记在两人名下的情况，可知其不属于"彩礼"性质；根据登记权利人为两个人的外观表现，也不属于一方对另一方的单独婚前赠与；故此种情况下，一般按照房产登记人即所有人的公示生效原则，认定房屋属于夫妻共有更为合理合法。

根据《民法典》第209条的规定："不动产物权的设立、变更、转让和消灭，经依法登记，发生效力；未经登记，不发生效力，但是法律另有规定的除外。"

房屋被认定为夫妻共有财产后，是否一定平均分割，也无明确法律依据。不过，各地人民法院有些地域性规定，会考虑出资来源及数额，进行差额分割。

（三）房屋登记在对方名下

此种情况，法律也无明文规定，实务中有争议。关于首付款的出资金额，实务中目前有彩礼说、夫妻共有财产说、出资方的婚前个人财产说三种。

---

① 该公式由笔者总结得出。

1. 彩礼说

此种观点认为，婚前购买房屋的首付出资款，属于以结婚为目的的支付"彩礼"行为，如果双方没有缔结婚姻关系，该出资款应予以返还。

例如，2022年2月16日，辽宁省大连市中级人民法院作出的（2022）辽02民终1109号民事判决书，认为："被上诉人提交的录音证据显示，被上诉人说'那房子是咱俩买来结婚用的吧?'上诉人说'这个房子，事是这么个事'。据此，可以认定案涉房屋是双方购买为结婚所用，本案为婚约财产纠纷。当双方不能缔结婚姻时，财产受损一方可请求对方返还财物。本案二审审理焦点问题为：重审认定被上诉人支付630000元购房款，并判令上诉人返还该笔款项是否正确。

对于房款支付问题，双方各自提交了款项来源的证据。上诉人认可购房定金30000元是被上诉人支付。对于剩余600000元款项来源，被上诉人提交了其本人取款合计400000元的银行凭证以及案外人××于2020年10月30日在瓦房店市银行账户取现200000元的银行凭证，上诉人提交了购房前四年至购房当年其本人及其父母自银行取现的银行凭证合计416900元。本院认为，被上诉人在购房期间本人取现400000元的证据已经达到民事诉讼中认定证据的高度盖然性标准，而被上诉人提交的其朋友、案外人××取现200000元的证据，因××本人未到庭，被上诉人亦未能提交其与××签订借款合同、返还该笔款项以及被上诉人将该笔款项交给上诉人的相关证据以进一步证明该200000元为被上诉人实际支付，本院无法认定该200000元为被上诉人实际支付。结合在案证据，本院认定被上诉人实际支付案涉购房款400000元及购房定金30000元。在双方未能缔结婚姻时，上诉人应将购房款400000元及购房定金30000元返还给被上诉人。"

2. 夫妻共有财产说

此种观点认为，一方婚前支付首付款购房，登记在对方名下，是为婚后双方的共同生活，该房屋应属于夫妻的共同财产，并非彩礼或赠与。

例如，2021年11月22日，辽宁省沈阳市沈河区人民法院出具（2021）辽0103民初16290号民事判决书，认为："关于沈阳市沈河区房产分配问题。该房产虽为原告、被告婚前购买且登记在被告名下，被告主张该房屋为原告婚前赠与给被告，但该房屋始终由原告父母实际占有使用，并未将该房屋实际交付被告占有使用收益处分。即原告购买该房屋的目的是基于原告、被告双方结婚及婚后能够持续稳定地共同生活，基于该房屋在双方婚后持续共同生活中作为夫妻共有财产的组成部分存在，且该房产的价值远高于本地彩礼的通常水平，故该房屋并非赠与被告的彩礼或其他形式的赠与，本院确认该房屋为原告、被告的夫妻共同财产。"

该案被告不服提起上诉，经过二审，沈阳市中级人民法院认为："一审法院基于上述事实并结合本案实际情况，认定案涉房屋虽然为双方婚前购买登记在李某2（即女方）名下，但购买该房屋目的是基于双方结婚及婚后能够持续稳定地共同生活，该房屋为双方夫妻共同财产并无不当。李某2未能提供充分证据证明其主张的案涉房屋购房款系李某1（即男方）父母对其个人赠与，故本院对李某2该项上诉请求不予支持。"沈阳市中级人民法院于2022年6月23日作出（2022）辽01民终3271号民事判决书，判决驳回上诉，维持原判。

3. 出资方的婚前个人财产说

此种观点认为，不能简单地将房屋认定为个人房产或共同房产，而应根据不同期间的出资，将出资分为"婚前个人出资部分"和"婚后共同还款部分"，将购房出资的首付款，认定为个人的婚前财产，在离婚分割房屋时，房屋可以判决归属于房屋的登记一方所有，但房屋产权获得一方，需要给另一方折价补偿款。同时，秉持"谁出资，谁获益"的财产分割原则，不进行平均分割，而是进行差额分割，支付补偿款的金额，不仅包括婚后共同还贷金额及对应的房屋增值部分的一半费用，还包括婚前一方首付款出资及对应的房屋增值部分的全部费用。

例如，2021年12月21日，山东省青岛市城阳区人民法院作出（2021）鲁0214民初11069号民事判决书，认为："涉案房产系由作为恋人的原被告双方为结婚而购买，将该房产简单定性为一方个人财产或双方共同财产均不准确，在双方离婚后，共同生活的婚姻基础已不复存在，应根据我国《民法典》相关规定对相关财产权益做出处理：涉案房产登记在被告名下并由被告占有使用，可确定归被告所有，尚未归还的房屋贷款由被告偿还；因首付款129047元及原告婚前支付的按揭贷款8950元系原告用其个人财产支付，根据我国《民法典》第一千零六十三条的规定，属原告个人财产，应由被告向原告返还；原告婚后共同还贷73752.5元，根据我国《民法典》第一千零六十二条的规定，属于夫妻共同财产，应由房屋产权人即本案被告向原告支付补偿款即36876.25元（73752.5元÷2）。

关于房屋增值部分，经评估双方离婚时的涉案房屋价格高于房屋购买价，原告婚前支付了首付款、婚后共同偿还部分银行贷款，理应获得补偿；原告提出的补偿款计算方式概括来说即以首付款金额以及婚内共同还贷部分的一半乘以房屋溢价部分在总房款中的占比，计算得出被告应支付原告的房屋增值部分补偿款共计214982元，具有合理性。以上补偿款合计389855.25元，同时考虑到涉案房屋属限价房（后续交易时需依约交纳相关费用）等因素，以及《民法典》第一千零八十七条关于夫妻共同财产分配时适当照顾女方权益的原则，本院酌定由被告向原告支付房屋补偿款340000元。"

上述三种观点，有一个共性原则，即"双重标准"，不仅考虑房屋的登记情况，也考虑房屋的出资情况，不简单地以房屋登记来确定房屋的权属，而是综合考虑各种情况，在房屋登记和房屋折价补偿款中，选择一种利益衡平的分割方法，以免显失公平。

有些地方人民法院，针对上述情形，作出更细化的规定。例如，2016年8月4日发布的《北京市高级人民法院民一庭关于审理婚姻纠纷案件若干疑难问题的参考意见》第29条规定，婚前由双方或一方出资，登记在另一方名下的房产，有证据表明双方是以结婚、长期共同生活使用为目的购房，在离婚时应考虑实际出资情况、婚姻关系存续时间、有无子女等情况由产权登记一方对另一方予以合理补偿。该规定明确房屋产权通过登记方式来确定，房屋利益通过出资的实际情况和其他情况来分割，更好地体现了"房归房，钱归钱"的基本原则。

四、婚前双方共同出资首付款，婚后共同还贷的房屋产权归属

男女双方婚前共同出资首付款，婚后共同还贷，此时虽然有两种产权登记的可能：（1）登记在双方名下；（2）登记在一方名下。但无论哪种登记方式，都不会影响房屋属于夫妻的共同财产。

1. 婚前双方共同出资，婚后共同还贷，登记在双方名下

此种情况下，房屋的实际购买人为双方，如果登记在双方名下，视为双方有明确的共有意思表示，因房屋的实际购买人和产权登记人相同，根据《民法典》的物权登记生效主义，认定房屋归属于男女双方共有，符合法律规定。

分割房产时，如无特别约定，一般为平均分割；如双方约定按份共有；或出

资金额的各自占比明显失衡，在分割房产价值时，也可以依照公平原则，考虑出资因素和占比，进行差额分割。

2. 婚前双方共同出资，婚后共同还贷，登记在一方名下

如果双方共同出资，共同还贷，却登记在一方名下，此时房屋是否属于夫妻共同财产，法律没有明文规定。不过，各地人民法院在认定时，多会基于"谁出资，谁获益"的公平原则，认定房屋属于夫妻共有财产，不会认定房屋属于登记一方个人所有。此种房产的具体分割方式，法律也没有明文规定，不过，多数人民法院在分割时，会按照公平原则，考虑出资来源和出资占比，进行适当的差额分割。

例如，2021 年 10 月 8 日，湖北省黄石市中级人民法院作出（2021）鄂 02 民终 1529 号民事判决书，对婚前共同出资购买，登记在一方名下的房屋分割时认为："关于某小区项目三期××栋××单元××层××号房，该房屋的首付款花某（女方）支付 12 万元，吕某 1（男方）支付 28 万元，花某认可吕某 1 偿还该房贷款 16 个月，吕某 1 主张其已还贷 18 个月。花某上诉认为吕某 1 出资首付款 28 万元属于借款或因结婚没有给付彩礼故而赠与其。因花某并未提交确凿的证据证明吕某 1 支付的 28 万元首付款性质为借款或赠与款项，且吕某 1 支付了首付款之外还支付了十几个月的房贷，双方共同支付首付款、共同偿还房贷，该房屋应属于花某、吕某 1 共同购买。故花某上诉认为该房屋属于其个人财产的理由不能成立，本院不予支持。吕某 1 上诉认为其应按照 70% 比例分割该房屋，且应将房屋升值部分一并分割。因吕某 1 没有提交确凿证据证明该房屋具体增值情况，且该房屋仍有大额的贷款没有偿还，已偿还的贷款包括装修贷款。一审判决酌定花某给付吕某 1 该房屋 40 万元，花某自行支付剩余贷款后取得该房所有权，亦属于综合全盘考虑了花某与吕某 1 整个生活情况以及照顾妇女儿童利益原则，并未违反法律规定，本院对此不作调整。"

第二节　夫妻婚后出资购房，房屋权利归属

一、夫妻婚后出资购房，房屋权利归属一览表

出资人	房屋登记	司法实务
一人以婚前个人财产出资购房	出资方个人名下	如用婚前个人财产全款购买，则房屋属于个人财产的形式转化，算个人财产，不用分割。
		如婚前个人财产只是支付了全部或部分首付款，则房屋仍属于夫妻共同财产，只是在房屋折价补偿时，可考虑一方出资贡献度，适当多分。
	对方名下或双方名下	1. 房屋属于夫妻共同财产； 2. 婚前个人财产对应的出资额，可以视为一方对另一方的赠与，赠与款如无特别约定，视为夫妻关系存续期间取得的赠与款，为夫妻共同财产。
双方用共同财产买房	登记在一方名下	1. 属于夫妻共同财产； 2. 共同共有，平均分割； 3. 有相反约定的，从约定。
	登记在双方名下	1. 属于夫妻共同财产； 2. 共同共有，平均分割； 3. 有相反约定的，从约定。

二、婚后，一人以婚前个人财产出资购房的房屋权属

夫或妻一方用婚前个人财产出资购房，根据房屋登记和出资比例的不同，房屋产权归属情况不同，具体分为两种情形。

（一）婚后一人以婚前个人财产全款购房，登记在自己名下

自己用婚前个人财产出资，全款买房，登记在自己名下，房屋的实际出资人和登记人吻合，虽然购房行为发生在夫妻关系存续期间，但房屋也应视为个人资产。此时，房屋属于个人婚前财产在婚后发生形态上的转化，不影响财产的性质，房屋不会因此成为夫妻共同财产。

根据《最高人民法院关于适用〈中华人民共和国民法典〉婚姻家庭编的解

释（一）》第 31 条的规定："民法典第一千零六十三条规定为夫妻一方的个人财产，不因婚姻关系的延续而转化为夫妻共同财产。但当事人另有约定的除外。"

实务中也有同样的观点。例如，2016 年 8 月 4 日发布的《北京市高级人民法院民一庭关于审理婚姻纠纷案件若干疑难问题的参考意见》第 12 条规定，双方对婚前个人财产归属没有约定的，该财产不因婚姻关系的持续或财产存在形态的变化而转化为夫妻共同财产。

（二）婚后一人以婚前个人财产全款购房，登记在对方名下或双方名下

《民法典》第 1065 条规定了夫妻约定财产制，男女双方可以约定婚姻关系存续期间所得的财产以及婚前财产归各自所有、共同所有或者部分各自所有、部分共同所有。约定应当采用书面形式。没有约定或者约定不明确的，适用本法第 1062 条、第 1063 条的规定。

可见，我国法律允许夫妻间进行财产约定，也允许夫妻间互赠财产。一方用自己婚前个人财产，购买房屋，登记在对方名下的行为，应视为婚内赠与行为。该赠与行为，根据《民法典》第 1062 条第 1 款第 4 项的规定，在婚姻关系存续期间受赠的财产，应属于夫妻的共同财产，除非另有书面的相反约定。

如果一方用婚前个人财产，购买房屋并登记在双方名下，除非另有书面相反约定，否则应认定为夫妻共同财产。这种情形，在法律上并无明确规定权利归属，但在各地司法实践中，有些省份法院会通过各种司法意见或判例进行意见明确。

在分割财产时，如果双方对共有的方式有约定，则根据约定进行分割；如果没有约定共有的各自份额，法官有一定自由裁量权，可以根据共同共有物的一般分割原则，平均分割；也可根据公平原则，考虑出资来源和出资占比，进行差额分割。国家法律层面对具体的分割方式并无明确规定，实务中，不同省市法院在具体分割时，可能会因地域性的差异化司法意见或判例，而有所差异。

需提醒的是，各省市级人民法院司法意见或某类案件问题解答，只在该法院管理辖区内可适用，不能在全国适用。但随着《最高人民法院关于完善统一法律适用标准工作机制的意见》的发布，国家法律层面未予明确规定的具体情形，会随着各省市法院的法律适用和典型判例的引导，逐渐实现类案同判。

三、婚后双方用共同财产购房，登记在一方名下或双方名下

结婚后，双方用共同财产购房。此时，购房行为发生在婚姻关系存续期间，购房出资也来源于夫妻共同财产，根据《民法典》第1062条的规定，夫妻在婚姻关系存续期间所得的财产，一般为夫妻共同财产，归夫妻共同所有。因此，婚后用共同财产购买的房屋，无论房屋登记在夫或妻谁的名下，均属于夫妻共同财产，可以进行平均分割。

第三节　婚前父母出资给子女购房，房屋权利归属

一、婚前父母出资购房，房屋权利归属一览表

出资人	房屋登记	司法实务
一方父母全额出资	出资方子女的名下	属于出资方子女的婚前个人财产。
一方父母出资支付房屋首付款	出资方子女的名下	1. 夫妻二人共同还贷，离婚时，一般房子判归登记方所有，由其继续支付剩余贷款； 2. 婚内共同还贷部分（含本金和利息）及对应的房屋增值部分，由房屋登记方给另一方折价补偿，补偿对应价值部分的二分之一费用。
	对方名下	实务中，法院观点不一，没有定论，总体把握原则为： 1. 房归房，钱归钱。 （1）房屋登记：谁登记，谁所有； （2）房屋价值：谁出资，谁获益。 2. 房屋剩余贷款由房屋获取方偿还。
	双方名下	1. 应认定为夫妻共同财产； 2. 如约定按份共有，则按约定享有产权份额； 3. 如没有约定共有方式，或房产证载明为共同共有，按共同共有，原则上应平均分割； 4. 没有约定共有方式，也可考虑购房资金来源及占比，进行差额分割，出资方子女适当多分。

续表

出资人	房屋登记	司法实务
双方父母出资支付房屋首付款	一方子女名下	1. 房屋属于夫妻共同财产，而非登记方的个人财产； 2. 父母出资，除非有书面相反约定，否则应视为对各自子女的单方赠与，而非仅对登记一方的赠与； 3. 房屋按份共有，各自份额按照各自出资比例计算，除非有相反约定。
	双方子女名下	1. 房屋属于夫妻共同财产； 2. 父母出资，除非有书面相反约定，否则应视为对各自子女的单方赠与，而非对子女双方的赠与； 3. 房屋按份共有，各自份额按照各自出资比例计算，除非有相反约定。

二、婚前一方父母出资，全款给子女买房，登记在子女名下

结婚前，一方父母出于各种原因，给子女全款购房，并登记在子女名下的，如无书面约定，一般会视为父母对自己子女的单方赠与，该房屋应属于子女的婚前个人财产，不应作为夫妻共同财产进行分割。

根据《最高人民法院关于适用〈中华人民共和国民法典〉婚姻家庭编的解释（一）》第29条第1款的规定："当事人结婚前，父母为双方购置房屋出资的，该出资应当认定为对自己子女个人的赠与，但父母明确表示赠与双方的除外。"

因此，父母在子女婚前全款出资购房，该出资款视为对子女的单方赠与，而房屋登记在子女名下，此时购房的出资人和登记人一致，房屋权属不会发生争议，该房屋属于子女的婚前个人财产。

三、婚前父母出资首付款，房屋的权利归属

结婚前，父母出资支付房屋的首付款，根据房屋登记权利人的不同，会出现三种情形。

（一）房屋登记在出资方子女名下，婚后由子女及配偶还贷

因房屋价值较高，大部分家庭，父母在给子女购买婚房时，难以承担较高

的房价，只能先支付房屋首付款，剩余款项由子女贷款。子女结婚后，再由子女及其配偶进行还贷。这种购房方式，占据主流。

根据《最高人民法院关于适用〈中华人民共和国民法典〉婚姻家庭编的解释（一）》第29条第1款的规定："当事人结婚前，父母为双方购置房屋出资的，该出资应当认定为对自己子女个人的赠与，但父母明确表示赠与双方的除外。"

因此，哪怕父母只是对房屋进行部分出资，该出资款也视为对自己子女的单方赠与，该出资款等同于子女的婚前个人财产。

子女婚前用个人财产支付房屋首付款，房屋登记在自己名下的情形，本章第一节已经表述过，此处不再赘述。

根据《最高人民法院关于适用〈中华人民共和国民法典〉婚姻家庭编的解释（一）》第78条规定："夫妻一方婚前签订不动产买卖合同，以个人财产支付首付款并在银行贷款，婚后用夫妻共同财产还贷，不动产登记于首付款支付方名下的，离婚时该不动产由双方协议处理。

依前款规定不能达成协议的，人民法院可以判决该不动产归登记一方，尚未归还的贷款为不动产登记一方的个人债务。双方婚后共同还贷支付的款项及其相对应财产增值部分，离婚时应根据民法典第一千零八十七条第一款规定的原则，由不动产登记一方对另一方进行补偿。"

（二）房屋登记在对方（子女的恋爱对象）名下，婚后共同还贷

此种情况，同本章第一节第三部分的情形："婚前一方出资首付款，婚后共同还贷的房屋产权归属"，此处不再赘述。

（三）房屋登记在双方名下，婚后共同还贷

此种情况，同本章第一节第三部分的情形："婚前一方出资首付款，婚后共同还贷的房屋产权归属"，此处不再赘述。

四、婚前双方父母出资支付首付款，房屋的权利归属

根据《最高人民法院关于适用〈中华人民共和国民法典〉婚姻家庭编的解释（一）》第29条第1款的规定："当事人结婚前，父母为双方购置房屋出资

的，该出资应当认定为对自己子女个人的赠与，但父母明确表示赠与双方的除外。"

婚前双方父母出资支付的首付款，实际上相当于各自对自己子女的单方赠与款，该款项算各自子女的婚前个人财产。

因此，判断房屋权利归属及分割方式时，可参考本章第一节第四部分的内容"婚前双方共同出资首付款，婚后共同还贷的房屋产权归属"，此处不再赘述。

第四节　婚后父母出资给子女购房，房屋权利归属

一、婚后父母出资给子女购房，房屋权利归属一览表

出资人	房屋登记	司法实务
一方父母出全款购房	出资方子女名下	1. 视为对自己子女的单方赠与，房屋不属于夫妻共同财产，而属于子女的个人财产； 2. 父母子女间有相反书面约定的，从约定。
	对方或双方名下	1. 视为对子女及其配偶双方的赠与，房屋属于夫妻共同财产； 2. 父母出资时，如书面声明或协议约定，证明出资是赠与给自己子女一方的，从约定； 3. 出资款和房屋所有权不同，分割房屋时，房屋按共有房屋分割时，多会考虑公平原则，按照出资来源，进行差额分割，给出资多的一方适当多分，份额由法官酌定。
一方父母出资支付房屋首付款，子女还贷	出资方子女的名下	1. 房屋应认定为夫妻共同财产； 2. 父母出资视为对子女双方的赠与，但父母书面表示赠与一方的除外； 3. 离婚时，考虑出资来源，对出资方的子女一方适当多分，份额酌定。
	非出资方子女的名下	1. 房屋应认定为夫妻共同财产； 2. 父母出资视为对子女双方的赠与，但父母书面表示赠与一方的除外； 3. 离婚时，可以考虑出资来源，对出资方的子女一方适当多分，份额酌定；也可以不考虑出资，直接平分；法官有一定自由裁量权。

续表

出资人	房屋登记	司法实务
一方父母出资支付房屋首付款，子女还贷	双方子女的名下	1. 房屋应认定为夫妻共同财产； 2. 父母出资视为对子女双方的赠与； 3. 离婚时，考虑出资来源，对出资方的子女一方适当多分，份额酌定；也可以不考虑出资，直接平分；法官有一定自由裁量权。
双方父母出资支付房屋首付款，子女还贷	一方子女名下	1. 房屋属于夫妻共同财产，而非登记方的个人财产； 2. 父母出资，除非有书面相反约定，否则应视为对子女双方的赠与； 3. 房屋可以按份共有，按照出资比例分割；也可以共同共有，平均分割；法官有一定自由裁量权。
	双方子女名下	1. 房屋属于夫妻共同财产； 2. 父母出资，除非有书面相反约定，否则应视为对子女双方的赠与； 3. 房屋可以按份共有，按照出资比例分割；也可以共同共有，平均分割；法官有一定自由裁量权。

二、婚后一方父母出全款购房，房屋的权利归属

结婚后，一方父母全款购买房屋，根据房屋的登记情况，可能会出现两种不同的情形，相应的房屋权属，也会不同。

（一）房子登记在自己子女名下

基于父母和子女之间的血缘近亲关系，结婚后，父母给子女的金钱，如无书面约定，一般视为父母对子女的赠与。该赠与行为，又基于夫妻关系存续期间的财产共同属性，会被视为对子女及其配偶双方的共同赠与，除非另有书面约定。

根据《最高人民法院关于适用〈中华人民共和国民法典〉婚姻家庭编的解释（一）》第 29 条第 2 款的规定："当事人结婚后，父母为双方购置房屋出资的，依照约定处理；没有约定或者约定不明确的，按照民法典第一千零六十二条第一款第四项规定的原则处理。"

《民法典》第 1062 条第 1 款第 4 项规定，夫妻在婚姻关系存续期间继承或者受赠的财产，为夫妻共同财产，归夫妻共同所有。该条规定了例外情形，即

《民法典》第 1063 条第 3 项规定的除外。《民法典》第 1063 条第 3 项规定，遗嘱或者赠与合同中确定只归一方的财产，属于夫妻一方的个人财产。

综上，结婚后，父母给子女出资购房，除非明确约定出资款属于自己子女一方单独所有，方可成为自己子女的个人财产，相应款项购买的房屋，才属于个人的房屋。否则，该出资款就会视为对夫妻双方的赠与，因该出资款购买的房屋，无论登记在谁名下，都属于夫妻共有的房屋。除非有相反的书面约定。

（二）房屋登记在对方或双方名下

子女结婚后，如没有约定分别财产制，则适用夫妻共有财产制，即夫妻关系存续期间取得的财产，原则上都属于夫妻共同财产。

父母在子女结婚后，给子女全款购房，登记在子女的配偶名下，或登记在子女及其配偶名下，基于《最高人民法院关于适用〈中华人民共和国民法典〉婚姻家庭编的解释（一）》第 29 条第 2 款的规定，一般都视为父母对子女及其配偶双方的赠与，除非另有约定。此种情况下，父母出资购买的房屋，无论登记在子女配偶名下，还是子女及其配偶名下，都属于夫妻的共同财产。

不过，虽然属于夫妻的共同财产，但在分割时，依然可以考虑出资来源，出资占比，共同生活时间长短等各种因素，进行差额分割，并非必然平分。

三、婚后一方父母出资支付房屋首付款，子女还贷的，房屋的权利归属

子女结婚后，父母给子女支付房屋的首付款，剩余贷款由子女进行偿还。此种情况下，基于房屋产权登记的不同，可能有三种登记情况：（1）登记在出资方的子女名下；（2）登记在非出资方的子女名下；（3）登记在双方子女的名下。

无论上述哪种情形，只要父母的出资，没有书面约定是单独赠与，也没有书面约定是借贷关系，根据《最高人民法院关于适用〈中华人民共和国民法典〉婚姻家庭编的解释（一）》第 29 条第 2 款的规定，父母对子女的出资，就可以视为对子女及其配偶双方的赠与。

根据《民法典》第 1062 条第 1 款第 4 项的规定，夫妻在婚姻关系存续期间继承或者受赠的财产，为夫妻共同财产，归夫妻共同所有。因房屋的首付款

被视为对夫妻双方的赠与，为夫妻共有；而房屋的剩余贷款，又系夫妻双方共同偿还，故房屋属于夫妻共同财产，也就顺理成章。

不过，认定房屋属于夫妻共同财产，不必然触发平均分割。房屋具体分割时，仍可以考虑房屋的出资来源，出资占比，共同生活时间，有无子女等各种因素，进行差额分割。

例如，2016 年 8 月 4 日发布的《北京市高级人民法院民一庭关于审理婚姻纠纷案件若干疑难问题的参考意见》第 27 条规定，婚后由一方父母支付首付款为子女购买的不动产，产权登记在出资人子女名下，由夫妻共同偿还余款的，该不动产应作为夫妻共有财产，在离婚时综合考虑出资来源、装修情况等因素予以公平分割。

四、婚后双方父母出资支付房屋首付款，子女还贷的，房屋的权利归属

实务中，还有一种情况，即子女结婚后，购买房屋时，双方父母都对自己的子女进行了金钱支援。房屋的首付款中，双方父母各自都出资了一部分，双方父母出资的金额，可以相同，也可以不同，不影响出资款性质的认定。首付款出资完成后，房屋的剩余贷款，由子女进行偿还。

此种情况下，基于房屋产权登记的不同，可能有两种登记情况：（1）登记在一方子女的名下；（2）登记在双方子女的名下。

无论上述哪种情形，只要父母的出资，没有书面约定是单独赠与，也没有书面约定是借贷关系或其他法律关系，根据《最高人民法院关于适用〈中华人民共和国民法典〉婚姻家庭编的解释（一）》第 29 条第 2 款的规定，父母对子女的出资，就可视为对子女及其配偶双方的赠与。而根据《民法典》第 1062 条第 1 款第 4 项的规定，夫妻在婚姻关系存续期间继承或者受赠的财产，为夫妻共同财产，归夫妻共同所有。因此，双方父母在婚后给子女共同出资首付款购房的，房屋也属于夫妻共同财产，无论房屋登记在谁的名下。

同前所述，房屋被认定为共有，不必然触发平均分割。房屋具体分割时，仍可以考虑房屋的出资来源，出资占比，共同生活时间，有无子女等各种因素，进行差额分割。

第五节　婚前个人房屋，婚后同意配偶加名的房屋

实务中，有些男女在结婚前，就购买有自己的房屋，房屋为自己的婚前个人财产。结婚后，因为各种原因，将自己的婚前个人房屋，加上了配偶方的名字，此时，房屋的所有权归属，到底是婚前个人财产的形态转化，还是变成了夫妻共同财产，容易引发争议。

根据《民法典》第 209 条的规定，不动产物权的设立、变更、转让和消灭，经依法登记，发生效力；未经登记，不发生效力，但是法律另有规定的除外。房屋属于不动产，在房产证上加名的行为，属于权利变更登记的行为，依据不动产物权的登记生效主义，配偶一方在房产证上加上名字，应取得相应的不动产权利。

《民法典》支持夫妻之间的相互赠与行为，夫或妻一方可以将自己个人名下的婚前财产，部分或全部赠与给对方。根据《最高人民法院关于适用〈中华人民共和国民法典〉婚姻家庭编的解释（一）》第 32 条规定："婚前或者婚姻关系存续期间，当事人约定将一方所有的房产赠与另一方或者共有，赠与方在赠与房产变更登记之前撤销赠与，另一方请求判令继续履行的，人民法院可以按照民法典第六百五十八条的规定处理。"

《民法典》第 658 条规定："赠与人在赠与财产的权利转移之前可以撤销赠与。经过公证的赠与合同或者依法不得撤销的具有救灾、扶贫、助残等公益、道德义务性质的赠与合同，不适用前款规定。"

因此，夫妻之间可以进行相互赠与，一方赠与给另一方相应的房产份额，只要是真实意思表示，处分权人有处分房产的权利，其赠与配偶相应房产份额的行为，就属于合法行为。因房产属于不动产，需要以变更登记为生效条件，故在不动产权属证书变更登记之前，房屋登记权利人可以撤销赠与，不进行变更登记；但一旦完成不动产权属证书的变更登记，再想撤销赠与，就必须符合法定情形了。

根据《民法典》第 663 条的规定，受赠人有下列情形之一的，赠与人可以撤销赠与：（1）严重侵害赠与人或者赠与人近亲属的合法权益；（2）对赠与人

有扶养义务而不履行；（3）不履行赠与合同约定的义务。赠与人的撤销权，自知道或者应当知道撤销事由之日起 1 年内行使。

综上，婚前个人房屋，婚后同意配偶加名的房屋，只要完成变更登记手续，顺利加名，房屋应属于夫妻的共同财产。但共有房屋进行分割时，可以考虑房屋的出资来源，结婚后共同生活时间长短，有无子女，加名的具体原因等，进行差额化分割，不一定平均分割。

第六节　离婚时，没有取得产权证的房屋

因购买房屋和办理房屋产权登记，是两个不同行为。两个行为之间，有较长的时间差。尤其是按揭贷款购房，购房合同签署后，可能需等一两年才能拿到房屋产权证，也可能因房屋烂尾，一直拿不到产权证。此时，如果购房合同签署后，房产证办理登记前，双方离婚，购房合同指向的房屋，该怎么分割？

购房合同签署后，没有拿到产权证的房屋，一般分为以下三种类型。

一、购房合同签署后，已经交房，尚未办理产权证

夫妻双方在结婚后签署购房合同，房屋也顺利交房，但因开发商的原因，房屋产权证迟迟没有办理，此时，夫妻双方可以实际占有和使用房屋，但尚未取得不动产的完整权利，无法对外转让房屋。

因不动产的设立以登记为生效条件，故不动产的合同购买方，只是取得了合同的债权，或物权的期待权，尚未获得完整的物权。如夫妻此时离婚，因双方尚未取得房屋的所有权，故无法对房屋所有权进行分割。对于房屋的使用权，因房屋已经被实际占有和使用，故对房屋使用权可进行分割。

根据《最高人民法院关于适用〈中华人民共和国民法典〉婚姻家庭编的解释（一）》第 77 条规定："离婚时双方对尚未取得所有权或者尚未取得完全所有权的房屋有争议且协商不成的，人民法院不宜判决房屋所有权的归属，应当根据实际情况判决由当事人使用。当事人就前款规定的房屋取得完全所有权后，有争议的，可以另行向人民法院提起诉讼。"

二、购房合同签署后，尚未交房，也未办理产权证

夫妻双方结婚后，如果签署购房合同，支付了购房款，但房屋尚未交房，也没有办理产权证，此时夫妻闹离婚，购房合同指向的房屋，也无法进行分割。

同理，因不动产的设立以登记为生效条件，故不动产的合同购买方，只是取得了合同的债权，或物权的期待权，尚未获得完整的物权。如果夫妻此时离婚，因双方尚未取得房屋的所有权，故无法对房屋所有权进行分割。

根据《最高人民法院关于适用〈中华人民共和国民法典〉婚姻家庭编的解释（一）》第 77 条规定："离婚时双方对尚未取得所有权或者尚未取得完全所有权的房屋有争议且协商不成的，人民法院不宜判决房屋所有权的归属，应当根据实际情况判决由当事人使用。当事人就前款规定的房屋取得完全所有权后，有争议的，可以另行向人民法院提起诉讼。"

不过，如果变更一种诉求方式，不是要求分割房屋，而是就要分割债权，此时就可以进行分割。因双方结婚后购房，支付了购房款，取得了要求房屋出售方按期交付房屋的债权，该债权可以分割，且该债权的取得，有合同约定的对价，根据合同约定可以确定债权的价值，从而进行债权分割。实务中，一般是将购房合同中的权利义务判归一方，由该方给另一方支付相应的债权折价补偿款。

三、购房合同签署后，因房屋性质，无法办理产权证

有些夫妻购房时，买卖的合同标的物本身有问题，不属于合法建筑，根据房屋的性质，无法办理产权证，如常见的小产权房等。此时，如果双方离婚，不能通过财产分割的方式，将不合法的建筑物变为合法的建筑物。因此，对于不合法的建筑物，人民法院一般不予分割或处理，如房屋已经长期存在，且有较大使用价值，基于合理利用房屋及避免后续诉讼的目的，也可以仅处理房屋的使用事宜，但该使用权的处理，不能对抗行政机关的法定职权。

对于违法建筑物的分割，法律层面无统一规定，但无产权证的房屋，因当事人没有获得完全所有权，在离婚案件中不做分割已成统一认识，并有明文规

定。《最高人民法院关于适用〈中华人民共和国民法典〉婚姻家庭编的解释（一）》第77条规定："离婚时双方对尚未取得所有权或者尚未取得完全所有权的房屋有争议且协商不成的，人民法院不宜判决房屋所有权的归属，应当根据实际情况判决由当事人使用。当事人就前款规定的房屋取得完全所有权后，有争议的，可以另行向人民法院提起诉讼。"

对于农村的一些小产权房，有些地方法院，还作了更细化的规定。例如，2016年8月4日发布的《北京市高级人民法院民一庭关于审理婚姻纠纷案件若干疑难问题的参考意见》，其中第35条规定，对于已被有权机关认定为违法建筑的小产权房，不予处理；但违法建筑已经行政程序合法化的，可以对其所有权归属做出处理。对于虽未经行政准建，但长期存在且未受到行政处罚的房屋，可以对其使用做出处理。在处理使用时，人民法院应向当事人释明变更相关诉讼请求。在处理相关房屋的使用归属时，能分割的进行分割，不能分割的可采用协商、竞价、询价等方式进行给予适当补偿。在涉小产权房分割案件中，应在判决论理部分中明确使用处理的判决内容不代表对小产权房合法性的认定，不能以此对抗行政处罚、不能作为产权归属证明或拆迁依据等。

北京市高级人民法院作出的一些细化规定，虽然只适用于北京地区，但对其他省份处理同类问题，同样具有参考价值。

第七节　成本价购买公房的分割

一、公房的分类

公房又称为"公产房"，是我国特殊经济体制下遗留下来的产物。我国计划经济时代，城镇居民主要实行住房福利分配制度，房屋大部分为国家或全民所有制企业所有，个人对分配的住房，仅有使用权，没有所有权。公有住房，是相对于所有权属于个人的私有住房而言的，公房使用者在法律允许范围内，对公有房屋享有占有、使用、部分收益和有限制处分的权利。

按照公房产权人的不同，可分为三种公房：

（1）政府直管公房。指由政府接管，国家出租、收购、新建、扩建的住房，大多数由人民政府房地产管理部门直接管理出租、修缮，少部分免租给单位使用的住房。

（2）企业自管公房。指全民所有制和集体所有制等企业自管自用的公房。

（3）行政事业单位公房。指行政事业单位作为产权人，分配或出租给单位员工居住使用的房屋。

公房是我国历史阶段性产物，随着经济的发展，房地产政策也在调整变化。1994年7月，《国务院关于深化城镇住房制度改革的决定》，把住房建设投资由国家、单位统包的体制，改变为国家、单位、个人三者合理负担的体制；把各单位建设、分配、维修、管理住房的体制，改变为社会化、专业化运行的体制；把住房实物福利分配的方式，改变为以按劳分配为主的货币工资分配方式；建立以中低收入家庭为对象、具有社会保障性质的经济适用住房供应体系和以高收入家庭为对象的商品房供应体系。

根据《国务院关于深化城镇住房制度改革的决定》第14条的规定，城镇公有住房，除市（县）以上人民政府认为不宜出售的外，均可向城镇职工出售。职工购买公有住房要坚持自愿的原则，新建公有住房和腾空的旧房实行先售后租，并优先出售给住房困难户。该决定第15条规定，公房出售，根据不同家庭情况，实行市场价、成本价和标准价三种价格。该决定第21条规定，职工以市场价购买的住房，产权归个人所有，可以依法进入市场，按规定交纳有关税费后，收入归个人所有；职工以成本价购买的住房，产权归个人所有，一般住用5年后可以依法进入市场，在补交土地使用权出让金或所含土地收益和按规定交纳有关税费后，收入归个人所有。职工以标准价购买的住房，拥有部分产权，即占有权、使用权、有限的收益权和处分权，可以继承。产权比例按售房当年标准价占成本价的比重确定。职工以标准价购买的住房，一般住用5年后方可依法进入市场，在同等条件下，原售房单位有优先购买、租用权，原售房单位已撤销的，当地人民政府房产管理部门有优先购买、租用权。售、租房收入在补交土地使用权出让金或所含土地收益和按规定交纳有关税费后，单位和个人按各自的产权比例进行分配。

二、公房的分割

1. 按照房改政策购买并已经获得全部所有权的房屋

通过房改政策购买的承租公房，基于购买的不同方式，可以获得相应的房屋产权和交易条件。根据政策规定，房屋可以上市交易的，相应的市场价值可以评估，依法可以进行分割。在离婚分割房产时，一般可以综合考虑房产的来源、工龄折算等因素进行公平分割，不一定会平均分割。

目前全国层面可适用的关于承租公房的规定，只有《最高人民法院关于适用〈中华人民共和国民法典〉婚姻家庭编的解释（一）》第 27 条，即由一方婚前承租、婚后用共同财产购买的房屋，登记在一方名下的，应当认定为夫妻共同财产。

不过，认定为夫妻共同财产，并不意味着要平均分割。很多法院，在分割夫妻共同财产时，不会只通过登记判断是否属于夫妻共同财产，也不会因为属于共同财产，就直接平均分割，往往也会考虑房屋的出资来源，房屋价值贡献度，共同生活时间，房屋来源等各种因素，进行公平分割。例如，2016 年 8 月 4 日发布的《北京市高级人民法院民一庭关于审理婚姻纠纷案件若干疑难问题的参考意见》第 31 条规定："婚姻关系存续期间用夫妻共同财产以成本价购买的登记在一方名下的公有住房应认定为夫妻共有财产，在离婚时应综合考虑房产来源、夫妻双方工龄折扣、是否影响另一方福利分房资格等因素予以公平分割。"

2. 按照房改政策购买并已经获得部分所有权的房屋

根据《国务院关于深化城镇住房制度改革的决定》第 21 条的规定，公房出售，根据不同家庭情况，实行市场价、成本价和标准价三种价格。三种价格，对应获得的房屋产权和上市的条件不同，因此，在分割该类房产时，需要区分其购买房屋时的购买价格，必要时，还要找原房屋产权登记管理部门核实能否上市交易。

《最高人民法院关于适用〈中华人民共和国民法典〉婚姻家庭编的解释（一）》第 27 条规定，由一方婚前承租、婚后用共同财产购买的房屋，登记在一方名下的，应当认定为夫妻共同财产。但对房屋的具体分割，未作进一步规定。各地法院，根据各省市的司法实践，有一些更加细化的规定，来指导实务中的房产分割。

例如，《北京市高级人民法院民一庭关于审理婚姻纠纷案件若干疑难问题的参考意见》第33条规定，婚姻关系存续期间以夫妻共同财产出资以标准价购买公有住房而获得的"部分产权"，该"部分产权"应认定为夫妻共同财产，可以在综合考虑房产来源、工龄折算等因素，并征求原产权单位意见确定产权单位权利比例后，予以公平分割。第34条规定，夫妻一方在婚后通过与用人单位约定服务条件取得的房产为夫妻共同财产，但离婚时服务条件尚未实现的一般应判归约定服务条件一方。

3. 尚未购买产权的承租公房

因购买承租公房坚持自愿原则，且并非所有承租公房均可出售，离婚时，尚未购买产权或不能出售的承租公房，一般不能进行产权分割，只能进行使用权的分割。《最高人民法院关于适用〈中华人民共和国民法典〉婚姻家庭编的解释（一）》第77条规定，离婚时双方对尚未取得所有权或者尚未取得完全所有权的房屋有争议且协商不成的，人民法院不宜判决房屋所有权的归属，应当根据实际情况判决由当事人使用。当事人就前款规定的房屋取得完全所有权后，有争议的，可以另行向人民法院提起诉讼。

个别省市出台了一些具体的实务意见。例如，《北京市高级人民法院民一庭关于审理婚姻纠纷案件若干疑难问题的参考意见》第36条规定，离婚案件中涉及公房承租权处理，属于直管公房的，可在判决中明确承租权以及承租关系的变更。属于自管公房的，夫妻只有一方在产权单位工作，一般应把承租权确定在产权单位工作的人名下，另一方获得补偿；但经产权单位同意的，可以确定由另一方承租或共同承租。当然，该意见仅适用于北京地区，对其他地区同类案件的处理，仅有一定的参考意义。

公房分割，只是历史阶段性产物，随着住房政策的深化改革和公房的不断私有化和市场化，未来公房的分割纠纷，可能会越来越少。

第八节 婚后拆迁安置房屋的分割

结婚后，夫妻双方的房屋，可能会遇到人民政府因各种原因组织的拆迁行为，夫妻住房可能因此被拆除，并根据拆迁时公布的补偿政策，补偿安置相应的住房或拆迁补偿款。此时，拆迁安置的房屋和补偿款，在离婚时应该如何分割，实务中，经常会引发争议。

拆迁安置取得的房屋，情况比较复杂，不同地域可以根据当地实际情况，自行制定相应的拆迁补偿安置政策。有些拆迁安置房屋，是根据被拆迁房屋的面积，按照一定比例进行补偿，如按照 1∶1.3 补偿，拆除 1 平方米，补偿 1.3 平方米；有些拆迁安置房屋，是根据被拆迁房屋中的户籍人口进行补偿，每个户籍人口有一定补偿面积，如每个户籍人口可以安置 30 平方米的房屋面积，与该户籍人口是否属于被拆迁房屋的登记所有权人无关；还有些是综合房屋面积和户籍人口的因素进行综合补偿；还有些拆迁安置房屋的补偿，除了房屋面积和户籍人口因素，还会有经济因素，如阶梯价格购房，一定面积内，可以成本价购房；超出一定面积，按照市场价的×折购房；再超出一定面积，按照市场价的全价购房等。根据拆迁房屋的所有权归属、补偿安置补偿的具体政策，分割房屋时，会有不同的处理结果。

一、被拆迁房是夫妻一方在婚前购买并取得全部产权，属于一方的婚前个人财产

根据《民法典》第 1063 条的规定，一方的婚前财产，属于夫妻一方的个人财产。再根据《最高人民法院关于适用〈中华人民共和国民法典〉婚姻家庭编的解释（一）》第 31 条的规定，《民法典》第 1063 条规定为夫妻一方的个人财产，不因婚姻关系的延续而转化为夫妻共同财产。但当事人另有约定的除外。因此，一方结婚前购买的房子，如果已付清购房款，获得完整产权，登记在自己名下，是不会因结婚或结婚时间的长短，转化为夫妻共同财产的。该房屋，只要没有相反约定，会一直属于一方婚前的个人财产。

拆迁该房屋后取得的安置房，除非有书面约定或补偿安置时考虑了除房屋

面积外的其他因素，否则，拆除婚前个人房屋后安置的房屋，应属于一方的个人财产，不能作为夫妻共同财产进行分割。

实务中，拆迁安置补偿的房屋，一般价值会大于被拆迁房屋的原价值，形成一定的溢价。该溢价部分，是否可以作为夫妻共同财产进行分割，很多人会产生争议。

根据《最高人民法院关于适用〈中华人民共和国民法典〉婚姻家庭编的解释（一）》第 26 条的规定，夫妻一方个人财产在婚后产生的收益，除孳息和自然增值外，应认定为夫妻共同财产。该处的"孳息"，分为天然孳息和法定孳息。天然孳息是指原物因自然规律而产生的，或者按照物的用法而收获的物。包含三个要素：（1）原物是有体物；（2）孳息的产生主要是自然因素；（3）孳息物和原物可以分离。如树上的果实，母牛产下的小牛；母鸡下的蛋等。法定孳息是指依照法律关系产生的收益，包括存款利息、房屋租金等。而自然增值，是指没有投入任何时间、智力、金钱、劳动等贡献，仅仅因市场因素导致的财产增值。

法定孳息是否一律属于夫妻共同财产，实务中有不同看法，尤其是对于房屋租金的取得。根据《最高人民法院关于适用〈中华人民共和国民法典〉婚姻家庭编的解释（一）》第 25 条第 1 项的规定，婚姻关系存续期间，一方以个人财产投资取得的收益，应当属于夫妻共同所有的财产。房屋出租行为，到底算不算一种经营行为，如果算经营行为，婚内因经营行为获得的收益，一般应属于"夫妻共同财产"；如果不算经营行为，则婚前房屋出租所获的收益，一般应属于"一方的个人财产"。

认为属于夫妻共同财产的案例：例如，2014 年人民法院出版社出版的《民事审判指导与参考》总第 56 辑，《个人所有房的婚后收益认定及其处理》中认为："一方婚后用个人财产购买房屋，离婚时该房屋属于个人财产的替代物，应认定为个人财产，其自然增值也属于个人财产；一方个人所有的房屋婚后用于出租，其租金收入属于经营性收入，应认定为夫妻共同财产。"①

---

① 《个人所有房屋的婚后收益认定及其处理》，载最高人民法院民事审判第一庭编：《民事审判指导与参考》总第 56 辑，人民法院出版社 2014 年版，第 118~123 页。

附：

一、案情简介

王某某与李某于 2008 年 8 月登记结婚，未生育子女。婚后李某用出售自己婚前房屋的款项购买了安徽省宁国市××小区房屋一套，总价款为 181800 元，房屋产权登记在李某自己名下，王某某用自己婚前住房公积金账户上的 45000 元对该房屋进行了装修。

2011 年 6 月，李某将该房以 448000 元的价格卖给他人。婚后双方购买的家具及海尔冰箱、康佳彩电、三洋洗衣机、煤气灶等在卖房时也一并留给了买房人，估价为 8000 元，包含在 448000 元房价中。王某某婚前有一套房屋，婚后一直用于出租，租金收入约 72000 元。2011 年 10 月王某某诉至一审法院，要求判令双方离婚，并对夫妻共同财产依法分割，包括分割李某出售婚后所购安徽省宁国市××小区房屋的增值收益。

李某同意离婚，但认为诉争房屋及其增值收益属于其个人财产，与王某某无关。王某某个人所有房屋的租金收入 72000 元，应当作为夫妻共同财产进行分割。

二、裁判情况

一审法院经审理认为……关于王某某个人所有房屋的租金收入 72000 元，性质属于经营性收入，按照婚姻法第 17 条的规定，应认定为夫妻共同财产。后王某某不服，认为出租房屋的租金收入不应认定为夫妻共同财产，因为房屋出租事宜全部由其自己打理，包括寻找合适的租户、签订租赁合同、维修设施等，李某根本就不关心，租金收入当然也与李某无关。二审法院经过审理后判决：驳回上诉，维持原判。

这种观点认为，房屋出租是一种经营行为，需要付出劳动、时间和精力等，如需要发布租赁信息，与租户洽谈，管理、维护、修缮房屋，考虑租金及相关成本和收益等，故属于经营行为，婚后因经营行为所获收益，依据《最高人民法院关于适用〈中华人民共和国民法典〉婚姻家庭编的解释（一）》第 25 条第 1 项的规定，应算作夫妻共同财产。

婚前个人房屋拆迁安置补偿产生的房屋增值部分，一般与个人的劳动、智力、金钱、时间等无太大关联，是因房屋市场价值和拆迁安置补偿政策产生的溢价，应属于房屋的自然增值，根据《最高人民法院关于适用〈中华人民共和国民法典〉婚姻家庭编的解释（一）》第26条的规定，一般不认为属于夫妻共同财产。不过，如果婚后用共同财产对婚前个人房屋有修缮、扩充、装修、重建、维护等管理行为，导致房屋因婚后的管理行为得到价格提升，此时，房屋因拆迁所获的收益，可以考虑给另一方适当的补偿，这种补偿并无法律明文规定的标准，属于法官可以自由裁量的范围，数额一般会酌定。

二、按照户籍人数或被拆迁人口获得拆迁安置费用或房屋安置面积

房屋拆迁安置时，经常会考虑被拆迁房屋的户籍人口或被拆迁人口因素进行补偿，有时还会为已经怀孕但尚未出生的胎儿预留一定份额，这些以人头计算的拆迁安置补偿费用或者房屋安置面积，具有明显的人身属性，如无相反约定，一般可以认定属于明确约定归属于个人的财产，不作为夫妻共同财产进行认定。

这在《民法典》中，并无明确规定。实务中，存在两种观点。

一种观点认为，婚姻关系存续期间，只考虑人身因素获得的财产，属于夫妻一方的个人财产。依据《民法典》第1063条第2项的规定，一方因受到人身损害获得的赔偿或者补偿，应属于夫妻一方的个人财产。同理，夫妻一方因人身因素获得的拆迁安置补偿利益，也应归属为夫妻一方的个人财产。

另一种观点则认为，婚姻关系存续期间取得的财产，只要没有明确约定属于夫妻一方所有，就应该属于夫妻共同财产。依据《民法典》第1062条第4项的规定，夫妻在婚姻关系存续期间继承或者受赠的财产，除明确约定只归一方的财产外，应属于夫妻的共同财产，归夫妻共同所有。例如，2022年7月27日，上海市第二中级人民法院作出的（2022）沪02民终5231号民事判决书中认为："系争房屋的拆迁补偿利益属于王某1的部分，系其与孙某婚姻关系存续期间所得，应属于其与孙某的夫妻共同财产，在两人死亡后属于王某1、孙某的遗产。"

不过，夫妻共同共有的房屋，并不意味着分割时必须平分，法官可以基于公平原则，在分割房屋时考虑夫妻二人在房产中的人口因素和占比份额，进行差额分割，这属于法官的自由裁量权范围。

第九节　央产房屋的分割

一、央产房

所谓"央产房"，是指中央在京单位已购公有住房，指职工按房改成本价或标准价购买的原产权属于中央在京单位的公有住房。"中央在京单位"包括党中央各部门，全国人大机关，全国政协机关，最高人民法院，最高人民检察院，国务院各部委、各直属机构，各人民团体，及其所属单位。另外，还包括住房制度改革归口国管局、中直管理局管理的中央在京企业，及其所属单位。因此，涉"央产房"纠纷具有明显的地域特色。由于"央产房"是职工单位结合职工的工作年限、职务、级别等因素按照优惠价格出售给本单位职工的，具有福利性质。因此，该类房产除具有财产价值外，还附加有人身利益，在离婚案件中的处理原则，也不同于普通商品房。

二、央产房的分割

"央产房"是北京市特有的一类政策性较强的房屋。

法院在处理央产房的分割问题时，一般会征求或调取央产房管理单位的书面意见，根据书面意见判断央产房属于哪种情形，再根据双方当事人的陈述和主张以及庭审查明的事实进行综合认定、裁判。

央产房根据能否上市交易，分为以下三种情形。

（一）房屋不能或不宜上市交易的

如果央产房管理单位明确规定或者在买卖合同中明确约定央产房不能或不宜上市交易。此时，因房屋不能上市交易，故无法参照商品房确定其价格，评估机构也无法评估房屋的市场价格。如果当事人双方无法就房屋价格达成一致意见，人民法院一般有如下两种处理方式。

1. 属于夫妻共同财产的，可以确认为按份共有

如果"央产房"是在夫妻关系存续期间用夫妻共同财产购买，该房屋应属

于夫妻共同财产，离婚时，可以确认为按份共有。但能否进行按份共有的产权登记，人民法院还是需要与"央产房"管理单位进行沟通了解。在无法办理产权变更登记的情况下，如果一方主张实际使用房屋，另一方同意或者另一方虽然不同意但有证据证明其有其他房屋可居住的，法院可以判决房屋归其中一方使用，同时给予另一方相应的折价补偿。

具体补偿的标准，因房屋无法上市，无法评估，法院一般会考虑双方的收入情况、房屋来源、房屋性质、房屋购买价格等因素，酌情确定补偿数额。

例如，2020 年 6 月 22 日，北京市西城区人民法院作出（2019）京 0102 民初 31007 号民事判决书，对夫妻共有的一套房屋，通过使用费补偿方式，进行部分期间的分割。该判决书中认为："生效的民事判决书认定某小区××号房屋是原告、被告在婚姻关系存续期间购买（尚未办理产权证），为原告、被告夫妻共同财产。因此双方对该房屋均享有居住使用的权利，在双方不适宜共同居住生活的情况下，被告应给予原告一定的使用权补偿款，故原告要求被告支付其房屋使用费的诉讼请求，合法有据，本院予以支持。房屋使用费的具体数额本院将根据诉争房屋的性质及被告用于家庭居住使用的现状并参考租金标准酌定，对于 2015 年 5 月至本案判决之月的房屋使用费，本院酌定为每月 3000 元。对于此后的房屋使用费，因被告占用房屋的事实尚未发生，被告使用房屋的期限无法确定，房屋租金水平亦在变动中，本院不宜在本案中一并判决，对此原告可在实际发生后另行主张。"

2. 暂不处理房屋所有权归属问题，只处理使用权补偿

因房屋价值不好确定，房屋也无法上市交易，故有些人民法院会给当事人进行解释说明，让当事人在分割条件成就后，另行提起离婚后财产纠纷之诉，单独处理房屋的所有权的归属问题。这种情况下，人民法院也可以根据实际情况，综合考虑房屋来源、使用现状等确定房屋的使用情况，判决房屋归一方使用，给另一方使用房屋期间的折价补偿款。

例如，2014 年 8 月 5 日，北京市西城区人民法院就一起离婚案件作出（2014）西民初字第 2356 号民事判决书，其中"法院认为"部分写明："本院认定房款系通过夫妻共同财产支付，上述房屋为夫妻共同财产。经评估机构说明，因该房屋性质为央产经济适用房，不能擅自出售，只能以原购价格回售给

国家广播电影电视总局广播科学研究院，评估该房屋市场价值的条件是估价对象可公开上市，现该条件无法成立，且原告、被告无法对该房屋的市场价值协商一致，暂不具备分割条件，故本院暂不处理上述房屋的所有权归属，仅根据实际情况并在照顾女方权益的原则下确定上述房屋的使用情况，综合考虑上述房屋的来源、使用现状等情况，本院确定上述房屋由被告王×居住使用，被告王×每月给付原告陈×补偿 1800 元。原告、被告可待相应条件成就后，另行处理该房屋的所有权归属问题。"

（二）房屋可以在符合一定条件后上市交易的

"央产房"的获得方式和获得条件，可能因不同单位有所不同。如果央产房管理单位明确规定或者在买卖合同中明确约定，央产房需要具备一定条件才能进行上市交易。此时，房屋为有上市限制条件的房屋。这些上市限制条件，通常情况下有几种：（1）时间条件。如购房满几年可以上市交易，或者服务满几年可以上市交易。（2）对象条件。只能在本单位内部进行流转，或只能出售给本系统人员等。（3）价格条件。需要在上市交易前补足土地差价和税费差价等。（4）审批条件。需要在上市交易前履行相应审批手续，获得单位准许等。

如果房屋满足上市交易条件，自然可以直接进行评估确定房屋的市场价格，然后按照一般商品房的模式进行分割；如果不满足上市条件，实务中，法院还是有两种处理方法：

1. 属于共同财产，确认为按份共有

如果"央产房"是在夫妻关系存续期间用夫妻共同财产购买，该房屋应属于夫妻共同财产，离婚时，如果无法对外转让出售，也可以确认为按份共有。但是否能进行按份共有的产权登记，法院需要与央产房管理单位进行沟通了解，如果可以登记为按份共有，则在判决中直接确定为按份共有。

例如，2018 年 4 月 24 日，北京市第二中级人民法院就某"央产房"的分割处理，作出（2018）京 02 民终 2934 号民事判决书，认为："关于某小区房屋问题，该房屋为双方婚姻存续期间取得，为夫妻共同财产。虽然该房系按经济适用住房管理的央产房，根据现行政策，因该房屋的特殊性质导致其目前无法上市交易，亦无法评估价值，故应由双方各自享有一半的产权份额。因双方离婚后无法共同使用该房屋，房屋亦暂时无法析产，若崔某使用该房，则导致王某无法享受使用权益，故崔某应给付王某相应的经济补偿。"

2. 不予分割产权，仅分割使用权

法官可在判决中写明因房屋不符合分割条件，暂时不予分割。等房屋具备上市条件时，再由当事人另行起诉要求分割，但可以对房屋的使用方式作出分割处理。

（三）房屋可以直接上市交易的

如果"央产房"已经符合上市交易条件，或者该房屋并无限制销售的条件，则房屋可以同一般商品房进行处理，双方当事人可以根据竞价、协商确定的价格或评估机构确定的价格，判归一方享有所有权，并向另一方支付相应的折价补偿款。

第十节 "借名买房"的房屋权利归属

一、"借名买房"

"借名买房"是指实际支付房款的购房人，借用他人的名义购买房屋，并将房屋登记在被借用人名下的购房行为。借名买房行为中，有三方主体，分别是实际购房人（支付房款人），名义购房人（合同签署人或房屋登记人）和房屋出售人。

实务中，借名买房的原因五花八门，常见的有以下几种。

1. 规避法律或政策性规定

基于房地产市场的政策变化，一些城市施行房屋限购政策，购买房产需要一定的资格，实际购房人没有资格购买，而登记购房人具有资格购买是最常见的情形。例如，有些人不具备购买经济适用房的条件，又想买这样的房屋，就只能借他人名义买房。再例如，已经拥有住房的居民，以他人的身份证登记购买房屋，就可规避"限购令"中关于不得购买第二套或第三套住房的规定。

2. 享受价格优惠或享受特殊优惠

有些人为了享受更优惠的购房价格，所以借名买房。比如，只有具有城镇户口的在岗职工，才能享受住房公积金贷款。购房人没有资格办这种贷款，于是以别人名义办理公积金贷款。有些单位建集资房，价格实惠，但单位员工没有经济实力，单位有明文规定，集资房只对本单位员工出售，此时，为了获得价格优惠的内部房屋，购房人与员工私下签订买房协议，以该员工名义先签订购房合同，房款均由购房人支付，并另外给该员工一定的转让费或名额费，等到房产证下来以后，再根据协议办理过户手续。

3. 转移财产逃避债务或执行

有些债务人不履行到期债务，为了防止债权人将自己名下的财产冻结或查封，将大量现金从银行中取出，转入他人银行卡中，或将房产通过借名买房的方式，登记在他人名下，造成自己名下毫无财产的假象，恶意躲债，逃避债务或法院的强制执行。

二、"借名买房"的房屋分割

借名买房行为中，经常出现实际购房人和名义购房人的不同，故借名买房中房屋的真实权利归属，不能仅依照房屋的登记情况判断，还需结合房屋出资方、借名买房协议约定、借名买房原因、房屋性质、房屋出售单位意见等综合考虑。

离婚案件中，如果涉及第三方借名买房情形，根据登记名字的不同，分为以下两种情形。

（一）借用第三人名义买房，房屋登记在第三人名下

有些夫妻出于各种原因，借用第三人名义买房。此时，房屋虽然登记在第三人名下，但实际上可能属于夫妻共同财产，此种情况下，能否在离婚案件中直接审理登记在第三人名下的房屋权属问题？

因离婚案件，原告和被告身份关系特殊，是夫妻关系；离婚案件的审理，收费标准也与单纯财产案件不同；离婚案件还涉及当事人的隐私和财产信息，以及未成年人的情况，因此，离婚案件中，不允许增加第三人作为案件的当

事人。

这在法律上无明确规定，但部分省市法院的司法意见中，有一些细化规定。例如，《北京市高级人民法院民一庭关于审理婚姻纠纷案件若干疑难问题的参考意见》第51条第1款规定，人民法院在审理离婚案件过程中，案外人以夫妻间的财产争议涉及其利益为由申请参加诉讼或一方当事人申请追加案外人作为第三人参加诉讼的，人民法院一般不予准许。夫妻间财产争议确涉及案外人利益的，可另行解决。

不过，父母和子女之间借名买房的情形，具有特殊性，不一定需要另案处理，可以直接依据相关法律规定予以认定。根据《最高人民法院关于适用〈中华人民共和国民法典〉婚姻家庭编的解释（一）》第79条规定，婚姻关系存续期间，双方用夫妻共同财产出资购买以一方父母名义参加房改的房屋，登记在一方父母名下，离婚时另一方主张按照夫妻共同财产对该房屋进行分割的，人民法院不予支持。购买该房屋时的出资，可以作为债权处理。部分法院也有细化规定。

（二）借用夫妻一方或双方名义，登记在夫妻一方或双方名下

如果房屋登记在夫妻一方或双方名下，但房屋购房款全部出自第三方，且夫妻一方或双方与第三方有借名买房协议，法院一般会以涉及案外人利益为由，不处理该房屋的权利归属，要求相关方另案解决。

例如，2022年1月28日，北京市朝阳区人民法院就一起离婚案件作出（2020）京0105民初41632号民事判决书，"法院认为"部分载明："虽然某小区房屋登记至被告名下的时间在原被告婚姻关系存续期间，但根据被告提交的相关证据，光熙门北里房屋可能涉及第三人利益，考虑离婚案件不宜追加第三人参加诉讼，故本院在本案中对光熙门北里房屋不予处理，双方应就光熙门北里房屋的归属等争议另行解决。"

不过，父母借子女名义买房，将房屋登记在子女名下的情形，也具有特殊性，可能会被法官依据相关法律规定直接进行认定和处理。因父母和子女间有血缘关系，有相互继承权，子女有赡养父母的法定义务。故有些父母，考虑到子女以后要赡养自己，自己的钱未来也要留给子女继承，为了减轻子女婚后购

房压力，常常发生婚后给子女出资购房的情形。此时，如父母子女间无明确协议约定款项的性质，根据《最高人民法院关于适用〈中华人民共和国民法典〉婚姻家庭编的解释（一）》第29条第2款的规定，当事人结婚后，父母为双方购置房屋出资的，依照约定处理；没有约定或者约定不明确的，按照《民法典》第一千零六十二条第一款第四项规定的原则处理。即父母的购房出资款，在无协议特别约定的情形下，极可能被认定为对子女及其配偶双方的赠与。

而在子女和配偶发生情感矛盾纠纷时，父母和子女因血缘关系和高度信任，往往容易串通起来，将婚后对子女的出资款，解释为对子女的借款或借名买房情形，并提交倒签日期的书面协议，以试图证明父母对子女的出资，属于借款或者借名买房。此时，需要法官结合具体案情、双方陈述、款项支付金额及支付时间、相关协议的具体内容、协议签署的时间、协议签字的情况、购房的时间、事后权利人的主张、房屋的登记情况及生活常理等综合判断，不能简单地一概而论。

第十一节　房屋评估、竞价和拍卖

一、房屋的评估

离婚案件中，涉及房产分割的，双方如果不能对房屋的价格协商一致，确定房屋价值最好的办法就是找第三方机构进行评估。

（一）评估机构的选择

人民法院有自己的评估机构名单库，评估机构名单库中的评估机构，都是有相应评估资质的单位，当事人可以在诉讼过程中，通过协商确定的方式，确定一家评估机构进行房产价值的评估，也可以申请由法院通过摇号方式确定一家评估机构进行评估。

（二）评估费用的承担

当事人申请评估，需要提交书面的评估申请书，并交纳相应的评估费用。评估费用一般是按照标的物价值的一定比例收取，具体以评估机构的缴费通知书确定的金额为准。

评估费用由申请评估的一方先行垫付，但在人民法院判决时，一般会判决由双方当事人平均分摊评估费用。

（三）评估材料的提交

评估房屋的价值，需要提交房屋的房产证复印件。评估机构的工作人员，一般还需要去房屋现场了解情况，拍取照片，看看房屋的装修情况，周边环境，楼层位置和楼宇环境等。有些时候，当事人出于各种原因，不配合评估机构工作人员进入现场，此时评估机构作为第三方的民间机构，没有强制进入现场的权利，只能通过房屋的外围进行评估。无法进入房屋现场时，房屋的装修价值无法评估，一般只能按照毛坯房的价格进行评估。

（四）评估报告的出具

评估机构收取评估费用和评估材料，并现场勘察房屋情况后，根据搜集到的材料及专业的评估计算方法，会出具房产价值的评估报告。基于房屋市场行情的变化，评估报告一般都有相应的有效期，有效期一般为一年。当事人如对评估报告有异议的，还可以向法院申请评估机构对评估报告作出说明。

二、房屋的竞价

如果双方均主张房屋的所有权，又同意竞价的，也可以通过双方的竞价方式来确定房屋的市场价，即互相出价，价高者得。根据《最高人民法院关于适用〈中华人民共和国民法典〉婚姻家庭编的解释（一）》第76条规定："双方对夫妻共同财产中的房屋价值及归属无法达成协议时，人民法院按以下情形分别处理：（一）双方均主张房屋所有权并且同意竞价取得的，应当准许；（二）一方主张房屋所有权的，由评估机构按市场价格对房屋作出评估，取得房屋所有权的一方应当给予另一方相应的补偿；（三）双方均不主张房屋所有权的，根据当事人的申请拍卖、变卖房屋，就所得价款进行分割。"

竞价这种方式，有利有弊。有利之处在于：可通过竞价方式，快速确定房屋价格，并确定房屋归属方，出价越高，得到房屋的可能性越大，给对方的房屋折价补偿款也相应越多。不利之处在于竞价有时会脱离房屋的实际市场价格，导致房屋价格过高，增加出价者获取房屋的金钱成本。另外，竞价方式下，为避免双方恶意竞价，人民法院一般会要求出价方提供相应的价款担保，避免竞价后，出价高者无力支付对方房屋折价补偿款，导致分割房屋失败。

不过，房屋竞价方式有个前提，即"双方均主张房屋所有权并且同意竞价"。如果一方不主张房屋所有权，或不同意竞价，法院不可强迫双方竞价，而应释明其他的确定价格方式。

三、房屋的拍卖

根据《最高人民法院关于适用〈中华人民共和国民法典〉婚姻家庭编的解释（一）》第76条第3项的规定，双方均不主张房屋所有权的，根据当事人的申请拍卖、变卖房屋，就所得价款进行分割。

该规定的情形在离婚案件实务中非常少见。因拍卖、变卖的程序要求较多，时间周期较长，能否成交具有较大的不确定性，故人民法院几乎不会在诉讼案件审理过程中对房屋进行拍卖和变卖，如果双方均无承担给付对方折价款的能力，则人民法院一般只会确定各自的产权份额，由双方获得相应产权份额后，自行协商对外出售事宜，或者另行提起共有物分割之诉。

第十二节　律师提示：把握分割共同财产的四大原则

我国主要实行夫妻共同共有财产制，夫妻约定财产制的情况比较少见，故在夫妻共同财产分割中，最常见的思维模式就是"均分"。房屋作为价值较大的不动产，有时甚至作为夫妻间最主要的核心财产，如果不考虑房屋来源、出资方、出资金额、各自贡献度、共同生活时间的长短、婚内过错等具体情形，一律进行房屋份额的平均分割，可能会将婚姻变成个人财产的大染缸，导致出现离婚时财产分配的不公平，进而导致部分人员婚姻价值观的扭曲，将婚姻作为敛财手段，将青春作为金钱赌注，这无疑不利于正确价值观的树立和社会主义文明家风的建设，这也是一些富商和明星在结婚前要签署婚前协议的最大原因，就是为了保护自己的个人财富。

在离婚诉讼案件中，分割房产时，如果能把握好分割财产的基本原则，纠纷就会大幅减少，达成调解协议的可能性就会大幅提高，以下是分割夫妻共同财产的基本原则。

一、区分原则

很多人离婚时，会因财产分割问题争论不休，主要原因在于，很多人将金钱、房屋、感情混为一谈，导致对财产分割方案无法理解或无法认同。实际上，离婚诉讼案件中，财产分割时，多数法官是用区分原则进行财产分割和认定的。

（一）金钱和房屋区分原则

金钱是种类物，购买房屋的出资款，无论是父母出资、夫妻出资还是朋友的出借款，无论购买房屋是现金支付还是转账支付，该出资款的表现形式都是金钱。金钱不会凭空出现，有自己的来源方。金钱的来源，无论是借贷、赠与、买卖、委托、劳动、劳务还是其他合同关系，都有基础原因或基础法律关系。因此，查明金钱的来源方，查明金钱的给付原因，并不是十分困难，根据金钱转入方和转出方的事实陈述及相关协议内容，基本可以查清房款的构成情况。

房屋是特定物，属于不动产，根据《民法典》第 209 条的规定，不动产物权的设立、变更、转让和消灭，经依法登记，发生效力；未经登记，不发生效力，但是法律另有规定的除外。因此，房屋的所有权，一般按照房屋登记权利人来进行判断权属。

当出现房款的实际支付人和房屋登记的权利人不一致时，极易引发争议。因不动产实行登记生效主义，不动产权属证书上的登记权利人，属于不动产的所有权人，这符合我国法律规定和人们一般认知。购房款的实际支付人在支付房款时，对房屋登记可能产生的法律后果，基于法律的明文规定，也应明知和应知，故在判断房屋权利归属时，应秉持"金钱和房屋区分"的原则，房屋权利一般归属于登记权利人，房屋购房款的出资人，不能直接和房屋权利人画等号，当房屋出资人和房屋登记权利人不一致时，出资人能享有的，一般只是基于合同基础法律关系享有的债权，而非不动产的物权。

（二）财产和感情区分原则

财产和感情本无关联。男女结婚基于双方自主意愿，离婚基于感情破裂，结婚和离婚，都以感情为基础和条件，并不以金钱为前提和目的。故在离婚案件中，除非夫妻一方有法律上规定的严重过错行为，给另一方的身体或精神造成严重伤害，否则，不会因为感情破裂问题，就要求一方给另一方额外赔偿，所谓的"青春损失费""空床费"等，在法律上并无支持的可能。

《民法典》中，一方有权要求适当多分财产的情形，只有以下4种，且都是男女对等原则，对双方统一适用：

（1）离婚损害赔偿。夫妻一方因对方的严重过错行为，导致身体或精神遭受严重伤害的，可以请求损害赔偿。根据《民法典》第1091条的规定，有重婚；与他人同居；实施家庭暴力；虐待、遗弃家庭成员或其他重大过错行为导致离婚的，无过错方有权请求损害赔偿。

（2）劳务价值补偿。夫妻一方在共同生活中，承担较多家庭劳务工作的，有权要求补偿。根据《民法典》第1088条的规定，夫妻一方因抚育子女、照料老年人、协助另一方工作等负担较多义务的，离婚时有权向另一方请求补偿，另一方应当给予补偿。具体办法由双方协议；协议不成的，由人民法院判决。

（3）离婚经济帮助。夫妻一方在离婚时，经济生活困难的，有负担能力的一方，应给予适当帮助。根据《民法典》第1090条的规定，离婚时，如果一方生活困难，有负担能力的另一方应当给予适当帮助。具体办法由双方协议；协议不成的，由人民法院判决。

（4）侵害财产惩戒。夫妻一方对共同财产有侵害行为的，另一方可以请求不给对方分割财产，或者少分财产，以示惩戒。根据《民法典》第1092条的规定，夫妻一方隐藏、转移、变卖、毁损、挥霍夫妻共同财产，或者伪造夫妻共同债务企图侵占另一方财产的，在离婚分割夫妻共同财产时，对该方可以少分或者不分。离婚后，另一方发现有上述行为的，可以向人民法院提起诉讼，请求再次分割夫妻共同财产。

二、公平原则

根据《民法典》第 1062 条的规定，夫妻关系存续期间取得的财产，一般属于夫妻共同财产。共同财产属于共有财产，夫妻之间有平等的财产处理权。共有财产分为共同共有和按份共有，当男女双方基于婚姻关系产生的共同共有关系被解除时，共同共有就失去了存在的基础，夫妻间的财产，经过分割，就变成按份共有。按份共有人基于财产利益的最大化和有效合理利用的目的，将按份共有的财产份额，转让给对方，自己获得相应的折价补偿款，就构成夫妻财产分割的基本原理。

夫妻关系存续时，根据《民法典》第 1062 条的规定，婚内所得财产，无论男方所得还是女方所得，无论所得多与少，一般都视为夫妻共同财产。夫妻财产共同共有，可以增加家庭抵御外部风险的能力，强化男女的平等地位，实现财产权利的实质平等，减轻家庭外部债权人的举证责任，有较大的积极意义。因此，在分割夫妻共同财产时，基于男女地位平等，财产共有，进行平均分割，也就成为相对普遍的"公平做法"。

但有些时候，婚姻关系存续期间取得的财产，并非完全来源于夫妻共同财产的投入所得，而是有很多的场外因素。婚姻关系存续期间，场外因素不予考虑，对双方影响都不大。但在离婚时，夫妻二人间的依存关系解体，家庭对外担保的功能弱化，夫妻间的内部财产需要明确具体的分割，此时就需要考虑场外因素对财产价值的影响，在分割财产时，尽可能考虑共有财产的价值来源及各自贡献度，以及结婚时间的长短、孩子利益、婚内过错等情形，体现分割财产的实质公平——差额化分割，而非形式意义上的公平——平均分割。

如以下 5 种情况，一般会进行差额化分割处理，以便更好地体现实质公平原则。

（一）部分购房出资来源于婚前一方的个人财产

一些夫妻在结婚后购买房屋时，因夫妻共同财产不足以支付房屋的首付款，一方将自己的婚前个人房屋出售，所得价款用于支付婚后双方购买房屋的首付款；或者用自己的婚前个人财产，支付婚后购买房屋的首付款。此时，虽然房屋是婚后购买，且首付款是婚后支付，但因首付款的来源是婚前个人财产的转化，故该部分出资，应属于婚前财产。此时，房屋的价值，就包含婚前价值和婚后价值两部分。如果考虑特殊性，分割房产时，对首付款的出资方，适当多分，相对会更加公平。

（二）部分出资款，来源于婚后一方父母给子女的转账款

基于父母子女之间的血缘关系和相互继承关系，抚养和赡养关系等，父母和子女之间，属于关系极为亲密的个体，很少有父母和子女之间用书面协议约定相互往来款项的性质和用途，更少有父母向子女催债，或者子女向父母催债的情形。虽然《最高人民法院关于适用〈中华人民共和国民法典〉婚姻家庭编的解释（一）》第 29 条将父母对子女婚前的购房出资款，视为对自己子女的个人赠与；但父母对子女婚后的购房出资款，是优先按照约定进行处理的，只有在没有约定或者约定不明的情况下，才按照《民法典》第 1062 条第 1 款第 4 项的受赠财产处理。

事实上，父母和子女之间，后补协议是非常容易的事情，且父母作为款项支付方，对支付款项的原因、目的、用途，及款项性质是借贷还是赠与，有更大的发言权。子女成年及结婚后，已经具有完全民事行为能力和劳动能力，父母本不再具有法律上的抚养义务，将父母支付给子女的出资款，视为对子女的无偿赠与，有明显的道德绑架色彩。实际上，对款项的性质发生争议时，首先应询问款项往来方的陈述意见，审核有无相应的证据材料，而不应基于身份和血缘关系，直接进行主观推定，毕竟家庭财产并不混同。因此，有一方或双方父母出资的房产价值，就包含夫妻共有财产的价值和父母出资的财产价值，如果在分割时，能够区分出夫妻共有财产的出资和父母各自的出资部分，并考虑对父母出资多的一方，适当多分，也显得更加公平合理，不至于父母和子女间为了保护出资款的价值，再串通起来后补协议，与子女的配偶一方对抗，增加彼此的诉累和对抗的复杂性。

（三）一些房屋，基于特定身份、工龄、职级、单位福利政策等非夫妻共同财产因素，有巨大的价格优惠

此时，房屋的获得及房屋价格的优惠，对夫妻一方的个人身份依赖性非常

大，且个人因素在房屋价值中的贡献度非常高。如果在分割夫妻财产时，因双方是在婚姻关系存续期间取得的财产，就一律进行均分，显然有失公平。尤其是共同生活时间极短的夫妻，这种权益失衡的情况会更加明显。

（四）一方存在侵害共同财产行为

婚姻关系存续期间，一方基于对财产的控制和掌握，可能会对共有财产进行隐藏、转移、变卖、毁损、挥霍，如果以夫妻享有平等处理财产权限为由，任由其对共有财产进行处分，无疑对另一方的合法财产权益造成极大损害。因此，有必要对该种行为进行惩戒，在分割财产时，不再进行均分。根据《民法典》第1092条的规定，夫妻一方隐藏、转移、变卖、毁损、挥霍夫妻共同财产，或者伪造夫妻共同债务企图侵占另一方财产的，在离婚分割夫妻共同财产时，对该方可以少分或者不分。

（五）一方存在婚内过错行为

《民法典》第1042条规定了禁止的婚姻家庭行为，其中包含"禁止重婚。禁止有配偶者与他人同居。禁止家庭暴力。禁止家庭成员间的虐待和遗弃"。《民法典》第1091条规定了离婚损害赔偿的情形，就是对这四种禁止行为违反的法律后果。除此之外，《民法典》第1087条第1款还规定，离婚时，夫妻的共同财产由双方协议处理；协议不成的，由人民法院根据财产的具体情况，按照照顾子女、女方和无过错方权益的原则判决。"照顾无过错方权益"是《民法典》婚姻家庭编新增的原则之一，原婚姻法并无该内容，这体现了法律的与时俱进和对实质公平的不懈追求。

三、照顾子女、女方和无过错方权益的原则

根据《民法典》第1087条第1款的规定，在离婚时，如果双方无法就财产分割协商一致，法院可以根据财产的具体情况，按照照顾子女、女方和无过错方权益的原则迳行判决。

事实上，财产的具体情况，是人民法院首先需要考虑和查明的根本，也是分割财产的前提条件，只有在财产情况查明的情况下，才需要考虑是否照顾以及如何照顾的原则，人民法院的判决，要"以事实为依据，以法律为准绳"，

这也是我们将"区分原则"和"公平原则"放在"照顾原则"之前的原因，区分原则和公平原则，就是要具体问题具体分析，不能一概而论。

未成年子女、妇女属于弱势群体，我国专门出台了《未成年人保护法》和《妇女权益保障法》，就是为了更好地保护未成年子女和妇女的合法权益，在夫妻财产分割问题上，我国一如既往地体现了该原则，对妇女和子女的利益，予以特殊照顾，也体现了法律的人文关怀精神。

四、有利于生产和方便生活原则

人民法院在判决分割夫妻共同财产时，应根据有利生产、方便生活的原则处理。具体的分割方式，根据财产具体情况进行分割：

1. 实物分割。在不影响财产的作用和价值的情况下，对财产进行实物分割，双方各自取得应得份额。

2. 变价分割。在双方均不主张取得共有财产的情况下，将共有财产拍卖、变卖，对所得价款进行分割，双方各自取得应得份额。

3. 作价补偿。即一方主张共有财产，一方不主张共有财产，取得共有财产的一方应给予另一方相当于一半价值的补偿。如双方均主张共有财产且双方情况相当时，可在征求双方意见后采取竞价的方式，由出价高者取得共有财产，给予另一方相当于一半价值的补偿。

4. 使用权分割。对于无法进行所有权分割的不动产，实务中，也可以根据不动产的状况，对其使用权进行分割，如房屋为两居室，但尚未办理产权证，双方均无力支付对方折价补偿款，此时可以对房间的使用权进行分割，一人居住一个卧室，客厅、卫生间和厨房共用；或者由一方分得房屋的全部使用权，对另一方以同等地段同类房屋的租金标准为准，进行房屋使用权的折价补偿。

第十六章
公司股权分割的难点和方式

第一节　有限责任公司的股权分割

我国大部分企业是公司制企业。公司制企业，有两种类型，分别为有限责任公司和股份有限公司。公司制企业中，最难分割的是有限责任公司股权。

一、有限责任公司股权分割的限制性条件

根据《公司法》第 24 条的规定，有限责任公司由五十个以下股东出资设立。公司法第 32 条规定，有限责任公司应当置备股东名册，记载股东姓名及住所、股东出资额和出资证书编号等，还应当将股东的姓名或名称向公司登记机关登记。公司法第 33 条、第 34 条、第 42 条和第 72 条，还分别规定了股东的知情权、分红权、表决权和优先购买权等股东权利。公司法第 37 条规定了股东会各种职权。可以说，有限责任公司具有很强的人合性，不仅股东人数有上限，还禁止公开募集资本，限制股权对外转让，股东对公司享有各种权利，也承担相应的责任和义务。因此，虽然《民法典》第 1062 条规定，婚姻关系存续期间所得财产，为夫妻共同财产，但夫妻一方在婚姻关系存续期间取得的股权，有一定人身属性，股权并不直接归属于夫妻双方，只有股权的收益才属于夫妻双方共同财产。

如果有限责任公司一直没有分红，夫妻一方没有获得相应股权收益，另一方想要分割公司股权，成为公司股东，有一定限制条件，须经过公司其他股东过半数同意，且其他股东放弃优先购买权。

（一）其他股东过半数同意

根据公司法第 71 条第 1 款和第 2 款的规定，有限责任公司的股东之间可以相互转让其全部或者部分股权。股东向股东以外的人转让股权，应当经其他股东过半数同意。股东应就其股权转让事项书面通知其他股东征求同意，其他股东自接到书面通知之日起满三十日未答复的，视为同意转让。其他股东半数以上不同意转让的，不同意的股东应当购买该转让的股权；不购买的，视为同意转让。

（二）其他股东同等条件下有优先购买权

根据公司法第 71 条第 3 款的规定，经股东同意转让的股权，在同等条件下，其他股东有优先购买权。两个以上股东主张行使优先购买权的，协商确定各自的购买比例；协商不成的，按照转让时各自的出资比例行使优先购买权。

根据《最高人民法院关于适用〈中华人民共和国公司法〉若干问题的规定（四）》第 18 条规定："人民法院在判断是否符合公司法第七十一条第三款及本规定所称的'同等条件'时，应当考虑转让股权的数量、价格、支付方式及期限等因素。"

《最高人民法院关于适用〈中华人民共和国民法典〉婚姻家庭编的解释（一）》第 73 条规定，人民法院审理离婚案件，涉及分割夫妻共同财产中以一方名义在有限责任公司的出资额，另一方不是该公司股东的，按以下情形分别处理：（1）夫妻双方协商一致将出资额部分或者全部转让给该股东的配偶，其他股东过半数同意，并且其他股东均明确表示放弃优先购买权的，该股东的配偶可以成为该公司股东。（2）夫妻双方就出资额转让份额和转让价格等事项协商一致后，其他股东半数以上不同意转让，但愿意以同等条件购买该出资额的，人民法院可以对转让出资所得财产进行分割。其他股东半数以上不同意转让，也不愿意以同等条件购买该出资额的，视为其同意转让，该股东的配偶可以成为该公司股东。

用于证明前款规定的股东同意的证据，可以是股东会议材料，也可以是当事人通过其他合法途径取得的股东的书面声明材料。

因此，如果夫妻一方是公司股东，另一方不是股东，双方离婚时，非股东方想要获得公司股权，首先需要双方协商一致，出具一份股权转让意见，并向公司其他股东征求意见，告知转让股权的条件，如转让股权价格、数量、支付方式和期限等，在公司其他股东都明确表示放弃优先购买权且同意或视为同意对外转让股权前，股东的配偶无法获得公司股权。

二、夫妻协商一致的难点

"夫妻双方协商一致"是股权转让的前提条件，实务中很难实现。主要有以下 3 点原因。

（一）股权价值难确定

有限责任公司的财务状况并不对外公开，只有股东才知晓公司基本情况，在离婚案件中，夫妻双方感情破裂，关系有些剑拔弩张，在公司财务信息极其不对称的情况下，让夫妻二人商量出两人能接受的股权价格，还要交给公司其他股东考虑是否行使优先购买权的股权转让方案，其实有些理想化。股东一方往往主张股权价值低，而非股东一方则主张股权价值高，在股权价值上双方很难达成一致。虽说法律上有评估的可能性，但在实践中，股东一方拒绝提供或确实难以提供整个公司的会计账簿等必要资料的现象很普遍，一旦缺乏必要的财务人员配合和必要的财务基础资料，整个评估工作就难以开展，股权价值也就无法确定，协商也就没有基础。而离婚案件中，法官不可能追加公司或公司其他股东作为案件当事人，故法官也难以获得股权现价值的准确数据，导致难以判决股权折价，在双方无法就股权折价协商一致的情况下，大部分时候只能在离婚案件中暂不处理，由双方另案解决。

（二）公司股东配合难

有限责任公司有较强的人合性，股东之间除资本属性外，还有一定的人身信任属性和资源价值属性，相互之间的信任、配合、支持和理解对公司正常经营至关重要。而离婚的男女双方，本就因感情破裂导致离婚，双方间关系可能剑拔弩张，这种不良关系一旦带入公司，不但不利于公司经营，还可能加速公司解体和破裂，导致公司经营陷入困境或决策失灵，这是所有公司都极力避免的情形，故多数公司股东都不会配合股东的配偶进行股权转让。

如果公司其他股东允许股东的配偶一方通过分割股权方式进入公司，多数情况是基于以下四种原因：（1）对公司配偶有一定了解和信任基础；（2）公司股东人数不多，且非股东一方与公司其他股东沟通较为顺畅；（3）公司经营状况较差，分红能力不足，前景较差，其他股东持放弃优先购买权态度；（4）需要分割股权的股东，其股权份额占比过高，其他股东即便想购买，也因资金能力有限，无力购买股份。

（三）夫妻关系难相处

夫妻离婚多是因感情破裂导致，而公司股东会作为公司的最高权力机构，一般每年都会召开股东会，进行公司重大事项的表决，有时还会召开临时股东会。在双方关系不和的情况下，让双方在同一家公司参与公司决策、经营及管理，有时并不是双方追求的结果。而由股东一方获得全部股权，给另一方股权折价款，其实是比较常见的分割方式，很多情况下，也是非股东一方希望采用的分割方式。

如果夫妻双方就是否转让、转让价格等不能达成一致意见，股权该如何分割呢？法律没有明确规定。实务中，有些人民法院会要求公司其他股东出具书面意见，表明是否同意对外转让及是否同意购买相应股权，如公司其他股东在指定期限内不回复，则视为同意转让和放弃优先购买权，法官可以直接对持股一方配偶的股权进行分割。

例如，2019年12月27日，四川省成都市中级人民法院作出（2019）川01民终9591号民事判决书，其中"二审法院认为"部分载明："……（二）关于案涉公司股权分割方式的问题。

吴某所持案涉公司股权中包括任某合法财产，合法财产受到法律保护，任某有权在本案中主张分割案涉公司股权。虽然吴某主张根据公司'人合性'原则不应分割案涉公司股权而应折价补偿，并认为在双方不能就股权价值达成一致意见的情况下，本案不应对股权作出分割处理，但本院认为，在双方并未就案涉公司股权价值达成一致意见的情况下，折价补偿需要通过审计、评估等方式确认案涉公司股权实际价值，且吴某上诉认为本案应当采用'双方并未对股权分割达成一致意见，故应对公司股权折价补偿'裁判规则，则需要由其明确提出折价补偿的主张以及提出审计、评估申请并承担相应费用。但本案审理过程中，吴某、任某均不申请审计，且本案一审中吴某明确表示拒绝任某以包括折价在内的任何方式分割股权，以及经一审法院询问，徐××、唐××等股东均未在规定时间内向一审法院表示是否同意购买、是否主张优先购买，故在存在由案涉公司股东补偿任某从而维持案涉公司人合性的情况下，因吴某拒绝折价以及其他股东不行使优先购买权，则应由其自行承担公司'人合性'受损之风险，且不应因公司'人合性'而损害财产权利人的合法权益，故一审法院判决分割股权份额并无不当。"

如果夫妻二人都是公司股东，因公司股东之间进行股权转让，无须经过其他股东同意，其他股东也不享有优先购买权，就不存在分割障碍问题，法官可以直接进行股权分割。

实务中，为了解决股权价值难确定及有限责任公司股权分割问题，部分地方法院出台了一些细化意见，如《北京市高级人民法院民一庭关于审理婚姻纠纷案件若干疑难问题的参考意见》，其中有几条相关规定：

第 19 条　离婚案件涉分割公司股权的，一般应当在离婚案件中予以处理；确因股权与案外人存在争议难以确定的，可另案予以处理。

离婚诉讼中一方主张另一方为隐名股东并要求分割相应财产权益的，参照上款处理。

第 20 条　离婚诉讼中待分割股权之价值存在争议时，应采取协商一致、评估、竞价、参考市场价等方式予以确定。

因企业财务管理混乱、会计账册不全以及企业经营者拒不提供财务信息等原因导致无法通过评估方式确定股权价值的，人民法院可以依据该企业在行政主管机关备案的财务资料对财产价值进行认定；或可以参照当地同行业中经营规模和收入水平相近的企业的营业收入或者利润及其他方式来核定其价值。

第 21 条　职工内部流通股等具有内部流通性的股权，离婚诉讼分割时应具体审查，并征询职工所在企业等相关组织意见，以确定具体分割方法。

具有特殊个人人身性的村民股权应属个人财产，但村民股权在夫妻关系存续期间的收益可作为夫妻共同财产分割。

第 22 条　离婚诉讼中有限责任公司股东为夫妻二人，双方就股权分割无法协商一致时。双方均主张股权的，可按比例分割股权；双方均要求补偿款的，释明当事人可另行对公司进行拍卖、变卖或解散清算并分割价款；夫妻一方主张股权，另一方主张补偿款的，可在确定股权价值基础上由获得股权一方给付另一方补偿款。

上述有限责任公司工商登记中注明的夫妻双方股权份额不构成夫妻间财产约定；但如设立公司时根据相关规定提交财产分割书面证明或协议的，构成财产约定。

离婚诉讼中有限责任公司股东为夫妻二人及其他股东时，参照上两款规定进行处理。

第 23 条　离婚诉讼中夫妻中一人为独资公司股东，双方就股权分割无法协商一致时。双方均主张股权且愿意和对方共同经营的，可按比例分割股权；双方均主张股权但不愿意和对方共同经营的，可在考虑有利公司经营基础上由一方取得公司股权、给予另一方相应经济补偿，或通过竞价方式处理；一方主张公司股权，另一方不主张公司股权的，在确定公司价值基础上，由取得公司股权一方给予另一方相应经济补偿；双方均不愿意取得公司股权的，释明当事人可另行对公司进行拍卖、变卖或解散清算并分割价款。

上述股权分割中，需要办理变更登记手续的应根据相关规定进行办理。

第 24 条　离婚诉讼中有限责任公司为夫妻中一人及其他股东，夫妻双方就股权分割无法协商一致时。双方均主张股权，原则上可判决归股东一方所有，并给予非股东一方相应的经济补偿；非股东配偶放弃股权主张补偿款的，应在对公司股权价值确定基础上由股东配偶给予另一方相应的经济补偿；股东配偶放弃股权，应在对公司股权价值确定基础上由取得股权方给予另一方相应的经济补偿，但应经其他股东过半数同意且明确表示放弃优先购买权；双方均不愿意取得公司股权的，可以释明当事人另行按照《中华人民共和国公司法》（以下简称《公司法》）将股权变现，并对价款依法分割。

第二节　股份有限公司的股权分割

股份有限公司分为已上市股份有限公司和未上市股份有限公司。两种股份有限公司，在股权分割时，有较大不同。

一、上市股份有限公司的股票分割

上市股份有限公司，其股权以股票形式呈现，对股权的分割，就是对股票的分割。上市公司的财务状况要向社会进行公示，且其股票有明确价值，虽然股票价格随市场变化有所波动，但只要选定分割的时间点，其股票价格就可以确定；股票分割和对外转让，也不需要经过其他股东过半数同意，对外转让比较方便。因此，上市公司的股票分割相对简单，容易进行股份分割和折价补偿。在实务中，股份有限公司的股权分割，主要注意以下几点。

（一）股票是否属于夫妻共同财产

股票具有财产权内容，只要是夫妻关系存续期间以夫妻共同财产购买的股票，离婚时，就应当被认定为夫妻共同财产进行分割，除非双方有约定财产制的相反规定。

如果是一方婚前购买的股票，根据《民法典》第1063条的规定，一方婚前财产属于个人财产。因此，一方婚前持有的股权，也应属于一方的个人财产。但该部分股权婚后所得的收益，需要根据具体情况具体分析，不一定无法进行分割。如果股票持有方，婚后没有进行过股票账户的任何操作，该股票的收益为法定孳息，没有投入额外的个人时间、劳动、精力和管理，其收益应属于个人所有；但如果其对股票账户进行了操作，有股票买卖行为，则代表其投入了时间、精力和进行了投资管理行为，根据《最高人民法院关于适用〈中华人民共和国民法典〉婚姻家庭编的解释（一）》第25条的规定，婚姻关系存续期间，一方以个人财产投资取得的收益，属于夫妻的共同财产，此时可以对股票的相应收益进行分割。

（二）股票是否可以转让

股份有限公司的股份转让，与有限责任公司相比，有一定特殊性。公司法对股份有限公司的记名股票和特定持有人的股份转让，有限制出售的时间和出售的方式。公司法第138条规定："股东转让其股份，应当在依法设立的证券交易场所进行或者按照国务院规定的其他方式进行。"第139条规定："记名股票，由股东以背书方式或者法律、行政法规规定的其他方式转让；转让后由公司将受让人的姓名或者名称及住所记载于股东名册。股东大会召开前二十日内或者公司决定分配股利的基准日前五日内，不得进行前款规定的股东名册的变更登记。但是，法律对上市公司股东名册变更登记另有规定的，从其规定。"第141条规定："发起人持有的本公司股份，自公司成立之日起一年内不得转让。公司公开发行股份前已发行的股份，自公司股票在证券交易所上市交易之日起一年内不得转让。公司董事、监事、高级管理人员应当向公司申报所持有的本公司的股份及其变动情况，在任职期间每年转让的股份不得超过其所持有本公司股份总数的百分之二十五；所持本公司股份自公司股票上市交易之日起一年内不得转让。上述人员离职后半年内，不得转让其所持有的本公司股份。公司章程可以对公司董事、监事、高级管理人员转让其所持有的本公司股份作出其他限制性规定。"

对于限制转让期限内的股票分割，应遵守公司法的相关规定，不得对外转让，可以由股份持有方继续持有该股权，并根据股份当前的市场价格，给另一方相应的折价补偿款。

(三) 股票的市场价格确定

公司股票价格与公司利润紧密相连，股东可以通过持有股权获得公司分红和对公司剩余财产的分配。由于上市公司的股票价格总是处于不断涨跌中，股票的收益与当时的市场利息率和股息率有关，不同时间抛售股票所获得的市场价格也不同。因此，确定股票的价格，关键是确定股票的市值时间点，一旦确定时间点，就可以按照该时间点的股票价值进行分割。后续无论是股票价格继续上涨获得更多收益，还是股票价格因为下跌导致出现价格损失，双方均不得反悔，这也符合风险和利益均衡原则。

为了合理确定上市公司的股票价格，一般由夫妻双方协商确定一个双方认可的时间点，并以此时间点的市场价格作为股票价格进行折价补偿，由股票持有方继续持有股票，给另一方对应的股票折价补偿款。有些地方的法院，对股票价值确定的时间点，作了细化规定。例如，2016年8月4日发布的《北京市高级人民法院民一庭关于审理婚姻纠纷案件若干疑难问题的参考意见》第26

条规定，离婚诉讼中分割上市公司股票，需要确定股票价值的，当事人对确定股票价值的时间点无法达成一致的，可以法庭辩论终结日的股票价值为准。

二、非上市股份有限公司股份的分割

非上市的股份有限公司，股东对外转让股权或夫妻间分割股权，也应遵循公司法的规定。因股份有限公司的股份转让，对股份受让方并无太多限制，原股东也无优先购买权，故分割障碍较少。

如果双方能够对股份价值协商一致，可以按照股份价值进行分割，由原持有方继续持有股份，给另一方相应的折价补偿款；如果双方无法就股份价值协商一致，也可以根据一方持有的股份数量和比例，直接分割份额。根据《最高人民法院关于适用〈中华人民共和国民法典〉婚姻家庭编的解释（一）》第72条的规定，夫妻双方分割共同财产中的股票、债券、投资基金份额等有价证券以及未上市股份有限公司股份时，协商不成或者按市价分配有困难的，人民法院可以根据数量按比例分配。

当然，分割股份有限公司股权份额的前提，是该份额属于夫妻关系存续期间用共同财产出资取得的股权份额，可以作为共同财产分割。

另外，对于非上市股份有限公司的一些内部职工股，一般需要向该公司核实能否对外转让。大部分股份有限公司基于制度安排或股份激励协议，会给符合条件的一些员工授予职工股或虚拟股份，该股份可以参与公司的盈利分红，但不享有公司的经营管理参与权。该类股份，一般有明确的人身属性，且一般只针对公司在职员工，多数情况下不能对外分割，该类股份如果是在婚姻关系存续期间取得，一般只能分割股份所得的收益，不能对股份持有人进行变更。

例如，2018年3月14日，上海市浦东新区人民法院就一起离婚案件作出（2017）沪0115民初34055号民事判决书，其中涉及某公司员工的虚拟股权，"法院查明"部分载明："本院向某公司调查原告的工资收入及持有股票等情况，某公司回函本院：（1）自2013年6月13日以来至2017年10月原告的工资、补贴及税后工资实发明细；（2）自2013年6月13日以来至2017年原告的税后奖金发放明细，2017年度发放奖金183750元（税后）；（3）自2013年6月13日以来原告在某公司的虚拟受限股的分红情况明细。截至2013年6月13

日，原告的虚拟受限股为零股；截至 2017 年 11 月，原告的虚拟受限股为 18000 股，当前的股值为人民币 132792 元（税后）。并特别说明，仅某公司正式员工有资格持有某公司虚拟受限股，受限股不得转让，也不可分割，非某公司员工不能持有某虚拟受限股，但某公司可协助法院对税后股值进行分割，并依法扣缴个人所得税。"其后的"法院认为"部分载明："现鉴于查询原告账户情况及余额等情况，本院对原告处的夫妻共同财产将依据某公司提供的原告的工资及奖金收入等回函情况结果进行分割。现根据某公司提供的原告的工资等情况显示，原告自 2017 年 3 月至 2017 年 10 月的工资共计 131685.66 元（税后）及 2017 年度奖金发放金额 183750 元（税后），该两笔款项合计 315435.66 元，在扣除原告与被告分居期间原告必要的日常生活支出后，本院酌定可以分割的原告工资及奖金为 259435.66 元，该款作为夫妻共同财产进行分割；另根据某公司提供的回函，原告虚拟受限股为 18000 股，当前的股值为人民币 132792 元（税后），故该股值也应作为夫妻共同财产进行分割，虚拟受限股仍可由原告持有。上述属于被告的份额均应由原告支付给被告。"

第三节　其他类型企业的权益分割

除有限责任公司和股份有限公司外，还有一些企业类型也比较常见。如合伙企业、个人独资企业、个体工商户等，也可能涉及共同财产权益的分割。

一、合伙企业

合伙企业是指自然人、法人和其他组织依照法律在我国境内设立的普通合伙企业和有限合伙企业。普通合伙企业由普通合伙人组成，合伙人对合伙企业债务承担无限连带责任。有限合伙企业由普通合伙人和有限合伙人组成，普通合伙人对合伙企业债务承担无限连带责任，有限合伙人以其认缴的出资额为限对合伙企业债务承担责任。

合伙企业和有限责任公司有些类似，都有一定的人合性，且对外转让份额，都有严格限制。合伙企业对外转让合伙份额，条件更加严苛，必须经过其他合伙人的一致同意，且其他合伙人在同等条件下，也拥有优先购买权。

人民法院审理离婚案件，涉及分割夫妻共同财产中以一方名义在合伙企业中的出资，另一方不是该企业合伙人的，当夫妻双方协商一致，将其合伙企业中的财产份额全部或者部分转让给对方时，根据《最高人民法院关于适用〈中华人民共和国民法典〉婚姻家庭编的解释（一）》第 74 条的规定，分为以下四种情形分别进行处理：

（1）其他合伙人一致同意直接分割合伙份额的，该配偶依法取得合伙人地位；

（2）其他合伙人不同意转让合伙份额，在同等条件下行使优先购买权的，由行使优先购买权的合伙人购买相应份额，夫妻之间可以对转让合伙份额所得的财产进行分割；

（3）其他合伙人不同意转让合伙份额，也不行使优先购买权，但同意持有份额的该合伙人退伙或者削减部分财产份额的，可以对该合伙人退伙结算后的财产进行分割；

（4）其他合伙人既不同意转让，也不行使优先购买权，又不同意该合伙人退伙或者削减部分财产份额的，视为全体合伙人同意转让，该配偶可以依法取得合伙人的地位。

不过，上述法条适用的前提，也是"夫妻双方协商一致"将合伙份额部分或全部转让给对方。此前提同样面临尴尬，即夫妻双方无法达成一致意见，或合伙份额的市场价值不好确定。此时，法院多数可能会以涉及第三人利益为由不予处理，或者以合伙份额的价值无法评估为由不予处理。例如，2020 年 7 月 13 日，山东省沂水县人民法院作出（2019）鲁 1323 民初 5414 号民事判决书，其中对合伙企业的合伙份额，夫妻双方都主张要求分割，但人民法院审理后认为："关于工程技术服务中心（有限合伙），反诉原告刘某主张对反诉被告桑某对该合伙企业的 250000 元出资款予以分割，反诉被告桑某辩称该企业因亏损已停止经营，且明确表示愿意将其持有的全部合伙份额转让给反诉原告刘某，反诉原告刘某支付一半的转让费。庭审中反诉原告刘某明确表示对于反诉被告桑某在该企业持有的合伙份额不申请评估，故本院无法确认反诉被告桑某在该合伙企业中持有合伙份额的价值，对反诉原告刘某要求分割反诉被告桑某对该合伙企业的出资款 250000 元的主张，缺乏事实依据，本院不予支持。"

二、个人独资企业

根据个人独资企业法第 2 条的规定，个人独资企业，是指依法在我国境内设立，由一个自然人投资，财产为投资人个人所有，投资人以其个人财产对企业债务承担无限责任的经营实体。

个人独资企业投资人对本企业的财产依法享有所有权，其有关权利可以依法进行转让或继承。根据个人独资企业法第 18 条的规定，个人独资企业投资人在申请企业设立登记时明确以其家庭共有财产作为个人出资的，应当依法以家庭共有财产对企业债务承担无限责任。

个人独资企业的财产权益，相对更好分割一些。根据《民法典》第 1062 条的规定，婚姻关系存续期间取得的财产，除非有书面的相反约定，否则应属于夫妻共同财产。即夫或妻一方个人投资设立的个人独资企业，其经营所得的收益，也属于夫妻共同财产，可以用于分割。

根据《最高人民法院关于适用〈中华人民共和国民法典〉婚姻家庭编的解释（一）》第 75 条的规定，夫妻以一方名义投资设立个人独资企业的，人民法院分割夫妻在该个人独资企业中的共同财产时，应当按照以下情形分别处理：

（1）一方主张经营该企业的，对企业资产进行评估后，由取得企业资产所有权一方给予另一方相应的补偿；

（2）双方均主张经营该企业的，在双方竞价基础上，由取得企业资产所有权的一方给予另一方相应的补偿；

（3）双方均不愿意经营该企业的，按照《中华人民共和国个人独资企业法》等有关规定办理。

个人独资企业的投资人仅有一人，对企业有绝对的控制权。人民法院对公司资产进行评估，也相对更加容易。双方如果要进行企业投资人的变更，也相对更加简单。如果夫妻一方作为唯一的企业投资人，却故意不提供企业的财务会计凭证用于资产评估，则属于故意不配合法院进行共同财产的查明，人民法院有理由相信该方存在故意隐瞒财产的恶意，此时，根据《民法典》第 1092 条的规定，夫妻一方隐藏、转移、变卖、毁损、挥霍夫妻共同财产，或者伪造夫妻共同债务企图侵占另一方财产的，在离婚分割夫妻共同财产时，对该方可以少分或者不分。

三、个体工商户

我国法律并没有对个体工商户的财产分割作出明确规定。不过，个体工商户的经营主体，一般为个人，即夫或妻一方。根据《民法典》第 1063 条的规定，婚姻关系存续期间的经营所得，属于夫妻共同财产，故个体工商户只要是在经营者婚姻关系存续期间取得的收益，就可以作为夫妻共同财产进行分割，如双方拟对个体工商户进行分割，也可以参照个人独资企业的法律规定进行处理，如：

（1）一方主张经营个体工商户的，对资产进行评估后，由取得个体工商户企业的一方给予另一方相应的补偿；

（2）双方均主张经营该个体工商户的，双方竞价，由取得个体工商户的企业一方给予另一方相应的补偿；

（3）双方均不愿意经营该个体工商户的，将财产处理后，注销个体工商户，将财产处理款进行分割。

第四节　律师提示：股权评估很难，分股不如分钱

一、公司股权价值的评估启动

处理婚姻家事案件的过程中，如果涉及夫妻一方为公司股东，常常会遇到股权分割的问题，在实务处理中，公司股权作为一个家庭的重要财产，股权价值的确定常常成为案件的争议焦点。

婚姻家事案件遵循意思自治原则，在人民法院审理过程中，对于共同财产的分割意见，人民法院首先会询问当事人的意见，如果当事人间可以协商，对于双方协商一致的财产部分，只要不损害案外第三人的合法权益，人民法院一般会尊重当事人的意思自治，直接在判决书中对该方案予以确认。股权价值的确定也是如此，如果双方当事人能够对公司的股权价值达成一致意见，人民法

院往往会以双方达成的合意价格作为确认股权价值的依据，并进行分割。

但基于公司财务状况的不透明，非公司股东的一方，往往无法知晓公司股权的真实价值，夫妻双方可能会因股权价值的确定产生分歧，导致难以协商一致，此时，不得不启动公司股权价值评估，通过第三方专业评估机构来协助法院和当事人对股权价值进行确定。

二、公司股权评估的流程

实务中，公司股权评估的一般流程为：

1. 提出申请。一方向人民法院提出股权价值的评估申请。

2. 确定评估机构。双方当事人从人民法院给定的评估机构名册中协商确定一家司法评估机构（评估机构一般以资产评估公司及会计师事务所为主），如果双方无法协商确定，也可以申请人民法院通过摇号确定的方式，随机选定一家具有资质的司法评估机构，对股权价值进行评估。评估机构确定后，人民法院会通知双方当事人。

3. 出具材料清单。评估机构确定后，评估机构会根据评估申请和基础材料，给出需要当事人提交的评估材料清单。

4. 提交评估材料。公司股东一方根据评估机构的材料清单，在指定日期内，向人民法院提交目标公司的财务报表、会计凭证等相关资料作为评估基础材料。

5. 评估材料确认。双方当事人在人民法院组织下，对公司股东一方当事人提交的评估基础材料进行确认和意见发表。

6. 现场实地勘察。评估公司收取相关评估资料，并前往目标公司进行实地勘察，以确定目标公司的地理位置、经营内容、人员规模、工厂设备、厂房和其他固定资产等公司的实际情况。

7. 财务人员问询。评估公司人员与目标公司的财务人员进行相关情况和相关材料的核实了解和查阅。

8. 评估报告出具。评估机构根据评估规则，收取评估费用，出具评估报告。

三、公司股权评估的常见难点

（一）评估资料提供难

目前，评估机构对目标公司的股权进行评估，至少需要当事人提供当期的企业基本财务报表，包括企业的资产负债表、利润表等。完整的价值评估，则需要企业提供两年期到三年期的各类财务报表、会计凭证等原始材料，评估人员也需要对公司的实际设备、厂房、各类资产等进行现场勘验，并要求目标公司根据实际情况提供评估所需的其他各类材料。只有在当事人能够提供上述材料以供评估的前提下，股权价值评估才能顺利完成。但现实中，公司这些财务资料，很多时候保存得并不完整，有些公司基于各种目的，甚至存在两套账目的做法，分为内账和外账，外账用于应付税务机关或主管机关的检查，内账才是公司的真实账目，导致公司账目的真实情况被公司人员有意隐瞒，难以查清。

（二）公司人员配合难

鉴于持股一方作为公司股东，对公司人员有一定的熟悉度，离婚纠纷中，持股方往往基于利益考量，暗中指使公司人员对司法评估人员不配合，不提供完整的财务资料，导致无法通过司法评估的方式确定股权价值。公司法只规定了公司有义务向主管部门提供财务会计报告等材料，并没有规定公司有向评估机构提交财务会计资料的义务，且公司不是案件当事人，法院只能要求公司协助配合提交相关资料，但对于资料是否有无及是否齐全，并不掌握，也不能要求强制提供，导致实务中公司人员表面配合实际却不配合的情况相对普遍，司法评估鉴定的程序很难开展。

《北京市高级人民法院民一庭关于审理婚姻纠纷案件若干疑难问题的参考意见》第 20 条规定，离婚诉讼中待分割股权之价值存在争议时，应采取协商一致、评估、竞价、参考市场价等方式予以确定。因企业财务管理混乱、会计账册不全以及企业经营者拒不提供财务信息等原因导致无法通过评估方式确定股权价值的，人民法院可以依据该企业在行政主管机关备案的财务资料对财产价值进行认定；或可以参照当地同行业中经营规模和收入水平相近的企业的营业收入或者利润及其他方式来核定其价值。

（三）股权评估费用高

股权评估由于审查资料多、评估工作量大、评估专业性强，评估费用往往较高。委托评估的费用，一般由申请评估方先行垫付，这无疑加重了申请评估方的财务负担。因股权价值评估后，基于非上市公司的股权流通性较差，未来能否变现还存在较大的不确定性，故也经常发生当事人收到交费通知书后，拒绝垫付评估费，导致无法评估的情况。

（四）股权变现难

股权价格评估结果出具后，并不意味着能够获得对应的股权折价补偿款。还需要夫妻双方就股权分割方案进行协商，决定谁来持有股权，由股权持有方给另一方折价补偿款。如果股权评估的价格过高，股权持有方不愿意继续持有股权，要求转让给非股东的配偶一方，此时还需要看非股东方意见，以及转让价格，支付方式和期限等，并将转让股权的条件，同步给有限责任公司的其他股东，以便公司其他股东决定是否行使优先购买权，是否同意转让。如果公司其他股东都放弃优先购买权，同意转让股份，则配偶一方可以获得公司相应股权，给另一方折价补偿款，或与持有股份的配偶方平分股权。但实际上，持有公司股权，并不一定能获得现金价值，还需要根据公司章程、公司经营情况、公司盈余利润以及公司是否分红的股东会决议等，等待股份带来收益，这是一个相对漫长且不可预期的复杂过程，公司的经营情况，在整个诉讼过程中，往往也会发生各种变化，导致股权变现的不可预期性增强。

四、股权无法评估时的常见确定价值方式

（一）以公司的审计报告作为确认公司股权价值的依据

对企业股权价值的审计评估，并不仅局限于案件诉讼过程中人民法院主持的司法评估。事实上，在企业合资、企业重组并购、股权交易、财务报告、税务重组、企业上市等各种目的下，均需要独立客观的企业价值评估，对企业整体价值、全部股权价值或部分股权价值进行分析估算并提供专业意见。若待分割的目标公司曾涉及并购重组、拟上市或正处于其他特殊的经营时期，因公司

经营发展需要，往往会委托专业的会计师事务所对公司的财务状况出具专业的审计报告。此时，如果持股方当事人能够向法院提供诉讼外形成的公司审计报告，而非持股方当事人对此也无异议，则法院也可以根据审计报告中体现的股权总额，即以目标公司的所有者权益金额作为基数，计算待分割的股权价值。

（二）以公司年报等公司对外披露的财务数据确认公司股权价值

企业的各类财务报表、登记备案文件等，也是实务中判断公司股权价值的有效参考材料。其中，企业的资产负债表能够体现公司资产、所有者权益等会计信息，往往也能够作为计算股权价值的参考依据。除直接获取会计报表外，企业在工商部门备案登记的年度报告、在税务部门申报登记纳税申报材料等材料中，也往往会附有企业的资产负债表或体现公司的净资产情况。一旦当事人能够向法庭提交上述材料，人民法院也可以目标公司的净资产作为基数，计算待分割的股权价值。

（三）以公司的注册资本金来确认公司的股权价值

公司都有相应的注册资本金，公司的股份占比，对应的也是公司注册资本金。虽然公司的实际价值与公司的注册资本金金额往往并不一致，但在无其他更好确定方法的情况下，也可以参考公司资本金的金额，来确定公司股权的价值。

不过，需要注意的是，以上几种股权价值的确定方式，并非法律的明文规定，法官需要询问双方当事人的意见，如果双方当事人不同意上述股权价值确定的方式，法官不宜径行认定股权的价值，以免损害公司股权的实际价值，对其他股东和公司造成不利影响，而应对持股一方的股权份额数量进行分割。

五、积极磋商，进退有度，分股不成就分钱

1. 积极把握磋商机会，尽可能协商确定股权价值

对于持股方来说，在双方协商股权价值期间，可以利用自己对公司经营状况、财务状况更加了解的优势，在谈判桌上抢占先机，提前报出一个价格，锁定"价格锚点"，让双方可以在"价格锚点"上下进行磋商。例如，可以展示公司目前的负债情况，降低对方对该股权价值的心理预期，减少持股方的经济

损失和时间成本。

对于非持股方来说，应该尽可能地了解所涉股权的市场价值，如果无法对股权进行充分了解和评估，也可以要求对方给出一个报价，如果股权未来无法评估，也可以通过对方报价的记录，来侧面反映出股权的相应价值。如果认为对方报价过低，可以通过分割股权数量的方式，给持股方施加压力，以便获得更好的报价。

2. 司法评估过程中，积极收集相关财务资料

实务中，司法评估常常因为案涉公司不配合或者另一方阻挠而陷入僵局，此时应该积极收集相关财务资料，为人民法院评估股权价值提供帮助。若双方都为公司股东，可以利用股东身份，依据公司法第 33 条的规定，要求查阅、复制公司章程、股东会会议记录、董事会会议决议、监事会会议决议和财务会计报告，也可以要求查阅公司会计账簿，以此来达到查阅公司财务资料的目的。

3. 对于财务资料中的重要信息进行核查

财务资料中，如资产负债表、利润表、现金流量表等数据，在实务中并不是完全准确的。比如说公司在创立时期购入的土地，采用成本法入账，但随着地价上涨，如果土地账面价值仍然按照购入时候的价格计算，就会与公允价值间存在较大出入。同样，科技型公司自主研发的专利，计入无形资本时，也是按照研发费用加上登记费用计算，但可能是公司最重要的资产，专利的实际价值可能远大于账面价值。对于这些资产，非持股方当事人也可以向人民法院申请单独鉴定，这样有利于对股权真实价值的确认。

4. 能进能退，分股不成就分钱

如前所述，公司股权评估过程中，有相当多的困难。实务中，很少有能在离婚诉讼中对公司股权价值评估成功的案例。多数情况下，因双方对股权价值争执较大，公司其他股东不愿意参与，对股东及其配偶的纠纷避而远之，对股权转让不置可否，对股权评估不予配合，导致法官只能对公司股份数量进行分割。

对公司股份数量进行分割，看似有分割行为，实际上对非持股方并无益处，对于不懂经营的非股东一方，加入公司成为股东，并不能马上变现，还经

常因为股份占比较小，属于公司的小股东，无法对公司决策和经营形成影响或干预，导致自己的合法权益很难获得保障，对外转让股权，也因流通性太差而存在重重困难，最后可能将股权砸在手中，成为名义上的财产，实际毫无价值，还可能因公司经营行为承担各种股东责任。

因此，如果发现股权价值评估较为困难，建议不要在评估上浪费太多时间，尽可能通过上述除司法评估外的其他方式确定股权价格，并尽可能争取股权的折价补偿款，将股权留给原先的持股方，看起来好像可能会承担一些股权价值上的亏损，但能够一次性解决纠纷，提前获得股权价值的补偿，免除公司经营的其他风险和责任承担，也不失为一个好的选择。

第十七章
其他夫妻共同财产的分割方式

第一节　保险的分割方式

现在，保险产品已经走进千家万户，几乎每个人都有社会保险，如养老保险、医疗保险、生育保险、工伤保险、失业保险。有车的家庭，还会购买机动车交通事故责任强制保险。上述保险只是最基本的保险产品。实际上，保险产品类别非常多，有保障型保险，储蓄型保险，还有投资型保险。保障型保险又可分为定期寿险、意外伤害保险、医疗保险和疾病保险；储蓄型保险又可分为终身寿险、年金保险、生死两全保险等；投资型保险又可分为分红险、万能寿险和投资连结险等。实务中，婚姻关系存续期间，夫妻为自己、老人或孩子购买各种保险产品的情况也很常见。

我国法律对离婚时保险分割的专门规定较少，很多人不清楚婚内购买的保险产品，是否需要被分割，以及如何分割。《最高人民法院关于适用〈中华人民共和国民法典〉婚姻家庭编的解释（一）》对"保险"方面的规定只有3条，分别如下：

第25条规定："婚姻关系存续期间，下列财产属于民法典第一千零六十二条规定的"其他应当归共同所有的财产"：

（一）一方以个人财产投资取得的收益；

（二）男女双方实际取得或者应当取得的住房补贴、住房公积金；

（三）男女双方实际取得或者应当取得的基本养老金、破产安置补偿费。"

第30条规定："军人的伤亡保险金、伤残补助金、医药生活补助费属于个人财产。"

第 80 条规定："离婚时夫妻一方尚未退休、不符合领取基本养老金条件，另一方请求按照夫妻共同财产分割基本养老金的，人民法院不予支持；婚后以夫妻共同财产缴纳基本养老保险费，离婚时一方主张将养老金账户中婚姻关系存续期间个人实际缴纳部分及利息作为夫妻共同财产分割的，人民法院应予支持。"

上述规定只是明确了两种特殊保险的权益归属，军人伤亡保险金属于军人一方个人财产，无须分割。夫妻个人养老保险金，在婚姻关系存续期间，个人实际缴纳部分及相应利息，可以作为夫妻共同财产进行分割。其他保险产品，法律层面并未涉及。

实务中，根据《民法典》第 1062 条第 1 款第 2 项的规定，夫妻关系存续期间投资产生的收益，属于夫妻共同财产，除非双方有相反约定。对于用夫妻共同财产购买的储蓄型保险和投资型保险，因具有收益属性，作为夫妻共同财产进行分割，争议不大。但对于用夫妻共同财产购买的保障型保险，则有一定争议。根据《民法典》第 1063 条第 2 项的规定，一方因受到人身损害获得的赔偿或者补偿，属于夫妻一方的个人财产，不作为夫妻共同财产进行分割，那已经购买的保障型保险，是否需要分割，还需要从是否已经获得保险金来区分对待。

一、夫妻关系存续期间，已经获得保险金的情形

1. 婚前个人财产

如果保险单是夫妻一方在婚前用个人财产购买，婚后获得保险金，一般应视为婚前个人财产的形式转化，属于个人财产，无须进行分割。

2. 婚后个人财产

如果婚内用夫妻共同财产购买的是保障型保险，夫妻一方作为被保险人，依据意外伤害保险合同、医疗保险合同、健康保险合同获得的保险金，主要用于受害人的治疗、生活等特定用途，具有明显的人身属性，根据《民法典》第 1063 条的规定，一方因受到人身损害获得的赔偿或者补偿，是夫妻一方的个人财产。因此，依据意外伤害保险合同、医疗保险合同、健康保险合同获得的保

险金，也应当认定为个人财产。

3. 夫妻共同财产

如果婚后用共同财产购买的是储蓄型保险和投资型保险，这些保险具有明显的现金价值，这些保险产品在婚姻关系存续期间所得的收益，依据《民法典》第 1062 条规定，应属于夫妻共同财产。

对于定期寿险取得的保险金，可作为共同财产进行分割。对于分红型保险产品，因保险金额具有投资属性，其收益也应作为夫妻共同财产进行分割。例如，2022 年 1 月 28 日，北京市朝阳区人民法院作出的（2020）京 0105 民初 41632 号民事判决书认为："就保险问题，被告提交的保险信息截图显示其名下持有分红型保险，故该保险应当进行分割；被告提交的保险信息截图未明确显示保险现金价值，但显示如操作退保，退保金额为 102826.73 元，故本院确定被告名下的'北京人寿京富满堂两全保全（分红型）'保险归被告所有，并考虑离婚财产分割中照顾子女和女方的基本原则，酌定被告支付原告折价款 46000 元。"

二、婚姻关系存续期间购买保险，但尚未获得保险金的情形

婚后用共同财产购买保险，离婚时，保险合同处于有效期，但尚未发生保险费支付的情形，夫妻双方主张分割保险单的现金价值，应予支持。根据保险法第 15 条的规定："除本法另有规定或者保险合同另有约定外，保险合同成立后，投保人可以解除合同，保险人不得解除合同。"保险法第 47 条规定："投保人解除合同的，保险人应当自收到解除合同通知之日起三十日内，按照合同约定退还保险单的现金价值。"

因此，夫妻一方作为投保人，离婚时，解除保险合同，要求保险公司退还保险单的剩余现金价值，进行分割，并不存在法定障碍。当然，保险产品并非退保后才能分割。因提前退保，有时候会造成保险现金价值减少，发生亏损情形。有时继续履行保险合同，由一方给另一方保险现金价值的折价补偿，也是实务中较常见的做法。

三、婚内为未成年子女购买保险的处理

有些夫妻在婚内会给孩子购买各种保险产品，有人身保险，也有教育保险，还有年金保险等。对于给孩子购买的保险能否进行分割，法律上并无明文规定，实务中有不同的处理方法。

1. 属于孩子个人财产，不能进行分割

该观点认为，父母为子女购买保险，受益人为子女，属于父母对子女的一种赠与行为，保险的现金价值也应归属于子女，是子女的个人财产，不应进行分割。

2. 属于夫妻共同财产，可以进行分割

这种观点认为，给孩子购买保险产品，需要区分购买行为是否为父母的合意，还要区分受益人是谁。如果夫妻一方未经另一方同意，给孩子购买大额保险，并将受益人写为自己，实际上属于夫妻一方私自处分夫妻共同财产的行为，该部分财产，仍应作为夫妻共同财产进行分割，由私自处分财产方对另一方予以补偿。

例如，2019 年 12 月 30 日甘肃省兰州市城关区人民法院作出的（2019）甘0102 民初 4811 号民事判决书中"法院认为"部分载明："原告胡某将卖房款用于购买了高额保险，且保险受益人为原告胡某。其间，原告胡某并未征得被告王某 1 同意，对其将卖房款购买保险的行为，属于私自处分夫妻共同财产。故应由原告胡某向被告王某 1 返还卖房款 550000 元的 50%，即人民币275000 元。"

部分地方人民法院也持此观点，并出台细化意见。2016 年 8 月 4 日发布的《北京市高级人民法院民一庭关于审理婚姻纠纷案件若干疑难问题的参考意见》第 48 条规定，婚姻关系存续期间，夫妻一方未经另一方许可将大额共同财物赠与第三人的，另一方可主张请求确认该赠与行为无效，返还财物；或在离婚诉讼中就该赠与行为主张损害赔偿。

笔者认为，夫妻一方未经另一方同意，给未成年子女购买大额保险的行为，属于私自处分共同财产行为，该行为侵害了另一方的合法权益，应给另一方相应补偿。

根据《民法典》第 1062 条第 2 款的规定，夫妻对共同财产有平等处理权。不过，结合《民法典》第 1092 条的规定，夫妻一方对共有财产的平等处分行为，以不能损害另一方的合法财产权益为前提。夫妻一方将共同财产赠与给第三人，包含赠与给孩子，都属于对共有财产的处分行为，都会对共有财产形成减少的法律后果，如果未经另一方的同意或追认，该行为就属于侵害共同财产的行为，因私自处分行为造成的财产减少，另一方就应该予以赔偿或补偿。再根据保险法第 15 条的规定，投保人投保后，可以依法解除保险合同。故夫妻一方未经对方同意购买保险的行为，完全可以通过投保人解除保险合同的形式，实现保险现金价值的追回，从而实现共同财产的分割。

第二节　理财产品的分割方式

理财产品一般以理财合同的形式表现，相对比较难查询。一般通过银行账户的交易流水查看，或从历史交易明细及摘要中查看，有时可以看到一些购买理财产品的记录。

婚姻关系存续期间，用夫妻共同财产购买的理财产品，属于夫妻共同财产，依法可以进行分割。如果理财产品期限较短的话，购买和赎回的记录会比较频繁，通过银行账户，有时很难查清理财产品最终的收益。如果理财产品在离婚时已经全部赎回，且账户内已经没有多少余额，法院对理财产品进行单独分割的可能性极低。但如果通过账户查询，还有一些理财产品尚未赎回，且未赎回的金额较大，此时法院对理财产品内的金额进行单独分割的可能性就极大。

理财产品的分割和赎回是两回事，不赎回也可以进行财产利益的分割。有些理财产品，基于合同约定，在一定期限内不得赎回，但并不影响对其价格的分割。法院可以将未赎回的理财产品，判归购买方所有，由购买方给另一方折价补偿款，具体折价标准，可以根据理财合同中约定的收益率来计算，也可以由法院进行酌定。

例如，2022 年 1 月 28 日，北京市朝阳区人民法院作出的（2020）京 0105 民初 41632 号民事判决书认为："从被告名下民生银行尾号 2259 银行卡和光大银行尾号 9283 银行卡的交易明细来看，被告名下上述两张银行卡存在尚未赎回的理财款，其中民生银行 2259 银行卡显示未赎回理财款约 30 万元，光大银行 9283 银行卡显示未赎回理财款为 10 万元，上述未赎回的理财款项应当予以分割，本院确定上述未赎回的理财产品归被告所有，并考虑离婚财产分割中照顾子女和女方的基本原则，酌定被告支付原告折价款 18 万元。"

第三节　存款的分割方式

夫妻之间的共有财产中，存款是最常见的一种。只要婚姻关系存续期间，一方或双方有收入来源，一般就会有存款。存款的分割很简单，只要查明存款数额，按照共同财产的分割原则，直接分割即可。

实务中，分割存款有以下两种方式。

一、余额分割法

余额分割法，指人民法院根据当事人提交的银行流水中显示的余额来进行分割。以账户余额来分割夫妻共同存款，比较简单直接，有利于加快诉讼进程、快速结案。例如，2022 年 1 月 28 日，北京市朝阳区人民法院作出（2020）京 0105 民初 41632 号民事判决书认为："根据双方提交的银行账户交易明细，双方各自名下银行卡余额合计均为 5000 余元，故本院确定双方各自名下银行卡内的余额归各自所有，双方不再相互给付余额的折价款。"

余额分割法有个弊端，司法实践中，往往会出现一方当事人在离婚前或离婚诉讼过程中，转移、隐藏、挥霍夫妻共同财产，造成夫妻共同财产的不当减少，如果只是分割银行卡内余额，可能形成不公平的结果。

二、期间分割法

期间分割法，是指根据当事人申请，调取一段时间内对方银行账户的交易明细，人民法院根据银行流水，判断一方当事人是否存在故意隐瞒、转移、挥霍夫妻共同财产的情况，从而判断实际的共同存款金额应为多少，然后进行分割。

"期间分割法"比"余额分割法"更复杂，工作量更大，也更接近真实情况。我国法律并未规定当事人调取查询存款期间的起止时间。原则上讲，可以调取从结婚之日起到离婚诉讼整个期间的银行流水。但对于结婚时间较长的夫妻，调取太长期间的银行流水，因周期较长，财产混同，家庭开销，交易频繁，余额与期间流水差额巨大，权利保护有期限，证据留存有时效等原因，调取整个婚姻期间的银行流水，其实意义不大。例如，5 年前或 10 年前的某一笔款项花费情况，多数人很难回忆清楚，且早已超出诉讼时效，证据也难以查找。

因此，申请人民法院调取银行流水，查明资金走向的期间，一般以离婚诉讼前一年为起始日相对合理。但这并非法律明文规定，不同人民法院不同时期有不同做法，主要有以下几种情形：

1. 未提供转移财产的证据，不同意调取期间存款流水

有些人民法院只同意调取离婚时各自银行卡的余额，不同意调取整个婚姻关系存续期间的银行流水明细，除非有证据证明对方存在转移财产的情形。例如，2015 年 5 月 19 日，湖北省襄阳市高新技术产业开发区人民法院作出（2015）鄂襄新民初字第 00082 号民事判决书，对被告提出调取原告各个银行流水明细的调查取证申请，不予准许。该判决书的"法院认为"部分载明："被告周某某申请调查：（1）王某在邮政储蓄银行、中信银行、工商银行、建设银行、湖北银行的所有开户存、取款流水明细，家庭大额存款的使用去向合法证明；（2）原告王某必须提供她本人的婚姻期间的公积金、企业年金数额、截止领取时间、存放地合法证明。由于周某某申请调查的目的是通过银行流水的大额资金去向能反映借款情况或转移情况，与离婚诉讼处理的是离婚时夫妻共同财产这一原则不符，故本院对周某某调查王某在相关银行的所有开户存、取款流水明细的申请不予准许，周某某若有证据证明王某存在转移夫妻共同财产的情形，可另行主张分割。经调查，原告王某的公积金和企业年金在 2011 年正式退休时已领取完毕，周某某若有证据证明王某存在转移该夫妻共同财产的情形，可另行主张分割。"

2. 同意调取离婚诉讼前一年起至调查申请之日止的银行流水

一些人民法院，同意为当事人调取离婚前一年至调查申请期间的银行流

水，但不同意调取超出离婚诉讼前一年的银行流水。例如，2021 年 10 月 15 日，辽宁省阜新市中级人民法院作出（2021）辽 09 民终 928 号民事判决书的"上诉人主张"部分载明："上诉人在一审向原审法院提交调查取证申请书，申请调取被上诉人自 2016 年至 2019 年 2 月工资卡流水，以证明上诉人婚姻存续期间存在转移夫妻共同财产的情况，但原审只调取 2018 年 2 月 2 日至 2021 年 2 月 23 日的银行流水，而被上诉人 2019 年 2 月主动提出与上诉人离婚，前后共有 17 笔万元以上大额资金去向不明，已涉嫌转移财产，因此请二审法院调取被上诉人全部银行卡记录，查清被上诉人转移夫妻共同财产金额并进行分割。"可见，一审法院只支持了当事人调取离婚诉讼前一年起至调查申请时止的银行流水。

3. 同意调取当事人申请期间的银行流水，或依职权调取某期间的银行流水

一些人民法院对当事人提出的调查取证申请，不论多长期间，只要在婚姻关系存续期间，都会进行调取，并没有严格的限制。有些人民法院为了查明事实，有时还会依照职权调取相应期间的银行流水记录。例如，2016 年 4 月 29 日，浙江省宁波市中级人民法院作出（2016）浙 02 民终 122 号民事判决书，其中"二审法院查明"部分载明："二审审理过程中，本院为查明顾某账户项下的 1800000 元是否为夫妻共同财产，根据该账户款项的来源情况，本院依职权调取了：（1）2012 年 3 月 22 日应秀某开户在中国邮政储蓄银行股份有限公司宁波鄞州区莫枝营业所账号为 33×××30 账户的开户情况；（2）存款凭单 8 份，合计存款金额为 2500000 元，其中 33×××30-001 账户存款人为应秀某，代理人为顾某，存款金额 100000 元；33×××30-002、003、004、005、006、007、008 账户存款人均为应秀某，存款金额分别为 200000 元、200000 元、200000 元、300000 元、500000 元、500000 元、500000 元。顾某为证明 2012 年 3 月 22 日应秀某账户中 2500000 元款项的来源，向本院提供了中国邮政储蓄银行股份有限公司宁波鄞州区下应营业所出具的戴自某账户明细一份。本院为核实该证据的真实性，依法调取了戴自某开户在中国邮政储蓄银行股份有限公司宁波鄞州区莫枝营业所出具的戴自某账户明细一份。"

需要说明的是，提出财产分割要求的一方，需要向法院提供具体的银行账号、开户行等基本信息。对于那些无法提供银行账号又不知道开户行的调查请

求，法院通常不予支持。

在提供基础的财产线索后，一方的调查取证申请，只要在合理期间内，或有合理事由，人民法院一般会予以支持。人民法院调查分为三种情况：（1）人民法院直接向金融机构发出协助调查函，由金融机构直接以回函的形式将调查结果回复给法院；（2）人民法院让对方当事人自行到相关金融机构查询打印，并在一定期限内递交法院；（3）人民法院给申请调查取证一方当事人的律师开具"调查令"，由律师持令调查，将调查结果在指定期间内返回给法院。

三、如何认定侵害夫妻共同财产

根据《民法典》第 1092 条规定，夫妻一方隐藏、转移、变卖、毁损、挥霍夫妻共同财产，或者伪造夫妻共同债务企图侵占另一方财产的，在离婚分割夫妻共同财产时，对该方可以少分或者不分。

夫妻一方以上述理由主张另一方少分财产的，应承担举证责任证明另一方有隐藏、转移夫妻共同财产的行为。实务中，夫妻生活及财产状况属于家庭隐私，加之行为人在隐藏、转移、变卖、挥霍夫妻共同财产时往往精心策划，手段隐蔽，增加了取证难度，导致认定困难。

认定夫妻一方是否存在该类行为，需要看是否符合以下几个构成要件：

（一）具有侵害夫妻共同财产的故意

行为人实施隐瞒、转移、挥霍、毁损、变卖夫妻共同财产行为时，需具有相应的主观故意。如果夫妻一方因客观上不具备购房条件而以他人名义借名买房，夫妻双方对此明知，则不具备隐藏或转移财产的故意，不属于少分或不分的情形。不同的行为，故意的表现形式不同，行为人是否属于故意，需要根据具体行为来判断：

1. 是否告知。例如，隐藏或转移财产，行为人一开始就具有不使该财产作为夫妻共同财产进行分割的故意，因此一般不会告知配偶方相应财产的存在。

2. 行为时间。例如，夫妻双方已存在不可调和的矛盾或已经磋商离婚事宜时，一方将财产转移至案外人名下的行为，就可能构成故意。

3. 行为方式。如夫妻一方突然开始有异于日常的行为，开始大肆挥霍、毁损夫妻共同财产，或突然增加很多债务，作出一些故意减少夫妻共同财产的行为，例如，平常月均消费 5000 元，一方突然开始高额消费，购买各种奢侈品和非必要的高价值物品，月均消费数万元乃至数十万元，不是用于家用或共同开支，且明显超出家庭消费能力和经济负担能力，甚至不惜对外举债等，如消费方不能说明合理事由，可能被认定为故意行为。

4. 行为目的。夫妻一方以明显低于市场价的价格变卖财产，如将房屋半价卖给亲戚，或将财产突然转移至他人名下，如转给自己的父母、兄弟姐妹或朋友等，需要说明行为的目的，如无法作出合理解释，可能被认定为故意侵害共同财产。

需要说明的是，根据行为推断行为人具有隐瞒、转移、挥霍、毁损、变卖财产的故意时，行为人如果否认该故意的，行为人负有举证责任，证明其不存在侵害共同财产的故意或能够解释出常人可理解和相信的正当合理理由。

（二）具有侵害夫妻共同财产的行为

侵害共同财产的行为方式有很多种，如隐藏、转移、变卖、毁损、挥霍夫妻共同财产，或者伪造夫妻共同债务企图侵占另一方财产的。

1. 认定隐藏财产的前提，是行为不被配偶知悉，且自认为其行为具有隐蔽性。对于隐藏财产可以根据财产的类型进行具体分析：

（1）关于动产，主张对方隐藏动产的一方，应当承担举证责任证明另一方实施了隐藏动产的行为，当另一方提供足够证据予以反驳的，主张对方隐藏动产的一方，仍需就对方反驳的证据再行举证。需要注意的是，如果另一方在离婚诉讼中否认该财产的存在，离婚后发现该财产由其控制或在其知晓的地方，可以直接认定其实施了隐藏夫妻共同财产的行为。

（2）关于不动产，主要有以下三种情形：第一，一方以自己名义用共同财产在他处购房，配偶对此完全不知情。第二，在配偶不知情的情况下将不动产过户至他人名下。第三，在婚姻关系存续期间，一方以隐藏财产为目的，在配偶不知情的情况下用共同财产以他人名义购置不动产。

（3）关于银行存款，对于隐瞒银行存款的情况，一方面法院可以基于当事人的申请，采取职权调查的方式查明事实真相。当事人如果申请法院调查对方的银行流水，原则上应提供相应存款的开户行和存款账号。

2. 认定转移财产的前提，是看转移行为是否有合法依据或合理事由，是否需要支付合理对价或承担合理义务。转移财产的认定，并不以配偶不知悉作为必要条件。赠与也可以成为转移财产的一种方式。夫妻一方私自将夫妻共同财产赠与他人（包含父母、子女等），可能导致该财产在离婚时无法作为夫妻共同财产进行分割。另一方起诉要求撤销赠与并得到法院支持的，在财产返还后即会产生夫妻共同财产分割的问题。实践中，若在夫妻关系存续期间一方将夫妻共同财产赠与第三者，该行为因侵害另一方的财产权益应被认定为无效，相关款项亦应予以返还，财产返还后应在夫妻之间再进行分割。

3. 认定挥霍共同财产的行为。需要结合夫妻一方对钱款的用途，从四个方面考察钱款支出的合理性和必要性：一是支取现金的持续时间是否合理；二是取款金额与用途之间是否匹配；三是与取款方平常的正常开支情况是否一致；四是消费行为是否与家庭收入水平相匹配。

4. 对毁损共同财产行为的认定。行为人一般实施了积极的破坏性行为，如将贵重的玉石瓷器打碎，将名贵字画撕毁，将家具家电砸毁，或将家里装修破坏等，情形不一而足，但从财产最终结果看，财产会因夫妻一方的行为，导致财产价值大幅贬损甚至完全灭失。

5. 对变卖共同财产的认定，相对简单。主要看变卖物的市场价值和实际交易价值的差额，如果低于市场价值的30%，一般会认为显著低于市场价格，可能涉嫌低价变卖财产。关于财产市场价值的认定，可以通过评估机构进行评估确定。

6. 对伪造债务行为的认定，可以通过两个方面进行判断：一是伪造债务的行为发生在婚姻关系存续期间。如果在离婚前某一特定时间段内（司法实践多为离婚前一年）一方债务突然大量增加，而此时婚姻关系已经处于不可避免的破裂状态，则可以认定其具有伪造债务的嫌疑。二是伪造债务的行为通常通过伪造书面债务凭证的形式，如借条、借款合同、债权债务公证书等实现。该类案件的证据通常包括书面债务凭证、债权人或其他证人的证言，人民法院可以通过审查资金往来情况、合同的真实性等判断是否存在伪造债务的事实。

第四节　车辆及其他动产的分割方式

一、车辆的分割

车辆的分割相对简单。一般需要提交机动车所有权登记证、行驶证和购车发票作为证据。有些通过贷款方式购买的车辆，还需要提供贷款合同和还款的流水清单。通过上述证据，可以查明车辆的基本情况和车辆购买时的价格。

车辆分割时，有几个注意事项：

（一）车辆价格的确定

车辆购买后，随着时间推移和车辆使用，车辆会逐渐贬值，一般都会比原购车价格要低。离婚分割车辆时，需要对车辆的价格进行重新确定。实务中，常见的确定方式有4种：（1）协商确定；（2）司法评估确定；（3）市场询价确定；（4）保险价值确定。

对车辆进行司法评估确定，是相对比较常规的方式，可以确定出一个相对合理的价格，但评估程序比较复杂，评估周期相对较长，且还需要额外支付评估费用，对价值不高的二手车辆，其实并无必要。如果双方当事人能够协商确定最好，如果无法协商确定，也可以通过二手车网站，通过填写车辆的基本信息，得到一个大概的报价；有些车辆购买了车损险，保险公司会对车辆价格有一个评估值，即在车辆全损的情况下，给车主赔偿的金额，也可以作为车辆价值的参考。

（二）车辆的分割方式

车辆不能进行实体分割，只能判车辆归一方所有，由所有方给另一方折价补偿款。如果双方均要车辆所有权的，也可以通过竞价方式获得车辆，价高者得，给对方相应的折价补偿款。

（三）车辆和车牌号的分割

在北京，需要通过摇号方式分配小客车指标，在上海，需要通过拍卖方式购买车牌号，车牌号具有一定的价值属性。但实务中，车牌号一般不能单独作为一项财产进行分割，因为车牌号附属于车辆，车辆没有车牌号不能上路行驶。因此，分割车辆时，需要将车牌号一并分给车辆的所有方。如果车牌号是通过拍卖方式购买，有单独开支，可将车牌号的价值折算入车辆整体价值，与车辆一起进行折价补偿。

二、家具家电的分割

除车辆作为常见动产外，家具家电也作为常见动产，可能被夫妻一方提出要求进行分割。家具家电的分割方法，法律上并无明确规定，实务中处理也五花八门，可以全部分给一方，由一方给另一方折价补偿款；也可以各自分得一部分家具家电，只要各自的价值基本相当即可。

家具家电的分割，一般需要先提交证据证明家具家电的实际存在、目前状况、所处位置和购买价值，此时可以提交家具家电的照片、购买合同和购买发票等，证明家具家电的品牌、型号、保存位置、购买价值等。

家具家电会随着使用时间的推移和技术的革新，出现贬值，有些实木家具和限量版产品，也可能出现增值。在分割家具家电时，会考虑以下几个因素：

（一）物品的有效利用

家具家电一般摆放在房屋中，如果一方分得房屋，另一方没有房屋，将家具家电分割给没有房屋的一方，可能使物品无法有效利用。故在双方不共同主张所有权的情况下，家具家电，一般分割给房屋的所有权方，这样也可以避免家具家电的搬离费用和在搬家中可能造成的二次损坏。

（二）物品价值的贬损

家具家电一般都会有价值贬损，但如果采用司法评估鉴定的方式，除周期长外，还需要额外支付一笔评估费用。对于一些非名贵家具家电来讲，司法评估确定价值显得并不实用。此时，双方最好结合购买家具家电时的价格，结合物品贬损情况和使用情况，协商确定出一个合理的价格。如果双方无法提供购买家具家电的发票，也可以口头陈述购买时的价格，现在网上询价也比较方便，通过一些二手物品交易网站，也可以确定出一个大概的市场价格，然后交由法院进行酌定。

例如，2022 年 1 月 28 日，北京市朝阳区人民法院作出的（2020）京 0105 民初 41632 号民事判决书认为："……三、家具家电 就原告要求分割的西门子洗衣机 1 台、电冰箱 1 台、液晶电视机 1 台，本院根据某小区房屋所有权的归属判决情况，确定上述家具家电归原告所有，原告应向被告支付上述家具家电的折价款。就折价款的具体数额，因双方未就上述家具家电的购买价格举证，本院酌定原告应支付的折价款为 5000 元。"

（三）物品的购买来源

家具家电可能是双方共同购买的，也可能是基于一方喜好进行购买的，如果购买时更多考虑了一方的喜好，或主要是由一方出资购买，则将该家具家电分给购买方，也无不可，只要双方分得的家具家电的价值基本相当，不出现明显的价值失衡即可。

第五节 债权债务的分割方式

婚姻家庭中的债权债务，多是合同之债。如亲属朋友间的借款，对外投资的合同债权等。特殊情况下，夫妻间也可能产生债权债务。

一、共同债权的分割

夫妻共同债权，是夫妻关系存续期间夫妻一方或双方取得的对第三人的债权。如夫妻共同对外向第三人出借款项取得的合同债权。离婚时，法官一般会将债权判归一方所有，给另一方相应的折价补偿款（一般是债权金额的一半），至于将债权判归哪一方所有，要根据案情具体判断，尤其要结合实际打款方、借款人和出借人间的关系，具体经办方，平常由谁催债等综合考虑。如夫妻中一方向其朋友出借款项，基于出借人和借款人间的朋友关系，联系沟通更为紧密，由与债务人是朋友关系的夫妻一方获得债权，给另一方相应折价补偿款，更为适宜。

有些债权，如点对点网络借款（P2P）借贷的债权，私募股权基金的债权，债务人已经成为失信被执行人的债权或久借不还已经超出诉讼时效的债权等，因有不能收回款项的较大风险，如果按照一方获得债权，给另一方折价补偿款的债权分割方式，相当于将不能获得偿付的风险，全部转移给获得债权方，此时对获得债权的一方，可能明显不公平。对于这类债权，如果借款方可以确定为夫妻二人，可以将债权直接分割，即由夫妻二人各自分得一半债权，双方可以共同向债务人进行追讨，追回资产后，由追回资产方向另一方支付一半的份额，相对更为公平合理。但如果书面借款合同中的出借方只是夫妻一方，法官通常会考虑合同的相对性，把债权判归合同中写明的出借人一方所有，而给另一方相应的折价补偿款。

二、共同债务的分割

（一）共同债务的认定

夫妻共同债务，是指为满足夫妻共同生活需要所负的债务或基于夫妻意愿同意共同承担的债务。

根据《民法典》第1064条的规定，夫妻双方共同签名或者夫妻一方事后追认等共同意思表示所负的债务，以及夫妻一方在婚姻关系存续期间以个人名义为家庭日常生活需要所负的债务，属于夫妻共同债务。

夫妻一方在婚姻关系存续期间以个人名义超出家庭日常生活需要所负的债务，不属于夫妻共同债务；但是，债权人能够证明该债务用于夫妻共同生活、共同生产经营或者基于夫妻双方共同意思表示的除外。

根据以上规定可知，判断是否属于夫妻共同债务，有三个认定标准。(1) 是否夫妻共同签字；(2) 一方签字后，另一方是否事后追认债务；(3) 款项是否用于家庭共同生活或共同生产经营所需。

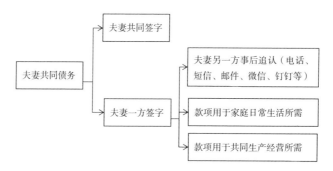

图 16.1　夫妻共同债务

如果没有证据证明是夫妻二人合意举债，如借款合同中的借款人是夫妻双方等证据，则必须有其他证据证明该债务系用在了夫妻共同生活和经营上，否则在双方不能确认相关事实的情况下，共同债务有可能不被认定。

我们常见的，因买房而借款，房屋既然作为夫妻共同财产分割了，那么因为买房所借的款项，当然应当被认定为双方的共同债务。此时，主张属于共同债务的夫妻一方，必须提交所借款项用于购买房屋的关联性凭证。还有的夫妻，虽然是个人名下的借款，但所借款项实际用于公司的日常经营，而夫妻二人又都是公司的股东，此时，主张属于共同债务的夫妻一方，需要提供所借款项投入公司的关联性凭证，以及公司股东的证据，来形成完整的证据链条。

（二）几种不属于共同债务的债务

夫妻关系存续期间产生的债务，并非都属于共同债务，根据《民法典》规定，以下几种债务，不属于夫妻共同债务，无须共同承担。

1. 第三人知晓夫妻财产约定制下产生的债务

根据《民法典》第 1065 条第 3 款的规定，夫妻对婚姻关系存续期间所得的财产约定归各自所有，夫或者妻一方对外所负的债务，相对人知道该约定的，以夫或者妻一方的个人财产清偿。因此，如果婚姻关系存续期间，夫妻双方实行分别财产制的，各自财产归各自所有，各自债务归各自承担，第三人也明确知晓该情况的，第三人对夫妻一方享有的债权，不得向另一方主张。

这种情况下，对第三人明知夫妻分别财产约定的举证责任，由主张第三人知晓约定的夫妻一方来承担，如该方无法完成举证责任，因夫妻间财产具有私密性，财产约定具有相对性，则推断第三人并不知晓夫妻的分别财产约定，还应按照是否属于夫妻共同债务的认定标准来进行判断。根据《最高人民法院关于适用〈中华人民共和国民法典〉婚姻家庭编的解释（一）》第 37 条规定，《民法典》第一千零六十五条第三款所称"相对人知道该约定的"，夫妻一方对此负有举证责任。

2. 夫妻一方与第三人恶意串通，虚构的债务

实务中，一些夫妻为了侵占更多的夫妻共同财产，通过与第三方恶意串通，虚增债务的方式，减少可分的夫妻共同财产，从而达到多占共同财产的目

的。该类虚构的债务，一旦被法院查明，不但不属于夫妻共同债务，无须承担共同偿还责任，被欺骗方还可以反过来主张对方有侵害夫妻共同财产的恶意，要求对方少分或不分共同财产。根据《最高人民法院关于适用〈中华人民共和国民法典〉婚姻家庭编的解释（一）》第34条第1款规定："夫妻一方与第三人串通，虚构债务，第三人主张该债务为夫妻共同债务的，人民法院不予支持。"《民法典》第1092条规定，夫妻一方伪造夫妻共同债务企图侵占另一方财产的，在离婚分割夫妻共同财产时，对该方可以少分或者不分。离婚后，另一方发现有上述行为的，可以向人民法院提起诉讼，请求再次分割夫妻共同财产。

3. 婚后以个人名义超出家庭日常生活需要所负的债务

夫妻一方婚后所负的债务，有些与家庭的共同生活无关，可能只是一方用于个人的奢侈消费或个人的生产经营所需而负债，此时要求另一方承担该笔债务，因另一方完全没有获得任何利益，对此可能也完全不知情，或虽然知情但不认可，此时要求配偶方承担共同偿还责任，明显有用身份捆绑债务的不合理性，一般不会得到法院的支持，除非债权人有证据证明配偶方有认可债务承担或事后追认债务的行为或明确的意思表示。

4. 非法债务

非法债务不受法律保护，不能通过法律途径进行主张。例如，夫妻一方从事赌博、吸毒等违法犯罪活动中所负的债务，第三人主张该债务为夫妻共同债务的，根据《最高人民法院关于适用〈中华人民共和国民法典〉婚姻家庭编的解释（一）》第34条第2款的规定，人民法院不予支持。

（三）共同债务的清偿

如果认定属于夫妻的共同债务，根据《民法典》第1089条的规定，离婚时，夫妻共同债务应当共同偿还。共同财产不足清偿或者财产归各自所有的，由双方协议清偿；协议不成的，由人民法院判决。

因此，夫妻对内虽然可以分割债务，但对外作为共同债务人，需要共同承担履行债务的责任，不因离婚时对债务的分割，导致对外债务责任的免除，甚至夫妻一方死亡，也不能导致共同债务的部分免除。对于债权人来讲，只要是夫妻关系存续期间产生的债务，并被认定为夫妻共同债务，就可以随时向夫妻双方或任何一方主张全部权利，不受其是否离婚的影响。

根据《最高人民法院关于适用〈中华人民共和国民法典〉婚姻家庭编的解释（一）》第35条的规定，当事人的离婚协议或者人民法院生效判决、裁定、调解书已经对夫妻财产分割问题作出处理的，债权人仍有权就夫妻共同债务向男女双方主张权利。一方就夫妻共同债务承担清偿责任后，主张由另一方按照离婚协议或者人民法院的法律文书承担相应债务的，人民法院应予支持。

《最高人民法院关于适用〈中华人民共和国民法典〉婚姻家庭编的解释（一）》第36条规定，夫或者妻一方死亡的，生存一方应当对婚姻关系存续期间的夫妻共同债务承担清偿责任。

对于被认定为夫妻共同之债的，法官一般会判决由名义上的债务人去全部偿还，另一方给其债务的一半价值。当然，也有法官直接将债务分割，即离婚后各自向债权人偿还一半的债务。

对于夫妻共同债务的认定和分割，部分地方人民法院作了更细化的规定，可供处理同类问题时参考。但需注意，地方法院出台的意见，仅在该法院管辖区域内有效，不一定能适用于其他法院。

例如，《北京市高级人民法院民一庭关于审理婚姻纠纷案件若干疑难问题的参考意见》：

38.【共同债务与个人债务区分标准】符合《婚姻法司法解释二》① 第二十四条规定情形的，应推定为按夫妻共同债务处理。但同时存在以下情形的，可根据具体案情认定构成个人债务。

（1）夫妻双方主观上不具有举债的合意且客观上不分享该债务所带来的利益；

（2）债务形成时，债权人无理由相信该债务是债务人夫妻共同意思表示或为债务人的家庭共同利益而成立。

39.【因侵权产生债务的性质】夫妻一方因侵权行为致人损害产生的债务，一般认定为一方个人债务。但该侵权行为系因家庭劳动、经营等家事活动产生

---

① 根据《最高人民法院关于废止部分司法解释及相关规范性文件的决定》，该司法解释已失效。

或其收益归家庭使用的，应认定为夫妻共同债务。

40.【大额债务凭据的认定】离婚诉讼中对于夫妻一方出具无证据表明另一方事先知晓的大额债务凭据，并据以要求认定夫妻共同债务的，人民法院应根据案情结合债权人债务人双方关系、转款记录、借款时家庭财务情况等对债务真实性及性质进行判断。

41.【生效判决书所确定债务的认定】离婚诉讼中，夫妻一方出具的确定婚姻关系存续期间一方所欠债务的生效法律文书，并据以主张该债务为夫妻共同债务的。如法律文书主文中对债务属于夫妻共同债务还是个人债务性质有明确认定，依该认定确定；如法律文书主文未对债务性质进行认定，则可根据本文件第三十八条对债务性质进行认定。

42.【债权确定时间与性质认定】婚前一方享有的确定可以实现的债权，婚后实际取得的，应认定为婚前财产；婚姻关系存续期间发生并确定可以实现的债权，离婚后实际取得的，应认定为婚内财产。

48.【擅自将夫妻共同财产赠与第三人的处理】婚姻关系存续期间，夫妻一方未经另一方许可将大额共同财物赠与第三人的，另一方可主张请求确认该赠与行为无效，返还财物；或在离婚诉讼中就该赠与行为主张损害赔偿。

第六节　律师提示：查清共同财产，避免被少分

一、查清共同财产，是公平分割的前提

离婚诉讼中，只有查明双方财产情况，才可能实现公平分割。前面章节中，我们已提过，离婚诉讼前，就应该调查了解对方的财产情况。虽然很多财产信息，基于双方信息的不对称，无法自行调取，但在诉讼中，一方可以申请法院调取，只要提供初步的财产线索即可。具体所需提供的材料及相应的查询机构，查询方法，前面已有详述，此处不再赘述。

需要提示的是，根据《民法典》第1062条的规定，婚姻关系存续期间取得的财产，一般属于夫妻共同财产，夫妻对共有财产，有平等的处理权。因此，夫妻一方在婚姻关系存续期间，查询、查看、记录、复制对方的财产情

况，不属于对对方隐私权的侵犯。这在法律上虽无明确规定，但在一些地方省市规定中，有所体现。

二、如何通过银行账户认定对方转移、隐匿夫妻共同财产

当事人在查看双方的银行流水时，可以综合分析夫妻双方的收入情况、家庭的正常开支情况、双方对家庭开支的负担情况，核定一个相对合理的数额范围。在该数额范围内的支出行为，应属于夫妻一方正常行使家事代理权的行为；超出该数额范围的支取行为，应认定是超出家事代理权的行为，应由支出一方对该部分支取行为进行解释，由配偶对该行为的合理性作出追认。若经质证，该支取行为的合理性无法得到配偶及法院认可的，该笔支出就应被认定为转移、隐藏、挥霍夫妻共同财产。

例如，实务中，有些夫妻一方从其银行账户中一次性取出大额资金，并辩称该款项已用于家庭生活日常开支，但实际上取出现金后，却把款项存入到自己亲友的银行账户中，以达到转移、隐匿财产的目的。对此，另一方当事人及其律师，可以针对该项大额资金的支出提出质疑，并结合案件中对方取款金额的大小、取款的目的、使用时间的长短、平时正常的生活开支情况、家庭开销的承担情况、有无购买所得的物品或购买消费记录、对方的抗辩意见等进行质证，以使法院认定该笔资金为非法转移、隐匿夫妻共同财产的性质。

夫妻一方一旦被人民法院认定存在转移、隐藏、挥霍夫妻共同财产的行为，在分割夫妻共同财产时，实施转移、隐藏、挥霍财产行为的一方，将面临对夫妻共同财产少分或者不分的法律后果。

三、哪些财产需要提前申请财产保全

根据《民事诉讼法》第103条的规定，人民法院对于可能因当事人一方的行为或者其他原因，使判决难以执行或者造成当事人其他损害的案件，根据对方当事人的申请，可以裁定对其财产进行保全、责令其作出一定行为或者禁止其作出一定行为；当事人没有提出申请的，人民法院在必要时也可以裁定采取保全措施。人民法院采取保全措施，可以责令申请人提供担保，申请人不提供担保的，裁定驳回申请。人民法院接受申请后，对情况紧急的，必须在四十八

小时内作出裁定；裁定采取保全措施的，应当立即开始执行。综合考虑案件的各方面因素，笔者认为以下几种类型的财产，可能需要提前申请保全，以免遭受无法分割到相应财产的后果。

（一）案件中容易转移的财产

最容易被转移的财产就是存款。一旦当事人知道有人起诉他，可以很快取款或转账。因此，如果知道对方账户里有大量存款，且知晓账户和开户行，可以及时申请财产保全，避免存款被转移。

还有些案件的当事人，诉讼期间就把房屋、汽车偷偷卖了。因此，对登记在对方一方名下的房屋和汽车，也可以申请财产保全。不过，保全财产并非越多越好，保全需要支付保全费用，还需要提供财产担保，只对极可能被对方快速单方转移的财产进行保全即可，否则反而可能增加自己的财务负担。

公司股权也比较容易转移，经常有公司股东一方，在离婚诉讼中，以较低价格转让甚至是无偿转让方式，将股权转让给他人，还有人伪造巨额债务，然后用公司股权做质押，妄图达到不分股权价值的目的。因此，如果公司股权价值较大，必要时也可以对公司股权进行保全。

（二）一方刻意隐瞒的财产

结婚后，有些夫妻会在另一方不知情的情况下购置一些大额财产，并一直不告诉对方。这种财产，在离婚案件发生前后，最容易被转移。例如，未告知配偶偷偷购买的不动产；在配偶不知道的某些证券公司开立股票账户；私自购买大额保险、基金、理财产品等，当事人一旦发现有诉讼风险，可能最先想到转移这些财产。因此，如果一方在诉讼中或诉讼前发现了对方隐瞒的财产线索，也可以考虑尽快申请财产保全，避免对方转移。

（三）一方有拒不执行判决的可能

有些案件，当事人存在明显不执行判决的可能性。例如，一些当事人，在民政局办理了协议登记离婚，离婚协议里约定，离婚后一方要向另一方支付相应财产。虽然白纸黑字写得清清楚楚，但离婚后一方就是找各种理由拒不履行。此时，拒不履行离婚协议的一方，明显缺乏诚信，将来法院作出判决书后，也一样可能面临拒不执行的情况。

因诉讼周期一般都需经历数月乃至数年时间，如对方在诉讼期间将财产转移，未来即便获得生效判决，可能也难以执行。此时，在离婚案件立案时，就提起财产保全申请，由法院尽早采取保全措施，可以最大限度地保障未来判决的顺利执行。

四、申请财产保全的程序

（一）保全申请书

申请财产保全，需要向人民法院提交书面财产保全申请书，写明保全理由，保全对象，保全金额。

（二）担保金准备

向人民法院申请财产保全，除需交纳财产保全费用外，还需要额外提供担保金。大部分情况下，人民法院会要求提供等额担保，个别情况，法官会根据案件具体情况，同意进行差额担保或不需要提供担保。根据《最高人民法院关于适用〈中华人民共和国民法典〉婚姻家庭编的解释（一）》第85条的规定，夫妻一方申请对配偶的个人财产或者夫妻共同财产采取保全措施的，人民法院可以在采取保全措施可能造成损失的范围内，根据实际情况，确定合理的财产担保数额。

不过，即便是差额担保，担保方式也可以是多样的。例如，人民法院可以要求担保的30%是现金部分，其余70%的价值采取其他方式提供担保；人民法院也可以同意当事人提供保险公司的《诉讼保全险保单》或担保公司提供的《担保函》；或者由当事人、当事人亲属提供不动产进行担保。具体提供担保时，可以和承办法官进行沟通了解，看法院能够接受哪种具体的担保方式。

（三）准备相关证据

只有财产有被转移的可能时，人民法院才会支持财产保全。所以，需要准备一些基础证据，证明对方当事人很可能会转移财产，以提高财产保全申请成功的可能性。例如，一方私自将共同购买的房屋挂在网上进行出售；或一方偷偷对外进行大额转账，有相应的转账凭证单。

（四）进行保全谈话

当事人写好保全申请书，准备好初步证据，就可以将财产保全申请书及相关证据提交给法院。一般情况下，人民法院会单独对申请人进行谈话，并就担保方式进行告知，如果第三方为申请人提供担保的，人民法院可能还要找担保人谈话，并核实担保财产情况，担保人须向人民法院提交担保财产凭证。如果是请保险公司或担保公司出具保单或保函方式提供担保，需要提供保单或保函的原件给人民法院。

（五）采取保全措施

人民法院会对申请人提交的财产保全申请书、相应证据材料、担保财产情况等进行审查，并决定是否准许财产保全。如果准许，法院会出具财产保全的裁定书，并对相关财产采取保全措施。根据《最高人民法院关于适用〈中华人民共和国民事诉讼法〉的解释》第485条的规定，人民法院冻结被执行人的银行存款的期限不得超过一年，查封、扣押动产的期限不得超过两年，查封不动产、冻结其他财产权的期限不得超过三年。在离婚诉讼中，一方对另一方财产进行保全的，保全期间也可以适用上述期间的规定。

图书在版编目（CIP）数据

民法典婚姻家庭编实务精要：裁判观点与证据梳理／
吴振坤，兰祥燕，吴振乾编著 .—北京：中国法制出版
社，2023.6

（实务精要系列）

ISBN 978-7-5216-3613-0

Ⅰ.①民… Ⅱ.①吴… ②兰… ③吴… Ⅲ.①婚姻法
-案例-中国 Ⅳ.①D923.905

中国国家版本馆 CIP 数据核字（2023）第 101444 号

策划编辑　韩璐玮（hanluwei666@163.com）　　　　责任编辑　白天园　　　　封面设计　杨泽江

民法典婚姻家庭编实务精要：裁判观点与证据梳理

MINFADIAN HUNYIN JIATINGBIAN SHIWU JINGYAO：CAIPAN GUANDIAN YU ZHENGJU SHULI

编著／吴振坤，兰祥燕，吴振乾

经销／新华书店

印刷／保定市中画美凯印刷有限公司

开本／710 毫米×1000 毫米　16 开　　　　　　　　　印张／27.5　字数／322 千

版次／2023 年 6 月第 1 版　　　　　　　　　　　　　2023 年 6 月第 1 次印刷

中国法制出版社出版

书号 ISBN 978-7-5216-3613-0　　　　　　　　　　　　　　　　定价：98.00 元

北京市西城区西便门西里甲 16 号西便门办公区

邮政编码：100053　　　　　　　　　　　　　　　　　传真：010-63141600

网址：http：//www.zgfzs.com　　　　　　　　　　　编辑部电话：010-63141792

市场营销部电话：010-63141612　　　　　　　　　印务部电话：010-63141606

（如有印装质量问题，请与本社印务部联系。）